BAROCK IN WESTFALEN

KULTURLANDSCHAFT WESTFALEN

Band 3

Landschaftsverband
Westfalen-Lippe

Florian Matzner Ulrich Schulze

BAROCK IN WESTFALEN

Ein Reiseführer

Ardey-Verlag

Gedruckt mit freundlicher Unterstützung der
Westfälischen Provinzial Versicherung

Westfälische PROVINZIAL Versicherung der Sparkassen

Die Deutsche Bibliothek – CIP-Einheitsaufnahme
Barock in Westfalen : ein Reiseführer / Florian Matzner/Ulrich Schulze.
– Münster : Ardey-Verl., 1995
(Kulturlandschaft Westfalen ; Bd. 3)
ISBN 3-87023-052-5
NE: Matzner, Florian; Schulze, Ulrich; GT

1. Auflage 1995

Printed in Germany.
Umschlagbild: Münster, Erbdrostenhof, von Johann Conrad Schlaun
1753–57 errichtetes Adelspalais
Lithographie: Rhema – T. Doherty, S. Schneider GbR, Münster
Herstellung: Druckhaus Cramer, Greven
ISBN 3-87023-052-5
ISSN 0943-190X

INHALTSVERZEICHNIS

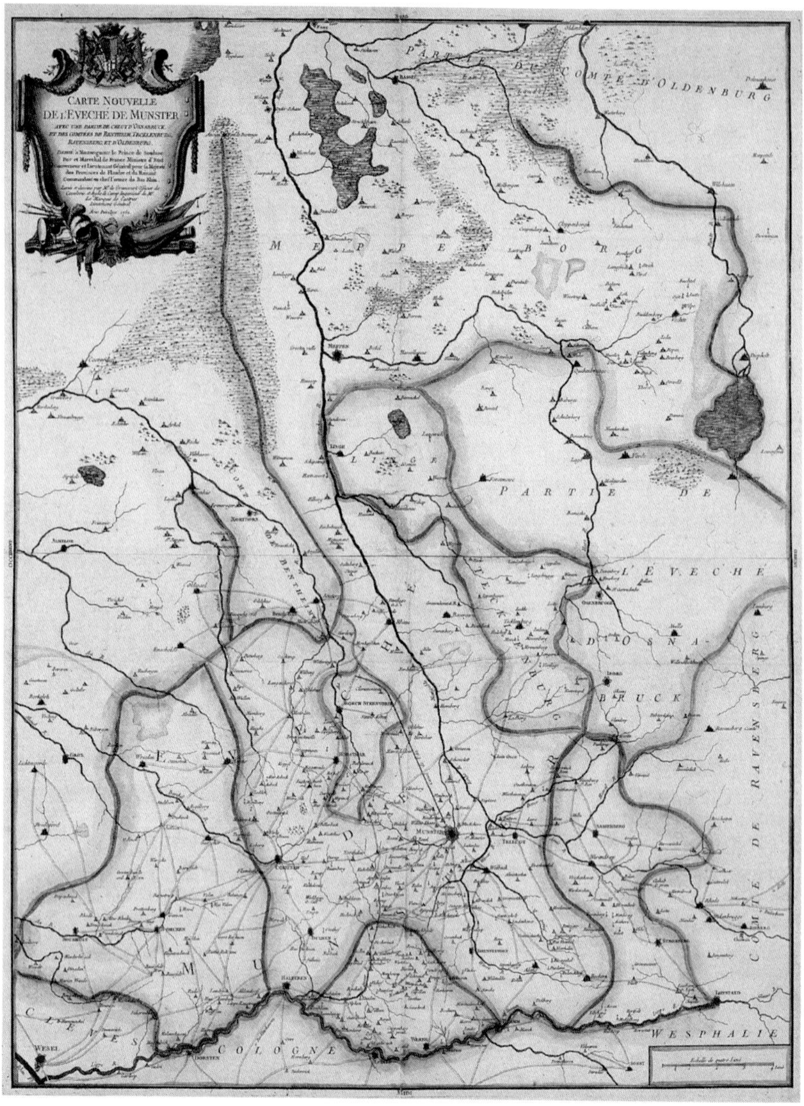

CARTE NOUVELLE DE L'EVECHÉ DE MUNSTER
DEDIÉ à Monseigneur le Prince de Soubise (...) Avec Privilege 1762.

(Westfälisches Landesmuseum Münster)

VORWORT

Am 7. Juni 1695 wurde im ostwestfälischen Nörde bei Warburg Johann Conrad Schlaun, einer der bedeutendsten Baumeister des deutschen Spätbarock, geboren. Er war Baumeister des Kölner Erzbischofs und Kurfürsten Clemens August aus dem Hause Wittelsbach und Hausarchitekt des westfälischen Adels, so daß seine Paläste und Landhäuser, Kirchen und Residenzschlösser bis heute das Bild unserer Region prägen.

Die Erinnerung an diesen „Erzbaumeister" anläßlich des 300. Geburtstages im Jahre 1995 lenkt den Blick in besonderer Weise auf sein Werk. Sie macht aber zugleich darauf aufmerksam, daß vor und neben ihm eine Reihe weiterer wichtiger Architekten, Bildhauer und Maler in Westfalen im Zeitalter des Barock wirkten. Durch sie alle war diese Epoche auch für Westfalen so bedeutsam, daß es sich lohnt, das Bewußtsein für sie zu wecken und zu fördern.

Zu den Bestrebungen des Landschaftsverbandes Westfalen-Lippe und der Nordrhein-Westfalen-Stiftung. Naturschutz, Heimat- und Kulturpflege, im Jahre 1995 „Barock in Westfalen" landesweit durch Ausstellungen, Musik, Tanz und Theater herauszustellen und bekannt zu machen, gehörte daher von Anfang an die Idee, mit einem Führer zu barocken Stätten auf die Vielfalt barocker Kunst und Architektur in unserem Landesteil hinzuweisen und den Interessierten in knapper Form Anregungen und Informationen zu geben. So ist nach „Dichter, Stätten, Literatouren" und „Sagenhafte Stätten" dieser 3. Band der Reihe „Kulturlandschaft Westfalen" entstanden.

Ich habe Florian Matzner und Ulrich Schulze sehr dafür zu danken, daß sie sich neben den intensiven Arbeiten für die Ausstellung unseres Westfälischen Landesmuseums für Kunst und Kulturgeschichte „Johann Conrad Schlaun. Architektur des Spätbarock in Europa" und neben der Bearbeitung des Oeuvre-Verzeichnisses „Johann Conrad Schlaun (1695–1773) – das Gesamtwerk" der Aufgabe unterzogen haben, diesen Reiseführer zu konzipieren und zu schreiben. Ich hoffe und wünsche mir, daß das Werk zahlreiche interessierte Leser findet und daß Einheimische und Auswärtige in großer Zahl angeregt werden, das barocke Westfalen erstmals zu entdecken oder neu zu sehen.

Friedhelm Nolte
Landesrat

Münster, Erbdrostenhof von Johann Conrad Schlaun, 1753 (Aufnahme vor 1945)

VORBEMERKUNG DER AUTOREN

Noch niemals in der Geschichte der Menschheit hat es eine Epoche gegeben, in der das Wohnen, Bauen und Denken so eng miteinander verknüpft war, wie im Zeitalter des Barock – dies begründet den Vorrang der Architektur gegenüber den übrigen Künsten. ‚Barock in Westfalen' heißt deshalb zu allererst Barockarchitektur in Westfalen.

1995 jährt sich zum 300. Male der Geburtstag des Baumeisters Johann Conrad Schlaun, einer der bedeutendsten Architekten des deutschen Spätbarock, der wie kaum ein anderer das Erscheinungsbild Westfalens geprägt hat. Im Lande selbst zu oft als regionale Größe betrachtet, hat Schlaun mit seinen wichtigsten Werken längst Eingang in die zusammenfassenden Architekturgeschichten Europas gefunden. Deshalb ehrt das Westfälische Landesmuseum für Kunst und Kulturgeschichte in Münster als Verwalter seines zeichnerischen Nachlasses Johann Conrad Schlaun vor allem auch als Architekten von europäischem Rang, der den Vergleich mit seinen berühmten Kollegen in Rom, Paris und den Niederlanden, in Würzburg und Wien nicht zu scheuen hat.

Johann Conrad Schlaun ist jedoch nur ein Name aus einer langen Reihe von Künstlerpersönlichkeiten, die im 17. und 18. Jahrhundert im heutigen Westfalen tätig waren und hier wichtige Kunstwerke schufen: die Architektenfamilie der Pictorius, Ambrosius von Oelde, Justus Wehmer, Lambert Friedrich Corfey oder Franz Christoph Nagel errichteten Schlösser und Adelshäuser, Kirchen und Klöster; Bildhauer wie Johann Christoph Manskirch oder die Familie der Gröninger und Maler wie Johann Georg Rudolphi sorgten für deren dekorativen Schmuck und repräsentative Ausstattung.

Während der Vorbereitung der Ausstellung ‚Johann Conrad Schlaun – Architektur des Spätbarock in Europa' wurde uns klar, daß die Ausstellung – das heißt die Inszenierung der Barockzeichnungen und Modelle der Schlösser und Gärten, Landhäuser, Stadtpaläste und Kirchen im Museum – vor allem in Verbindung mit dem Besuch der noch bestehenden Architekturen im einstigen Herrschaftsgebiet der Fürstbischöfe ihren besonderen Reiz erhalten wird. Es entstand die Idee, einen Reiseführer zum ‚Barock in Westfalen' zu verfassen, gleichsam lexikonartig die Bau- und Kunstwerke des 17. und 18. Jahrhunderts im heutigen Westfalen zu erfassen, um so dem kunst- und kulturinteressierten Laien schnell und handlich die wichtigsten Daten und Informationen verfügbar zu machen und so das Wort Voltaires Lügen zu strafen, der in einem Brief aus Potsdam 1750 über Westfalen urteilte: „Bald darauf habe ich die weiten, traurig anzuschauenden, unfruchtbaren und abscheulichen Gegenden Westfalens durchreist. Es ist ein getreues Abbild des einstmals so gerühmten goldenen Zeitalters. Aber – die schöne Natur kann man eben nicht immer mit der Kärglichkeit gleichsetzen. In großen Hütten, die man dort Häuser nennt, sieht man Tiere, die man als Menschen bezeichnet, die ganz vertraut mit den anderen Haustieren zusammenleben. Ein merkwürdiger harter Stein, schwarz und klebrig, angeblich aus einer Art Roggen zusammengebakken, ist die Nahrung der Hausväter. Wenn man das gesehen hat, kann man weder unsere französischen Bauern noch sonst jemanden bedauern; denn in diesen verräucherten Hütten mit der genannten ekelhaften Nahrung leben diese Urmenschen gesund, kräftig und unbeschwert. Ihr geistiger Zustand entspricht genau ihren äußeren Lebensbedingungen. ... Ich beneide sie nicht; ich liebe unsere vergoldeten Stuckdecken, ich danke dem Gewerbefleiß, der mir hundert ausgesuchte Genüsse bereithält, die ein guter Geschmack kritisch prüft, um den Genuß bis zur Neige auszukosten; hingegen über die Hütten der Wilden schüttet bloß die Natur ihre Gaben aus ..." Auch der preußische König Friedrich II. hatte sicherlich Unrecht, wenn er am 6. Dezember 1740 in einem Gedicht polemisierte: „O abscheuliches Westphalen! Du bietest weder frischen Wein, noch eine Herberge oder ein hübsches Dienstmädchen. Dafür bist Du mit Klöstern übersät, kennst aber keine Schenken."

Basis dieser Materialsammlung war Georg Dehios ‚Handbuch der Deutschen Kunstdenkmäler – Westfalen', seit 1935 in mehreren Auflagen – zuletzt 1969 – erschienen. Auch wurden die bereits für Dehio verbindlichen Grenzen Westfalens beibehalten, obgleich sie mit den politischen Gegebenheiten des 17. und 18. Jahrhunderts wenig zu tun haben. Die im sogenannten Niederstift zusammengefaßten Teile des ehemaligen Fürstbistums Münster, zum Beispiel der Hümmling mit Clemenswerth, dem Jagdschloß des Kölner Kurfürsten, bleiben damit unberücksichtigt; Fürstenberg mit seiner berühmten Porzellanmanufaktur und Arolsen, eine barok-

ke Planstadt im Stil von Versailles, liegen nur wenige Kilometer entfernt, aber jenseits der Landesgrenzen.
Seit der letzten Auflage des Dehio, dessen Neubearbeitung nach wie vor aussteht, ist eine Fülle von Untersuchungen zu einzelnen Künstlern und Objekten publiziert worden: universitäre Forschungsarbeiten, Berichte der Denkmalpflege in der Zeitschrift Westfalen bis hin zu Artikeln und Büchern ortsansässiger ‚Heimatforscher'. Unter Berücksichtigung dieser Quellen und mit Hilfe der örtlichen Verkehrsvereine und -verbände ist der jeweils aktuelle Forschungsstand, Zustand und Standort in die Beschreibung der einzelnen Objekte eingegangen.
Kern des vorliegenden Reiseführers ist das Lexikon der Orte in Westfalen mit bedeutenden Zeugnissen barocker Architektur, Skulptur oder Malerei. Ihm vorangestellt ist eine Einführung in die kulturellen und politischen Dimensionen des Barock. Daran schließen sich die Biographien ausgewählter Künstlerpersönlichkeiten an, die im Westfalen des 17. und 18. Jahrhundert tätig waren. Der Anhang dient der weiterführenden Information: eine Zeittafel mit den wichtigsten historischen Daten, ein Verzeichnis ausgewählter Literatur zum Themenbereich sowie ein Glossar der hier verwendeten kunsthistorischen Fachbegriffe soll dem Leser das Verständnis und den Zugang zum ‚Barock in Westfalen' erleichtern.
Nur bei wenigen Objekten wurden die Öffnungszeiten angegeben, da sie sich erfahrungsgemäß oft ändern. Um sicher zu gehen, empfiehlt es sich, vor einem Besuch den zuständigen Verkehrsverein bzw. das örtliche Touristik-Büro zu kontaktieren.
Bei der Bildbeschaffung waren das Westfälische Amt für Denkmalpflege und das Westfälische Landesmuseum in Münster in jeder Weise entgegenkommend. Für wertvolle wissenschaftliche Hinweise und Ratschläge sowie wichtige Korrekturen danken wir Dr. Ulf-Dietrich Korn vom Westfälischen Amt für Denkmalpflege herzlich. Andrea Geistert, Gunther Knoblauch und Dorothea Ohl danken wir außerdem für redaktionelle Unterstützung.

Florian Matzner, Ulrich Schulze

1. BAROCK IN WESTFALEN

„Die Landschaft Westfalen hat auf dem Gebiete der Baukunst nach ihrer hohen Blütezeit im Mittelalter noch einmal in der zweiten Hälfte des 17. und im 18. Jahrhundert eine besonders große und eigenständige Entwicklung durchgemacht, die uns berechtigt, von einem ‚Westfälischen Barock' zu sprechen. Kunstliebende Bischöfe in den Fürstbistümern Münster und Paderborn und der mit ihren geistlichen Landesherren wetteifernde, standesbewußte Adel haben in Verbindung mit hervorragenden Architekten, wie der Baumeisterfamilie Pictorius und Johann Conrad Schlaun, ihrem Lande eine stolze Reihe repräsentativer Wasserschlösser, Kurien und Adelshöfe geschenkt, die in keiner anderen Landschaft in solcher Fülle und Eigenart anzutreffen ist." (Hans Thümmler 1950)
Anders verhält es sich mit den Kirchen: Obwohl nach dem Dreißigjähren Krieg genügend sakrale Bauaufträge gestellt und auch durchgeführt wurden – über 200 Kirchen und etwa 250 kleinere Kapellen sind nachweisbar –, zeigen die gefundenen Lösungen bis auf einige Ausnahmen eher einen Zug ins ‚Kleinmeisterliche', lassen den großen ‚Wurf' einer eigenständigen Gesamtkomposition vermissen. Doch die bedeutenden Ausnahmen, etwa die Jesuitenkirche in Büren, vor allem die Clemenskirche in Münster, halten den bekannteren Barockschöpfungen Süddeutschlands durchaus den Rang. Ebenso verhält es sich mit der Ausstattung: Skulptur, Malerei, Stukkatur, verbunden mit den Namen der Gröninger, Manskirch und Papen, der Rudolphi, Stratmann und Kappers oder der Stukkatorenfamilie des Johann Nepomuk Metz.

Gesamtkunstwerk
Mehr als in den Jahrhunderten vorher und danach gehören im 17. und 18. Jahrhundert Architektur und Ausstattung zusammen, bilden eine Einheit. Eine Barockkirche ohne Stukkatur und Deckenmalerei wie etwa die Dominikanerkirche in Münster wirkt nüchtern, akademisch. Die Architektur ist zwar der Aussstattung übergeordnet, ohne sie jedoch unvollendet. Mehr noch als durch die Zentralperspektive der Renaissance wird die Welt durch das barocke ‚Gesamtkunstwerk' in eine neue Ordnung gebracht. Ganze Städte folgen dem fürstlichen Maß, der einzelne Bau steht in axialem Bezug zur Umgebung, ist Teil eines Gesamtgefüges. Der Fürst steht im Zentrum seines mehr oder weniger großen Kosmos: von ihm strahlt das Wegesystem aus in das Land, in die Stadt und in den Garten. Allegorische Bildsysteme vergleichen ihn mit der Sonne, mit dem Lenker des Sonnenwagens Apoll, der den Lauf der Gestirne als Lauf der Welt bestimmt, er ist zugleich Herrscher der Musen, Gottheit der Künste und strahlender Sieger über die Schlange Python, verstanden als das Böse schlechthin. Oder er wird verkörpert durch Herkules, der durch seine Taten in den Götterhimmel erhoben wurde. Keinerlei Probleme bereitet es der Zeit, selbst christliche Tugenden oder Wertvorstellungen in das Gewand antiker Mythologie zu kleiden. Ein umfangreiches Deutungssystem, festgeschrieben in der Emblematik, steht den Hofikonographen, den Erfindern der Skulptur-, Stukkatur- oder Bildzyklen zur Verfügung.

Zeremoniell
Heutzutage erlebt man barocke Räume meist museal, man zahlt Eintritt und steht als Besucher in Filzpantoffeln auf dem glatten Parkett eines Festsaals, ein hervorragend informierter Kustos nennt Namen und Baujahr. Was man nicht sieht, ist die Funktion barokker Gebäude, gleichsam das ‚Schloß in Betrieb'. Denn Architektur und Ausstattung waren insgesamt abhängig vom höfischen Zeremoniell, das immer wieder von den regierenden Fürsten erneuert wurde, das Hofleben ordnete und bei den wechselnden Anlässen kleinerer und größerer Festlichkeiten stets neu eingeübt wurde. Eine von der Etikette geführte Gesellschaft bestimmte ihre Positionen in Jagd, Spiel und Tanz, in Komödie, Oper und Konzert, in Gondelfahrt und Feuerwerk. Kein Gast wurde empfangen, ohne daß das ihm gebührende Empfangsprotokoll abgefeiert wurde, kein diplomatischer Erfolg garantiert, wenn grobe Schnitzer passierten. Rangstreitigkeiten wurden im Zeremoniell ausgetragen oder die gesellschaftliche Stellung durch das Zeremoniell zementiert. Innerhalb der barocken Gesellschaft kam dem Adel zwar das Vorrecht zu, an diesen Veranstaltungen teilzunehmen, er unterlag aber auch der Pflicht, für diese Äußerungen einer sublimierten Wirklichkeit unter oft unerhörtem finanziellen Aufwand zu sorgen.

Vorbild Frankreich
Das berühmte „Lever", die Ankleidezeremonie Ludwigs des XIV. in Versailles, Disziplinierungsinstrument des französischen Adels, kam in entsprechend vereinfachter Version auch an deutschen Höfen zur Anwendung. Die französische Hofhaltung galt als das non plus ultra und wurde allerorten nachgeahmt. Jedermann sprach französisch, der Kavalier war à la mode gekleidet, Nordkirchen feierte man als das „westfälische Versailles". Nun waren Münster und Paderborn nicht Paris, der absolute Fürst stellte sich zwar als solcher dar, bekam in der

Realität aber die Macht der Stände zu spüren. Der schöne Schein war nicht immer mit dem bedeutenden Sein in Einklang zu bringen. Münster als Metropole des Bistums, vertreten durch seinen mächtigsten Stand, das Domkapitel, konnte den einen Kölner Kurfürsten zwar zwingen, ein Schloß zu versprechen (1719), den anderen, es zu bauen (ab 1767), Residenz wurde die Stadt trotzdem nicht. Der Fürst blieb in Bonn, die ‚Höflichkeit' auch. Zwar mühte sich auch hier der Adel in Stadt und Land, gefolgt vom erstarkten Bürgertum, es den Mächtigen im Lande in ruinösem Lebensstil und in aufwendiger Selbstdarstellung in Architektur und Ausstattung gleichzutun – der Erbdrostenhof in Münster ist ein gutes Beispiel, Nordkirchen ebenso –, doch blieb höfisches Leben ohne Hof eher provinziell. In Münster hatte man nicht den „Verlust der Mitte" zu beklagen, im 18. Jahrhundert hat es sie hier kaum gegeben.

Barock – ein Stilbegriff?

Was ist Barock, wann war Barock, ein Stil oder eine Epoche? Damit fangen die Probleme an. Unter „barock" hatte man anfänglich etwas Seltsames und Außergewöhnliches verstanden, vor allem in Hinblick auf merkwürdige und bizarre Formen der Natur, aber auch der Kunst. Die italienische Architektur des 17. Jahrhunderts wurde von den Anhängern des Klassizismus oder der Renaissance als abnorm, regelwidrig und extravagant empfunden – mit einem Wort: barock. Noch Jakob Burckhardt sprach im ‚Cicerone' von einem „verwilderten Dialekt" der Renaissance. Erst in den achtziger Jahren des 19. Jahrhunderts, als Justizpaläste und andere wilhelminische Repräsentationsbauten ihre Bedeutung dem barocken Formenapparat zu entleihen suchten, mit dem Neubarock, verlor der Begriff seinen abschätzigen Beigeschmack und wurde zum ‚terminus technicus' nicht nur der Architektur, sondern aller Kunstgattungen.

Vorbild Rom

In Italien setzte Michelangelos architektonisches Konzept der Peterskirche und die Planung des ‚Rathauses' von Rom, der Kapitolsanlage, bereits Ende des 16. Jahrhunderts neue Maßstäbe. Fassade und Langhaus der Peterskirche von Carlo Maderna sowie die Kolonnaden Berninis gehören bereits dem 17. Jahrhundert an. Päpste und Kardinäle waren eifrige Förderer, Mäzene der Baukunst, darauf bedacht, ihr Gedächtnis in prächtigen Kirchen, Palästen, Kapellen, Altären und Grabmälern zu verewigen; aber auch die Stadt Rom wurde zum Gegenstand umfangreicher stadtplanerischer Maßnahmen, die in langen Achssystemen die Ausstrahlung päpstlicher Macht innerhalb des ungeordneten Gemeinwesens verdeutlichte – Gianlorenzo Bernini, Francesco Borromini, Pietro da Cortona hießen die Baumeister. Ihre Bauformen und ihre Dekorationskunst wurden in ganz Europa rezipiert. Ein Studium an der römischen Akademie war für viele Architekten in Wien oder in München das Sprungbrett der Karriere, denn der baufreudige Adel hatte selbst Kenntnis der römischen Bauten und wollte über den römisch geschulten Baumeister ein Stück der grandiosen Erfindungen der christlichen Metropole für seinen Bau sicherstellen. So forderte die in Brünn lebende Gräfin Maria Ernestina zu Ostfriesland und Rietberg, die Initiatorin der borrominesken Nepomuk-Kapelle in Rietberg, daß „eine überauß Kostbahre und schöhne Capelle auff Romenische (= römische) Art" erbaut werden solle. Fischer von Erlach verdankte seinen römischen Studien schnelle, glanzvolle Aufträge, Johann Conrad Schlaun wurde nach seiner Romreise in kürzester Zeit die Nummer Eins im Bistum Münster, Lambert Friedrich Corfey aufgrund der Kenntnisse seiner umfangreichen Bildungsreise zum Berater des führenden westfälischen Adels.

Rolle der Jesuiten

Der Jesuitenorden hatte seine asketische Militanz verloren, die Gegenreformation suchte durch architektonische Illusion zu inszenieren, zu argumentieren, zu überzeugen, zu überreden, zu schmeicheln, zu täuschen. In der Folge des berühmten Konzils von Trient mit seinem Abschluß im Jahre 1563 sind eine Reihe von Strategien entwickelt worden, die, etwa die Organisation der Messen betreffend, auch äußerliche, gebaute, gemalte, formulierte Argumente gegen die Lutherische Revolution bereitstellte. Dem Jesuitenorden, einer soldatisch straff organisierten geistlich-geistigen Elitetruppe, war dabei eine Vorreiterstellung zugekommen. Ihre römische Hauptkirche Il Gesù wurde zu einer Leitform des barocken Sakralbaus, St. Michael in München das deutsche Pendant dazu, Kirchen, die die prachtvoll durchgliederte Schauwand der Fassade gleichsam wie ein Plakat ins Stadtbild stellten und im Innern reiche Säle in antiken Dimensionen vorführten, die teils mit den Mitteln der Architektur, teils mit denen der Malerei die Vorstellung beschwor, direkt mit dem von einer Heerschar heiliger Gestalten bevölkerten christlichen ‚Götterhimmel' verbunden zu sein.

Diesem Leitbild ist die Gesellschaft Jesu in Westfalen nicht gefolgt. Ihre Bauten sind, der eigentlichen Konstitution des Ordens entsprechend, zumindest äußerlich eher frei von Pracht und Prunk – ihr Baumeister war Anton Hülse, ein Ordensbruder –, doch gibt es die bedeutende Ausnahme der Jesuitenkirche Santa Maria Immaculata in Büren, 1754 bis

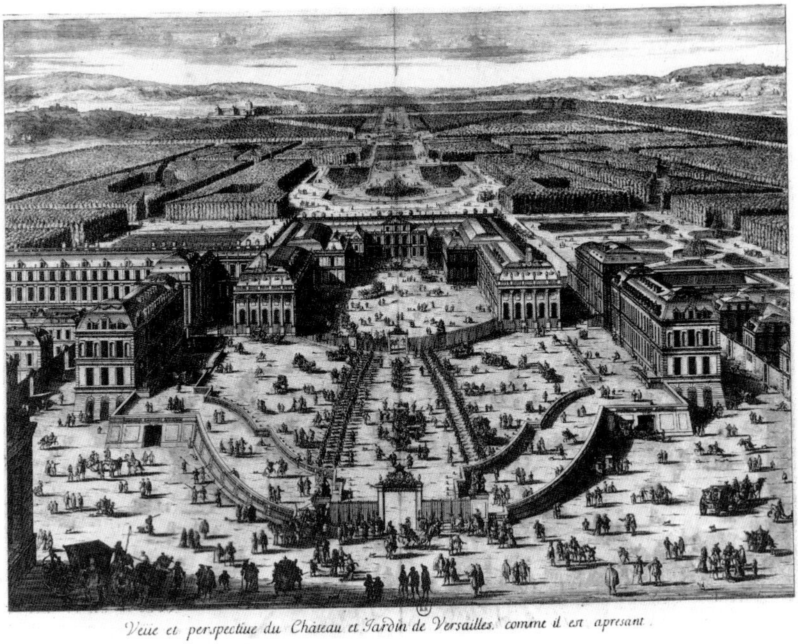

Schloß Versailles, Perspektive von Schloß und Garten, Robert de Cotte

Schloß Versailles, Perspektive der Marställe und der Stadt Versailles, Robert de Cotte

Piazza del Popolo in Rom mit dem Dreistrahl der Straßen Via del Babuino, Corso und Via di Ripetta und den beiden Kirchen S. Maria di Montesanto und S. Maria dei Miracoli, Ansicht von Giambattista Piranesi

1771 nach Plänen von Johann Heinrich Roth errichtet, die mit reich dekorierter Fassade einen römisch akzentuierten Vierungsraum mit Kuppel ins Zentrum rückt, der in seiner voluminösen architektonischen Gliederung einerseits und dem Illusionismus der Malereien des Asam-Schülers Winck andererseits, in Westfalen sonst nur von Schlaun her bekannte römische Töne anschlägt. Berninis „Theatrum Sacrum", heiliges Theater, inszenierte das biblische Geschehen oder die Verzückung der Heiligen in einem sehr irdischen Realismus, sinnlich erfahrbar. Der Griff Apolls nach der Nymphe hinterläßt Eindrücke auf ihrer marmornen Haut.

Wird die heilige Handlung durch den Realismus der Darstellung gleichsam ins Diesseits transportiert, so wird auf der anderen Seite der Fürst und die ihn umkreisenden Planeten, die Fürstin Frau Luna, Teil des himmlischen Geschehens: Zuschauer und Akteur zugleich. Architektur und Bildprogramme des Absolutismus waren „Propaganda Fide" für ein auf den Fürsten als weltlichen oder geistlichen Vertreter Gottes auf Erden bezogenes Herrschaftssystem – das Gottesgnadentum baute ‚Weltarchitekturen'. Selbstverherrlichung ohne Maß, atemberaubende Prunkentfaltung, Ausbeutung des Volkes durch Steuern und Frondienste, Verschwendung kennzeichnen die Intensivierung aller verfügbaren Geld- und Gestaltungmittel des feudal-absolutistischen Herrschertums.

Architektur als Weltbühne – die Inszenierung von Macht

Das Schloß war Residenz, in dem der Landesfürst und die Träger der Staatsgewalt lebten, sich versammelten und die Politik des Landes bestimmten. Das Zeremoniell regelte das Zusammenleben im Schloß, die Residenz war gleichsam Abbild des Staates, dessen Macht, Ansehen, Reichtum und Größe es verkörperte. Das Volk kam nicht vor, schon der Kammerdiener oder der Lakai wurden nicht mehr als Mitmensch empfunden und behandelt, man nahm sie als solchen nicht wahr. Die Polizei als Pendant zum Zeremoniell regelte das Leben des Volkes, die Religion war die gültige moralische Instanz, oft Hand in Hand mit der Obrigkeit, deren Anordnungen von den Kanzeln verlesen wurden. Das Volk war das Material, das von den Höfen verschlissen wurde, nicht nur durch die Steuererhebungen, die Verpflichtung zu Frondiensten, sondern auch in den zahlreichen Kriegen – einige der Fürsten verkauften ihre Landeskinder als Soldaten an fremde Potentaten. Gewalt kennzeichnete deshalb auch in hohem Maße das Gesicht der Epoche vom Dreißigjährigen Krieg bis zur Französischen Revolution. Die Großmächte Europas konsolidierten sich in Kriegen.

Kriege bestimmen höfische Moden. Die Türkenmode etwa war Ergebnis der kriegerischen Auseinandersetzungen, die der Türkenlouis und Prinz Eugen siegreich für die europäischen Truppen entschieden hatten. Auf der an-

Piazza Navona in Rom mit Berninis Vierströmebrunnen (1648–51) und Borrominis S. Agnese in Agone (1652), Ansicht von Giambattista Piranesi

St. Peter in Rom, Ansicht von Giambattista Piranesi

Rom, San Carlo alle Quattre Fontane von Francesco Borromini, Fassade von 1665

deren Seite entdeckte man die Welt – Ostasien, Afrika, Amerika – und nahm von ihr Besitz. In die Kabinette wanderten exotische Kunstwerke, japanische und chinesische Porzellane und Lackarbeiten, ganze Paläste werden den neuen Moden gewidmet.

Wissenschaften
Das moderne Weltbild wurde entwickelt, die Sonne ins Zentrum gerückt, von Planeten umkreist: Galileo Galilei (1564–1642) entdeckte auf der Basis von Kopernikus die Zusammensetzung der Milchstraße. Johannes Kepler (1571–1630) publizierte die Gesetze der Planetenbewegung; Isaac Newton (1643–1727) führte die Schwerkraft und die Bestandteile des Lichts in das physikalische Denken ein; Gottfried Wilhelm Leibniz (1646–1717) entwickelte die Mechanik weiter und leitete mit seiner Monadenlehre bereits das Maschinen- und Computerzeitalter ein; Denis Papin (1647–1714) erfand den Dampfdrucktopf und baute das erste maschinell betriebene Schiff. Die Fürsten erkannten die Bedeutung der Wissenschaften als eine der vornehmsten Aufgaben des Staates und förderten sie unter anderem durch die Einrichtung der Akademien in Paris 1666 und in Berlin 1700: „In Betrachtung, daß die Künste den Staat zieren, demselben großen Nutzen und den Stiftern derselben einen unsterblichen Ruhm erwerben können", heißt es im Entwurf zum Reglement der Berliner Kunstakademie.
Die Staatskunst war seit Aristoteles Thema der Kunst, die künstlerische Gestaltung des Reiterstandbildes eines regierenden Fürsten war ein Ausdruck der sich ändernden Auffassungen. Niccolò Machiavelli und in seiner Folge Caesare Ripa haben ein Bild vom absoluten Fürsten gezeichnet, der sich im Zweifelsfall über das geltende Recht erheben konnte, da, abgekürzt, das Ziel die Mittel heilige. Seit 1576 Jean Bodin seine „Six Livres de la République" herausgebracht hatte, zielte staatsmännisches Trachten auf die Vereinigung großer Völker- und Landmassen unter zentraler Regierung. Frankreich war darin das unübersehbare Vorbild für Europa. Seine pyramidale Gesellschaftsordnung gipfelte in der Gestalt des Königs, der nicht nur den Staat als Machtapparat vertrat, sondern fast noch stärker seine wichtigste Aufgabe in der Verfeinerung des kulturellen Lebens der Nation sah. Machtanspruch diente damit in weiterem Sinne zugleich den Künsten und der Natur. Manufakturbetriebe wurden begründet und eingerichtet, die für die Ausstattung der neuen Residenzen zu sorgen hatten. Es wurden Maßstäbe gesetzt für die weitere Produktion in den eigenen Landen, um mit hervorragenden Qualitäten den im Sinne des Merkantilismus geforderten Exportüberschuß sicherzustellen. Die staatlichen Manufakturbetriebe und ihre kostbaren Güter wurden zu Werkzeugen hoher Staats- und Wirtschaftspolitik.

Zeremoniell und Architektur
Die Funktion eines führenden europäischen Leithofes, was das Zeremoniell, die Distribution (die Anordnung) der Räumlichkeiten und das Dekorum anbelangte, hatte Versailles, wo Ludwig XIV. den aufständischen Adel der „fronde" domestizierte. Seine Hofarchitekten Louis Levau und Jules Hardouin-Mansard, sein Gartenkünstler André Le Nôtre und sein „Premier Peintre", der Hofmaler Charles Lebrun, gestalteten im Auftrage des Königs Schloß und Garten von Versailles zu einem perfekten Gehäuse für das Zeremoniell als Abbild des Staates unter der Herrschaft des „Sonnenkönigs": „L'État, c'est moi!" – König und Staat waren eins. Es herrschte das Prinzip der absoluten Subordination der Teile unter das Ganze. Die architektonische Ordnung, das Wegesystem in Schloß und Garten: besonders geeignet für die Visualisierung des Auf- und Abstiegs in der höfischen Hierarchie war das barocke Treppenhaus, das Sitzen im Theater, in der Schloßkapelle: alle Form, alles Geschehen diente ausschließlich der Apotheose des Fürsten und seiner Handlungen. Macht, Alleinherrschaft, internationaler Rang: die strenge, klassizistische Ausprägung des französischen Barock schlug gegenüber den schwingenden Raumphantasien der Italiener eine härtere Gangart an. „Patte d'oie", „rond point", „Place de l'Étoile": das Prinzip der Zentralkomposition im Städtebau und in der Planung von Schloßanlagen wurde zwar nicht in Paris erfunden,

Rom, Il Gesù von Vignola, 1568, Ansicht des Innenraumes

Rom, Il Gesù von Giacomo della Porta, 1573, Fassade

aber zur Vollendung gebracht: großartigstes Beispiel wiederum Versailles. Dem in die Unendlichkeit des Raumes ausgreifenden Achssystem des Gartens, mit dem symbolisch von der Welt Besitz ergriffen wurde, standen im Innern des Schlosses die Enfilades gegenüber, prunkvolle Raumfluchten, durch die die Gesandten befreundeter und feindlicher Staaten ebenso wie der domestizierte Adel geführt wurden, begleitet von einem Ausstattungsprogramm, das ihnen die unendliche Machtfülle des Herrschers vor Augen stellte, ehe sie in einem der Antichambres auf die Gunst einer Audienz hoffen durften.

In direkter Konkurrenz zu Papst und „Sonnenkönig" stand der Wiener Hof Kaiser Karls VI., dem nach den Siegen über die Türken mit Fischer von Erlach und Lucas von Hildebrandt geniale Baumeister zur Verwirklichung seiner ehrgeizigen Bauprojekte wie Karlskirche, Hofburg und Lustschloß Schönbrunn zur Verfügung standen. Der Adel, allen voran der edle Feldherr Prinz Eugen, ließ sich im Schlagschatten des Hofes prunkvolle Paläste in der Stadt und weitläufige Lustschlösser vor den Toren errichten und ausstatten. Berühmtestes Beispiel ist die Anlage des Belvedere, ein Garten zwischen zwei Schlössern von Johann Lucas von Hildebrandt, der mit dem Oberen Belvedere Prinz Eugen, dem Sieger über die Türken, ein architektonisches Denkmal schuf. Fischer von Erlachs Hofbibliothek ist kaiserliche Machtarchitektur allerersten Ranges, ebenso wie die Karlskirche, die den Kaiser in eine Reihe mit den römischen Imperatoren stellte und Wien zum neuen Rom erklärte. Die habsburgischen Doppelsäulen, gleichgesetzt mit den Säulen des Herkules am Ausgang des Mittelmeeres, waren seit Karl V. das Symbol der Weltherrschaft über den engeren Bereich Europas hinaus. So sind sie an der Karlskirche, im Entwurf für Schönbrunn und selbst noch in der Salzburger Kollegienkirche als in architektonische Ordnung gefaßtes politisches Anspruchsdenken zu begreifen.

‚Das Jahrhundert der Schönborn' bestimmte weitgehend das Aussehen Mainfrankens. Graf Lothar Franz von Schönborn (1655–1729), Fürstbischof von Bamberg und Kurfürst von Mainz, damit Reichskanzler, war einer der vom ‚Bauwurm' besessenen deutschen Fürsten, die, Paris und Wien im Kopf, das dort Gesehene jedoch nicht sklavisch nachahmten, sondern in einen „theutschen Gusto" abwandelten, dessen Ausprägung ihm, wie auch anderen Fürsten, etwa Herzog Anton Ulrich von Braunschweig-Wolfenbüttel, sehr am Herzen lag. In zeitgenössischen Selbstdarstellungen, Fresken, Gemälden, sieht man den mächtigen Mann eingebunden in die katholische Allianz von Kirche und Kaisertum auf der Seite der „Casa Austria" und zugleich an der Spitze der Reichspolitik, deren wichtigstes Organ das Kurfürstenkollegium wegen seines Königwahlrechtes gewesen ist. Damit ist auch eine wichtige Geldquelle genannt, mit der eine ganze Reihe fürstlicher Bauten finanziert wurden, nämlich Bestechungsgelder. Lothar Franz erhielt von Karl VI., dessen Heirat mit der konvertierten braunschweig-lüneburgischen Prinzessin, Tochter Anton Ulrichs, er betrieben und dessen Wahl zum Kaiser 1711 er un-

Rom, St. Andrea al Quirinale von Gianlorenzo Bernini, Innenraum

terstützt hatte, 100 000 Florin, ein Kapital, das er prompt zum Bau von Schloß Pommersfelden verwandte: „Das Bauen ist ein Teufelsding, denn wenn man einmal damit angefangen hat, darnach nicht aufhören kann …", lautet das berühmte Wort, mit dem er über den Schloßbau in Pommersfelden berichtet, dessen Treppenhaus die höchste Ausprägung des zeremoniellen Aufstiegs darstellt. „Bauen ist eine Lust, was es mich kost', das hab ich nicht gewußt," dieser Spruch, den ein Würzburger Bäckermeister 1707 an seinem Haus anbringen ließ, bringt es auf den Punkt: nie zuvor war in Europa erfindungsreicher, wagemutiger, leidenschaftlicher und kostspieliger gebaut worden.

Rolle der Baumeister

Maximilian von Welsch, Johann Dientzenhofer, Johann Lucas von Hildebrandt und Balthasar Neumann hießen die Baumeister der Schönborn, denn auch der Würzburger Schloßbau wurde von der reichsfürstlichen Familie geplant und errichtet. An Würzburg zeigt sich zudem der internationale Zug der Zeit. Neumann wurde nach Paris geschickt, um die Architekten des Königs zu konsultieren. Immer wieder wurden von verschiedenen Baumeistern, vor allem von Hildebrandt aus Wien Pläne gefordert, die neben der belebenden oder krank machenden Konkurrenz eben auch die Provinzialität des Bauens von vornherein ausschlossen. Diese Erfahrung mußte auch Schlaun in Brühl und in Clemenswerth machen, als ihm mit den Hofarchitekten aus Bonn und München mächtige, am französischen Grand Goût geschulte Konkurrenten zur Seite gestellt wurden. Auch in Westfalen gibt es diese Baumeisterkonkurrenz. Oft ließen die Bauherren andere Pläne zeichnen. Namen und Pläne der Pictorius, Corfey und Schlaun erscheinen bei demselben Bauprojekt. Gerade an der Familie Schönborn, ihren Verflechtungen im Reich, mit dem Reich, dem Habsburger Kaiserhaus – Friedrich Karl von Schönborn, Lieblingsneffe des Kurfürsten, war 1705 zum Vizekanzler des Reiches ernannt worden mit Sitz in Wien, Agenten berichteten ihm aus Dresden, Rom und Paris –, macht deutlich, daß mit den politischen Beziehungen die architektonischen Formen einhergingen und mit dem kaiserlichen Baumeister auch kaiserliche Formen eingekauft wurden. Das gilt in nuce für jeden deutschen Hof, sei er auch noch so klein.

Rom, Piazza S. Ignazio von Filippo Raguzzini, 1727–28

Ebenso wie bei den Schönborn gab es auch bei den Sachsen, den Preußen oder den Wittelsbachern eine Machtkumulation der geistlichen oder weltlichen Ämter, die, wenn es die politische Situation erlaubte, großartige Bauprojekte zur Folge hatte. Schleißheim und Nymphenburg sind die Projekte, die der Kurfürst Max II. Emanuel von Bayern (1662–1726), in erster Ehe mit der Tochter des Kaisers vermählt, begonnen hatte, ehe er als Statthalter der südlichen Niederlande den Ereignissen des Spanischen Erbfolgekrieges zum Opfer fiel, zunächst entmachtet, seiner Länder und seiner Kurwürde beraubt, nach Abschluß des Friedens von Rastatt wieder nach München zurückkehrte und ungebrochen den ehrgeizigen Ausbau beider Schloß- und Gartenanlagen neben dem Ausbau der Residenz in München weiter betrieb. Das Neue Schloß Schleißheim etwa wurde zu einem aufwendigen Repräsentationsbau, in dem sich Max Emanuel mit großem Pomp als Türkensieger feiern ließ, er hatte ein Erhebliches für diese kriegerischen Aktionen aufwenden müssen, die ihm letzlich außer dem ewigen Ruhm wenig einbrachten.

Max Emanuel war der Vater von Clemens August, dem Fürstbischof von Münster und Kurfürst von Köln, dem Förderer und Mäzen des jungen Schlaun, den er zum Baumeister des Bistums machte, und der die barokke Baukunst Westfalens in ganz entscheidendem Maße geprägt hat. Auch der Bonner Hof war ein Leithof, abhängig von München, da das Amt des Kölner Erzbischofs traditionell von einem der nicht regierenden Mitglieder des Hauses Wittelsbach besetzt wurde. Vor allem der Ausbau von Schloß Augustusburg in Brühl, die Anlage der Gärten und der Bau des

Rom, St. Andrea al Quirinale von Gianlorenzo Bernini, 1658–70, Fassade

Jagdschlosses Falkenlust setzten Maßstäbe, an denen der Adel des Landes sich die Zähne ausbeißen konnte. Minister von Clemens August im Fürstbistum Münster war Ferdinand von Plettenberg, vielleicht der ‚Entdecker' Schlauns, ein mächtiger Mann, der das bereits von seinem Onkel, dem Paderborner Fürstbischof Franz Arnold von Wolff-Metternich, begonnene Schloß Nordkirchen von Schlaun zuende bauen ließ. Bereits Franz Arnold hatte das Talent des jungen Schlaun erkannt und seine Pläne der Jesuitenresidenz in Büren gefördert. Zwar wurden sie von den Jesuiten abgelehnt, doch hatte Schlaun unter Pictorius bis 1720 die Bauleitung in Büren. In dieser Stellung sammelte er die praktische Erfahrung und im Umgang mit Pictorius und dem als Gutachter tätigen Corfey auch die nötige Theorie, um sich größeren Aufgaben zu empfehlen. Nach seiner Studienreise in den Jahren 1720 bis 1723 nach Rom und Paris mit Zwischenstation im Würzburg der Schönborn, wo er mit Balthasar Neumann zusammenkam, war Schlaun gut gewappnet für die hohen Herren von Kurköln und Münster: Ferdinand von Plettenberg, Großneffe und Neffe der Fürstbischöfe Ferdinand von Fürstenberg, Friedrich Christian von Plettenberg und Franz Arnold von Wolff-Metternich, Erster Minister des Kurfürsten, ‚Wahlmacher' von Clemens August, daraufhin Reichsgraf, wird sein erster Auftraggeber: neben der Kapuzinerkirche in Münster überträgt er ihm die Vollendung des Familienschlosses

Rom, S. Ignazio, Andrea Pozzo, Langhausdecke von 1691–94

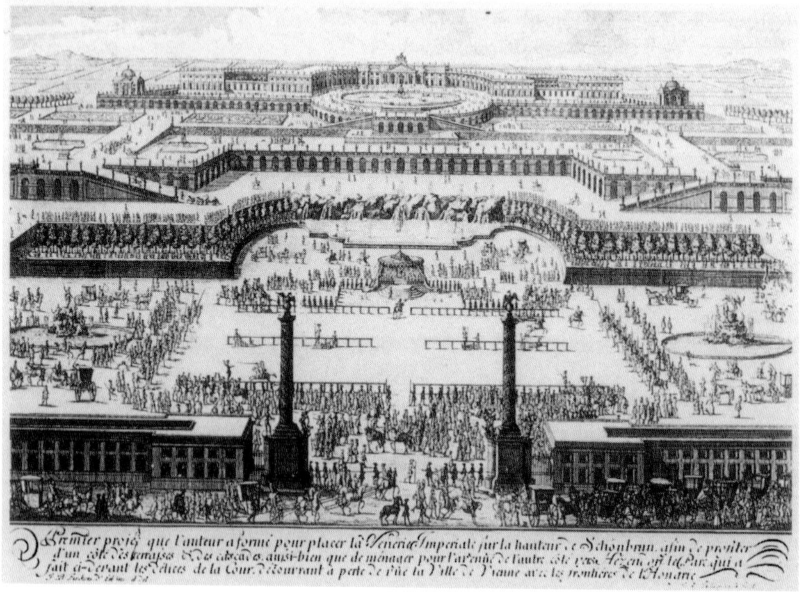

Wien, Schloß Schönbrunn, erstes Projekt aus Fischer von Erlachs Historischer Architektur, 1721

Nordkirchen, bereits 1697 von Gottfried Laurenz Pictorius für den Onkel begonnen, mit bedeutenden Nebengebäuden wie der Oranienburg und der Orangerie, weitläufigen Gartenanlagen und Nutzgebäuden im zugehörigen Dorf. Für Plettenbergs Münsteraner Verwandtschaft, den Dompropst Friedrich Christian von Plettenberg-Marhülsen, baute er die Dyckburg bei Münster mit einer kleinen, privaten Loreto-Kapelle, für dessen Schwiegermutter die Michaelskapelle in Lembeck. Im Speisesaal von Nordkirchen vollzieht Schlaun in Westfalen die Wende zum modernen Bauen: nicht nur zwischen zwei Baumeistergenerationen, sondern auch zwischen zwei völlig verschiedenen Auffassungen: Pictorius stand in der Tradition des holländischen Klassizismus mit palladianischem Einschlag, Schlaun war, was die Inneneinrichtung betrifft, Pariser Schule. Mit Nordkirchen ist der Bruch mit Holland vollzogen. Von nun an setzt, cum grano salis, Schlaun im Fürstbistum Münster die Maßstäbe. Mit Schlauns Tod wird in Münster und Westfalen die Epoche des Barocks auch enden. Doch zurück zu den Anfängen.

Die Situation in Westfalen

In dem vorliegenden Reiseführer durch das „barocke Westfalen“ beginnt das „goldene Zeitalter“ im Jahre 1648, dem Jahr, in dem nach dreißig Kriegsjahren endlich Frieden geschlossen wurde. In den langjährigen Verhandlungen war Christoph Bernard von Galen der Abgesandte der Bistümer Lüttich und Münster gewesen. Obwohl in Münster keine entscheidenden Schlachten stattgefunden hatten, lag das Land danieder, Folge der ständig durchziehenden, marodierenden Truppen, wie sie der Simplizissimus beschreibt: Plünderungen, Brandschatzungen, Kriegstributionen, die meisten Bauernhöfe im Hoch- und Niederstift verlassen oder verbrannt. Eine Weile schien es, als sollte das Bistum Münster als Kriegsbeute an die Hessen gehen, als wäre der Fortbestand der norddeutschen geistlichen Staaten grundsätzlich gefährdet, doch allen Voraussagen zum Trotz blieb Münster dem Krummstab erhalten. Allerdings sah sich der 1650 erwählte Bischof von Galen jetzt von den unübersehbar erstarkten protestantischen Nachbarstaaten ernsthaft bedroht: Bremen, Verden, Minden und die Abtei Herford annektiert oder in weltliche protestantische Staaten verwandelt, in Osnabrück sollte wechselweise ein Prinz aus dem evangelischen Hause der Welfen und ein Katholik regieren, während der Nachbar im Westen, die Vereinigten Niederlande, nach 80-jährigem Krieg gegen die Spanier endgültig aus dem Reichsverband ausschieden. Gerade 200 000 Untertanen zählte der Bischof, Münster hatte nur etwa 5 800 Einwohner. Die meisten Bauern waren Leibeigene, noch härter war das Los der Lohnarbeiter, Kinderarbeit die Regel. Das Verlagssystem – Handwerker arbeiteten für Händler, die ihnen die Rohstoffe lieferten und die Fertigprodukte abnahmen – führte zu hoher Arbeitslosigkeit: Erwerbslose, die von Almosen, der ‚Sozialhilfe des Barock‘ lebten oder sich als Tagelöhner zu verdingen suchten. Das betraf in manchen Städten etwa die Hälfte aller Haushalte. Standesschranken waren nahezu unüberwindbar. Dazu kamen die

Wien, Belvedere, Ansicht aus der Vogelschau nach Salomon Kleiner, 1731

Staatsschulden in Rekordhöhe, die durch die ‚ordinären Schatzungen', eine Art regelmäßiger Steuer, durch Staatsanleihen, Subsidien, Sondersteuern aller Art, gemindert werden sollten. Allerdings: Adel und Klerus, oft auch die bischöflichen Beamten und die Bürgermeister der Städte, also die ‚Besserverdienenden' im Land, waren von der ‚Schatzung' befreit. Bauern und Bürger waren die eigentlichen Leidtragenden. Hinzu kamen die Belastungen durch das feste Heer des Bischofs – 1665 hatte er 3000 Mann zu Fuß und 400 Reiter, 1672 bereits 60 000 Mann unter Waffen. Selbstverständlich waren die Güter des Adels und der Geistlichkeit von den Einquartierungen im Winter befreit. Man kann sich vorstellen, daß bei der Bevölkerung im Lande bald nicht mehr viel zu holen war.

Politischer Wandel

Dazu kamen Auseinandersetzungen mit der Metropole des Bistums, der Stadt Münster. Äußerer Anlaß waren Streitigkeiten mit einem Gegenkandidaten, der den knappen Ausgang der Bischofswahl angefochten hatte und von der Stadt Unterstützung erhielt. Nach langem Kampf mit dem Fürstbischof teilte Münster das Schicksal Paderborns wie einer ganzen Reihe weiterer deutscher Städte, etwa Braunschweigs. Am 26. März 1661 zog nach neunmonatiger Belagerung unter Pauken und Trompeten und unter dem Donner der Kanonen Fürstbischof Bernard von Galen an der Spitze der Geistlichkeit und des Stiftsadels in Münster ein – der Beginn des Absolutismus in Westfalen, des Zeitalters barocker Fürstenherrlichkeit von Gottes Gnaden. Das Rathaus, monumentales Wahrzeichen städtischer Selbständigkeit wurde fürstbischöfliche Hauptwache, das Gildenhaus fürstbischöfliches Zeughaus, der Rat der Stadt aufgelöst. Das Bürgertum hatte seine Bedeutung in Politik, Gesetzgebung und Verwaltung verloren, aber auch als Mäzen von Kunst und Architektur ausgespielt. Fürst, Kirche und Adel sind jetzt die Auftraggeber, die Architekten, oft auch die Dekorateure, holt

Wien, Oberes Belvedere, Der Audienzsaal nach Salomon Kleiner, 1731

man aus dem Ausland – Holland, Belgien, Wien, Rom und Paris – oder läßt sie dort ausbilden. Die führenden Architekten sind meist Offiziere der fürstbischöflichen Artillerie und des Ingenieurkorps.

Westfälische Residenzen

Sinnbild der neuen Machtverhältnisse waren die Zitadellen des Bischofs in Münster und Coesfeld. Letztere entstand, als der Bischof aufgrund der Spannungen mit seiner Hauptstadt wichtige Behörden aus Münster abzog und an anderen Orten Hof hielt. Coesfelds Lage als neue Residenz war verkehrstechnisch ideal, die Verbindungen in die Niederlande zu kontrollieren, für Diplomaten, Gesandte und Boten leicht zu erreichen. 1654 wurde mit dem Festungsbau begonnen, seit 1660 residierte der Bischof in der „Ludgerusburg", empfing Gesandte fremder Mächte, fertigte Urkunden und Edikte. Seit 1667 hatte der Baumeister Peter Pictorius d.Ä. die Bauleitung, doch kam sein Entwurf einer Schloßanlage auf der Zitadelle nicht zur Ausführung. Den Entwurf des Pictorius aber, eine Dreiflügelanlage mit Eckpavillions, übergiebeltem Mittelrisalit und dem durch ein schmiedeeisernes Gitter abgetrennten Ehrenhof kann man, selbstverständlich vermittelt über die modernen Adelspaläste in Paris, als Modell einer ganzen Reihe von Adelshöfen in Münster ansehen, wo die hohen Stände, also Adel und Klerus, mit ihrem Kurfürsten in architektonischen Wettstreit traten – soweit das ihr Geldbeutel zuließ. Doch bereits 1688, zehn Jahre nach dem Tode des Fürstbischofs Galen, wurde die Zitadelle in Coesfeld wieder abgetragen. Dennoch ist die Anwesenheit des Bischofs in Coesfeld architektonisch zu Buche geschlagen: die Jesuitenkirche verdankt ihre Entstehung ebenso seiner Förderung wie der Kreuzweg mit 18 Stationen, darunter zwei Kapellen, für dessen Erhaltung er testamentarisch eine erhebliche Summe aussetzte.

In Münster dauerte es dagegen hundert Jahre, bis der martialische Gegensatz Zitadelle – Stadt von Schlaun umformuliert wurde in das barock-absolutistische System Residenzschloß – Residenzstadt. So lange mußte man warten, und da war es bereits zu spät, bis die Folgen der galenschen Residenzverlagerung wenigstens architektonisch rückgängig gemacht werden konnten, denn das Fehlen einer Residenz in Münster war die Ursache, daß auch die späteren Fürstbischöfe nicht gern in den ‚Absteigen' in Münster Quartier nahmen, sondern anderenorts, etwa in Ahaus oder Clemenswerth, den ihrem hohen Rang entsprechenden Rahmen suchten.

In Paderborn stand mit Schloß Neuhaus ein bedeutendes Wasserschloß des 16. Jahrhunderts als Residenz bereit. Clemens August, seit 1719 auch Fürstbischof von Paderborn, beauftragte Franz Christoph Nagel, das alte Schloß zu modernisieren: Durchfahrten, Portale, eine klare Wegachse von Paderborn zum Schloß und durch dessen Vierflügelanlage hindurch bis in den neu angelegten barocken Garten, Brükken, Wachthäuser und der auf die Querachse des Gartens bezogene Marstall vollenden die Maßnahmen im Sinne einer über sich hinaus weisenden Anlage des Barock im Gegensatz zu der Abgeschlossenheit der gleichsam auf sich bezogenen Anlage des 16. Jahrhunderts. Im Park von Neuhaus hat Schlaun seine beiden berühmten Feuerwerke inszeniert, denen der Fürst mit seinem Gefolge vom Balkon der

Paraderäume im Obergeschoß beiwohnte. Nach dem Dreißigjährigen Krieg herrschte in Paderborn der Fürstbischof Ferdinand von Fürstenberg (1661-1683), gefolgt von den Wolff-Metternichs: Hermann Werner (1683-1704) und Franz Arnold (1704-1718), letzterer zugleich Fürstbischof von Münster. Ihnen verdankt die mittelalterliche Kathedralkirche von Paderborn mit ihrem dreifachen Patrozinium St. Maria, St. Liborius und St. Kilian ihre ungewöhnlich reiche und prächtige Ausstattung, die im Zuge der Barockisierung des Domes von 1652 bis 1706 entstand. Der bereits durch seine Würzburger Bauten bekannte Antonio Petrini errichtete die Fassade der Franziskanerkirche St. Joseph mit römischer Kolossalpilasterordnung, Volutengiebel und Freitreppe. Mit der ein- und ausschwingenden Fassade der Gaukirche St. Ulrich von Franz Christoph Nagel machen sich unter Clemens August ebenso wie in Münster römische Formen in der nächsten Umgebung des Domes breit. Die Gaukirche ist eine wenn auch schlichte Kopie des Oratoriums des Heiligen Filippo Neri in Rom, das in Borrominis „Opus Architectonicum" in gedruckter Form zur Verfügung stand. Zu nennen wären noch die Jesuitenkirche St. Franz Xaver, eine Stiftung Ferdinand von Fürstenbergs, erste Entwürfe von Antonio Petrini (1682), ausgeführt wurde eine schlichtere Version von

Pommersfelden, Schloß Weißenstein, Ansicht des Treppenhauses nach Salomon Kleiner, 1728

Bruder Anton Hülse. Die ursprünglich reiche Barockausstattung bildete das Pendant zu dem altertümlich gotisierenden Innenraum.
Auch in Paderborn entstanden zahlreiche Adelskurien: der Dalheimer Hof, 1716 von Johann Conrad Schlaun als Stadtwohnung der Äbte errichtet, die Domdechanei für Hermann Werner von Wolff-Metternich, damals Domdechant, 1676 von Ambrosius von Oelde, der „erste große Profanbau des Barock in Paderborn", die Fürstenberg-Kurie am Abdinghof, ein unregelmäßiger Flügelbau mit Ehrenhof, um 1730 errichtet, mit einer achteckige Kapelle von 1735. Auch einige barocke Bürgerhäuser haben sich erhalten: der ehemalige fürstbischöfliche Posthof von 1720, der Hardehäuser Hof von 1734 und das Gleseker Haus von 1779. Eine westfälische Besonderheit sind die barocken Kuranlagen in Bad Driburg mit ihren aus Fachwerk errichteten Bade- und Logierhäusern, seit 1781 durch den Herrn des Badewesens Caspar Heinrich von Sierstorpff erbaut.
Ein anderes wichtiges Zentrum barocken Bauens war Arnsberg im Sauerland, das zu den Kölner Besitzungen des Kurfürsten Clemens August gehörte. Auf den Grundmauern der mittelalterlichen Burg über der Stadt hatte er sich in den Jahren 1730 bis 1735 von Johann Conrad Schlaun einen prunkvoll ausgestatteten Dreiflügelbau mit Eckpavillons als Jagdschloß errichten lassen, das bereits im Siebenjährigen Krieg wieder zerstört wurde, womit die barocke Ära Arnsbergs beendete war. Nur noch das nach Arnsberg versetzte Eingangsportal des Jagdschlosses Hirschberg zeugt von der Bautätigkeit des Kurfürsten Clemens August: das Hirschberger Tor mit dramatischen Jagdskulpturen von Manskirch nach Plänen von Schlaun, heute am Eingang des im Barock umgebauten Klosterbezirks aufgestellt. Der Hubertusaltar aus der ehemaligen Schloßkapelle des Jagdschlosses befindet sich heute in der Pfarrkirche St. Christoph in Warstein-Hirschberg.
In der Propsteikirche St. Maria und Laurentius befinden sich wertvolle Ausstattungstükke aus der Ära der Drosten Fürstenberg, deren Stammsitz im nahen Herdringen lag: der Hochaltar, bis 1936 Memorienaltar des 1628 verstorbenen Landdrosten Caspar von Fürstenberg von Heinrich Gröninger in schwarzem Marmor mit kunstvoll gearbeiteten Alabasterreliefs, das Grabmal des Erbdrosten Friedrich von Fürstenberg um 1680 von Johann Mauritz Gröninger, die Kanzel und die Beichtstühle. In Arnsberg kann man eine ganze Reihe einfacher barocker Bauten bewundern, wenn man auch nicht von einer barocken Stadtanlage reden kann: die Kapellen St. Georg und St. Nepomuk, das Rathaus von 1710, der Maximiliansbrunnen mit Wappen und Inschrift des Stifters und Kurfürsten Maximilian Friedrich von Königsegg-Rothenfels von 1779, der Landsberger Hof, heute Kreisheimatmuseum, um 1605 von dem Kölner Kurfürsten Ernst von Bayern erbaut, nach der Zerstörung des Schlosses zeitweise Residenz, nach dem Brand von 1733 wiederhergestellt.
Erneuten Glanz erhielt die Stadt erst wieder, als sie 1816 Regierungssitz der Preußen wurde, die Alte Regierung, ursprünglich Zuchthaus, war bereits 1783 mit den Steinen des zerstörten Schlosses errichtet worden, eindrucksvolle Proklamation der neuen Herrschaftsverhältnisse. Seit 1817 begannen die Preußen mit der planmäßigen Anlage eines Regierungsviertels rund um den Neumarkt, im Zentrum die evangelische Kirche, die den Sauerländern unter Mitwirkung des Berliner Hofbaumeisters Karl Friedrich Schinkel in klassizistischen Formen vor die Nase gesetzt wurde.

Das barocke ‚Gesamtkunstwerk'
Wenn oben gesagt wurde, daß der Barock gleichsam alle Künste zusammenführte, um der Architektur als der ersten Kunst zu dienen, dann ist das ein Idealfall. Eine großartige oder aber auch furchtbare Leitidee der Zeit war das Gesamtkunstwerk: als Wort zwar eine Erfindung unseres Jahrhunderts, ist es zum Beispiel in Nordkirchen Wirklichkeit geworden. Hier entstand ein durchaus künstliches Gebilde, der ungestalteten Natur wurde ein Teilstück genommen und künstlerisch überformt auf den Fürsten bezogen aus einem Guß errichtet. Jedes Detail dient der Gesamtidee, weshalb es auf irgendeine Art, meist über eine optische oder begehbare Achsbeziehung, mit dem größeren Zusammenhang verbunden ist. Der Fürst, ob geistlicher oder weltlicher Macht, läßt wie die Sonne durch sein Strahlen auch weiter entfernt stehende Planeten leuchten, während umgekehrt diese seinen Glanz vermehren. Das Kreisen der Trabanten um das Zentrum ist als System deshalb von großer Bedeutung für die Staatsikonographie, die Bildprogramme der Zeit, wie sie etwa am Erbdrostenhof, vor allem am Schloß in Münster in hervorragender Qualität vorgeführt werden.
Nur wenige Kilometer jenseits der Grenze des heutigen Westfalens bei Warburg und Marsberg liegt Arolsen, Residenz der Herren von Waldeck, eine Planstadt nach dem Vorbild von Versailles. Neben Schloß und Marstall wurde in einheitlichem Stil die gesamte Stadt errichtet, die Häuser der Arbeiter, Handwerker, Kaufleute und der Höflinge einschließlich der Pfarrkirche. Noch heute meint man den Geruch des 18. Jahrhunderts zu spüren, wenn man die geradezu militärisch exakte Ausrichtung der Häuser, geordnet nach ‚Dienstgraden', aufgereiht an den Achsen und Querachsen betrachtet: ein Staat im Kleinen. Allerdings sind das

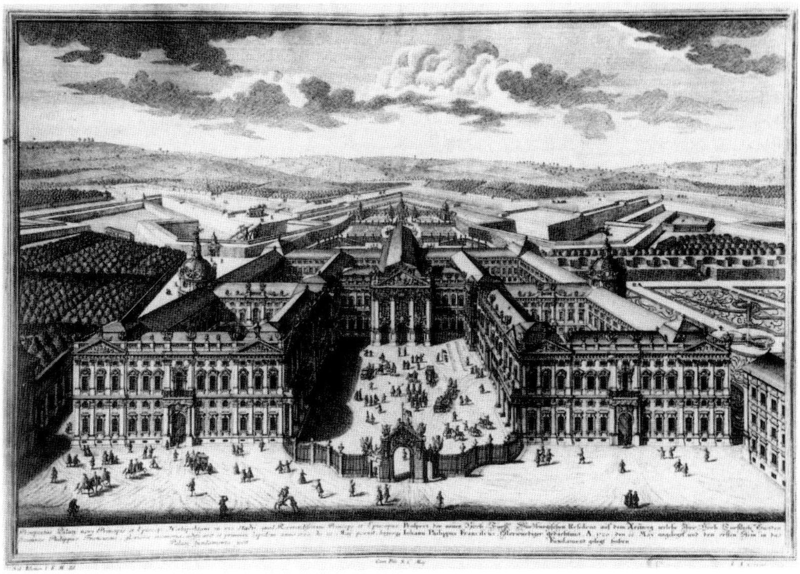

Würzburg, Residenzschloß, Vogelschau der Gesamtanlage nach Salomon Kleiner, von 1722/23

die Ausnahmen. In der Regel wurde barockisiert, wie das Beispiel des Paderborner Domes zeigt.

Barockisierung

Die Fürstabtei Höxter hatte unter den Auswirkungen des Dreißigjährigen Krieges besonders zu leiden gehabt. Das Klostergebäude lag in Trümmern, von der Kirche war lediglich das karolingische Westwerk stehengeblieben. Besonders erschwert wurde die Situation durch die exponierte Lage der ebenfalls nahezu vollständig zerstörten evangelischen Stadt Höxter innerhalb eines katholischen Territoriums, Zankapfel zwischen Kloster und dem evangelischen Hause der Welfen von Braunschweig-Wolfenbüttel, die ganz in der Nähe, am anderen Ufer der Weser, die berühmte Porzellanmanufaktur in Fürstenberg errichten ließen. 1662 wird Bernard von Galen als Administrator der Abtei vom Kaiser bestätigt. Er hat sich vor allem um den Wiederaufbau der berühmten Klosterkirche verdient gemacht. In den Jahren 1667 bis 1671 ersetzte man sie durch einen relativ niedrigen gotisierenden Saalbau mit Kreuzrippengewölben und polygonalem Langchor. Diesen bewußt altertümlichen Formen steht die üppige Barockausstattung gegenüber: der mächtige Hochaltar, die Nebenaltäre und das aufwendige Chorgestühl nach Plänen von Rudolphi, die Kommunionbank, die Kanzel, das Weihemal des Hl. Vitus, Beichtstühle, Kirchenbänke, Westempore und Orgelprospekt von Johann Sasse, Alabasterepitaphe der Fürstäbte aus dem späten 17. und 18. Jahrhundert an den Chorwänden von der Giershagener Papen-Werkstatt – ein im Grunde mittelalterlicher Raum, angefüllt mit modernster Ausstattung der Zeit. Die Klostergebäude von Corvey kann man eher als Schloßanlage bezeichnen, seit 1699 nach Entwürfen des Abtes Florenz von Velde als Vierflügelanlage errichtet.

Weitere bedeutende Barockisierungen im Paderborner Land betrafen das Augustinerchorherrenkloster Dalheim, wo ab 1710 der großartige Umbau zu einer vierflügeligen Schloßanlage mit Innenhof und einen durch die vorgezogenen Flügel gebildeten repräsentativen Ehrenhof mit anschließendem Barockgarten vermutlich durch den Tiroler Baumeister Joseph Falk durchgeführt wurde. Eine ähnliche Barockisierung erlebte das Zisterzienserkloster Hardehausen bei Scherfede im letzten Viertel des 17. Jahrhunderts, das Kloster Willebadessen zwischen 1700 und 1727 und das Stift Neuenheerse, die letzteren beiden vor allem wegen der hervorragenden Ausstattung der Bildhauerwerkstatt Papen bekannt.

Landsitze

Seit seiner Rückkehr aus kurkölnischen Diensten beim Schloßbau in Brühl war Johann Conrad Schlaun als Baumeister des westfälischen Adels „à la mode“. Allerdings hat man sich nicht vorzustellen, daß er überall großartige Neubauten errichten konnte. Das war nur in den seltensten Fällen so, etwa bei Haus Beck bei Kirchhellen oder beim Erbdrostenhof in Münster. Der westfälische Adel, eine geradezu verschworene Gemeinschaft weniger Familien, die ihre exklusive Zugehörigkeit zu den ranghöchsten Ständen, vor allem dem Domkapitel, durch sechzehnfache Ahnenprobe absichern ließen, mußte einen entsprechenden Landsitz nachweisen, um landtagsfähig zu sein. Man hatte also bereits ein Schloß, das man in westfälischem Understatement schlicht Haus nannte, eine von Gräften umgebene Wasserburg aus dem Mittelalter oder der frühen Neuzeit, meist ein unregelmäßiges Konglomerat aller möglicher Baustile. Durch die geniale Verwandlung von Nordkirchen unter weitgehender Respektierung des vorgefundenen Bestandes wird Schlaun zum Vertrauensmann, wo es sich darum handelt, zumal in der Folge des Siebenjährigen Krieges, die Landsitze wiederherzustellen und dem neuen Geschmack anzupassen. Mit einem Minimum an Aufwand – hier eine Brücke, da zwei Pfeiler, hier ein feingliedriger Risalit, da eine fein geschwungene Freitreppe, zierliche Pavillons, Garten- und Wirtschaftsgebäude – erhalten die eher derben alten Herrenhäuser ihren Schliff im Haut Goût. Lembeck, Itlingen, Ahaus und andere Wasserschlösser des Münsterlandes werden im einzelnen veredelt, aufs Ganze gesehen geordnet und in einen überlegten Zusammenhang gestellt: Schlaun setzt Blickachsen, stuft Distanzen, reguliert Abmessungen.

Stadtpalais

Im 17. und 18. Jahrhundert vollzog sich auch die allmähliche ‚Feudalisierung' der Städte. Während das Patriziat es eher vorzog, die Stadt Münster zu verlassen, wurde der ländliche Adel geradezu von ihr angezogen, seit Fürstbischof von Galen die Stadt niedergeworfen hatte. Um 1500 hatte es, abgesehen von den Domkurien um den Domplatz, nur zwei Adelshöfe in Münster gegeben. Betrachtet man den Vogelschauplan von Münster aus dem Jahre 1636, so wird erst klar, in welchem Maße der Zuzug und die Bautätigkeit des Adels im 17. und 18. Jahrhundert die Bürgerstadt Münster verändert hatten. Jetzt schossen die Paläste wie Pilze aus dem Boden, in der Regel als Dreiflügelanlagen errichtet, gekennzeichnet durch den Wechsel von Backsteinbau und Hausteingliederung, durch die Einflüsse des niederländischen Klassizismus verbunden mit der Raumdisposition Pariser Hôtels, von denen man die Ausbildung eines Ehrenhofes übernommen hatte. Im Gegensatz zu den Bürgerhäusern, die aufgrund der schmalen Parzellierung giebelständig angelegt waren, wurden die Adelssitze überwiegend traufenständig errichtet und beeindruckten bereits durch ihre Ausdehnung, vor allem aber durch die Noblesse des Rückzugs der Fassade hinter einen Abstand gebietenden Ehrenhof. Die Baumeister waren meist die Pictorius und Corfey: zu nennen etwa der Steinfurter Hof am Alten Steinweg (1716), der Merveldter Hof an der Ludgeristraße (1701), der Beverförder Hof an der Königstraße (1698) oder der Schmisinger Hof an der Neubrückenstraße (1713), allesamt im Zweiten Weltkrieg zerstört. Die Situation war ähnlich wie in Venedig. Im Sommer weilte man auf den Landsitzen, die zugleich Gutshöfe waren und bewirtschaftet wurden, im Winter zog man nach Münster, die Aa als Ersatz des Canale Grande, um der Langeweile und „Geistlosigkeit" der Landsitze zu entgehen. Zwar zahlte der Adel in der Stadt keine Steuern, doch profitierten Handel und Gewerbe selbstverständlich von den zahlreichen kulturellen Aktivitäten der Barone.

Eine Besonderheit waren die Kurien an der Domfreiheit: In Münster zum Beispiel waren die Rechtsbezirke der Stadt um den Prinzipalmarkt und der Rechtsbereich des Bischofs und des adeligen Domkapitels unter der Leitung des Domdechanten streng getrennt. Die Angehörigen des Kapitels waren gebildete Leute. Meist an den Jesuitenschulen ausgebildet, wurde von ihnen ein mindestens einjähriges Auslandsstudium erwartet, das sie oft in Begleitung eines Hofmeisters am Collegium Germanicum in Rom absolvierten. Clemens Lipper plante in Münster ein breit angelegtes Architekturwerk, in dessen Zentrum Rom, vor allem das Collegium, eine wichtige Rolle spielte und in einer ganzen Reihe von Stichen dem interessierten Münsteraner Publikum vorgeführt werden sollte. Eine Kavalierstour durch die Zentren Europas rundete die Erfahrung eines westfälischen Junkers im Umgang mit dem europäischen Adel ab und gewährte die nötige Einsicht in die Ausdrucksmittel höfischer Repräsentation in den Metropolen. Die Domkurien wurden zwar den jeweiligen Domherren vom Kapitel zur Verfügung gestellt, diese waren jedoch gehalten, für deren Instandsetzung, gegebenenfalls den Neubau aufzukommen. Selbstverständlich waren auch sie wie die anderen Adelshöfe in der Stadt von Schätzungen, also den Steuern, befreit. Übrig geblieben sind nach den Zerstörungen des Krieges die von Kettelersche Kurie, heute Dompropstei, von Lambert Friedrich Corfey als Doppelkurie mit hohem Walmdach angelegt, das wappengeschmückte Giebelfeld am Mittelbau nennt die Jahreszahl 1718, die Landsbergsche Kurie, heute Geologisches Institut und Museum, von Gottfried Laurenz Pictorius 1703 bis 1707 erbaut, ein Dreiflügelbau mit niedrigen Seitenflügeln und Eckpavillions, am Hauptportal die Jahreszahl 1705, und schließlich die alte Domdechanei, heute Bischöflicher Hof, unter Verwendung älterer Bauteile 1732 von Peter Pictorius d.J. errichtet, eine Dreiflügelanlage mit übergiebeltem Mittelrisalit, die von der Straße durch einen Ehrenhof mit prächtigem, geschwungenem Gitter abgeschlossen ist.

Das Ordnungssystem, hier auch verstanden als das Regelwerk der architektonischen Säulenordnung, hat während des 17. und 18. Jahrhunderts seine Bedeutung nicht verloren, es ist lediglich umformuliert worden. In Westfalen hat die architektonische Ordnung immer den Vorrang vor dem Dekorum behauptet, was nicht zuletzt auf den Einfluß Schlauns zurückzuführen ist, aber auch mit der niederländischen Tradition, vermittelt durch die Pictorius, zusammenhängt. Man hat aus diesem Grunde in dem ehemaligen Machtbereich der Fürstbischöfe ein Dekorationsprinzip gefunden, das gemessen an Süddeutschland und Italien das Überfrachten der Architektur mit Bauskulptur und Malerei immer vermieden hat oder zumindest als Konflikt sichtbar ließ. Neben dem niederländischen Klassizismus war es besonders das französische Prinzip der Commodité und der Convenance, also das der Bequemlichkeit und der Angemessenheit, das man als Leitform erkannte. Bei einer ganzen Reihe von Bauten, vor allem bei den Stadtpalästen des Adels, trifft man aus diesem Grunde auf eine erstaunliche Noblesse der Form, eine elegante Zurückhaltung, die ihre Größe aus dem idealen Zusammenklang der Teile in harmonischer Steigerung auf das Zentrum erfährt.

Stadtplanung – Raumlösungen

‚Noble Gemessenheit' zeichnete Schlauns Eingriffe in die rustikale Architektur der Münsteraner Adelshöfe aus. Auch hier galt es, die Vorgängerbauten – meist der Pictorius oder Corfeys – zu regulieren, zu systematisieren und mit ihrer Umgebung durch Akzentuierungen zu verbinden. Zu diesen ‚stadtplanerischen' Eingriffen gehörte auch der Entwurf für die Bepflanzung des Domplatzes mit den neu geschaffenen Sichtachsen, Platzräumen, die erst die Bedeutung der Domdechanei vor dem mit einem Gitter versehenen Westportal des Domes hervorhoben (1747). Noch heute kann man in der Bepflanzung des Domplatzes und in der Pflasterung eine Idee der Eingriffe des Barock ahnen. 1750 zeichnet Schlaun ähnliche Pläne für den Wiederaufbau des Nottulner Stiftsbezirks. Der Dorfkern bezieht noch heute seinen Reiz vor allem aus der barocken Planung Schlauns.

Bereits 1732 hatte der Kurfürst den Grundstein zu einem aufwendigen Projekt eines Klosters der Barmherzigen Brüder auf dem Neuplatz gelegt, dem Platz zwischen Zitadelle und Stadt, „zu mehrerem Troste meiner Untertanen", wie er seinem Generalvikar schrieb: ein Krankenhaus römischen Zuschnitts kurfürstlicher Gnaden, wenn auch nur für Männer. Nachdem es aufgrund der Roll-Affäre 1733 zu einem grundlegenden Zerwürfnis zwischen Clemens August und seinem ersten Minister Plettenberg gekommen war, wurden alle Bauarbeiten eingestellt. Der Präsident des Deutschen Ordens von Roll, ein enger Freund des Kurfürsten, der auch das Amt des Hochmeisters des Deutschen Ordens innehatte, war von einem Vertrauten Plettenbergs, dem westfälischen Freiherrn von Beverförde, in einem verbotenen Duell erstochen worden. Plettenberg selbst wurde daraufhin aller seiner Ämter enthoben, entlassen und verbannt. Ihm drohte die Verhaftung. Schloß Nordkirchen, auf dem er wenige Jahre zuvor den jungen Bischof von Münster mit einem Feuerwerk gefeiert hatte, wurde von münsterischen Truppen besetzt, und erst auf kaiserliche Intervention hin zog die Truppe wieder ab. Plettenberg ging als kaiserlicher Botschafter nach Rom, die solide, auf Wien gerichtete Politik des Kurfürsten hatte damit ein Ende.

Erst 1745 konnte Schlaun erneut Entwürfe für den Bau der Clemenskirche und des Hospitals vorlegen, diesmal an der St. Pauli-Freiheit, ein kompliziertes Baugrundstück, das die ganze Gestaltungskraft des Baumeisters verlangte. Wie ein Dreh-Gelenk paßte er die Kirche zwischen die Flügel des Hospitals, die nach dem Kriege leider ohne diese Flügel wiederaufgebaut wurde, so daß eine wichtige Funktion des heute isoliert stehenden Zentralbaus fehlt. Denn städtebaulich eindrucksvoll war die Akzentuierung der Fassade mit großer Ordnung und dem Wappengiebel, die mit römischer Eleganz das Hauptmotiv des vorschwingenden Eingangs mit dem Zurückweichen der Seiten zu den Flügeln hin hinterfing. Schlaun hatte von den päpstlichen Baumeistern Borromini und Bernini in Rom gelernt, wie man auch auf engstem Raum repräsentiert, wie man sich mit der Kurvatur der gestaffelten Wand den Raum erst schafft. Zugleich diente die Dreierhierarchie der Fassade als Vorbereitung für den Innenraum. Tritt man ein, steht man gegenüber dem Hauptaltar in einer Art Vorhalle und hat die Trias der Altäre im Blick, in der Mitte die Himmelfahrt des Heiligen, darüber aufgelöst in Malerei die Himmelskuppel.

In Sichtweite des Clemenshospitals plante Schlaun 1749 seinen wohl bedeutendsten Bau, das Stadtpalais für den Erbdrosten Heidenreich Freiherr von Droste zu Vischering, Baubeginn 1751. Auch hier hatte er wieder ein Grundstück vor sich, das in dem engen mittelalterlichen Straßennetz kaum Platz für eine repräsentative Fassade bot. Schlaun schuf diesen Platz gleichsam aus dem Nichts: Er drehte das Gebäude um 45° zum Grundstück und betonte die so neu entstandene Symmetrieachse durch die hierachisierte Ordnung des Fassadenprospekts, dessen Mittelrisalit er konkav zurückschwingen ließ, begleitet von den Kurvaturen der Flügel. Sie umschließen einen dreieckigen Ehrenhof, dessen Form von geschwungenen Gittern und Torpfeilern gleichsam in Fluß gehalten wird. Durch den Mittelbau über das Portal des Ehrenhofes geht die Sichtachse bis zum alten Steinweg, auf der Hofseite abgefangen durch eine Nische im Wirtschaftshof des Palastes. Hier hinten liegen die Nebengebäude, vorne die Kulisse. Schlaun gestaltet die Distanz, von der aus er die herrschaftlichen Formen vorführt, zusammen mit dem Raum, in dem gesellschaftliches Leben, höfisches Zeremoniell, sich auf höchstem Niveau entfalten könnte. Doch der Kurfürst, mit dem der Bauherr als Logiergast rechnete, hat ihm die Ehre versagt. Das Lehen Rüschhaus gehörte der Familie der Plettenbergs, von denen es Schlaun erwarb; 1745 erfolgte die Belehnung durch den Kurfürsten, für den Schlaun in Clemenswerth tätig war und dessen Stiftung des Hospitals der Barmherzigen Brüder in Münster er plante. Baubeginn von Rüschhaus war 1745, Bauzeit vier Jahre. Schlaun gelang es, den steuerfreien Freiadelssitz, ein derbes Bauernhaus, in ein geordnetes Anwesen zu verwandeln. Seinem Stand gemäß als General und Oberbaudirektor entwarf er ein Künstlerhaus, eine Synthese von Villa und Gutshof im Sinne von Palladio, im Sinne der ‚Villeggiatura' auf der ‚terra ferma' der Venezianer, repräsentativ, dem Nutzen frommend. In der Symmetrieachse erschließt eine von Gräben begleitete Allee den ‚Ehrenhof', im Zentrum das Haupthaus, seitlich, durch Mauerringe angebunden, kleinere Nebenbauten, das Ganze, einschließlich Haupt- und Nebengarten von der regelmäßig geführten Gräfte umgeben, letztlich ein Wasserschloß. Obwohl Schlaun niemals den Adelstitel geführt hat, stellt er sich hier in eine Reihe mit seinen fürstlichen Auftraggebern, deren Lebensstil mit dem jahreszeitlichen Wechsel vom Stadthaus zum Landsitz er kopiert; das Allianzwappen mit Krone an der höfisch-eleganten Gartenfassade spricht ebenso wie das Appartement mit Salon und Alkoven im Schlafzimmer mit bequemen Dégagements für die Dienerschaft eine deutliche Sprache. Nach dem Tode Schlauns wurde Rüschhaus von den Erben samt Mobiliar verkauft, 1825 geht es mit Grund und Boden an den Freiherrn Clemens August von Droste-Hülshoff, der das Haus als Witwensitz für seine Frau und für seine beiden unverheirateten Töchter bestimmte: Jenny und Annette von Droste-Hülshoff. Die berühmte Dichterin lebte hier von 1826 bis 1846, in Rüschhaus entstanden Teile des „geistlichen Jahres" und der „Judenbuche". Seit 1936 ist der Landsitz Museum und Erinnerungsstätte für den Architekten und die Dichterin zugleich.

Residenz in Münster

Das letzte bedeutende Projekt des Barock in Westfalen war die Residenz des Fürstbischofs in Münster, 1767 bis 1787 anstelle der geschleiften Zitadelle im Auftrag des neuen Kurfürsten Max Friedrich von Königsegg-Rothenfels errichtet, der das Fürstbistum wie sein Vorgänger in Personalunion mit Kurköln führte, eine Dreiflügelanlage mit Ehrenhof, axial auf die Stadt bezogen, mit ihr verbunden durch den Schloßplatz, der in die Planungen der Promenadenalleen einbezogen werden sollte. Wachthäuser trennten den Schloßplatz vom eigentlichen Schloßbezirk, der rechts und links von den Baugruppen der Marställe und Remisen begrenzt wurde. An der Westseite des Schlosses sollte auf dem Gebiet der ehemaligen Schanzen der barocke Schloßgarten mit Parterres, Bosketts und Brunnenanlagen angelegt werden, gegliedert in ein streng symmetrisches Achssystem barocken Zuschnitts. Der Hauptbefürworter des Schloßbaues, der Minister Franz von Fürstenberg, forcierte den Bau der Residenz, verbunden mit dem Abriß der Zitadelle, dem Symbol der absoluten Herrschaft von Galens, und der Schleifung der Wälle und Befestigungen. Durch die Beteiligung der Landstände an dieser zentralen Bauaufgabe, die zugleich als Gehäuse der Regierung, als Garant der Staatsraison, das Staatsbewußtsein im Fürstbistum Münster stärken sollte und darüber hinaus durch Belebung der Baukonjunktur der Gesamtwirtschaft Münsters und des Münsterlandes einen wirksamen Impuls zu geben versprach, hoffte Fürstenberg die Stadt aus ihrer isolierten Stellung zu befreien und enger an das tonangebende Rheinland zu binden. Wie Plettenberg war er als Vertrauensmann des Kurfürsten zum Minister für das Fürstbistum Münster ernannt worden. Er war der Mann, der in Münster das Zeitalter der Aufklärung einleitete und mit einer Reihe von Maßnahmen befestigte. Er betrieb die Schul- und Bildungsreform, die Gründung der Universität, des Theaters, die letztlich zu einer Stärkung des bürgerlichen Selbstverständnisses führten. Der Jesuitenorden wurde aufgelöst, womit der Adel seine international ausgerichtete Bildungsstätte verlor, Fürstenbergs Versuch, eine allgemeine Wehrpflicht einzuführen, scheiterte allerdings. Diese Maßnahmen standen, gleichsam am Vorabend der französischen Revolution, in krassem Gegensatz zu dem heranwachsenden Schloßbau, der zu allem Überfluß auch noch mit einem ikonographischen Programm ausgestattet wurde, das zwar die Stände als Bauherrn auch nannte, in seiner auf den absoluten Fürsten ausgerichteten Zentrierung allerdings kaum mehr in die Zeit zu passen schien. Der Kurfürst hat die Vollendung des Schlosses nicht erlebt, sein Nachfolger, Max Franz aus dem Hause Habsburg, fand es angemessener, hier nicht zu wohnen. Die Zeiten hatten sich geändert. Anstelle der Repräsen-

Münster, Clemenskirche und Hospital, 1744–54 (Aufnahme vor 1945)

tation war politisches Kalkül getreten. Habsburg hatte höhere Summen an Bestechungsgeldern für die Wahl eines Prinzen aus seinem Hause an das Kölner und Münsteraner Domkapitel zahlen müssen, als der gesamte Residenzbau nach Abschluß aller Rechnungen gekostet hatte.

Resümee

Es gibt keine zweite Epoche der Architekturgeschichte, die stärker an die Sinne apelliert hat als der Barock, und in der Erfindung der Mittel zum Zwecke des ‚schönen Scheins' ist er wohl niemals übertroffen worden. Heinrich Lützeler hat die „unermeßliche Lebensfülle der Bauten" durch das von Leibniz entdeckte und gefeierte „principe vitale" interpretiert: „... gleicherweise Seele und Körper umfassend, läßt es unbelebte Materie nicht zu und erfüllt das All mit zahllosen kraftausstrahlenden Energiezentren. Wie aber für Leibniz jede Monade das ganze Universum in sich enthält, so ist im Barock jeder Teil dem Ganzen, letztlich dem Kosmos verbunden." Barock ist also eher als ein System zu begreifen, weniger als eine Epoche. Wenn auch das System nur zeitlich begrenzt Gültigkeit besaß, war es doch durch die Auswirkungen der Politik im Rahmen des Zeremoniells sowie die maßstabgebende Funktion der Leithöfe europaweit akzeptiert. Auch in Westfalen war die architektonische Selbstdarstellung von Fürst, Klerus und Adel Ausdruck einer hierarchischen Welt- und Gesellschaftsordnung, eingebettet in das christologisch-kosmologische System. Das Ordnungssystem erlaubte es auch den westfälischen Baronen durch das Prinzip der Nachahmung, verbunden mit der Innovationskraft bedeutender Künstler, sich in die internationale Rangordnung einzugliedern, den durch Blut und Verdienst zustehenden Platz im Gefüge des kirchlichen Fürstenstaates durch angemessene Prunkentfaltung zu definieren. Das System erlaubte es sowohl im Sakralbau wie auch im Profanbau, in der architektonischen Kleinstruktur auf den Gesamtzusammenhang zu verweisen.

SCHLOSS ADOLPHSBURG → KIRCHHUNDEM-OBERHUNDEM

AHAUS (Kr. Borken)

Verkehrsverein Ahaus e.V., Schloßstraße 16a, 48683 Ahaus, Tel. (02561) 72288, Fax 72105.

Wasserschloß: *erbaut 1689–1702 unter Fürstbischof Friedrich Christian von Plettenberg durch Ambrosius von Oelde, Wiederaufbau und Veränderung nach dem Siebenjährigen Krieg 1766 durch Johann Conrad Schlaun, Zerstörung im 2. Weltkrieg, danach vorbildliche Rekonstruktion des Außenbaus; Außenbesichtigung jederzeit möglich.*

Bereits im 12. Jahrhundert ist in Ahaus ein Adelssitz in Form einer Wasserburg belegt. Seit dem 13. Jahrhundert darf man von dem Bestehen der Stadt Ahaus ausgehen, über deren mittelalterlicher Burganlage der barocke Bau errichtet wurde. Der münstersche Fürstbischof Christoph Bernhard von Galen (1650–1678) erwählte Ahaus zu seiner bevorzugten Residenz und gründete hier sogar eine Fayence-Manufaktur, wozu er Fachleute aus Holland hinzuzog.

Sein Nachfolger jedoch, Ferdinand von Fürstenberg, der bereits seit 1661 das Fürstbistum Paderborn regierte, besuchte Ahaus nur ein einziges Mal. Auch Kurfürst Maximilian Heinrich (1683–88), ein Wittelsbacher, residierte überwiegend in Bonn. Erst Friedrich Christian von Plettenberg entschloß sich unmittelbar nach der Übernahme der Fürstbischofswürde im Jahre 1688, anstelle der älteren, für die Bedürfnisse eines Barockfürsten längst überholten Burganlage ein neues Schloß zu errichten. Der auf Repräsentation bedachte Landesherr, der bereits eine Domkurie in Münster gebaut hatte, in → Sassenberg eine Residenz plante und schließlich das großartige Schloß → Nordkirchen im Stil von Versailles als Familiensitz anlegen ließ, war nach seiner Ausbildung in Rom am Collegium Germanicum in Münster Geheimer Rat, Kammerpräsident und Domherr. Das Collegium Germanicum in Rom war ein deutschsprachiges, 1552 gegründetes Priesterseminar, das 1580 mit dem ungarischen Kolleg zuammengelegt wurde.

Die Baugeschichte von Ahaus, dem bedeutendsten frühbarocken Schloß in Westfalen, für dessen Planung der Landesherr den Kapuzinerbruder Ambrosius von Oelde heranzog, ist bis heute unklar. Ambrosius war zwischen 1667 und 1705 mit einer großen Zahl von Bauaufträgen auch für die westfälischen Fürstbischöfe Ferdinand von Fürstenberg und Hermann Werner von Wolff-Metternich betraut. Wie aus Ausgabevermerken in den Rechnungsbüchern geschlossen werden kann, hat sich die Hauptbautätigkeit am Schloß in Ahaus zwischen 1690 und 1698 vollzogen. Die Widmungsinschrift am Hauptportal führt das Jahr 1690 an. Die Einrichtung der Innenausstattung, die Anlage eines Schloßgartens und die Fertig-

Ahaus, Schloß: Ansicht von Westen (Aufnahme 1954)

Ahaus, Schloß: Risalit der Gartenseite von Johann Conrad Schlaun, 1766-67 (Aufnahme 1953)

stellung der Gartenfiguren durch den münsterschen Bildhauer Johann Mauritz Gröninger zog sich bis nach 1702 hin. Eine zeitgenössische Hymne auf den Landesherrn würdigt den Schloßbau in Ahaus: „... der Palast zeigt sich nun nicht allein dem Fürsten, sondern dem gesamten Reich würdig, vor allem durch die Verschiedenheit der Gebäude, die lieblichen Anlagen und den üppigen Garten mit wunderbar kunstreichen Statuen ..."

Im Siebenjährigen Krieg wurde das Wasserschloß auf der Ostseite durch französische Geschütze stark beschädigt. Der Fürstbischof Maximilian Friedrich von Königsegg-Rothenfels beauftragte daraufhin den Hofbaumeister Johann Conrad Schlaun mit der Wiederherstellung und Modernisierung, dessen systematisierende Eingriffe deutlich an der repräsentativen Gartenfassade ablesbar sind. Bei einem schweren Luftangriff Ende des 2. Weltkriegs brannte Schloß Ahaus völlig aus, lediglich die Außenmauern und Fassaden blieben teilweise erhalten. Im Jahre 1952 war der Wiederaufbau des Schlosses weitgehend abgeschlossen, die zerstörte Inneneinrichtung blieb allerdings unersetzbar.

Die Gesamtansicht zeigt Schloß Ahaus als eine groß angelegte, ursprünglich auf zwei Inseln verteilte Wasseranlage - heute ist allerdings nur noch das Hauptschloß von Wasser umgeben. In reizvoller Farbigkeit von roten Ziegeln und hellem Baumberger Sandstein ist die Anlage streng symmetrisch aufgebaut und die Hauptachse auf die Stadt bezogen: Die Zufahrt führt über Brücke und Tor der Vorburg zum Triumphtor mit den Wachhäuschen, erreicht schließlich den Ehrenhof - wo sich der Prospekt der Fassade ausbreitet - und das Ziel der perspektivisch angelegten Zentralachse, das Hauptportal im Mittelrisalit.

Die beiden Wachhäuschen zu Seiten des Triumphportals, vier bastionsartig ausspringende Pavillons auf den Ecken der Hauptinsel sowie die beiden mächtigen Ecktürme der Seitenflügel des Hauptbaus verleihen der Anlage ein festungsähnliches Aussehen. Die rhythmische Komposition der insgesamt blockhaft erscheinenden Gesamtanlage wird durch Bauteile mit reicher Dekoration gesteigert: Besonders eindrucksvoll sind hier vor allem das in das Jahr 1693 datierte Triumphtor mit Säulen, Figurennischen, Jagdreliefs und üppigem Wappenaufsatz, das den Ehrenhof abschließt, sowie der Mittelrisalit des Corps de Logis von 1690 mit Balusterattika und Nischenaufsatz mit Paulusfigur.

Der architektonisch gestaltete Barockgarten ist nicht erhalten. Den gesamten Schloßkomplex einschließlich Garten umzog einst eine geschlossene Baumreihe, die die Residenz mit dem Stadtgefüge verband. Die großen Vorbilder für diese repräsentative Gesamtanlage des 17. Jahrhunderts sind in der französischen Architektur zu finden, vermittelt über die an der französischen wie italienischen Kunst orientierten nördlichen Niederlande: Als direktes Vorbild für Ahaus nennt die Forschung deshalb die ab 1633 errichtete, in riesigen Dimensionen projektierte Schloßanlage von Richelieu des Jacques Lemercier, die nahezu die gesamte Bauentwicklung französischer Königsschlösser der Renaissance und des Frühbarock vereinte. Das Wasserschloß Ahaus kann somit als erster streng durchkomponierter dreiflügeliger Schloßbau Westfalens bezeichnet werden, dessen Gesamtplan nicht nur auf Regelmäßigkeit und Symmetrie beruht, sondern auch das Umland – in diesem Falle die Stadt Ahaus – in die Plananlage miteinbezieht. Einen westfälischen Vorläufer in der Ahauser Gesamtdisposition darf man in dem Ambrosius von Oelde zugeschriebenen → Haus Oberwerries in Ahlen-Dolberg sehen.

Über das Aussehen des gleichzeitig mit dem Schloßbau, noch vor 1700 angelegten Gartens können heute nur Bildquellen Auskunft geben. Einen Eindruck von dem sich nach Osten ausdehnenden Gartenparterre vermittelt eine gestochene Idealansicht aus der Mitte des 18. Jahrhunderts. Die Gartenskulpturen, zwischen 1699 und 1702 von dem münsterschen Bildhauer Johann Mauritz Gröninger angefertigt, stellten mythologische und kosmologische Themen dar. Unter Kurfürst Clemens August (1723–1761) wurde der Garten weiter um- und ausgebaut; große Gesellschaften – so berichten zeitgenössische Chroniken – vergnügten sich bei der Hirsch- und Wildschweinjagd in dem ehemals waldreichen Gebiet um das Schloß. Der Amtsnachfolger von Clemens August, Kurfürst Maximilian Friedrich von Königsegg-Rothenfels (1762–1784), beauftragte bereits ein Jahr nach Amtsantritt Johann Conrad Schlaun mit den Modernisierungsarbeiten, die den Ansprüchen des neuen Fürsten an die Commodité in der Innenausstattung gerecht werden sollten und in der Außenarchitektur eine unmittelbare Verbindung von Schloß und Garten forderten. Commodité, eine Forderung der französischen Architekturtheorie, bedeutet in diesem Zusammenhang die Abkehr von einer rein repräsentativen Aufteilung der Räume hin zu einer auf Bequemlichkeit und Funktionalität abzielenden Anordnung der Räume. Der prächtige Gartenrisalit – dreiachsig, mit eleganten rundbogig geschlossenen Fenstertüren und einem bekrönenden Dreiecksgiebel – verbindet die zentrale Achse der Schloßanlage über das Herrenhaus hinaus mit dem Garten. Die in die Inselmauern einschneidende doppelläufige Treppenanlage trägt in ihrer großzügigen Disposition zur Wirkung des neuen Risalits maßgeblich bei, denn der allumfassende Anspruch des barocken Herrschers fordert eine sinnbildliche Erweiterung der Schloßanlage in den Garten und das angrenzende Umland.

AHAUS-ALSTÄTTE

Kath. Pfarrkirche St. Mariä Himmelfahrt: In der Pfarrkirche befinden sich die überlebensgroßen Standfiguren der vier lateinischen Kirchenväter Gregorius I., Augustinus, Ambrosius und Hieronymus. Die auf Konsolen an den Pfeilern plazierten Statuen der Heiligen wurden – so die Konsoleninschrift – von dem Dechanten J.K. Bordewich (1698–1721) für die → Martinikirche in Münster gestiftet und von dem Bildhauer Johann Mauritz Gröninger um die Jahrhundertwende geschaffen. Die heutige Aufstellung in der Alstätter Pfarrkirche entspricht dem ursprünglichen Funktionszusammenhang der

Ahaus, Schloß: Idealansicht des Gartens, Stich von Metz / Mettely, um 1750–60

Ausrichtung der Kirchenväter auf den Altarbereich der Martinikirche und die sich dort vollziehende Eucharistie. Ikonographisch besonders eindrucksvoll ist die Figur des Einsiedlers Hieronymus, der, in ein mantelartiges Stück Stoff oder Tierhaut gehüllt, einen Totenschädel trägt und in das Gebet und die Kontemplation Gottes vertieft ist.

AHAUS-OTTENSTEIN

Kath. Pfarrkirche St. Georg: Vom zentralen Hochaltar des 17. Jahrhunderts sind in der Pfarrkirche lediglich das von dem münsterischen Fürstbischof Christoph Bernhard von Galen nach seinem Amtsantritt 1650 gestiftete Altarbild sowie Putten und Wappen der Dekoration erhalten. Die Altarblätter der Seitenaltäre von 1680 bzw. 1740 wurden lediglich durch Gemälde des 19. Jahrhunderts ersetzt. Aus der barocken Kirchenausstattung sind weiterhin die geschnitzte, in das Jahr 1644 datierte Kanzel sowie ein Gemälde niederländischer Herkunft mit dem Drachenkampf des Hl. Georg erwähnenswert.

HAUS AHAUSEN → FINNENTROP-HEGGEN

AHLEN (Kr. Warendorf)

Stadtverwaltung, Westenmauer 10 / Rathaus, 59227 Ahlen, Tel. (02382) 59348, Fax 59465.

AHLEN-DOLBERG

Haus Oberwerries: *1685–92 vermutlich von Ambrosius von Oelde erbaut, Um- und Neubauten durch Johann Conrad Schlaun 1730–35; Außenbesichtigung möglich.*
Das schlichte Schloß wurde 1685 bis 1692 für Maria von Beverförde-Werries, geb. Plettenberg, errichtet, vermutlich von dem Kapuzinerbruder Ambrosius von Oelde. Die Wasserschloßanlage besteht aus dem Herrenhaus als Corps de Logis mit niedrigerem Seitenflügel und vorgestelltem Turmpavillon. Interessant ist die im Winkel der beiden Flügel angeordnete Freitreppe, deren Gitter die Jahreszahlen 1714 und 1733 aufweist. Unter Friedrich Christian von Beverförde-Werries wurde die Anlage in den frühen dreißiger Jahren durch Johann Conrad Schlaun erweitert; von ihm sind der Marstall und der Hundezwinger.

AHLEN-VORHELM

Haus Vorhelm: Die malerisch gelegene, auf zwei Inseln verteilte Anlage mit breiten Gräften aus der Renaissance ist im 17. Jahrhundert durch ein neues, schlicht verputztes Herrenhaus ergänzt worden. Lediglich erahnbar sind die Reste einer geplanten barocken Gartenanlage, das Element der Zeit wird vertreten durch eine steinerne Sonnenuhr aus dem Jahre 1747.

Ahaus-Alstätte, Pfarrkirche: Hl. Hieronymus von Johann Mauritz Gröninger, um 1700 (Aufnahme 1980)

Kath. Kapelle St. Antonius: eine schlichte Saalkirche aus Backstein mit Dachreiter aus dem Jahre 1752; von der barocken Innenausstattung ist der bereits um 1720 entstandene Altar mit einem Gemälde der Verkündigung erwähnenswert.

AHSEN → DATTELN
ALLENBACH → HILCHENBACH
ALME → BRILON
HAUS ALMERFELD → BRILON-ALME
ALSTÄTTE → AHAUS

ALTENBERGE (Kr. Steinfurt)

Gemeindeverwaltung, Kirchstraße 25, 48341

Altenberge, Tel. (02505) 820, Fax 8240.
Haus Sieverding: Etwa 7 km südlich von Altenberge in der Bauernschaft Waltrup liegt der ehemalige Pachthof, von dem lediglich der dreigeschossige Speicher erhalten ist. Das Lehnsgut des münsterischen Domkapitels wurde 1624 vom bisherigen Lehnsinhaber an das Jesuitenkolleg in Münster verkauft und 1774 nach der Aufhebung des Ordens dem münsterischen Studienfonds zugewiesen. Der Speicher mit der Bezeichnung „Burg" lag ursprünglich auf einer kleinen Insel in der westlichen Gräfte des Hofes. Der Ende der siebziger Jahre restaurierte Bau ist in das Jahr 1661 datiert. Aus dieser Zeit stammen auch die Steinplastik der Muttergottes mit Kind in einer muschelgezierten Nische in der Mitte des zweiten Obergeschosses und drei über die Fassadenfläche verteilte Gesichtsmasken.

ALTENRHEINE → RHEINE
ALTENRÜTHEN → RÜTHEN
HAUS ALVINGHOF → SENDEN-BÖSENSELL
AMMELOE → VREDEN
ANHOLT → ISSELBURG

ANRÖCHTE (Kr. Soest)
Gemeindeverwaltung, Hauptstraße 72–74, 59609 Anröchte, Tel. (02947) 888816.
Mues-Hof: In der Kurzen Straße liegt das zweigeschossige Herrenhaus mit übergiebeltem Mittelrisalit, Mansarddach und Freitreppe, am Portal wird die Jahreszahl 1765 genannt.

ANRÖCHTE-MELLRICH
Kath. Pfarrkirche St. Alexander: Johann Sasse aus Attendorn hat in den Jahren 1694 bis 1696 die Kanzel geschaffen, für die von Engeln bekrönte Doppelmadonna von 1712 zeichnet Heinrich Pötteken aus Meschede verantwortlich.
Schloß Eggeringhausen: Die bereits 1382 genannte Wasserschloßanlage ist seit 1603 im Besitz der von Fürstenberg und wird bestimmt durch das Mitte des 17. Jahrhunderts angelegte Herrenhaus: ein schlichter zweigeschossiger Flügelbau mit vier quadratischen, von Schweifhauben bekrönten Ecktürmen. Im Innenhof führen zwei kleinere, achteckige Treppentürme in die Obergeschosse, die ausgedehnten Wirtschaftsgebäude auf der Vorburg vervollständigen das Ensemble.

Ahlen-Dolberg, Haus Oberwerries: Ansicht der Freitreppe (Aufnahme 1994)

ANRÖCHTE-WALTRINGHAUSEN
Kath. Kapelle St. Anna: Der dreiseitig geschlossene Saal mit Dachreiter und stuckierter Balkendecke wurde 1696 erbaut; der Barockaltar wurde 1714 von Meister Philipp Wasserfall aus Hirschberg vollendet, die Figuren stammen von dem Rüthener Bildhauer Heusen. Die Übernahme einer thronenden Muttergottes des frühen 13. Jahrhunderts in das Figurenprogramm des Altars zeugt von der Kontinuität der an Statuen bzw. Reliquien geknüpften Volksfrömmigkeit.

ANTFELD → OLSBERG
ANTOINETTENBURG
→ ROSENDAHL-DARFELD

ARNSBERG (Hochsauerlandkr.)
Verkehrsverein, Neumarkt 6, 59821 Arnsberg, Tel. (02931) 4044, Fax 12331.
Geschichte: Die Grafen von Werl, eines der mächtigsten frühen Grafengeschlechter Westfalens, erbauten Mitte des 11. Jahrhunderts die Alte Burg auf dem Bergkegel westlich der großen Ruhrschleife. Im 12. Jahrhundert wurde diese sogenannte Rüdenburg durch einen Neubau auf der gegenüberliegenden, durch die Ruhr besser geschützte Bergkuppe ersetzt. Diese Burg wurde von den Kurfürsten, vor allem nach einem verheerenden Brand von 1723, mehrfach umgebaut und modernisiert, unter anderem seit 1725 nach Plänen von Johann Conrad Schlaun und Michel Leveilly zu einer Dreiflügelanlage mit zwei Eckpavillons. Im Jahre 1762 wurde das kurfürstliche Residenzschloß im Siebenjährigen Krieg völlig zerstört, ein Modell befindet sich heute im Kreisheimatmuseum. Seit 1816 war Arnsberg preußischer Regierungssitz, in den folgenden Jahren wurde die Stadt planmäßig in klassizistischem Stil neuangelegt: kulturhistorisch bedeutendstes Zeugnis der klassizistischen Stadtanlage ist die von Karl Friedrich Schinkel in den Jahren 1822 bis 1825 errichtete Evangelische Kirche am Neumarkt.
Hirschberger Tor: *Eingangsportal des Hirschberger Jagdschlosses von Kurfürst Clemens August; Besichtigung jederzeit möglich.*
Der jagdliebende Kölner Kurfürst Clemens August hatte sich in Hirschberg bei Warstein die bestehende Anlage des späten 17. Jahrhunderts durch ein Eingangsportal von Johann Conrad Schlaun modernisieren lassen: im Jahre 1826 wurde das Portal in Arnsberg nahe der Propsteikirche am Eingang des ehemaligen, ebenfalls im Barock um- und ausgebauten Klosterbezirks aufgestellt.
Das Jagdschloß war 1662 bis 1668 nach Plänen des Kapuzinerbruders Bonitius aus Trier und dem Steinhauermeister Nikolaus Dentel aus Volkmarsen als Vierflügelbau errichtet worden. Nach einem Brand im Jahre 1788 begann man mit dem Wiederaufbau, brach aber zu Beginn des 19. Jahrhunderts das Schloß bis auf unbedeutende Reste ab; in diesem Zuge wurde das Eingangstor nach Arnsberg versetzt.
Eine Ansicht des frühen 19. Jahrhunderts verdeutlicht den ursprünglichen architektonischen und funktionalen Zusammenhang des 1753 geschaffenen Hirschberger Tores. Die beiden dramatisch dargestellten Jagdszenen sind von dem Bildhauer Johann Christoph Manskirch, während der Architekt Schlaun für die Torpfeiler verantwortlich zeichnet: Schmiedeeiserne Türflügel zieren das Haupt- und die beiden Nebentore. Die östliche Seite krönt ein von Hunden gefaßter Keiler, der sich mit wütend gesenktem Kopf verzweifelt wehrt. Auf der westlichen Seite versucht ein sich aufbäumender Hirsch der wilden Meute zu entkommen. Die Rocaillekartuschen mit den Initialen von Clemens August und und dem kurfürstlichen Wappen verweisen auf den mächtigen kurkölnischen Auftraggeber, der auf der Rückseite des Tores seine Titel nennt: „Clemens August, von Gottes Gnaden Erzbischof von Köln, des hl. röm. Reiches durch Italien Erzkanzler

Arnsberg, Hirschberger Tor: Eingangstor zum Jagdschloß Hirschberg, 1753 (Aufnahme 1994)

u. Kurfürst, geborener Legat des hl. apostolischen Stuhles, Hochmeister von Preußen, Meister des dt. Ordens in Deutschland, Italien und den überseeischen Gebieten, Bischof von Hildesheim, Paderborn, Münster, und Osnabrück, Herzog beider Bayern, der Oberpfalz, Westfalen u. Engern etc. ließ das von Grund aus neugebaute Thor mit diesen Statuen schmücken."

Der Hubertusaltar mit dem Patron der Jäger aus der ehemaligen Schloßkapelle des Hirschberger Jagdschlosses befindet sich heute in der → Pfarrkirche St. Christoph in Warstein-Hirschberg.

Kath. Propsteikirche St. Laurentius: In der den Pfeilern aus der Zeit um 1700.

Kath. Stadtkapelle St. Georg: Ausstattungsstücke und Altäre aus der zweiten Häfte des 18. Jahrhunderts.

Kath. Kapelle St. Nepomuk: Schlichter Bau mit Polygonalchor und Glockendachreiter von 1749, im Innern Teile der barocken Ausstattung.

Rathaus: Bau aus dem Jahre 1710 am Alten Markt, nach einem Brand von 1840 umgebaut.

Maximiliansbrunnen: Gegenüber dem Rathaus auf dem Alten Markt steht der Maximilianbrunnen; der obeliskartige Brunnenpfeiler trägt Wappen und Inschrift des Kurfürsten Maximilian Friedrich von Königsegg-Rothenfels,

Arnsberg: Ansicht des Jagdschlosses mit dem Hirschberger Tor, 19. Jahrhundert

ehemals St. Maria und Laurentius geweihten, mittelalterlichen Hallenkirche haben sich einige interessante Stücke barocker Kirchenausstattung erhalten: Der Hochaltar, bis 1936 Memorienaltar des 1628 verstorbenen Landdrosten Caspar von Fürstenberg, ist eine prachtvolle Arbeit des Paderborner Bildhauers Heinrich Gröninger in schwarzem Marmor und kunstvoll eingearbeiteten Alabasterreliefs; prominent auch das von Johann Mauritz Gröninger gestaltete Grabmal in Sandstein des 1646 verstorbenen Erbdrosten Friedrich von Fürstenberg im südlichen Seitenschiff, das vermutlich Ambrosius von Oelde um 1680 entworfen hat; weiterhin erwähnenswert die Kanzel und die Beichtstühle, um 1720 bis 1740 gefertigt, aus → Kloster Grafschaft im heutigen Schmallenberg sowie die Heiligenfiguren an der 1779 den Brunnen seiner Residenzstadt schenkte.

Ehem. Landsberger Hof, heute Kreisheimatmuseum: Ebenfalls am Alten Markt steht der um 1605 von dem Kölner Kurfürsten Ernst von Bayern erbaute Hof, der nach der Zerstörung des Schlosses zeitweise als Residenz diente und nach einem Brand von 1733 wiederhergestellt wurde. Erwähnenswert sind das Portal am Mittelrisalit, bezeichnet 1741, sowie die Rundbogeneinfahrt mit Wappenstein aus dem Ende des 17. Jahrhunderts in der Hofmauer.

ARNSBERG-HERDRINGEN

Verkehrsverein, Neuer Weg 11–13a, 59757 Arnsberg-Herdringen, Tel. (02937) 4533.

Wasserschloß: *Unterburg, Torhaus und Lusthaus von Ambrosius von Oelde.*

Bereits 1616 wurde die mittelalterliche Anlage vom Paderborner Bischof Dietrich von Fürstenberg angekauft, seit 1618 ist hier der Stammsitz der Freiherren von Fürstenberg, aber erst 1661 begann Ferdinand von Fürstenberg mit umfangreichen Planungen für einen großzügigen Umbau. Ausgeführt ist nur die dreiflügelige Unterburg nach Entwürfen von Ambrosius von Oelde, die um 1680 begonnen und 1723 vollendet wurde. Nach außen zur heutigen Straße hin wird die Fassade durch das stattliche Torhaus mit rustiziertem und übergiebeltem Portal von 1713 beinahe festungsartig geschlossen; anstelle des Herrenhauses steht heute eine neugotische Anlage aus der Mitte des 19. Jahrhunderts.
Erwähnenswert aus der Phase der barocken Neugestaltung ist das östlich der Vorburg direkt an der Straße stehende Lusthaus von 1686. Der ebenfalls Ambrosius von Oelde zugeschriebene zweigeschossige, im Grundriß quadratische Bau ist Teil einer geplanten weitläufigen Gartenanlage und gilt als das hervorragendste Beispiel für Gartenhäuser des westfälischen Barock.

ARNSBERG-OELINGHAUSEN

Kath. Pfarrkirche St. Peter und St. Nikolaus: Die gotische Saalkirche des 14. Jahrhunderts mit ehemals anschließender Klosteranlage der Prämonstratenserinnen wurde ab 1712 einheitlich neu ausgestattet. Bemerkenswert ist hier vor allem der von Wilhelm Splithofen und Alexander la Ruell geschaffene Hochaltar, dessen Szenen folgende Personen darstellen (von links): Augustinus (über der Tür), Mutter Anna mit Kind Maria, Josef mit Jesuskind und Lilie, den Kirchpatron Petrus mit Buch und Schlüssel, den Stifter Hermann Josef von Steinfeld, Gertrud und Norbert (Gründer des Prämonstratenserordens); oben (ebenfalls von links) die vier Märtyrerinnen Agatha, Luzia, Cäcilia und Barbara; darüber Engel als Sinnbilder der drei theologischen Tugenden Glaube, Liebe und Hoffnung. Maria im Strahlenkranz mit dem Christuskind bekrönt das ikonographische Gesamtprogramm des Hochaltars. In der Kapelle an der Südseite der Kirche befindet sich der Kreuzaltar aus der Werkstatt der Bildhauerfamilie Gröninger, eine Stiftung zum Gedenken an die Äbtissin Ottilia von Fürstenberg (†1621).
Die um 1714 bis 1717 entstandene, höchst effektvolle fünfjochige Nonnenempore mit Orgel ist ein Werk von Johann Berenhard Klausing. Von den schlichten, westlich an die Kirche anschließenden Klostergebäuden stehen heute nur noch die Propstei von 1724 und das Gästehaus von 1695.

ARNSBERG-VOSSWINKEL

Verkehrsverein, Höllinghofen, 59757 Arnsberg, Tel. (02932) 23004.
Schloß Höllinghofen: Ausgedehnte Wasserschloßanlage mit Herrenhaus – einem unregelmäßigen Dreiflügelbau des 17. Jahrhunderts –, Kapelle, Neben- und Wirtschaftsgebäuden sowie benachbartem Kavaliershaus aus dem 18. Jahrhundert.

ASBECK → LEGDEN

ASCHEBERG (Kr. Coesfeld)

Verkehrsverein Ascheberg e.V., Katharinenplatz 1, 59387 Ascheberg, Tel. (02593) 6324, Fax 7525.
Kath. Pfarrkirche St. Lambertus: *Umbau durch Johann Conrad Schlaun; barocke Innenaustattung.*
Die spätgotische Hallenkirche von 1524 wurde im Jahre 1737 nach Plänen von Johann Conrad Schlaun durch einen in Backstein ausgeführten Rechteckchor erweitert, den die Witwe des Grafen Ferdinand von Plettenberg-Nordkirchen, des Patronatsherren der Ascheberger Kirche als Nachfolger der Herren von Morrien zu Davensberg und Nordkirchen, in Auftrag gegeben hatte.
In der Kirche befindet sich ein reich geschnitzter Hochaltaraufsatz von 1697 mit Spiralsäulen und Heiligenfiguren aus Amersfoort in den Niederlanden und eine geschnitzte Kommunionbank, Teile des Chorgestühls (1959 aus dem Kunsthandel erworben), außerdem ein Altargemälde des 17. Jahrhunderts mit Kreuzabnahme und eine Doppel-Strahlenmadonna, datiert 1690, aus der Kirche in → Kirchhundem-Oberhundem.

Arnsberg-Herdringen, Wasserschloß: Gartenseite des Lusthauses, 1686 (Aufnahme 1994)

Arnsberg, Propsteikirche St. Lambertus: Memorienaltar des 1628 verstorbenen Landdrosten Caspar von Fürstenberg (Aufnahme 1981)

ASCHEBERG-HERBERN

Haus Itlingen: *Wasserschloß des 17. Jahrhunderts mit repräsentativen Umbauten von Johann Conrad Schlaun, um 1755; Außenbesichtigung möglich.*

An der Straße von Herbern nach Drensteinfurt liegt das bereits um 1300 in Quellen genannte Herrenhaus, das im 16. Jahrhundert über die Herren von Herbern durch Heirat an die Familie von Nagel kam, in deren Besitz es heute noch ist. Die reizvolle Dreiflügelanlage mit abschließenden, burgartigen Rundtürmen wurde Ende des 17. Jahrhunderts und Mitte des 18. Jahrhunderts errichtet, im linken Turm befindet sich die Hauskapelle. Um 1755 beauftragte Adrian Freiherr von Nagel den Architekten Johann Conrad Schlaun mit Modernisierungsarbeiten, die vor allem die Einfügung eines eleganten Mittelrisalits in die Fassade des Corps de Logis sowie neue Raumfolgen mit Stuckdekorationen im Innern und die Anlage eines heute nicht mehr erhaltenen französischen Gartens vorsahen.

Schloß Westerwinkel: *mächtige frühbarocke Wasserschloßanlage inmitten eines weitläufigen englischen Parks; Außenbesichtigung jederzeit, Innenbesichtigung April–Oktober mit Führung möglich.*

Die 1225 urkundlich genannte Burg ist seit dem 16. Jahrhundert im Besitz der Grafen von Merveldt. Bereits Dietrich Hermann von Merveldt (1598–1658), seit 1635 Kanzler des Fürstbischofs,

Ascheberg-Herbern, Schloß Itlingen: Aufriß der Hofseite, Zeichnung von Johann Conrad Schlaun, um 1750 (Westfälisches Landesmuseum Münster)

Ascheberg-Herbern, Schloß Westerwinkel: Gesamtansicht von Süden (Aufnahme 1994)

Attendorn, Hospitalkirche St. Barbara: Hochaltar mit Kreuzigung nach Peter Paul Rubens, daneben die zwölf Apostel (Aufnahme 1961)

plante den Neubau eines Schlosses, starb aber 1658, nachdem lediglich eine neue Hauskapelle errichtet worden war. Erst sein Sohn Theodor Hermann (1624–1688) ließ in relativ schneller Bauzeit von 1663 bis 1668 das Vierflügelschloß und einen Teil der Vorburg errichten: heute erhebt sich inmitten eines weitläufigen englischen Parks mit altem Baumbestand die eindrucksvolle Wasserschloßanlage. In deutlicher Anlehnung an die Verteidigungssysteme älterer Burgen liegt das Schloß auf zwei großen rechteckigen Inseln, auf der östlichen in einem gesonderten Hausteich das Herrenhaus, an drei Seiten von einem Wall mit Eckbastionen eingefaßt, im Norden durch die vorgelagerten Vorburggebäude umschlossen. Bezeichnend für die altertümliche Konzeption sind ebenfalls die mehrfach gewinkelte Zufahrt über die westliche Garteninsel und die Vorburg sowie das Abweichen von der im Barock üblichen Axialität der Gesamtanlage. Das kastellartige Hauptschloß, ein gestreckter Vierflügelbau mit vier Pavillontürmen ist bis auf die Portale und einen wappengeschmückten Erker an der Westseite streng und schmucklos und wird lediglich durch lange Reihen von Steinkreuzfenstern gegliedert. Die Außenmauern wirkten ursprünglich wesentlich reicher und farbiger durch ein auf den Putz gemaltes Gliederungssystem und durch farbige Fensterläden in den Wappenfarben. Die gegeneinander versetzten breitgelagerten Gebäude der Vorburg mit Torhaus und zwei Türmen entstanden 1663 bis 1696.

Die architektonische Gesamtkonzeption hat man – allerdings ohne Nachweise – dem fürstbischöflichen Ingenieur Peter Pictorius d.Ä. (1626–1685) zugeschrieben. Der Bautyp des Hauptschlosses folgt zwar dem Grundtypus des ab 1546 nach Plänen des Sebastiano Serlio errichteten Schloß Ancy-le-Franc in Burgund, hat jedoch in der Ausführung mit diesem nichts gemein. In Deutschland und Österreich sind danach eine ganze Reihe von Vierflügelschlössern in der zweiten Hälfte des 16. und Anfang des 17. Jahrhunderts entstanden, von denen in Westfalen das → Hirschberger Schloß bei Warstein sowie → Haus Melschede in Sundern-Hövel genannt seien. Im weitläufigen englischen Park befindet sich eine zweigeschossige Orangerie aus dem 19. Jahrhundert sowie auf der Gartensinsel ein Gartenhaus des frühen 18. Jahrhunderts.

ATTENDORN (Kr. Olpe)

Reise- und Fremdenverkehrs-GmbH, Rathauspassage, 57439 Attendorn, Tel. (02722) 64229, Fax 4775.

Kath. Pfarrkirche St. Johannes Bapt.: Die mittelalterliche Pfarrkirche mit barocker Turmhaube, auch „Sauerländer Dom" genannt, ist vor allem wegen ihrer reichen Ausstattung von Bedeutung: an der nördlichen Außenwand ein Zyklus barocker Eisengußplatten mit der Darstellung der „Sieben Schmerzen Mariens", der ursprünglich am Wallfahrtsweg nach Waldenburg stand, weiterhin im Chorraum sechs lebensgroße Apostelfiguren. Der Attendorner Bildhauer Johann Sasse zeichnet für das Barockensemble verantwortlich, bestehend aus den Seitenaltären (südlich St. Sebastian, nördlich St. Agatha-Altar) mit hohen zweigeschossigen Aufbauten aus der Zeit um 1700, sowie der prächtigen figurenreichen Kanzel, gestif-

Attendorn, Burg Schnellenberg: Gesamtansicht von Heinrich Deiters, um 1889

tet von den miteinander verwandten Adelsfamilien von Fürstenberg, von Spiegel, von Wiltz und von Kerpen. Der dazugehörende zentrale Hochaltar ist 1783 beim Brand der Kirche zerstört worden. An der westlichen Abschlußwand des südlichen Seitenschiffes fällt die überlebensgroße Statue des Hl. Christophorus ins Auge, ebenfalls eine Arbeit von Johann Sasse von 1680. Christophorusbilder wurden früher in Kirchen nahe dem Hauptportal aufgestellt, denn der Heilige sollte als Patron der Reisenden und als Schutzheiliger gegen den plötzlichen Tod den Eintretenden an die Vergänglichkeit irdischen Daseins erinnern. Die Ritterheiligen St. Georg und St. Alexander in der Turmhalle stammen ebenso wie die Statuen der Heiligen Arno und Nikolaus im Kreuzschiff aus der Werkstatt des Paderborner Bildhauers Johann Theodor Axer, der die Figuren 1754 für den Hochaltar der → Grafschafter Klosterkirche in Schmallenberg schuf. Weitere barocke Ausstattungsstücke befinden sich heute in der Hospitalkirche St. Barbara.

Kath. Hospitalkirche St. Barbara: Die mittelalterliche Hospitalanlage und Kirche „extra muros" (vor den Mauern) waren der Hl. Barbara geweiht; das letzte Hospitalgebäude an dieser Stelle wurde 1975 abgerissen. Die Kirche, im Kern aus dem 14. Jahrhundert, wurde im 17. Jahrhundert nach Westen und Osten in Form einer langgestreckten, dreiseitig geschlossenen Saalkirche mit kleiner Ostsakristei erweitert. Die Ausstattung stammt zum größten Teil aus der Pfarrkirche: der Hochaltar mit dem Gemälde des Kalvarienberges nach Peter Paul Rubens aus der zweiten Hälfte des 18. Jahrhunderts; zwölf, seitlich auf Konsolen angebrachte Apostelfiguren aus der Zeit um 1700; zwei reich ausgestaltete Bildnischen mit Vesperbild, eine Arbeit des Johann Sasse, die der Bildhauer 1683 der Pfarrkirche stiftete.

Burg Schnellenberg: *Erweiterung zu einer barocken Anlage durch Ambrosius von Oelde; Besichtigung jederzeit möglich.*

Hoch über Attendorn liegt die besterhaltene Burg Südwestfalens, seit 1594 im Besitz der Adelsfamilie von Fürstenberg. Unmittelbar nach dem Erwerb begann der kurkölnische Droste Caspar von Fürstenberg mit der Erweiterung der bestehenden hochmittelalterlichen Architektur zu einer stattlichen Vierflügelanlage. Schon 1607 verlegte der Bauherr seinen Hausstand in das noch in Bau befindliche Schloß, das in fast ununterbrochener Bauzeit schließlich im 18. Jahrhundert zu seiner heutigen Gestalt gelangte. Im Jahre 1658 beauftragte Caspars Sohn, Friedrich von Fürstenberg, seinen ‚Hausarchitekten', den Kapuzinerbruder Ambrosius von Oelde, mit der Planung einer Vorburg, die den Maßstab aller bisherigen Bauarbeiten sprengte, sowie umfangreichen Umbauarbeiten, unter anderem in den Innenräumen. Die von Ambrosius von Oelde angelegten Flügel der heute als Hotel genutzten Unterburg beherbergten die großräumigen, über Säulen gewölbten Pferdeställe und waren an den Ecken durch hervortretende Türme akzentuiert. In den Räumen des Hotels befinden sich noch Ausstattungsstücke des späten 17. Jahrhunderts, unter anderem zwei flämische

Tapisserien (Wandteppiche) sowie Kamine und Möbel des 18. Jahrhunderts.
Die Baumaßnahmen von Ambrosius von Oelde im 17. Jahrhundert führten zwar nicht zu einem gänzlich barock durchorganisierten Anlagesystem, doch hat der Baumeister die einzigartige Lage des Schlosses genutzt, um durch Staffelung von großangelegten Baukörpern und Portalfolgen das eindrucksvolle Erscheinungsbild des Schlosses im monumentalen Sinne des Barock zu steigern.

BAD BERLEBURG (Kr. Siegen)

Kur- und Verkehrsbüro, Im Herrengarten 1, 57319 Bad Berleburg, Tel. (02751) 7077, Fax 2844.
Schloß: *prachtvoll stuckierter Musiksaal von 1735–39; Besichtigung nach Anmeldung möglich.*
Die im 13. Jahrhundert angelegte Höhenburg war seit 1506 Residenz der Grafen von Sayn-Wittgenstein. Im 16. Jahrhundert wurde die große, nach Osten geöffnete Dreiflügelanlage mit anschließendem Schloßpark erbaut. Das stattliche dreigeschossige Herrenhaus wurde 1731 bis 1733 vermutlich nach Plänen des damals in Arolsen tätigen Baumeisters Julius Rothweil errichtet. Bei Umbauarbeiten durch Friedrich von Thiersch Anfang des 20. Jahrhunderts wurde bis auf den eindrucksvollen Musiksaal die gesamte Innenausstattung verändert: Der festliche Musiksaal mit umlaufender Empore, Kamin und kleiner Grotte in den besonders ausgestalteten Raumecken ist mit prachtvollen Stuckarbeiten geschmückt. Nach Entwürfen von Carlo Maria Pozzi aus dem Jahre 1735 wurden die Stukkaturen dann 1737 bis 1739 von dem Mainzer Handwerker Johann Baptist Wicko ausgeführt.
Im nördlichen Teil des Schloßgartens steht ein langgestrecktes Lusthaus mit Mittelpavillon aus der 1. Hälfte des 18. Jahrhunderts; die vier großen weiblichen Statuen schuf 1738 der Marburger Hofbildhauer Johann Friedrich Sommer.
Ludwigsburg: In der Unterstadt befindet sich der ehemalige Stammsitz einer Seitenlinie der Berleburger Schloßherren. Meister Mannus Riedesel (Ritessel) aus Raumland errichtete hier 1707 bis 1709 einen Fachwerkbau, der reich mit Balkenschnitzereien verziert ist und 1760 um einen Seitenflügel erweitert wurde.

BAD BERLEBURG-SASSENHAUSEN

Ev.-ref. Kapelle: Das typische Beispiel einer sogenannten Schulkapelle des frühen 18. Jahr-

Attendorn, Burg Schnellenberg: Flämischer Wandteppich, 1650–1700 (Aufnahme 1972)

Bad Berleburg, Schloß: Herrenhaus, 1731–33 (Aufnahme 1985)

hunderts, die Schule und Kirche unter einem Dach vereint. Meister Mannus Riedesel vollendete 1703 – so die Türinschrift – den kleinen Fachwerkbau mit reich geschnitztem Balkenwerk, vierseitigem Schluß und verschiefertem Dachreiter.

BAD DRIBURG (Kr. Höxter)

Städtisches Verkehrsamt, Lange Straße 140, 33014 Bad Driburg, Tel. (05253) 88180, Fax 88135.

Kuranlagen: Die berühmten Heilquellen von Bad Driburg sind bereits seit dem 16. Jahrhundert bekannt. Im 18. Jahrhundert wird die Stadt unter Fürstbischof Clemens August durch die Anlage des Gesundbrunnens zu einem Badeort, das Heilwasser wird bis in das Ausland verschickt. 1757 erscheint die von Dr. Bernhard Wilhelm Rödder, Leibarzt von Clemens August, verfaßte grundlegende Bäderschrift „Gründliche Beschreibung des zu Driburg im Hochstift Paderborn gelegenen Gesund- und Stahlbrunnens" mit heute noch gültigen Brunnen-Diätregeln. Erst 1772 werden durch Caspar Heinrich von Sierstorpff die ersten Bade- und Logierhäuser errichtet, meist schlichte zweigeschossige Fachwerkbauten, die bis heute den Kern der Kuranlagen bilden.

Bad Driburg-Neuenheerse, Pfarrkirche St. Saturnina: Hochaltar und Seitenaltäre, 1701–05 (Aufnahme 1967)

Bad Berleburg, Schloß: Musiksaal, 1737–39 (Aufnahme 1958)

BAD DRIBURG-NEUENHEERSE

Im heutigen Neuenheerse wurde im Jahre 868 von Luthard, dem dritten Bischof von Paderborn, das Hochadelige Kaiserliche Freiweltliche Damenstift Heerse gegründet. Neben der ehemaligen Stiftskirche, der heutigen Pfarrkirche St. Saturnina, erinnern noch das Abteigebäude (1599–1603, 1713 barock umgebaut) sowie einige Stiftskurien und -häuser in schlichtem Fachwerk aus dem 17. und 18. Jahrhundert an das 1810 aufgelöste und von dem damaligen König von Westfalen verkaufte Stift.

Kath. Pfarrkirche St. Saturnina: *Barocker Umbau und Ausstattung; auf Grund umfassender Restaurierungsarbeiten erst ab Anfang 1996 wieder zu besichtigen.*

Die domartige ehemalige Stiftskirche, die einzige Säulenbasilika in Westfalen, wurde 1713 bis 1714 durch Lambert Friedrich Corfey modernisiert und 1797 mit einer barocken Turmhaube versehen, die im Stil der Weserrenaissance errichteten Abteigebäude wurden ebenfalls umgebaut. Bemerkenswert ist die barocke Innenausstattung: der Hochaltar mit den Kirchenpatroninnen Saturnina links und Fortunata rechts zeigt im zentralen Relieffeld die Himmelfahrt Mariens, im oberen Altargeschoß die Heilige Dreifaltigkeit sowie seitlich Petrus und Paulus, Johannes Baptista und Joseph. Der freistehende Altartisch birgt in seiner Rückwand in einer vergitterten Nische den Schrein mit den Gebeinen der ersten Äbtissin Walburga. Auch die beiden flankierenden Seitenaltäre – links mit einem Relief des Abendmahls, rechts mit

der Anbetung Christi – sind in kostbarem Alabaster und Marmor ausgeführt, gefertigt zwischen 1701 und 1705 von der Bildhauerwerkstatt des Heinrich Papen aus Giershagen; im nördlichen Querschiff der Martinsaltar von Christophel Papen, um 1730, sowie die reich geschnitzte Kanzel, um 1731, und die 1965 erneuerte Orgel, vermutlich 1713 von Andreas Schweimbs aus Einbeck.
Damensattel: Kulturgeschichtlich bemerkenswert ist der 1738 erneuerte sogenannte Damensattel, ein steinerner Sitz auf der nördlichen Friedhofsmauer, den die Äbtissin bei ihrem Amtsantritt in Besitz nahm.

BAD DRIBURG-PÖMBSEN

Kath. Pfarrkirche Mariä Himmelfahrt: Der Abriß des Vorgängerbaus der heutigen Barockkirche verlief parallel mit dem Neubau. Im Jahre 1678 wurde der Grundstein des Chores gelegt, der Hauptraum dann 1687 vollendet, der heutige Kirchturm stammt aus dem Jahre 1718. Der dreiseitig geschlossene Chorraum des schlichten dreijochigen Saalbaus, den der Fürstbischof von Paderborn, Ferdinand von Fürstenberg, erbauen ließ, beherbergt einen bemerkenswerten Hochaltar mit den Gemälden der Himmelfahrt Mariens und der Heiligen Dreifaltigkeit, in dessen Gebälk zwei Wappen angebracht sind, die ihn als Stiftung der Eheleute H. Dietrich von Ketteler (Wappen links) und Maria Helene von Droste (Wappen rechts) aus dem Jahre 1708 ausweisen.

BAD LAASPHE (Kr. Siegen)

Kurverwaltung / Haus des Gastes, 57334 Bad Laasphe, Tel. (02752) 898, Fax 7789.
Schloß Wittgenstein: *lediglich Außenbesichtigung möglich.*
Auf bewaldeter Höhe über dem Ort liegt die bereits 1194 urkundlich als „Widekindigstein" bezeichnete Anlage der Grafen von Sayn-Wittgenstein. Der nüchterne Dreiflügelbau des 17. Jahrhunderts wirkt zurückhaltend und wird lediglich durch einen barocken Dachreiter ausgezeichnet. Der viergeschossige Eckpavillon des 18. Jahrhunderts, der Marstall, die Wirtschaftsgebäude und ein Schloßgarten des 19. Jahrhunderts vervollständigen das Ensemble.
In der evangelisch-reformierten Pfarrkirche befinden sich Grabplatten und Epitaphien der Schloßherren Sayn-Wittgenstein: eine Sandsteingrabplatte des 1412 gestorbenen Grafen Johann von Sayn-Wittgenstein, Epitaph des Grafen Wilhelm von Wittgenstein von 1570 sowie eiserne Grabplatte des Grafen von Sayn-Wittgenstein aus dem frühen 17. Jahrhundert.

BAD SALZUFLEN (Kr. Detmold)

Kur- und Verkehrsverein e.V., Parkstraße 20, 32105 Bad Salzuflen, Tel. (05222) 183205.
Geschichte: Der Handel mit dem „weißen Gold", dem Salz, hat die Geschichte der Stadt nachhaltig beeinflußt. Nach den verheerenden Auswirkungen des Dreißigjährigen Krieges wurde im Zuge des Wiederaufbaues in den Jahren 1767 bis 1770 das erste Gradierwerk errichtet, um eine stärkere Konzentration der Sole zu erreichen und die Salzgewinnung zu rationalisieren. Heute werden die Gradierwerke für den Kurbetrieb genutzt.
Ev.-ref. Stadtkirche: An markanter Lage oberhalb der Stadt liegt der rechteckige Saalbau mit abgeschrägten Ostecken. Mehrere Bauphasen kennzeichnen die nach dem Brand von 1762 bis 1765 errichtete Kirche mit welscher Haube von 1782. Neben einigen Grabsteinen des 17. Jahrhunderts haben sich von der bescheidenen Innenausstattung ein barocker Hängeleuchter, Teile der Chormöblierung mit Wappen, die Kanzel von Heinz Kampmeyer aus dem Jahre 1756 sowie die Bemalung der 1982 nach Befunden restaurierten Fensterlaibungen erhalten.

BAD SALZUFLEN-SCHÖTMAR

Schloß Stietencron: *qualitätvolle Innengestaltung des Rokoko; Besichtigung Mo.–Fr. 9–12 Uhr und Do. 14–17 Uhr.*
Der zweigeschossige Hauptbau mit anschließenden Seitenflügeln unter Walmdächern wurde ab 1729 für den schwedischen und kurhessischen Staatsminister August Moritz Plato von Donop erbaut und 1913 durch den neubarocken Anbau eines von vier ionischen Säulen getragenen Auffahrtsbalkons erweitert. Die Raumdisposition wird durch die beiden übereinanderliegenden Haupträume bestimmt: im Erdgeschoß der Speisesaal mit dem davorliegenden älteren Vestibül, im Obergeschoß der Festsaal, der ursprünglich die ganze Tiefe des Hauptbaus einnahm. Die Innenausstattung mit Kaminen, holzverkleideten Wänden mit Rocaille-Schnitzereien, Supraporten und Portraits ist an den Hauptwänden vollständig erhalten. Herausragend ist die Ausgestaltung des Rokoko-Festsaales, auch die Nebenräume weisen noch Ausstattungsstücke des 18. Jahrhunderts auf. Vermutlich waren bei der Innendekoration Künstler des kurhessischen Hofes aus Kassel aus dem Umkreis des Johann August Nahl beteiligt.

BAD SASSENDORF (Kr. Soest)

Kulturamt, Eichendorffstraße 1, 59505 Bad Sassendorf, Tel. (02921) 5050, Fax 50559.
Haus Sassendorf: Die Schloßanlage auf rechteckiger Insel besteht aus einem zweigeschossigen Herrenhaus mit Mansarddach von 1785 und seitlich den Vorplatz flankierenden Wirtschaftsgebäuden aus Fachwerk. In der Eingangshalle des Herrenhauses befinden sich qualitativ hochwertige Landschaftsansich-

Bad Sassendorf-Neuengeseke, Pfarrkirche: Kanzel, 1712 (Aufnahme 1991)

ten und Supraporten, die allerdings auf Grund der privaten Nutzung nicht besichtigt werden können.

BAD SASSENDORF-NEUENGESEKE

Ev. Pfarrkirche: Von der Barockausstattung sind neben dem 1661 hier aufgestellten Haupt- und Nebenaltar und dem Taufstein von 1691 vor allem die reichgeschnitzte Kanzel von 1712 erwähnenswert, die Martin Müller aus Soest angefertigt hat.

BAD SASSENDORF-WESLARN

Ev. Pfarrkirche St. Urban: Die prachtvolle dekorative Gewölbemalerei des späten 12. Jahrhunderts wird ergänzt durch barocke Ausstattungsstücke, wie etwa den Altaraufsatz des 17. Jahrhunderts und das Orgelgehäuse von 1702. Auf dem Kirchhof befinden sich Grabmäler des 17. bis 19. Jahrhunderts, darunter eine Grabplatte des 17. Jahrhunderts, die zur Zeit als Pflasterung vor dem Küsterhaus liegt.

BALVE (Märkischer Kr.)

Verkehrsverein Balve e.V., Kirchplatz 2, 58802 Balve, Tel. (02375) 5380.

Kath. Pfarrkirche St. Blasius: *in Westfalen einmaliger Hochaltar römischen Vorbilds mit originaler Farbgebung.*

Der für Westfalen einmalige Hochalter im heutigen Neubau hatte die Form eines sogenannten Expositionsretabels: die perspektivisch gestaltete Mittelnische ist zu verstehen als Nachbildung der römischen Scala regia von Bernini im Lateran. Die vorzüglich erhaltene Originalfassung ist inschriftlich belegt und von dem Arnsberger Maler Alexander Strodtmann 1696 vollendet worden. Der Hochaltar aus Eichenholz, dessen Schnitzwerk in Linde gearbeitet ist, ist eines der wenigen farbig gefaßten, kirchlichen Ausstattungsstücke, die nie übermalt worden sind. Die seitlichen Türen im Sockelgeschoß des Altars sind im Jahre 1963 nach Resten rekonstruiert worden.

Wocklumer Mausoleum: In der Nähe der Pfarrkirche steht auf dem Kirchplatz das Mausoleum des Henneke von Schüngel von 1704, ein vergitterter Pavillon mit Schweifhaube; Innen das Grabmal des 1561 gestorbenen Landdrosten des Herzogtums Westfalen sowie ein Kruzifix aus der 2. Hälfte des 16. Jahrhunderts.

BALVE-BECKUM

Schloß Wocklum: *Lediglich Außenbesichtigung möglich.*

Die umfangreiche, sehr schlichte Wasserschloßanlage, deren Herrenhaus von 1708 durch einen übergiebelten Mittelrisalit mit doppelläufiger Freitreppe ausgezeichnet ist, wurde bis in die Mitte des 18. Jahrhunderts mehrfach baulich verändert. Eine ursprünglich erweiterte Grundrißplanung sah den Ausbau als Drei- oder sogar Vierflügelanlage vor, der allerdings wohl auf Grund der Verlegung des Hauptwohnsitzes der Grafen Landsberg-Velen in das westmünsterländische → Wasserschloß Velen ausblieb. Die ausgeführten Bauteile wurden aufwendig ausgestattet, mit teilweise geradezu prunkvoller Innengestaltung durch Wand- und Deckenmalereien versehen, die in den Jahren 1974–1976 restauriert wurden.

HAUS BECK
→ BOTTROP-KIRCHHELLEN-FELDHAUSEN
BECKUM → BALVE
BELECKE → WARSTEIN
BENNINGHAUSEN → LIPPSTADT
SCHLOSS BENTLAGE → RHEINE
BERGE → MEDEBACH
BEVERGERN → HÖRSTEL

BEVERUNGEN (Kr. Höxter)

Städtisches Verkehrsamt, Weserstraße 10 / Cordt-Holstein-Haus, 37688 Beverungen, Tel. (05273) 92221, Fax 92120.

Kath. Pfarrkirche St. Johannes der Täufer: Die 1682 bis 1698 erbaute Pfarrkirche ist ein schlichter, vierjochiger Saalbau mit 3/8-Schluß, der Westturm wird von einer hohen welschen Haube bekrönt und von seitlichen Turmanbauten flankiert; Die Innenausstattung stammt zum größten Teil aus der Erbauungszeit.

BEVERUNGEN-WEHRDEN

Kath. Kirche Hl. Familie und Hl. Stephanus: *prächtiger Altar des Bildhauers Heinrich Gröne mit Gemälde von Johann Georg Rudolphi.*

Fürstbischof Hermann Werner von Wolff-Metternich ließ Ende des 17. Jahrhunderts das Schloß und die Kirche von seinem Baumeister Ambrosius von Oelde errichten. Der 1698 datierte Bau präsentiert sich als schlichter, dreijochiger Saal mit 5/8-Chor und Westbau, in den der Turm einbezogen ist. Aus der Erbauungszeit stammen die Säulenportale mit Wappenaufsätzen, Inschriftkartuschen und Scheitelmasken, hinzuweisen ist ebenfalls auf die Kanzel und den prächtigen, dem Bildhauer Heinrich Gröne zugeschriebenen Altar; die Gemälde mit der Darstellung der „Hl. Familie“ stammen von Johann Georg Rudolphi (1633–1693), dem bedeutendsten Kirchenmaler der Paderborner Bischöfe im 17. Jahrhundert.

Schloß: *Neubau durch Ambrosius von Oelde für den Fürstbischof von Paderborn, Hermann Werner von Wolff-Metternich; zur Zeit nur Außenbesichtigung möglich, Schloßpark nicht zugänglich.*

Am 13. Mai 1695 erhielt Fürstbischof Hermann Werner von Wolff-Metternich die Investitur mit dem Corveyschen Lehngut Wehrden. Kurz darauf ließ er sich über Resten der älteren Wasserburg durch Ambrosius von Oelde ein zweigeschossiges, breit gelagertes Herrenhaus errichten, an dessen Rückseite ein weitläufiger Park mit heute nicht mehr erhaltener Fasanerie und Orangerie lag. Die schlichte elfachsige Hauptfront des Herrenhauses wird lediglich durch das über die doppelläufige Freitreppe erreichbare Säulenportal akzentuiert, das im Giebel das Wappen des Bauherrn trägt. Der zierlich geschweifte Giebel über den drei mittleren Fensterachsen wurde im 19. Jahrhundert im Stil der Weserrenaissance hinzugefügt.

BIELEFELD

Tourist-Information, Am Bahnhof 6, 33602 Bielefeld, Tel. (0521) 178844, Fax 178811.

Ev. Altstädter Nicolaikirche: Vier barocke Kronleuchter, zum Teil mit Wappen und Inschriften, bezeichnet aus den Jahren 1637, 1663, 1678 und 1707.

Ev. Neustädter Marienkirche: Qualitätvoll geschnitzte Kanzel, 1681 bis 1683 von dem Bielefelder Meister Bernd Christoph Hattenkerl gefertigt. Die Kirche hatte bis zum 2. Weltkrieg barocke Dachhauben auf den Doppeltürmen, die nicht rekonstruiert wurden.

Kath. Pfarrkirche St. Jodokus: In der ehemaligen Klosterkirche des Franziskanerklosters befinden sich noch Teile der Barockausstattung: Marienklage des 17. Jahrhunderts und Figuren der Heiligen Josef und Antonius von Padua, gefertigt wohl in Österreich im 18. Jahrhundert.

Balve, Pfarrkirche St. Blasius: Hochaltar, 1696 (Aufnahme 1966)

Ehem. Klostergebäude: Der älteste Teil der Klosteranlage stammt aus dem frühen 16. Jahrhundert, der Erweiterungsbau mit Wappenportal ist in das Jahr 1713 datiert; seit dem 19. Jahrhundert ist der Südflügel des Klosters mit dem Seitenschiff der Kirche identisch.
Reformierte Süsterkirche: Die Kirche war ursprünglich im Besitz des Augustinernonnenklosters und wurde 1682 von der reformierten Gemeinde übernommen; bereits 1657 hatte der Kurfürst den ersten reformierten Prediger hier eingesetzt. Barockausstattung: flämischer Altartisch aus dem frühen 18. Jahrhundert, Orgelbrüstung und Teile des Gestühls aus dem späten 17. Jahrhundert; silberne Taufschale, von dem hannoverschen Hofsilberschmied Joachim Sander um 1680–90 hergestellt.

BIELEFELD-HEEPEN

Ev. St.-Peter-und-Paul-Kirche: Von der Barockausstattung ist vor allem der 1652 bis 1654 vollendete steinerne Memorienaltar für Jodokus von Warendorf erwähnenswert: im Mittelfeld befindet sich ein Relief mit der Kreuzigung Christi, dazu Stifter- und Familienfiguren. Aus dem Ende des 17. Jahrhunderts stammen auch die Kanzel, die Orgel und die Emporenbrüstung.

BILLERBECK (Kr. Coesfeld)

Verkehrsamt, Markt 1, 48727 Billerbeck, Tel. (02543) 7373, Fax 7350.
Geschichte: Billerbeck ist der Sterbeort des Hl. Ludger, des von Karl dem Großen ernannten ersten Bischofs von Münster. Bereits kurz

Billerbeck, Ludgerus-Brunnenkapelle: Außenansicht (Aufnahme 1912)

nach seinem Tod im Jahre 809 entwickelte sich die Stadt in den Baumbergen zu einer beliebten Pilger- und Wallfahrtsstätte.

Kath. Propstei- und Wallfahrtskirche St. Ludgerus: *Reliquienfigur des Hl. Ludger, des ersten Bischofs von Münster.*

Der in neugotischem Stil Ende des 19. Jahrhunderts in gewaltigen Dimensionen errichtete Ludgerus-Dom ist steinerner Ausdruck des sogenannten Kulturkampfes gegen die Preußen. Hier befindet sich in der heutigen Sterbekapelle des Heiligen die Reliquienhalbfigur Ludgers von 1735. Die barocke Sterbekapelle, ein einfacher achteckiger Zentralbau des Peter Pictoris d.J. aus den Jahren 1732 bis 1735 wurde beim Neubau des Domes im späten 19. Jahrhundert abgerissen und verbaut.

Ludgerus-Brunnenkapelle: Der Legende nach ist der Brunnen an der heutigen Ludgeristraße durch das sogenannte Gänsewunder des Hl. Ludger entstanden und wird erstmals 1541 urkundlich erwähnt. Die nach einem Entwurf des Lambert Friedrich Corfey aus Münster 1702 erbaute Brunnenkapelle ist eine Stiftung des Billerbecker Stadtrichters und seiner Frau, ihre Wappen befinden sich rechts und links über dem Eingang. Der kleine, dreiseitig geschlossene Ziegelbau ist durch eine reiche Sandsteingliederung ausgezeichnet. Im Innern steht der sarkophagähnliche Altar mit der im frühen 18. Jahrhundert geschaffenen Liegefigur des Bischofs Ludger auf dem Sterbebett, dessen Unterbau sich bis zum Bau des Domes in der alten Sterbekapelle befand. Die heutige Brun-

Billerbeck, Ludgerus-Brunnenkapelle: Altar des Hl. Ludger (Aufnahme 1912)

nenanlage wurde 1953 errichtet. Hier hielt im Jahre 1934 Kardinal von Galen vor mehr als 18 000 Menschen die erste seiner berühmten Predigten gegen den Nationalsozialismus.

Kath. Pfarrkirche St. Johannes d.T.: *Werke der Bildhauerfamilie Gröninger.*

Die ehemalige Stadt- und Erzdiakonatskirche gehört zu den bedeutendsten Kunstdenkmälern aus spätromanischer Zeit in Westfalen. Einige barocke Ausstattungsstücke sind bemerkenswert: im südlichen Seitenschiff ein von der Architektur her noch der Spätrenaissance verpflichteter Magdalenenaltar mit Darstellung der Szene beim Gastmahl im Haus des Pharisäers. Das 1611 von dem Rektor Johann Nyssing gestiftete Werk voller frühbarokker Lebendigkeit ist vermutlich von Wilhelm Gröninger; im nördlichen Seitenaltar eine eindrucksvolle Pietà, laut Inschrift 1715 von Johann Wilhelm Gröninger geschaffen; von demselben Meister an der Rückwand des nördlichen Seitenschiffes auch der Paulusaltar von 1719 mit dem ebenfalls signierten Relief „Pauli Sturz vom Pferde“, das nach einer Stichvorlage des berühmten Gemäldes von Peter Paul Rubens gearbeitet worden ist.

Johanniskirchplatz, Wohnbauten: Von der weitgehend geschlossenen Platzbebauung des 18. und 19. Jahrhunderts ist vor allem auf der Südseite das ehemalige Erzdiakonatsgebäude, ein Sandsteinbau mit saalartigem Kellergeschoß aus dem frühen 16. Jahrhundert erhalten, an den 1679 das heutige Hauptgebäude rechtwinklig angebaut wurde; über dem Eingang befindet sich das Wappen des Erbauers und hier residierenden Erzdiakons Wilhelm Freiherr von Fürstenberg.

HAUS BISPING
→ DRENSTEINFURT-RINKERODE

BLOMBERG (Kr. Detmold)

Städtisches Verkehrsbüro, Marktplatz 2, 32825 Blomberg, Tel. (05235) 504250, Fax 504290.

Ev.-ref. Pfarrkirche: In der im 15. Jahrhundert errichteten ehemaligen Augustinerkirche zum Heiligen Leichnam, die vor allem wegen des Heinrich Brabender zugeschriebenen spätgotischen Doppelgrabmals des Edelherrn Bernhard VII. zur Lippe (†1511) und seiner Gemahlin Anna von Holstein-Schaumburg (†1495) bekannt ist, befindet sich im Chorbereich eine aufwendig dekorierte Barockkanzel aus Holz mit Säulen und geschnitzten Füllungen von Jobst Rentorff aus dem Jahre 1704.

Billerbeck, Pfarrkirche St. Johannes d.T.: Pietà, 1715 (Aufnahme 1989)

BLOMBERG-REELKIRCHEN

Ev.-ref. Pfarrkirche: Der gotische Saalbau ist um 1665 an der Südseite um ein rechteckiges Joch erweitert worden. Die Holzkanzel von 1667 mit der lateinischen Inschrift nennt den Pfarrer als Hüter der Gemeinde: „Nec canis mutus, nec mordax“ und ist in das Jahre 1667 datiert und nennt den Künstler: „Cordt. Scheffer. Blombergensis. Disen. Stul. gemacht. Anno. 1667“.

Schloß: An der Straße von Reelkirchen nach Blomberg liegt Schloß Reelkirchen, das seit Mitte des 16. Jahrhunderts im Besitz der Familie von Mengersen ist. Die von einem Wassergraben umgebene Anlage erreicht man durch eine Tordurchfahrt und über eine massive Brücke des 18. Jahrhunderts. Der gestreckte Bau der Vorburg ist bereits im frühen 17. Jahrhundert als Remise und Marstall, das zweigeschossige Herrenhaus mit Mansarddach um 1755 errichtet worden.

BOCHOLT (Kr. Borken)

Stadtinformation, Kreuzstraße 27, 46395 Bocholt, Tel. (02871) 5044, Fax 953565

Kath. Pfarrkirche St. Maria: Die ehemalige Minoritenkirche ist ein zwischen 1785 und 1792 errichteter anspruchsloser, flachgedeckter Saalbau mit nördlichen Erweiterungsbauten von 1912 bis 1914; nach Kriegszerstörung wurde die Kirche wiederaufgebaut.

Die beinahe klassizistisch anmutende Pfarrkirche birgt einige barocke Ausstattungsstücke aus benachbarten Kirchen: für den Hochaltar des späten 17. Jahrhunderts – der 1968 restauriert wurde – hat der münstersche Maler Gerhard Koppers in der ersten Hälfte des 18. Jahrhunderts ein Gemälde mit der Himmelfahrt Mariens gemalt, das offensichtlich auf eine Stichvorlage des Italieners Sebastiano Conca zurückgeht.

Haus Woord: Herrenhaus in der Münsterstraße Nr. 7–13 mit schön gegliederter Ziegel- und Werksteinfassade aus den Jahren 1792 bis 1795.

BOCHOLT-STENERN

Haus Büling gen. Hambrock: *Typisches Beispiel des niederländischen Barock; Außenbesichtigung möglich.*

Das als Hospital genutzte kleine Landschloß ist ein Beispiel des niederländischen Barock: der zweigeschossige Backsteinbau mit Werksteingliederung wurde um 1700 für Jobst von Hambrock, Generalleutnant der holländischen Kavallerie, und seine Gemahlin Mechthild Anna von Bentinck errichtet. Über dem Hauptportal befindet sich das mit der Jahreszahl 1709 versehene Allianzwappen der Erbauer. Die Gesamtanlage war urspünglich von einem weitverzweigten Grabensystem umgeben.

BOCHOLT-SUDERWICK

Kath. Pfarrkirche St. Michael: Der einfache Gewölbesaal wurde 1691 bis 1694 in gotisierendem Barock erweitert, im großen Neubau auf der Nordseite von 1965 befinden sich heute die barocken Ausstattungsstücke: ein eleganter Hochaltar, dessen Antependium, Altarbild und Tabernakel allerdings neueren Ursprungs sind, außerdem eine Holzfigur des Kirchenheiligen Michael aus dem 18. Jahrhundert.

BOCHUM

Verkehrsverein, Hauptbahnhof / Kurt-Schuma-

Borgentreich, Pfarrkirche St. Johannes Baptist: Orgel, um 1730 (Aufnahme 1957)

cher-Platz, 44787 Bochum, Tel. (0234) 13031, Fax 65727.

BOCHUM-HARPEN

Ev. Pfarrkirche St. Vinzenz: bescheidene Barockausstattung.

BOCHUM-WATTENSCHEID

Alte ev. Kirche: Der breitgelagerte Saalbau aus Bruchstein mit Dachreiter wurde nach 1686 errichtet. Im Innern zeichnet Meister Heinrich von Deventer für die 1696 entstandene Holzdecke und die mittlere Längstonne auf Holzstützen und Balkenunterzügen verantwortlich. Meister Dietrich Körmann fertigte 1694 den Kanzelaltar mit gewundenen Säulen, anstelle des Hauptbildes wurde nachträglich eine andere Kanzel mit Evangelistenfiguren eingebaut. Der Orgelprospekt mit geschwungenen Rocaille-Elementen ist von 1740, die Emporen wurden 1766 bis 1772 errichtet.

BÖKENFÖRDE → LIPPSTADT
BÖSENSELL → SENDEN
BOKEL → HALLE
HAUS BORG
→ DRENSTEINFURT-RINKERODE

BORGENTREICH (Kr. Höxter)

Stadtverwaltung, Am Rathaus 13, 34434 Borgentreich, Tel. (05643) 8090, Fax 80990.
Kath. Pfarrkirche St. Johannes Baptist: *Prominenteste Barockorgel Westfalens von Johann Patroklus Möller.*

In der neugotischen Pfarrkirche befinden sich bedeutende Beispiele barocker Kirchenraumausstattung: neben dem zweigeschossigen Hochaltar von 1786, dem Marienaltar mit dem Gemälde der Krönung Mariens von Johann Georg Rudolphi von 1685 sowie einer Kanzel mit qualitätvollem Figurenschmuck ist vor allem auf eine der bedeutendsten historischen Orgeln Deutschlands hinzuweisen: der damalige Bürgermeister erwarb bei der Aufhebung des etwa 30 km entfernten → Klosters Dalheim im heutigen Lichtenau im Jahre 1803 dieses Instrument, das Johann Patroklus Möller, Westfalens bedeutendster Orgelbauer des 18. Jahrhunderts, um 1730 baute. Die Orgel stand dort vor der Rückwand der einschiffigen Kirche auf einer Empore. Das Instrument mit 45 Registern auf drei Manualen und Pedal ist die wichtigste und eindrucksvollste Orgel Westfalens. – Im Orgelmuseum im ehemaligen Rathaus kann der Besucher die verschiedensten Orgelmodelle selbst ausprobieren.

Borken-Gemen, Pfarrkirche der Unbefleckten Empfängnis: 1705–28 (Aufnahme 1983)

BORGENTREICH-NATZUNGEN

Kath. Pfarrkirche St. Nikolaus: Der Hochaltar von 1692 ist eine Gemeinschaftsarbeit des Bildhauers Heinrich Gröne, der die sieben Assistenzfiguren fertigte, und des Malers Johann Georg Rudolphi, der das zentrale Altarblatt mit der Anbetung der Könige schuf; hinzuweisen ist hier auch auf eine um 1700 entstandene Kreuzigungsgruppe.

Gutshaus: Stattlicher zweigeschossiger Putzbau des Grafen von Westphalen mit gestuftem Dach und Mittelrisalit sowie Wappenportal von 1728. Heute befinden sich hier eine Galerie sowie ein kleines Museum.

BORGHORST → STEINFURT
BORK → SELM

BORKEN-GEMEN

Kath. Pfarrkirche der Unbefleckten Empfängnis: *Ehemalige Klosterkirche des Franziskanerordens mit fast vollständig erhaltener Innenausstattung.*

Das Franziskanerkloster auf der Oberen Freiheit wurde 1719 durch Graf Otto Ernst von Limburg-Styrum gestiftet, im Zuge der Säkularisation 1812 aufgehoben. Der den Ordensregeln entsprechend schlichte Saalbau wurde 1705 bis 1708 als Kapelle errichtet und nach

Borken-Gemen, Schloß: Modernisierung der Wasseranlage im 17. und 18. Jhd. (Aufnahme 1943)

Erweiterungsarbeiten 1728 geweiht. Im Jahre 1730 fügte man die Sakristei an der Nordseite hinzu. Die beiden südlichen Achsen sowie die durch Figurennischen gegliederte Kirchenfassade wurden 1756 angelegt. Den Innenraum überspannt eine hölzerne, weiß verputzte Segmenttonne, die fast vollständig erhaltene Ausstattung vermittelt einen authentischen Eindruck einer Klosterkirche aus dem 18. Jahrhundert. – Die zweigeschossigen Flügel des ehemaligen Klosters, in denen sich heute unter anderem das Pfarrhaus befindet, wurden 1752 um einen nach Nordosten offenen Klosterhof und einen kleinernen Wirtschaftshof gruppiert.

Ev. Kirche: Der rechteckige Backsteinsaal wurde 1703 als reformierte Kirche mit achtseitigem Turm und flacher Haube über dem Westgiebel errichtet. Der heutige Raumeindruck ist verfälscht, da die Kirche ursprünglich flachgedeckt war; Glasfenster des 18. Jahrhunderts sind teilweise erhalten.

Schloß: Die mittelalterliche Burganlage wurde im 17. und 18. Jahrhundert mehrmals erweitert und modernisiert. Das Hauptschloß liegt auf einer unregelmäßigen Insel, auf den Mauern des ehemaligen Bergfrieds wurde im 18. Jahrhundert der wegen seiner ausgeprägt geschwungenen Haube sogenannte Ballturm errichtet. Im Innenhof sind die barocken Umbauten offensichtlicher: das viereckige Treppenhaus im Winkel zwischen dem Hauptbau und dem Nordflügel aus der Zeit um 1700 sowie die umlaufende barocke Balustergalerie über dem Dachgesims. Das Hauptportal mit Rahmung in französisch-korinthischer Ordnung, bekrönender Kaiserbüste und Löwen, die seitlich die Treppenstufen abwärts schleichen, ist ein Werk von Heinrich Schmeddes aus dem Jahre 1694 nach Entwürfen des Architekten Le Temps. Eindrucksvoll das 1688 errichtete Eingangstor mit dekorativem und figürlichem Programm sowie die repräsentative barocke Innenausstattung: Stukkaturen, Wandsockel mit Grisaillemalerei, Kamine, flämische Gobelins und spanische Ledertapeten mit Jagdszenen.

BOSSEBORN → HÖXTER

BOTTROP

Stadtverwaltung, Rathaus, Ernst-Wilczok-Platz 1, 46236 Bottrop, Tel. (02041) 2473476, Fax 2473766.

BOTTROP-KIRCHHELLEN-FELDHAUSEN

gedeckten Mansarddach besticht durch klare Symmetrie und ausgewogene Proportionen. Der polygonale Mittelrisalit wird durch gequaderte Pfeiler gerahmt, die Fensterachsen sind durch Lisenen besonders akzentuiert. Der Außenputz des Backsteinbaus wurde nach Originalbefunden wiederhergestellt.
Über eine zweiarmige, geschwungene Freitreppe betritt man ein kreisrundes Vestibül, dahinter liegt ein Gartensaal; um diese Zentralräume herum sind die Wohn- und Gesellschaftsräume gruppiert sowie die links neben der Haupttreppe liegende Hauskapelle. Die Anlage des Barockparks mit seinen durchkomponierten landschaftsgärtnerischen Partien und langen Alleen und Wasseranlagen muß besonders eindrucksvoll gewesen sein; der Park wurde später in einen englischen Landschaftsgarten umgewandelt.

Bottrop-Kirchhellen-Feldhausen, Haus Beck: Ansicht der Hofseite, 1766–77 (Aufnahme 1994)

Haus Beck: *Eines der prominentesten Landhäuser von Johann Conrad Schlaun, heute als Freizeitpark kommerziell genutzt; geöffnet Mitte März bis Mitte Oktober täglich 9–18 Uhr, Tel. (02045) 5134.*
Das Wasserschloß Haus Beck gehört zu den wenigen im Ruhrgebiet erhaltenen Bauwerken von Johann Conrad Schlaun, das 1766 bis 1777 für den Generalleutnant Friedrich Florenz Rhaban von der Wenge errichtet wurde. Die stattliche Gesamtanlage mit Herrenhaus in der Art der französischen ‚maison de plaisance' mit streng gefügten Nebengebäuden, Torhäusern, Vorburg und Park ist von Wassergräben und Teichen umgeben. Haupt- und Nebengebäude bilden einen rechteckigen Hof, der über eine Brücke zugänglich ist. Das zweigeschossige Herrenhaus mit seinem schiefer-

BRAKE → LEMGO

BRAKEL (Kr. Höxter)

Städtisches Verkehrs- und Kulturamt, Am Markt 5 / Haus des Gastes, 33034 Brakel, Tel. (05272) 609249, Fax 609297.
Geschichte: Einer der wichtigsten Barockmaler Westfalens, Johann Georg Rudolphi, wurde 1633 in Brakel geboren. Über Rudolphis künstlerische Ausbildung wissen wir nichts, er besuchte das Gymnasium und die damalige Universität in Paderborn. Unter dem Einfluß des flämischen Malers Anton Willemsen aus Antwerpen, der um 1655 in Paderborn weilte, malte Rudolphi fast ausnahmslos Gemälde religiöser Thematik für Kirchenausstattungen. Rudolphi starb 1693 und ist in seiner Heimatstadt Brakel begraben.

Bottrop-Kirchhellen-Feldhausen, Haus Beck: Ansicht der Gartenseite, Zeichnung von Johann Conrad Schlaun, Detail (Westfälisches Landesmuseum Münster)

Kath. Pfarrkirche St. Michael und Johannes der Täufer: *Orgelflügel mit vier Gemälden von Johann Georg Rudolphi, 1683.*
Von der beachtlichen Barockausstattung der mittelalterlichen Kirche sind vor allem die Orgelflügel Rudolphis interessant: Die heutige Orgel wurde nach der großen Kirchenrenovierung der Jahre 1968 bis 1971 neu errichtet und stellt die berühmten Ölgemälde wieder in den Vordergrund. Diese Darstellungen waren ursprünglich auf den Flügeln einer älteren Orgel angebracht und sind die einzigen in Westfalen erhaltenen Belegstücke dieser Art: in der Passionszeit wurden die Flügel vor die Pfeifen geklappt, da in dieser Zeit die Orgel nicht gespielt werden durfte. Die Rudolphi-Gemälde zeigen im aufgeklappten Zustand auf den Innenseiten die Verkündigung und die Geburt Christi, die Außenseiten des geschlossenen Zustands dagegen die vier Evangelisten in Grisaille-Technik. Bei neueren Forschungen der Denkmalpflege sind auf den Gemälden Inschriften entdeckt worden, nach denen die Darstellungen bereits im Jahre 1585 von Gerhard Stratmann („Gerdt Stratmann") aus Höxter geschaffen worden sind, die Rudolphi dann 1683 lediglich erneuerte.
Von der weiteren Barockausstattung sei noch erwähnt: der Hochaltar mit der Figur des Kirchenpatrons, gestiftet 1748 von dem Hofrat Johannes von Pein; der nördliche Seitenaltar mit Darstellung der vierzehn Nothelfer von 1742 sowie Gemälde der Kreuzabnahme aus dem Jahre 1664.

Brakel, Kapuzinerkirche St. Franziskus und St. Kilian: Fassade, 1715–18 (Aufnahme 1973)

Ehem. Kapuzinerkirche St. Franziskus und St. Kilian: *Erste Bauaufgabe von Johann Conrad Schlaun.*

Der noch heute begehbare Klosterbezirk wurde bereits im frühen 14. Jahrhundert angelegt, 1306 schenkte der Paderborner Bischof das Armen- und Krankenhospital offiziell der Stadt Brakel. Im Dreißigjährigen Krieg ging das Hospital zugrunde, 1645 kamen die Kapuziner im Zuge der Gegenreformation nach Brakel und übernehmen das zerstörte Gebäude. Im Auftrag des Bischofs wurde 1715 der Grundstein der neuen Kapuzinerkirche gelegt, der erst zwanzigjährige Architekt Johann Conrad Schlaun erhielt seinen ersten öffentlichen Bauauftrag. Ein erster von Schlaun vorgelegter Entwurf gefiel zwar dem Stifter, Franz-Arnold von Wolff Metternich, Fürstbischof von Paderborn und Münster, entsprach aber nicht den Vorstellungen der Kapuziner, die – ihrem Armutsideal entsprechend – eine schlichtere Kirche wünschten; die Auseinandersetzungen zwischen dem Stifter und den Kapuzinern um die mehr oder weniger aufwendig zu gestaltende Fassade kommentierte Schlaun ironisch: Er habe „in der Frömde gesehen Capuzinerkirchen, die noch beßer herauskommen als hier." Der Kompromiß ist ein einfacher Saalbau mit zurückhaltend gegliederter Hauptfassade aus Haustein und einem aufwendigen Eingangsportal, vergleichbar der ebenfalls für die Kapuziner errichteten, heutigen → St. Ägidii-Kirche in Münster. Dem schlichten Innenraum mit Kreuzgratgewölben, rundbogigen Gurten auf Konsolen und großen Rundbogenfenstern entspricht die gedämpfte Farbigkeit der Ausmalung. Der dominierende Hochaltar von 1718 zeigt die sogenannte Portiuncula-Szene; Portiuncula wird die Kapelle bei Assisi genannt, die – von den Benediktinern dem Hl. Franz überlassen – dessen Lieblingsaufenthalt und gleichsam die Wiege des Ordens war. Die Seitenaltäre zeigen links die Verkündigung und rechts den Hl. Antonius mit Christuskind und wurden wie auch der Predigtstuhl nach Vorgaben Schlauns im Auftrag der Herren von Mengersen am 2. April 1717 in Arbeit gegeben: „So zur höchsten ehre Gottes die zwey kleine Altär in der Kapuzinerkirgen zu Brakel wie auch den Praedigestuhl schencken wollen." – Von der

Brakel, Kapuzinerkirche St. Franziskus und St. Kilian: Innenansicht (Aufnahme 1994)

Brakel-Gehrden, Pfarrkirche St. Peter und Paul: Detail des Hochaltars, 1682 (Aufnahme 1968)

Ostheimer Straße gelangt man neben der Kapuzinerkirche in die ehemalige Gartenanlage des 1665 dem Hl. Kilian geweihten Klosters.

BRAKEL-GEHRDEN

Kath. Pfarrkirche St. Peter und Paul: *Reiche Barockausstattung, unter anderem Gemälde von Johann Georg Rudolphi.*

Die ehemalige Klosterkirche des von der Iburg bei Driburg verlegten Benediktinerinnenkonvents ist im 12. Jahrhundert als kreuzförmige Gewölbebasilika angelegt worden. Von der in den sechziger Jahren restaurierten Barockausstattung vornehmlich des 17. Jahrhunderts ist vor allem der prächtige Hochaltar von 1682 erwähnenswert, eine Stiftung des Fürstbischofs Ferdinand von Fürstenberg mit Gemälden von Rudolphi: das Mittelbild zeigt die Verkündigung, im Aufsatz befinden sich die ikonographisch bemerkenswerten Darstellungen der Hl. Dreifaltigkeit. Die 1667 und 1672 entstandenen Seitenaltäre sind ebenfalls mit Gemälden Rudolphis ausgestattet, die im nördlichen Altar die Verlobung der Hl. Katharina, im südlichen die Hl. Familie mit Anna und den Hl. Benedikt und Antonius zeigen. Die Orgel wurde 1677 bis 79 vom Orgelbaumeister Andreas Schneider in Höxter gebaut und war ursprünglich für die → Klosterkirche im heutigen Marienmünster-Münsterbrock bestimmt, von wo sie 1737 nach Brakel verkauft wurde. Erwähnenswert sind weiterhin die um 1700 gefertigte Kanzel mit Voluten auf dem Schalldeckel und einer Taube als Abschluß sowie das Steinrelief im Eingangsraum des späten 17. Jahrhunderts, das den Kirchenstifter Heinrich von Gehrden zeigt, wie er mit einem Modell der Kirche vor der Gottesmutter kniet, flankiert von seinen Neffen und den Kirchenpatronen Petrus und Paulus.

Ehem. Klostergebäude: Von dem der Kirche benachbarten Kloster sind lediglich zwei schlichte Flügel aus der 2. Hälfte des 17. Jahrhunderts im Südwesten sowie Reste des Kreuzgangs erhalten.

Rathaus: Der schlichte Fachwerkbau auf Massivsockel mit Freitreppe wurde nach dem Stadtbrand von 1730 errichtet.

Prozessionskapelle: Auf dem Katharinenberg steht die Prozessionskapelle, ein einfacher Saal mit Halbrundapsis und Holztonne von 1668. Auf dem Platz vor der Kapelle befinden sich mehrere barocke Bildstöcke.

BRAKEL-HINNENBURG

Schloß: Oberhalb der Stadt liegt die Hinnenburg, eine um 1600 errichtete Renaissance-Anlage, deren Südflügel in den Jahren 1736 bis 1746 unter dem kurkölnischen Minister Hermann Werner von Asseburg umgebaut wurde: die Außenansicht des Schlosses wird bestimmt durch den mächtigen runden Eckturm an der Südseite. Der großartige Terrassengarten, angelegt nach Plänen von Franz Christoph Nagel, der damit den gleichfalls von ihm entworfenen Garten in → Schloß Neuhaus in Paderborn noch übertraf, ist bis auf wenige Gartenstatuen nicht mehr erhalten. Die Skulpturen stellen Zwerge dar, ein Motiv, das durch die Stiche von Jacques Callot bekannt und unter anderem durch den Mirabellgarten in Salzburg berühmt geworden war. – Die umfassenden Wiederherstellungs- und Restaurierungsarbeiten der zum Teil reich ausgestatteten Innenräume in üppigem Rokoko werden sicherlich noch mehrere Jahre in Anspruch nehmen.

BRAKEL-RHEDER

Kath. Pfarrkirche St. Katharina: Die Katharinenkirche in Rheder ist nach der → ehem. Kapuzinerkirche in Brakel der zweite Bau von Johann Conrad Schlaun: im Auftrag von Bruno Burchard von Mengersen, dem ersten Minister in Paderborn, wurde die Kirche in den Jahren 1716 bis 1718 errichtet. Der ungewöhnliche einschiffige Saalbau mit gotisierendem, in Westfalen sonst nicht vorkommendem Dreikonchenchor (kleeblattartig um die Vierung angeordnete Apsiden) besitzt eine reiche Ausstattung aus der Erbauungszeit, die ebenfalls auf Schlaun zurückgeht: der Hochaltar mit dem Gemälde der Hl. Familie von Johann Martin Pictorius aus dem Jahre 1717, die Kanzel, die Orgel, der Fürstenstuhl und Beichtstuhl in den Konchen, das Gestühl und der Taufstein (siehe auch Abbildung im Farbteil).

Schloß Rheder: *Außenbesichtigung möglich.* Die ehemalige Wasserschloßanlage der Herren von Mengersen besteht aus einem äußerlich schlichten Herrenhaus mit kurzen Seitenflügeln und den umfangreichen Gebäuden

Brakel-Rheder, Kapuzinerkirche St. Franziskus und St. Kilian: Detail des Hochaltars, 1718 (Aufnahme 1994)

Brilon-Alme, Schloß Niederalme: Ansicht der Gartenseite, 1744 (Aufnahme 1941)

der Vorburg. Der Mittelrisalit mit Freitreppe ist inschriftlich mit der Jahreszahl 1750 bezeichnet, der Architekt unbekannt. Die prachtvolle Innengestaltung hebt die äußere Einfachheit auf: ein repräsentatives Treppenhaus mit reicher Holztreppe sowie zwei Rokoko-Stuckräume, das sogenannte Chinesen- und Husarenzimmer sowie der achteckige Gartensaal von 1716 mit wertvollem Parkett und eingelassenen Deckengemälden mit Darstellungen der griechischen Götterwelt. – Die langgestreckte, mit Eckpavillons und plastischem Giebelschmuck versehene Vorburg wurde bereits um 1720 unter Bruno Burchard Graf von Mengersen errichtet, sowohl Lambert Friedrich Corfey wie Gottfried Laurenz Pictorius und Johann Conrad Schlaun hatten Entwürfe vorgelegt. Unter der Bauleitung des jungen Schlaun wurde die Vorburg bis 1727 vollendet, dem damit auch die Autorschaft zuzusprechen ist.

Wassermühle: An der Nethe liegt in idyllischer Landschaft die 1980 restaurierte, zum Schloß Rheder gehörige Mühle, ein eingeschossiger massiver Putzbau mit Allianz-Wappen der Familien Mengersen-Spiegel von 1710.

BREISCHEN → HOPSTEN
BRENKEN → BÜREN
BRENKHAUSEN → HÖXTER
BRENSCHEDE → SUNDERN-ENDORF

BRILON (Hochsauerlandkr.)

Verkehrsverein Brilon e.V., Steinweg 26, 59929 Brilon, Tel. 02961/8096, Fax 02961/51199.

Kath. Gymnasialkirche St. Nikolaus: Die Kirche des ehemaligen, hier 1652 gegründeten und 1804 nach Rüthen verlegten Minoritenklosters wurde in den Jahren 1772 bis 1782 durch die Ordensbrüder Seraphinus Ellinger und Eleutherius neu erbaut. Der schlichte langgestreckte Saal mit dreiseitigem Chorschluß und hohem Barockdachreiter wird durch die Westfassade mit geschwungenem Volutengiebel und schönem Rokokoportal ausgezeichnet. Von der durch die Klosterbrüder angefertigten einheitlichen Innenausstattung des 18. Jahrhunderts ist vor allem das Hochaltarbild des Paderborner Malers Anton Joseph Stratmann von 1785 mit der Anbetung der Könige bemerkenswert. Die infolge der Säkularisation geschlossene und als Futterscheune genutzte Kirche wurde 1821 dem Gymnasium überwiesen.

Ehem. Minoritenkloster: Das heute als Schule genutzte Klostergebäude ist ein schlichter Vierflügelbau mit Binnenhof, der im Nordosten mit der Nikolaikirche verbunden ist und mehrfach umgebaut und erweitert wurde. Die ursprünglich in den Jahren 1666 bis 1668 erbaute Anlage hatte dagegen einen hufeisenförmigen Grundriß, dessen Nordflügel 1738 durch den sogenannte Kommandantenflügel erweitert wurde.

Rathaus: Das im Kern mittelalterliche Haus wurde in der Mitte des 18. Jahrhunderts durch eine neue Fassade mit breiter Freitreppe von Johann Matthias Kitz aus Arolsen modernisiert.

Wohnbauten: Hinzuweisen ist vor allem auf Haus Sauvigny am Steinweg 3, ein ehemaliges Patrizierhaus von 1752 vermutlich von Johann Matthias Kitz, sowie auf das Schultenhaus mit dem sogenannten Schnadebrunnen von 1767 im Steinweg 26, in dem sich heute der Verkehrsverein befindet.

BRILON-ALME

Verkehrsverein in der Volksbank, Untere Bahn-

Büren, Jesuitenkolleg: Gesamtansicht des 19. Jhds.

hofstraße, 59929 Brilon-Alme, Tel. (02964) 203.
Kath. Pfarrkirche St. Ludgerus: Der schlichte flachgedeckte Saalbau wurde in den Jahren 1753 bis 1760 errichtet; im Gegensatz zu dem unschön verputzten Hauptbau ist der Westturm aus Bruchstein bereits 1662 mit einer Barockhaube versehen worden. Die Nordseite ziert ein von Pilastern gerahmtes Portal, in dessen gesprengtem Giebel sich ein Doppelwappen mit den Initialen von Dietrich Adolf von Meschede und von Franziska Dorothea von Bruch, dem Vater und der Stiefmutter des Kirchengründers, befindet. Zu der Ausstattung der Erbauungszeit gehören die Seitenaltäre, das Chorgestühl und die Beichtstühle sowie eine Doppelmadonna aus der Mitte des 18. Jahrhunderts.
Schloß Niederalme: Das großzügige Herrenhaus mit zwei Geschossen wurde in der ersten Hälfte des 18. Jahrhunderts als hufeisenförmige, von Gräften umgebene Anlage errichtet. Die prominente Gartenseite zeigt einen kaum hervortretenden, durch Pilaster gegliederten Mittelrisalit, der durch das mit der Jahreszahl 1744 versehene Wappenportal bekrönt wird.
Haus Almerfeld: Das langgestreckte Herrenhaus von 1738, vermutlich vom Architekten Michael Spanner errichtet, zeigt einen dreiachsigen Mittelrisalit mit Dreiecksgiebel und eingesetztem ‚Ochsenauge'; über dem Portal das reich gegliederte, von Löwen gehaltene Doppelwappen der Familien Meschede und Bruch, das bis in den Giebel hineinreicht.
Haus Tinne: Der einstöckige Traufenbau zeigt eine Haus Almerfeld verwandte Grund- und Aufrißdisposition, das Wappen über dem Portal nennt den Erbauer des Gutshauses: „M:M:fraw von Graugreben geborne von Meschede hatt dies haus AO 1717 baun lassen".

BRILON-MADFELD

Verkehrsverein Madfeld e.V., Tiefer Weg 2a, 59929 Brilon-Madfeld, Tel. (02991) 401.
Kath. Pfarrkirche St. Margaretha: *Hochaltar von Heinrich Papen von 1691.*
Die ursprünglich mittelalterliche und um 1900 umgebaute Kirche birgt neben anderen barokken Ausstattungsstücken wie der Kanzel ein Holzrelief mit Joachim, Anna und Maria, Reste des Seitenaltars sowie eine Doppelmadonna und den, an flämischer Bildhauerkunst orientierten Hochaltar von Heinrich Papen aus Giershagen mit zentralem Passions-Relief und Assistenzfiguren aus Alabaster und Mehlstein.

BRILON-SCHARFENBERG

Verkehrsverein, Klussiepen 1, 59929 Brilon-Scharfenberg, Tel. (02961) 2589.
Kath. Pfarrkirche St. Laurentius: *Barockbau mit einheitlicher Rokoko-Ausstattung.*
Die 1743 bis 1745 nach Plänen des Paderborner Hofarchitekten Franz Christoph Nagel erbaute Anlage zeigt sich als verputzter Bruchsteinbau mit Sandsteingliederung. Am Südportal mit der Jahreszahl 1745 weist das Wappen der Weichs zu Körtlinghausen diese als Stifter von Bau und Ausstattung aus. Die vornehme, einheitliche Rokoko-Ausstattung in reicher und qualitätvoller Schnitzarbeit ist noch vollständig erhalten. Unter der Orgelbühne befinden sich die Gemälde Christus Salvator und Maria Immaculata von Johann Kupetzky aus dem frühen 18. Jahrhundert.
Pfarrhaus: Nordöstlich der Kirche liegt der 1784 bis 1785 von dem Tiroler Johann Heinrich Scheck erbaute Adelshof der Familie von Weichs, ausgestattet mit einer großzügigen Freitreppe.

Büren, Jesuitenkolleg: Ansicht der Gartenseite (Aufnahme 1954)

BRILON-THÜLEN

Marianne Hugo, Bruchhausenstraße 13, 59929 Brilon-Thülen, Tel. (02973) 1245.

Kath. Pfarrkirche St. Dionysius: Im Gegensatz zur Strenge der mittelalterlichen Architektur steht der prachtvolle Barockaltar mit dem zentralen Altarblatt der Kreuzabnahme. An der Südwand des Chores die beinahe lebensgroße Kreuzigungsgruppe aus der Mitte des 18. Jahrhunderts sowie ein von vier Figuren getragenes, marmornes Taufbecken aus der Zeit um 1670.

BRUNSKAPPEL → OLSBERG
HAUS BÜLING → BOCHOLT-STENERN
KLOSTER BRUNNEN → SUNDERN-ENDORF
BRUNSKAPPEL → OLSBERG

BÜREN (Kr. Paderborn)

Verkehrsamt, Königstraße 16, 33142 Büren, Tel. (02951) 60251, Fax 60280.

Ehem. Jesuitenkolleg: *Nach Plänen von Gottfried Laurenz Pictorius und Johann Conrad Schlaun 1716–28 errichtet; heute Mauritiusgymnasium, Außenbesichtigung jederzeit möglich (siehe auch Abbildungen im Farbteil).*

Im Jahre 1640 verfügte Moritz von Büren als letzter männlicher Nachkomme der Edelherren zu Büren in seinem Testament den Bau eines Kollegs und einer Kirche durch den Jesuitenorden. Erst mehr als siebzig Jahre später ließen sich die Jesuiten an der Stelle der ehemaligen Burg der Herren von Büren von Gottfried Laurenz Pictorius und Johann Conrad Schlaun Konkurrenzentwürfe für Kolleg und Kirche erstellen. Schlauns Pläne wurden schließlich nach einem Gutachten Lambert Friedrich Corfeys abgelehnt, die Ausführung folgte zwischen 1716 und 1728 weitgehend den Vorstellungen von Pictorius: eine schlichte Dreiflügelanlage mit Ehrenhof, die rückwärtige Fassade erhob sich über einem repräsentativen, heute nicht mehr erhaltenen französischen Garten. Die Orientierung des Baus an der zeitgenössischen Profanarchitektur, vor allem am Schloßbau, ist offensichtlich: sie ist Ausdruck des in weltlichen und kirchlichen Dingen einflußreichen Ordens, der eine wichtige Rolle im Kampf gegen die Reformation gespielt hatte. Erst Jahrzehnte später vollendete man die neben dem Kolleg gelegene Kirche.

Kath. Kirche Maria Immaculata, ehem. Jesuitenkirche: *Einzigartiger Bau in Westfalen von 1754–71, vergleichbar mit den prominenten Kirchen des süddeutschen Barock; 1987–91 umfassend restauriert; Besichtigung tagsüber durchgehend möglich (siehe auch Abbildungen im Farbteil).*

Nach der Fertigstellung des Jesuitenkollegs ruhte in Büren für mehr als zwanzig Jahre die Bautätigkeit: Erst 1754 begann man mit Errichtung der Kirche, 1756 wurde durch den Kurfürsten Clemens August der Grundstein gelegt. Nach den nicht ausgeführten Entwürfen von Gottfried Laurenz Pictorius von 1716 sollte die Kirche ursprünglich den Südflügel des Kollegiengebäudes bilden, während Johann Conrad Schlaun einen axial gelegenen Zentralbau hinter dem Kollegiengebäude vorsah. Die Ausführungsentwürfe verlegten die Kirche als selbständigen Bau abermals weiter nach

Büren, Jesuitenkirche St. Maria Immaculata: Gesamtansicht (Aufnahme 1991)

Süden, der Verbindungstrakt zum Kollegiengebäude wurde nicht ausgeführt.
Die neuen Pläne stammten von Johann Heinrich Roth, dem Bonner Hofbaumeister von Clemens August, und wurden durch den Paderborner Ingenieur Franz Christoph Nagel und den Jesuitenbruder Christoph Seeberger aus Tirol ausgeführt. Der Rohbau war 1760 fertiggestellt, die Ausstattung 1771 vollendet.
Der Grundriß zeigt die Jesuitenkirche als ein nach Westen orientiertes griechisches Kreuz mit etwas längeren Ost- und Westarmen, zentraler Kuppel und in den Winkeln niedrigeren Seitenschiffen, wodurch der Grundriß zum Rechteck wurde. Hinter dem Chor schließt ein quadratischer Turm an, begleitet von seitlichen Sakristeiräumen. Die Verbindung von Zentralbau und Langhaus – erstmals realisiert in der römischen Jesuitenkirche Il Gesù, weitergeführt in St. Peter – wird in der Bürener Jesuitenkirche in einer für den westfälischen Raum ungewöhnlichen pathetischen Schwere und Feierlichkeit gesteigert, dagegen steht die klare und straffe Gliederung der Masse des Gesamtbaus. Die Kleinformen der skulpturalen und dekorativen Ausstattung sind jedoch reich und differenziert.
Die Hauptfassade im Osten ist in drei Geschosse gegliedert und vollkommen mit Sandstein verkleidet. Das drei Meter hohe Standbild der „Immaculata" krönt die Fassade, darunter stehen als Eckstandbilder über der Dekkenbalustrade die zwei Jugendheiligen des Ordens: Aloisius von Gonzaga und Stanislaus

Büren, Jesuitenkirche St. Maria Immaculata: Innenansicht (Aufnahme 1991)

Kostka. In den Muschelnischen des Hauptgeschosses befinden sich die Ordensstifter Ignatius von Loyola und der große Missionar Franz Xaver. Beachtenswert ist vor allem das Bürener Wappen mit dem Ordenswappen im Herzschild zwischen den mittleren Pilastern des oberen Geschosses, ferner die Portalinschrift „Kirche der Gesellschaft Jesu zur größeren Ehre Gottes gestiftet von Moritz Freiherr Edlen Herrn von Büren, Herrn zu Ringelstein, Vollbrexen und Geist, Reichskammergerichtspräsident, dann Priester der Gesellschaft Jesu". Die fünf überlebensgroßen Sandsteinfiguren der Fassade stammen von den Bildhauern Johann Philipp Pütt und Johann Theodor Axer aus Paderborn.
Die gesamte Ausstattung des Innenraums in Stuck und Wandmalerei zeichnet sich durch maßvollen Einsatz der Dekorationsmittel aus: Joseph Gregor Winck schuf in den Jahren 1762 bis 1765 die Fresken der Gewölbezonen mit Szenen aus dem Marienleben und alttestamentlichen Vorbildern Mariens, hervorragende Beispiele perspektivischer Deckenmalerei in der italienischen Manier eines Tiepolo. Für die ausgezeichneten Stuckarbeiten der Jahre 1767 bis 1770 zeichnen Bernhard und Johann Nepomuk Metz in reifer Rokoko-Manier entsprechend der französischen Schule Blondels verantwortlich. Joseph Gregor Winck hat vermutlich auch das zentrale Gemälde des Hochaltars gemalt, der die architektonische Innengliederung der Kirche übernimmt: über der sarkophagartig freistehenden Altar-

Büren, Jesuitenkirche St. Maria Immaculata: Abschluß des nördlichen Seitenschiffs (Aufnahme 1994)

mensa befindet sich ein Drehtabernakel mit Rosettenmuster und Gitterwerkstuck; Glaube und Hoffnung sind als lebensgroße holzgeschnitzte, stark vergoldete Figuren dargestellt, die Liebe im Symbol des Herzens mit Strahlenkranz bildet den Abschluß des Altaraufsatzes. Von der ursprünglichen Ausstattung sind Kommunionbank, Beichtstühle, Betschemel und Teile der Orgelbühne sowie an den westlichen Stirnseiten der Seitenschiffe türartige Abschlüsse mit kunstvollen Intarsien des Jesuitenbruders Lottenheim erhalten.
Die Geschichte des Jesuitenordens und seiner glanzvollen Repräsentationsarchitektur nahm allerdings ein jähes Ende: bereits 1773 wird der Orden aufgehoben, der geplante Verbindungstrakt zwischen Kirche und Kolleg nie realisiert.
Kath. Pfarrkirche St. Nikolaus: Von der Barockausstattung sind vor allem die um 1600 hergestellte reichgeschnitzte Kanzel sowie die prächtige, für Kloster Böddeken erbaute Orgel von 1744 erwähnenswert.
Kath. Sakramentskapelle Corpus Christi: Kleiner achtseitiger Zentralbau mit geschweifter Haube, Laterne und Klostergewölbe, im Jahre 1720 von Johann Conrad Schlaun unter der Aufsicht der Jesuiten für den Stifter Freiherr Ignaz Anton Friedrich von der Asseburg vollendet. Der Barockaltar stammt aus der Erbauungszeit, von den Gemälden lediglich das Antependium mit Christus im Grabe in Grisaillemalerei zugehörig.

BÜREN-BRENKEN

Kath. Pfarrkirche St. Kilian: Bei den beiden Figuren St. Kilian und St. Urban an den Mittelschiffspfeilern nahe der Kanzel handelt es sich wohl um Werke der Paderborner Bildhauerin Gertrud Gröninger; ihr wurde im Jahre 1700 die gesamte Bildhauerarbeit für einen Seitenaltar der Kirche übertragen. Dieser Altar war vermutlich dem Hl. Nikolaus geweiht, das Altarbild hängt heute rechts vorne im Chor. Als Stifter der Figuren dürfen die Erbauer des Schlosses Erpernburg vermutet werden. Sehenswert sind auch die 1754 entstandenen Chorstühle,

Büren, Jesuitenkirche St. Maria Immaculata: Detail der Stuckarbeiten (Aufnahme 1994)

Büren-Brenken, Schloß Erpernburg: Gesamtansicht, 1734 (Aufnahme 1974)

wovon der linke für die Angehörigen der Familie von und zu Brenken reserviert war.

Schloß Erpernburg: Der langgestreckte zweigeschossige Bau mit übergiebeltem Mittelrisalit und je zwei turmartigen, von Schweifhauben bekrönten Anbauten an den Flanken wurde wohl 1734 vollendet. Bereits im Jahre 1711 werden in den Bauakten der Maurermeister Nikolaus Wurmstich sowie der Steinhauer Vinzenz Bartholomäus Rabaliatti genannt. Bis auf die Pilasterportale und die Freitreppe ist der Bau streng und schmucklos. Im nördlichen Anbau befindet sich die zweigeschossige Schloßkapelle von 1714 mit figürlicher und ornamentaler Stuckdekoration und einem Altar von 1722 aus der Werkstatt des Christophel Papen. Auf der Südseite der Anlage ist die Disposition eines zum Tal abfallenden Terrassengartens italienischer Art erhalten.

BÜREN-HOLTHAUSEN

Ehem. Zisterzienserinnenkloster: Bereits 1243 wurde von den Edelherren von Büren das kleine Kloster gegründet, in dem nie mehr als 28 Nonnen lebten. Die Anlage wurde 1810 im Zuge der Säkularisation aufgehoben. Aus der Erbauungszeit stammt auch noch das einfache Klostergebäude mit Kreuzgang, das heute landwirtschaftlich genutzt wird.

Ehem. Klosterkirche St. Peter und Paul: Der um 1700 datierte Bau ist ein schlichter kreuzgratgewölbter Saal. Der außen dreiseitige, innen aber halbrund geschlossene Chor trägt ein Sterngewölbe. Die große hölzerne Nonnenempore, der Hochaltar wie auch die Ausmalung der Kirche sind um 1773 vollendet worden. Seit 1734 folgten einige Umbauten, so etwa die barocke Freitreppe am Ostflügel. Der zweigeschossige Gebäudeteil mit großem Barockdachreiter im Westen der Kirche war vermutlich das Kapitelhaus, ein Rest der mittelalterlichen Anlage.

BÜREN-SIDDINGHAUSEN

Kath. Pfarrkirche St. Johannes Bapt.: Zwischen niedrigen Anbauten liegt der um 1723 errichtete kreuzgewölbte Saalbau, ein schlichter Putzbau mit Sandsteingliederung und reicher Barockausstattung des Innenraums.

BÜREN-WEIBERG

Kath. Pfarrkirche St. Brigitta: Den schlichten, aber gut proportionierten Saalbau ließen die Bürener Jesuiten wohl nach Entwürfen von Franz Christoph Nagel in den Jahren 1747 bis 1751 errichten, wie das Stifterwappen am Nordportal belegt. Den Innenraum bestimmen die stukkierte Flachdecke sowie die Barockaltäre und eine um 1770 für die Kirche in Bigge gefertigte Rokokokanzel.

Agatha-Bildstock: Der Doppelbildstock von 1781 mit Reliefs der Hl. Agatha und des Hl. Josef sitzt auf einem mächtigen, sechsseitigen Sockel und ist durch die Ädikula mit Eckvoluten und die geschweifte Bedachung dekoriert

BURBACH (Kr. Siegen)

Gemeindeverwaltung, Eicher Weg 13, 57299 Burbach, Tel. (02736) 450, Fax 4555.

BURBACH-NIEDERDRESSELNDORF

Ev. Pfarrkirche: Die ehemalige St. Marienkirche markiert den Übergang vom Spätbarock zum Frühklassizismus: 1774 bis 1776 an Stelle eines älteren Vorgängerbaus errichtet, von dem der kleine quadratische Westturm er-

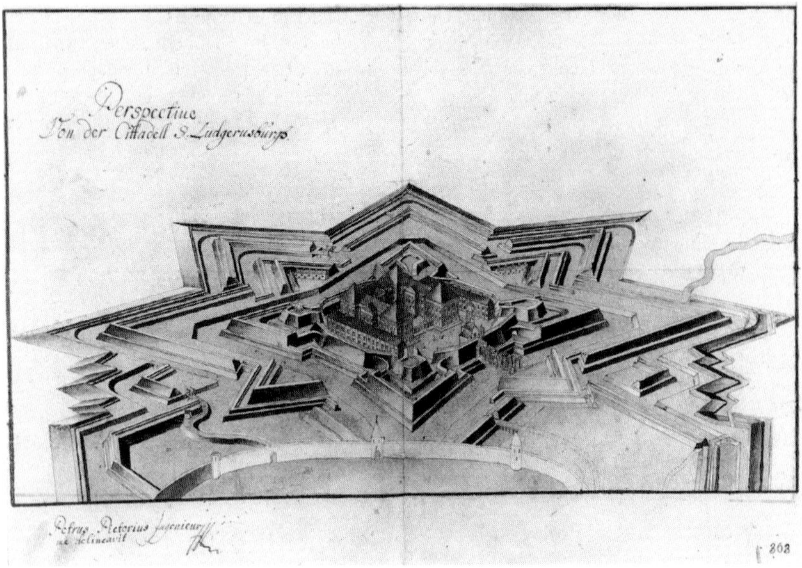

Coesfeld, Ludgerusburg: Zeichnung von Peter Pictorius d.Ä., 1656–59 (Westfälisches Landesmuseum Münster)

halten ist. Der große, schmucklose Rechteckbau mit langen rundbogigen Fenstern ist bereits von außen als quergerichteter Predigtsaal zu erkennen. Die Nordseite mit der Sakristei wird durch einen übergiebelten Mittelrisalit betont. Der lichte, flachgedeckte Innenraum mit altem Riemchenfußboden, einer Art Parkett, besticht durch die bemerkenswerte Ausstattung aus der Erbauungszeit: an der Nordseite der Kanzel-Orgel-Prospekt von 1779 und der Altar, eingefaßt von umlaufenden Emporen.

BURGSTEINFURT → STEINFURT
HAUS CAPPELN → WESTERKAPPELN
SCHLOSS CAPPENBERG → SELM-BORK
CLARHOLZ → HERZEBROCK

COESFELD

Verkehrsverein, Am Markt 8 / Rathaus, 48653 Coesfeld, Tel. (02541) 15150, Fax 15101.

Geschichte: Im späten 17. Jahrhundert erlebte die Stadt Coesfeld eine kurze Zeit der kulturellen und politischen Blüte als Residenz des Fürstbischofs Christoph Bernhard von Galen (1650–78), der die Stadt neu befestigte und 1656 bis 1659 durch Bernhard Spoede und Peter Pictorius d.Ä. die Ludgerusburg im Norden der Stadt errichten ließ, eine sternförmige Zitadelle nach französisch-holländischem Muster. Von der geplanten großen Schloßanlage auf der Zitadelle wurden lediglich die Nebengebäude ausgeführt, die Gesamtanlage bereits 1688 geschleift.

Kath. Pfarrkirche St. Lamberti: Die zwischen 1472 bis 1524 errichtete Wallfahrtskirche wurde nach dem Einsturz der Doppelturmfassade vermutlich von Gottfried Laurenz Pictorius zwischen 1686 bis 1703 durch eine streng gegliederte Westturmfront niederländischer Bautradition ersetzt. Aus dieser Zeit stammt auch das außen am Hauptchor angebrachte Epitaph aus Sandstein mit Balustrade und schmiedeeisernem Tor mit dem Relief Christus am Ölberg von Johannes Rendeles aus dem Jahre 1705.

Kath. Gymnasialkirche St. Ignatius, ehem. Jesuitenkirche: Die Klosterkirche des Jesuitenordens wurde 1673 bis 1692 von dem Laienbruder Anton Hülse errichtet und ist mit den Jesuitenkirchen in → Paderborn, → Siegen und die → Bettelsordenkirche der Observanten in Münster vergleichbar. Im Zweiten Weltkrieg wurde die einheitliche, ungewöhnlich reiche und prunkvolle Ausstattung von Johann Rendeles völlig vernichtet. Die zweigeschossige, übergiebelte Barockfassade wirkt durch die Pilasterstellung, die Nischen und die gotisierenden Fenster sehr kleinteilig. Über dem von Säulen flankierten Portal befindet sich das große Bischofswappen Christoph Bernhards von Galen. – Im Innern wurde anstelle des im Krieg vernichteten ursprünglichen Hochaltars ein Altar aus Soest von 1668 aufgestellt. Im Besitz der Kirche sind außerdem drei Heiligenbüsten von Maria, Ignatius und Franziskus Xaverius des 18. Jahrhunderts.

Ehem. Jesuitenkolleg, ehem. Schloß: Das heute für Verwaltungszwecke genutzte Gebäude wurde südlich der Jesuitenkirche als schlichte T-förmige Anlage 1664 bis 1666 vermutlich nach Plänen von Peter Pictorius d.Ä. errichtet. Seit 1803 diente das Kolleg als Schloß der späteren Fürsten zu Salm-Horstmar. Die heutige Straßendurchfahrt im Verbindungstrakt zwischen Kirche und Kolleg entstand im Zuge der Wiederaufarbeiten nach dem Krieg.

Ehem. Synagoge: *Eine der wenigen historischen Synagogen Westfalens, 1750–1800; Besichtigung nach Voranmeldung möglich.*

Bereits im Jahre 1670 ist in Coesfeld eine jüdische Gemeinde ansässig. Der schlichte, gut durchkomponierte Backsteinsaal wurde in der zweiten Hälfte des 18. Jahrhunderts errichtet, im Innern sind noch die Frauenempore und die altarähnliche Einfassung des Thoraschreins erhalten. Durch den Übergang in Privatbesitz im Jahre 1938 konnte das Bauwerk dem Zugriff der Nationalsozialisten entzogen werden, heute dient es als Gotteshaus der evangelisch-freikirchlichen Gemeinde.

Wohnbauten: Im Stadtkern haben sich trotz schwerer Kriegszerstörungen einige Bürgerhäuser des 18. Jahrhunderts erhalten, so etwa in der Mühlenstraße Nr. 3 und 15 sowie in der Süringstraße Nr. 9, 38, 40 und 41.

COESFELD-UMGEBUNG

Große Kreuzweg-Kapelle: Der sogenannte Große Kreuzweg wurde 1659 von Christoph Bernard von Galen gestiftet, ein Prozessionsweg, der in 18 Stationen in einem großen Viereck nordwestlich um die Stadt führt. Etwa 2,5 km nördlich der Stadt an der Holtwicker Straße liegt die bereits im Jahr der Stiftung vollendete Große Kreuzweg-Kapelle, ein achteckiger laternenbekrönter Zentralbau mit Altar-

Delbrück, Pfarrkirche St. Johannes Bapt.: Hochaltar, 1770 (Aufnahme 1994)

Detmold, Fürstliches Residenzschloß: Gobelin aus dem Alexanderzyklus, um 1670 (Aufnahme 1962)

nische. Im Innern befinden sich ein Barockaltar mit Relief der Kreuztragung sowie zwei überlebensgroße Figuren der Hl. Helena und eines Kaisers – vermutlich Konstantin – des späten 17. Jahrhunderts. Die bisher angenommene Autorschaft des Architekten Peter Pictorius d.Ä. wird von der neuesten Forschung allerdings in Frage gestellt.

COESFELD-SIRKSFELD

Jagdpavillon: In einem Waldgebiet in der Nähe von → Schloß Varlar in Rosendahl-Höven diente das 1705 erbaute, turmartige Gebäude als Forsthaus des Propstes von Kloster Varlar, Christoph Ferdinand von Nagel zu Itlingen.

ABTEI CORVEY → HÖXTER
KLOSTER DALHEIM → LICHTENAU
DARFELD → ROSENDAHL
DARUP → NOTTULN

DATTELN (Kr. Recklinghausen)

Stadtverwaltung, Genthiner Str. 8, 45711 Datteln, Tel. (02363) 107247, Fax 107351.

DATTELN-AHSEN

Kath. Pfarrkirche St. Mariä Heimsuchung: Die Tochterkirche von Datteln ist bereits 1439 erstmals urkundlich erwähnt. Nach einem Brand von 1720 stiftete Ferdinand von Plettenberg den schlichten Saalbau mit Dachreiter, der bereits 1722 vollendet war und 1929 durch das Querschiff und den Chor erweitert wurde. Die Zuschreibung an den Baumeister Johann Conrad Schlaun ist inzwischen hinfällig, eine Autorenschaft der Brüder Gottfried Laurenz und Peter Pictorius d.J. kann dagegen angenommen werden.

DATTELN-HORNEBURG

Schloß und Kapelle: Die Burganlage des 15. Jahrhunderts wurde 1646 durch Marschall Turenne niedergebrannt. Man entschloß sich, die Vorburg schloßartig auszubauen: von den zwei, ursprünglich aneinanderstoßenden Flügeln ist nur noch einer erhalten, zweigeschossig mit Rundtürmen an den Ecken. Südlich des Schlosses liegt die ehemalige Schloßkapelle St. Maria Magdalena, die 1654 auf mittelalterlichen Grundmauern errichtet wurde: von der Innenausstattung sind vor allem die Sakramentsnische, der Altar, die Orgelbühne und der Taufstein erwähnenswert.

DELBRÜCK (Kr. Paderborn)

Verkehrsverein Delbrücker Land e.V., Bokerstraße 6, 33129 Delbrück, Tel. (05250) 984112.

Kath. Pfarrkirche St. Johannes Bapt.: In der im 14. Jahrhundert umgebauten und danach im 19. Jahrhundert neugotisch erweiterten Hallenkirche befindet sich ein außergewöhnlicher Hochaltar von 1782, wie die Datierung am oberen Gesims der Rückwand mitteilt: vier in einem halbrunden Konkavschwung aufgestellte Säulen tragen eine zeltartige Baldachinarchitektur, unter der die Figur des Kirchenpatrons steht. Erwähnenswert sind außerdem eine große Doppelmadonna sowie am Friedhof

eine Steinfigur der Hl. Agatha aus der Mitte des 18. Jahrhunderts.
Pfarrhaus: Im Jahre 1716 wurde nach Plänen des jungen Baumeisters Johann Conrad Schlaun das prächtige Fachwerkhaus mit Mansarddach errichtet.

HAUS DELLWIG → DORTMUND-LÜTGENDORTMUND

DETMOLD

Tourist Information, Markt 1 / Rathaus, 32754 Detmold, Tel. (05231) 977328, Fax 977328.
Fürstliches Residenzschloß: *Gobelins mit Alexanderzyklus von 1670; Besichtigung durch Führung möglich.*
Seit 1550 bis 1918 war Detmold feste Residenzstadt der Herren zur Lippe. Die eindrucksvolle Gesamtanlage ist ein schönes Beispiel der sogenannten Weserrenaissance. Erst mit dem Bau des Südwestflügels und des südlichen Treppenhauses im Jahre 1673 durch den Meister Hermann Arndt wird der Komplex zu einer geschlossenen Schloßanlage erweitert. In der Regierungszeit des Grafen Friedrich Adolf (1697–1718) werden dann die Fassaden des Südost- und des Nordwestflügels barockisiert und eine Reihe von Innenräumen mit Stuckdecken, Kaminen, Gemälden und Gobelins ausgestattet. Der Westflügel birgt heute in den Königszimmern eine Serie von acht großen Wandteppichen mit Darstellungen der Schlachten Alexanders des Großen, die um 1670 in der Brüsseler Werkstatt des Jan Frans van den Hekke nach Kartonvorlagen von Charles Le Brun entstanden sind.
Der großzügige klassizistische, in den Jahren 1781 bis 1800 durch den Landbaumeister Christian Teudt gestaltete Schloßpark mit Ökonomie- und Marstallgebäuden veränderte den ursprünglich hier angelegten französischen Barockgarten und übernahm lediglich das von Leonhard Genser um 1665 im Südflügel errichtete Gerichtsgebäude.
Friedrichstaler Kanal: Ab 1701 ließ Graf Friedrich Adolf nach niederländischem Vorbild durch Hindrick Kock einen Kanal anlegen, der eine bequeme Fahrt vom Residenzschloß aus zur sogenannten Inselwiese südlich der Stadt am Büchenberg ermöglichte, an deren Ostrand das 1728 durch Brand zerstörte Sommerschlößchen Friedrichstal mit dem 1716 vollendeten Terrassengarten lag. Im Zuge des Kanalbaus wurde an der Ostseite des Kanals zwischen 1709 bis 1720 eine einheitliche Straßenzeile aus 13 Häusern errichtet, die sogenannte Neustadt (heute „Allee") als städtebauliche Kulisse für den höfischen Bootsverkehr.
Neues Palais: Jenseits der Brücke an der Ostseite des Friedrichstaler Kanals liegt das dreiflügelige Herrenhaus, das Friedrich Adolph für seine Gemahlin Amalie 1706 bis 1718 erbauen ließ. Mitte des 19. Jahrhunderts wurde das Herrenhaus durch ein drittes Geschoß aufgestockt und das Palais in den Formen des Klassizismus dekoriert; es beherbergt heute die Musikakademie. Der französische Parterregarten wurde um 1850 in einen englischen Landschaftsgarten verwandelt.

HAUS DIECK → ENNIGERLOH-WESTKIRCHEN
HAUS DÖRING → BORKEN
DOLBERG → AHLEN

DORSTEN (Kr. Recklinghausen)

Verkehrsverein Dorsten und Herrlichkeit e.V., Geschäftsstelle Stadt Dorsten, Halterner-

Dorsten-Lembeck, Schloß: Gesamtansicht

Dorsten-Lembeck, Schloß: Stukkatur des Festsaales, um 1730 (Aufnahme 1993)

straße 5, 46594 Dorsten, Tel. (02362) 663470, Fax 663366.

DORSTEN-LEMBECK

St. Michaelis-Kapelle: Die Witwe des letzten Grafen von Westerholt, Maria Anna Theodora Freiin von Wallbott-Bassenheim zu Gudenau, ließ sich durch Johann Conrad Schlaun 1726 eine Grabkapelle errichten. Der schlichte Saalbau mit Apsis und stuckiertem Tonnengewölbe zeigt über dem einfachen Westportal die Nischenfigur des Hl. Michael. Die Innenausstattung wurde im 19. Jahrhundert verändert: das Altarbild ist eine der zahlreichen Kopien des Verkündigungsfreskos aus der Hauptkirche des Servitenordens SS. Annunziata in Florenz.

Schloß Lembeck: *Eigenwillige Wasserschloßanlage des späten 17. Jahrhunderts, durch Johann Conrad Schlaun nach 1729 modernisiert; Außenbesichtigung jederzeit, Führungen März–Oktober täglich unter Tel. (02369) 7167.* Dietrich Konrad Adolf von Westerholt ließ sich Ende des 17. Jahrhunderts eines der eigenwilligsten Wasserschlösser Westfalens errichten. Die streng geordnete Anlage liegt in einem großen Park, das Hauptschloß mit breitgelagerter Vorburg und wuchtigem Torturm ist eingebettet in einen seeartigen Hausteich,

Dorsten-Lembeck: Michaelskapelle (Aufnahmen 1952)

Dorsten-Lembeck, Schloß: Festsaal (Aufnahme 1993)

von einer Wegachse durchzogen. Der perspektivische Tiefenzug der Anlage wird durch repräsentative Torpfeilergruppen mit Vasen, Wappenträgern und Waffentrophäen betont. Die Vorburg mit Ecktürmen war ursprünglich eine Dreiflügelanlage, der Nordflügel wurde 1887 bei einem Brand vernichtet. Die Durchfahrt des Torturms ist durch eine gequaderte Pilasterarchitektur mit dem Wappen der Familien Westerholt und Wallbott-Bassenheim von 1692 gerahmt. Das schlichte zweigeschossige Herrenhaus wird lediglich durch das Portal mit Muttergottesstatue sowie das von Löwen getragene Familienwappen ausgezeichnet. Im Jahre 1702 ging die Herrschaft durch Heirat an die Herren von Merveldt zu Wolbeck, die 1726 in den Grafenstand erhoben wurden. Nach 1729 wurde dann Johann Conrad Schlaun mit Modernisierungsarbeiten beauftragt: im Nordflügel die Ausstattung des Festsaals mit Eichenholztäfelung und gemalten Supraporten (siehe auch Abbildung im Farbteil); das Vestibül des Treppenhauses ist mit Gemälden, Fresken, Supraporten und Reliefs der Jahreszeiten dekoriert; der Erweiterungsplan des Gartens nach Westen mit einer von Pfeilern flankierten Brückenanlage und Putten im Garten.

DORTMUND

Informations- und Presseamt, Friedensplatz 3, 44135 Dortmund, Tel. (0231) 5025666, Fax 5022167.

DORTMUND-LÜTGENDORTMUND

Haus Dellwig: Die auf den Fundamenten einer mittelalterlichen Burg errichtete Wasserschloßanlage, ein schlichtes zweigeschossige Herrenhaus mit Portalturm von 1690, erreicht man über die 1703 vollendete dreiflügelige Vorburg. Der seitliche Quertrakt sowie die südwestlichen Ecktürme stammen aus der Mitte des 17. Jahrhunderts.

DORTMUND-WELLINGHOFEN

Ev. Pfarrkirche: Von der Barockausstattung der mittelalterlichen Hallenkirche ist vor allem die von Johann Georg Alberti 1709 gefertigte Orgel sowie die Emporenbrüstung mit geschnitzten Wappenkartuschen und Gehängen bemerkenswert.

DREIERWALDE → HÖRSTEL

DRENSTEINFURT (Kr. Warendorf)

Stadtverwaltung, Landsbergplatz 7, 48317 Drensteinfurt, Tel. (02508) 89127, Fax 89166.

Schloß: *Neubau 1704–09 durch Lambert Friedrich Corfey; Außenbesichtigung jederzeit möglich.*

Bauherr des Wasserschlosses war Johann Matthias Freiherr von der Recke, münsterisch geheimer Rat und Obriststallmeister, sowie Droste des Amts Werne, Herr zu Drensteinfurt und Heessen, seit 1699 verheiratet mit Magdalena von Plettenberg und nach deren Tode 1709 mit Anna von Wolff-Metternich. Über diese Verbindungen war er mit den Fürstbischöfen Friedrich Christian von Plettenberg (1688–1706) und Franz Arnold von Wolff-Metternich verwandt; er starb 1739.

1704 begannen die Planungen für den Neubau des Schlosses an der Stelle des mittelalterlichen Herrenhauses: Abbruch und Verschüttung des Hausgrabens 1706, Neubau 1707 bis 1709 mit regulierten Gräften. Die Entwürfe stammen von Lambert Friedrich Corfey und zeigen den ersten Dreiflügelbau reduzierter Form in Westfalen: die Seitenflügel sind nur in zwei Achsen vorgezogen, der Mittelrisalit springt auf der Hof- und Gartenseite nur in Mauerstärke vor; auf der Hofseite wird er von ionischen Pilastern in Backstein gerahmt, die über einem breiten Architrav einen Dreiecksgiebel mit dem Wappen von der Reckes tragen. Der monumental einfache Bau steht auf hohem Sockel, eine doppelläufige Freitreppe bedient das mit Dreiecksgiebel bekrönte und rustikagerahmte Eingangsportal.

Das steile Dach überragt den Corps de Logis noch einmal um das Doppelte. Nach Fertigstellung des Haupthauses im Jahre 1709 wurde das auf der Ostseite der Vorburg gelegene Brauhaus „in gerader richtung gebracht“, weitere Anbauten errichtet, so daß das Schloß zusammen mit den Wirtschaftsgebäuden einen Ehrenhof bildete. An der Südseite legte man jenseits des Hausgrabens einen ummauerten Garten an, als Abschluß der barocken Systematisierung erfolgte 1715 an der Südseite des Hausgartens in der Achse des Schlosses der Bau der Orangerie.

Loreto-Kapelle: An der Straßengabelung von Drensteinfurt nach Sendenhorst und Albersloh errichtete Lambert Friedrich Corfey 1726 auf dem sogenannten Kapellenhof für Johann Matthias von der Recke die Loretokapelle, eine Nachbildung der Santa Casa aus Nazareth. Nach der Legende hatten Engel das Geburts- und Wohnhaus Mariens nach Loreto in Italien transportiert, um es vor der Bedrohung durch die Ungläubigen zu schützen. Der sehr gut erhaltene Backsteinsaal mit offener Vorhalle zeigt über den Eingängen Sandsteinreliefs mit der Verkündigung und der Translationslegende, Arbeiten des Bildhauers Wilhelm Heinrich Kocks aus Münster. Der Neubau der Loreto-Kapelle hatte eine Wallfahrt zur Folge: Ein Franziskaner, der das benachbarte Haus bewohnte, mußte den Betrieb der anreisenden Pilger organisieren und den ordnungsgemäßen Ablauf kontrollieren.

DRENSTEINFURT-MERSCH

Haus Venne: *malerisch gelegenes Wasserschloß von Lambert Friedrich Corfey, im Park elegantes Gartenhaus von Johann Conrad Schlaun von 1767, reiche Rokoko-Ausstattung der Schloßkapelle von 1771; Außenbesichtigung möglich, Führung auf Anfrage unter Tel. (02508) 8146.*

Südlich Drensteinfurts liegt das malerische Wasserschloß, eine symmetrische Anlage, von Lambert Friedrich Corfey um 1710 bis 1716 für Johann Matthias von Ascheberg errichtet. Das langgestreckte Herrenhaus, ein schlichter Backsteinbau, wird seitlich durch zwei niedrige Flügel begrenzt. Von außen durch einen Dachreiter mit Glockenstuhl erkennbar, verbirgt sich hier die Kapelle Mariä Himmelfahrt aus dem Jahre 1716. Der überraschend reiche Innenausbau mit Pilasterordnung, Stuckornamenten, Deckengemälden und Rokoko-Ausstattung wurde erst 1771 vollendet.

Im Garten hinter dem Herrenhaus liegt – versteckt unter hohen Bäumen – ein elegantes zweigeschossiges Gartenhaus, 1767 von Johann Conrad Schlaun errichtet. Der achtseitige Hauptraum diente später der Familie Ascheberg als Grabstätte.

DRENSTEINFURT-RINKERODE

Kath. Pfarrkirche St. Pankratius: In den Jahren 1721 bis 1724 errichtete Gottfried Laurenz Pictorius den Ziegelbau mit Werksteingliederung, dessen gewölbter Wandpfeilersaal von drei Jochen und dem eingezogenen Chorbereich gegliedert ist. Der an der Westseite mit Sandstein verblendete Turm wird im Obergeschoß in ein Achteck überführt und von einer einer geschweiften Haube bekrönt. Von der Innenausstattung sind erwähnenswert der Hochaltar im Stil des beginnenden Rokoko mit dem Gemälde der Himmelfahrt Christi, eine Stiftung des Erbkämmerers von Galen, die Barockkanzel sowie ein thematisch ungewöhnliches Gemälde mit Christus in der Kelter, das von einem (Hermann) Veltmann signiert und durch ein Chronogramm in das Jahr 1711 datiert ist.

Haus Bisping: *Geburtsort des Fürstbischofs Christoph Bernhard von Galen (1601–1678); Außenbesichtigung möglich.*

An der Straße von Rinkerode nach Davensberg liegt die ehemalige Wasserburg, seit dem 16. Jahrhundert im Besitz der Familie von Galen. Erhalten ist das 1651 erbaute Torhaus, eines der letzten Beispiele des münsterländischen Torhaustyps mit heute leider vermauerter Durchfahrt an der Langseite.

Haus Borg: *Außenbesichtigung möglich.*

Die Wasserburg liegt auf einer Zweiinselanlage mit malerischer Gruppierung verschiedener Nebenbauten und Höfe. Der im 15. und 16. Jahrhundert errichtete Komplex wurde um 1717 durchgreifend verändert: Für den Obersthofmarschall Jobst Stephan von Kerkerinck zu Borg plante Gottfried Laurenz Pictorius den Ausbau einer Dreiflügelanlage, lediglich der östliche Seitenflügel des Herrenhauses mit Firstbalustrade wurde im Jahre 1719 realisiert. Antonio Rizzo, einer der Stukkateure von → Schloß Nordkirchen, ist für die Modernisierung der Innenausstattung verantwortlich. Das Torhaus auf der Vorburg von 1664, das Brauhaus und die Ökonomiegebäude aus dem 16. bis 18. Jahrhundert sowie der heute noch erkennbare Barockgarten vervollständigen die Gesamtanalge zu einem reizvollen Schloßensemble.

DÜLMEN (Kr. Coesfeld)

Verkehrsamt, Markt 1–3, 48249 Dülmen, Tel. (02594) 12292, Fax 3135.

Kath. Hl. Kreuzkapelle: An der Lüdinghauser Straße liegt stimmungsvoll unter altem Baumbestand die Wallfahrtskapelle auf dem ‚Kalvarienberg', die 1696 an Stelle eines älteren Oratoriums in der Nähe des ehemaligen Leprosenhauses neu erbaut wurde. Nach einem Brand wurde die Kapelle im Jahre 1765 als Rechtecksaal aus Ziegeln und Werkstein mit kleinem Westanbau für die Leprosen wiederhergestellt. Von der schönen Barockausstattung sind besonders erwähnenswert: die lebensgroße hölzerne Kreuzigungsgruppe aus dem frühen 18. Jahrhundert, vor der Kapelle Skulpturen der „Maria mit der Träne" mit Stifterwappen, um 1750, und der Hl. Anna aus dem frühen 18. Jahrhundert. Die Kreuzwegstationen im neugotischen Stil stammen aus dem 19. Jahrhundert.

DÜLMEN-KARTHAUS

Von dem ehemaligen, im frühen 19. Jahrhundert aufgegebenen und abgebrochenen Karthäuserkloster Marienburg, der einzigen Niederlassung dieses Ordens in Westfalen und eines der blühendsten und reichsten Klöster des Landes, ist nur die ehemalige, zwischen 1477 und 1571 erbaute Klosterkirche erhalten. Im 17. und 18. Jahrhundert wurde die Innenausstattung mit einigen bedeutenden Stücken modernisiert: im zweiten Joch von Osten befand sich ursprünglich ein Kreuzganglettner – eine Sonderform der Karthäuserarchitektur –, der den Mönchschor von dem der Konversen trennte und 1757 durch ein prachtvolles Eisengitter in frühen Rokokoformen ersetzt wurde; ein weiteres Gitter befindet sich vor der Sakristei, mit der Jahreszahl 1752 und den Wappen des Klosterstifters ausgezeichnet. Erwähnenswert sind ferner die Pultwände mit üppigem Barockschnitzwerk aus der Zeit um 1700 sowie neben anderen Gemälden und Skulpturen die Figuren der beiden Karthäuserheiligen Hugo von Grenoble und Hugo von Lincoln aus dem frühen 18. Jahrhundert.

Drensteinfurt-Mersch, Haus Venne: Gartenhaus, 1767 (Aufnahme 1953)

DÜLMEN-MERFELD

Haus Merfeld: Lediglich kurz hingewiesen sei auf das in einem großen Park liegende Herrenhaus von 1755, neben dem Torhaus der einzige Überrest der ursprünglich großen Wasserburg; die Anlage kann nicht besichtigt werden.

HAUS DYCKBURG → MÜNSTER-SANKT MAURITZ

HAUS EGELBORG → LEGDEN
SCHLOSS EGGERINGHAUSEN → ANRÖCHTE-MELLRICH
EILHAUSEN → LÜBBECKE
ELSPE → LENNESTADT
ELTE → RHEINE
ENDORF → SUNDERN

ENGER (Kr. Herford)

Stadtverwaltung, Bahnhofstraße 44, 32130 Enger, Tel. (05223) 161212, Fax 161351.
Liesbergmühle: Am Liesberg liegt eine der letzten drei erhaltenen sogenannten Königsmühlen in Westfalen. Über der südlichen Einfahrt befindet sich ein 1756 datierter Inschriftenstein mit dem Hinweis „Fridericus Rex". Die konische Turmholländermühle ist aus Bruchstein errichtet, die Fenster- und Türgewände aus Sandstein. Bemerkenswert sind der tadellose Zustand der Flügel, der Windrose und der Antriebstechnik.

ENNIGERLOH (Kr. Warendorf)

Verkehrsverein, Rathaus, 59320 Ennigerloh, Tel. (02524) 28275, Fax 28496.

ENNIGERLOH-OSTENFELDE

Haus Vornholz: Im Jahre 1656 übernimmt die Familie von Nagel den Besitz. Anstelle der abgebrannten Burg auf den Inseln läßt der Generalwachtmeister Dietrich Hermann von Nagel ab 1666 die Dreiflügelanlage des Herrenhauses errichten, das bis auf das übergiebelte Hauptportal mit Wappenaufsatz und Freitreppe völlig schmucklos gehalten ist. Dem Hauptschloß ordnen sich die etwas später datierten Seitenflügel unter, im nördlichen Trakt liegt die Hauskapelle. Die schräg zum Hauptbau angeordnete Vorburg mit langgestreckten Wirtschaftsgebäuden werden ebenfalls noch im 17. Jahrhundert vollendet, südlich des Schlosses wird Mitte des 18. Jahrhunderts eine gut durchproportionierte Rentei mit Mansarddach hinzugefügt.

ENNIGERLOH-WESTKIRCHEN

Haus Dieck: *Reizvolles Landhaus, sog. Maison de Plaisance; Außenbesichtigung möglich.* Etwa 1,5 km nördlich des Dorfes liegt das schlichte, aber sehr gut proportionierte Herrenhaus aus dem Jahre 1771, das sich das Ehepaar von Hanxleben-Reck hier erbauen ließ. Dieses Glanzstück der ehemaligen Wasserschloßanlage wurde auf Grund seiner Ähnlichkeit mit → Haus Beck in Kirchhellen-Feldhausen Johann Conrad Schlaun zugeschrieben, die ungeschickte Anordnung der Fensterachsen schließen jedoch seine Autorschaft aus. Der zweigeschossige Putzbau auf erhöhtem Sockel wird vor allem durch den dreiseitig vortretenden Mittelrisalit elegant akzentuiert. Auf dem Vorplatz ergänzen die Fachwerkbauten der Rentei, des Torhauses sowie der im Winkel angelegten Jägerei die Anlage zu einem reizvollen Ensemble, einer Maison de Plaisance nach französischem Vorbild.

ENSE (Kr. Soest)

Gemeindeverwaltung, Am Spring 4, 59469 Ense, Tel. (02938) 1051.

ENSE-HÜNNINGEN

Haus Füchten: Die ehemalige Wasserschloßanlage besteht heute noch aus dem schlichten Herrenhaus des 16. Jahrhunderts mit einem 1726 erbauten Kapellenflügel. Der große Wirtschaftshof wird von Ökonomiegebäuden begrenzt, die Einfahrt flankieren zwei kleine Pavillons von 1726, die mit den Nebengebäuden durch geschwungene Gelenkbauten verbunden sind. Der heute überbaute Barockgarten wurde 1751 nach Plänen von Franz Christoph Nagel angelegt.

SCHLOSS ERINGERFELD → GESEKE
SCHLOSS ERPERNBURG → BÜREN-BRENKEN

ERWITTE (Kr. Soest)

Stadtverwaltung, Am Markt 13, 59597 Erwitte, Tel. (02943) 8960.
Kath. Pfarrkirche St. Laurentius: Die Gewölbebasilika des 12. Jahrhunderts beherbergt eine beachtliche barocke Innenausstattung: neun annähernd lebensgroße Apostelfiguren, eine Kreuzigungsgruppe sowie das ehemalige Hochaltargemälde der Himmelfahrt Mariens, ein Werk des Paderborner Malers Anton Joseph Stratmann aus dem Jahre 1763.
Schloß: Die Wasserburg mit schlichtem Herrenhaus im Stil der Weserrenaissance wurde Ende des 17. Jahrhunderts durch eine Freitreppe mit Rustikaportal modernisiert.
Rathaus: Am Markt Nr. 15 steht das ehemalige kurkölnische Gerichtshaus, ein schlichter, aber sehr gut proportionierter Putzbau auf hohem Bruchsteinsockel. An der Nordseite befinden sich die hohe, erneuerte Freitreppe und das Sprenggiebelportal mit dem Wappen des Erzbistums Köln von 1716. Beachtenswert ist auch die originale Holzflügeltür.
Städt. Krankenhaus: Der langgestreckte Putzbau war der ehemalige Stammsitz der Familie von Droste zu Erwitte. Das Rustikaportal nennt als Erbauungszeit das Jahre 1703, von der originalen Innenausstattung ist lediglich das Treppenhaus erhalten.

ESLOHE (Hochsauerlandkr.)

Kur- und Verkehrsverein, Kupferstraße 30, 59889 Eslohe, Tel. (02973) 442.
Kath. Pfarrkirche St. Peter und Paul: Der ein-

schiffige Gewölbebau wurde 1778 bis 1783 von Ignatius Gehly aus Rüthen errichtet. Aus der Erbauungszeit stammen die Kirchenbänke, die Beichtstühle, der Taufstein in Tischform und die Orgelempore.
St. Rochuskapelle: Die einsam und malerisch gelegene kleine Prozessionskapelle wurde 1637 vollendet. Kulturgeschichtlich bemerkenswert sind die 14 kleinen Figuren der Hl. Nothelfer auf Leuchterkonsolen, sehr volkstümliche Arbeiten des frühen 18. Jahrhunderts.
Haus Wenne: Das Zentrum der ehemaligen Wasserburg bildet das schlichte Herrenhaus von 1659, in das ein fast quadratischer mittelalterlicher Wohnturm verbaut wurde.

ESLOHE-FRIELINGHAUSEN
Kath. Kapelle St. Nikolaus: Einfacher Saalbau des 17. Jahrhunderts mit mittelalterlichen Skulpturen des 13. und 15. Jahrhunderts.

ESLOHE-HENGSBECK
Kath. Kapelle St. Margaretha: Die anspruchslose sauerländische Dorfkapelle wird 1647 geweiht; neben der schlichten überwiegend mittelalterlichen Ausstattung gibt es auch Stücke des 17. und 18. Jahrhunderts.

ESLOHE-NIEDERMARPE
Kapelle St. Vinzenz: Der Saalbau von 1680 beherbergt ein bemerkenswertes Altarretabel von Johann Sasse aus Attendorn, inschriftlich mit der Jahreszahl 1706 bezeichnet.

EVERSBERG → MESCHEDE
FELDHAUSEN → BOTTROP-KIRCHHELLEN

FINNENTROP (Kr. Olpe)
Verkehrsamt, Am Markt 1, Rathaus, 57413 Finnentrop, Tel. 02721 (5120), Fax 6958.

FINNENTROP-HEGGEN
Haus Ahausen: Die ehemalige Wasserburg, eine trapezförmige Anlage, ist nach 1647 erbaut worden. Das schlichte zweigeschossige Herrenhaus wird durch die doppelläufige Freitreppe sowie das Pilasterportal mit Wappen von 1723 ausgezeichnet. Die Hauskapelle St. Agatha von 1732 ist mit einer gut erhaltenen Stuckbalkendecke sowie geschnitzten Holzbänken aus dem frühen 18. Jahrhundert ausgestattet.

FINNENTROP-LENHAUSEN
Schloß: Die mittelalterliche Wasserburganlage wird im 17. Jahrhundert umgebaut und modernisiert: interessant ist hier die Umwandlung des ursprünglich aus militärischen Gründen angelegten Gräftesystems zu einem Kompositionselement der umfassenden Barockgestaltung von Architektur und Natur.
Die nach Verfall 1874 wiederaufgebaute Anlage wurde in den letzten Jahren teilweise restauriert.

Ennigerloh-Westkirchen, Haus Dieck: Maison de Plaisance, 1771 (Aufnahme 1993)

FLAESHEIM → HALTERN
FRECKENHORST → WARENDORF
FRIELINGHAUSEN → ESLOHE
HAUS FÜCHTEN → ENSE-HÜNNINGEN
FÜCHTORF → SASSENBERG
FÜRSTENBERG → WÜNNENBERG
GEHRDEN → BRAKEL
HAUS GEIST → OELDE-STROMBERG
GEMEN → BORKEN

GESEKE (Kr. Soest)
Verein für Heimatkunde e.V., Postfach 1425, 59585 Geseke, Tel. (02943) 89657.

Kath. Pfarrkirche St. Peter: In der mittelalterlichen Stadt- und Marktkirche ist neben anderen barocken Ausstattungsstücken wie dem Seitenaltar, einem Taufstein und einer Doppelmadonna vor allem die prächtige Kanzel mit Reliefs und frei aufgesetzten Assistenzfiguren erwähnenswert.

Kath. Pfarrkirche St. Cyriakus: Die ehemalige Stiftskirche des bereits Mitte des 10. Jahrhunderts gegründeten Kanonissenstifts erhielt im 18. Jahrhundert eine barocke Ausstattung: Der Hochaltar von 1727 sowie die flankierenden Seitenaltäre von 1729 und 1731 sind in Marmor und Alabaster gefertigt. Wirkungsvoll werden die zentralen Reliefdarstellungen durch Säulenaufbauten und reichen Figurenschmuck dekoriert – Skulptur wird hier als Architektur begriffen. Für diese einheitliche Komposition zeichnet der Bildhauer Christophel Papen aus Gierhagens verantwortlich.

Kath. Kirche St. Johannes Bapt.: Die ehemalige Klosterkirche des 1637 gegründeten und im Zuge der Säkularisation 1834 aufgehobenen Franziskanerordens wird 1668 bis 1674 als gotisierender Saalbau errichtet. Im Innern besticht der Rokoko-Hochaltar von 1760, dessen Altargemälde Joseph Stratmann aus Anröchte signiert hat. Für die Bildhauerarbeiten der 1736 entstandenen Seitenaltäre zeich-

Geseke, Pfarrkirche St. Cyriakus: Innenansicht (Aufnahme 1974)

Geseke-Eringerfeld, Schloß: Blick durch das Torhaus auf das Herrenhaus (Aufnahme 1975)

net Laurenz Henke verantwortlich, den Figurenschmuck der prächtigen Kanzel von 1730 hat Johann Philipp Pütt gearbeitet.
Ehem. Franziskanerkloster: An der Südseite der Johannes-Kirche schließt das ehemalige Franziskanerkloster an, das in den Jahren 1692 bis 1712 mit einem, später mehrfach umgebauten Kreuzgang ausgestattet wurde.
Kath. Maria-Hilf-Kapelle: Am Kapellenweg liegt der hierhin versetzte kleine Saalbau von 1703 mit fünfseitigem Abschluß, Pilastergliederung und schönem Schweifdach mit Barockdachreiter.

GESEKE-ERINGERFELD

Schloß: *Schöne, wohl von Ambrosius von Oelde entworfene Gesamtanlage, interessantes Treppenhaus im Vestibül; Außenbesichtigung möglich.*
In den Jahren 1676 bis 1699 lassen sich die Domherren Johann Gottfried und Rhabanus Christoph von Hörde die Anlage als Familiensitz errichten. Das heute als Hotel und Tagungsstätte genutzte Schloß wird dem Architekten Ambrosius von Oelde zugeschrieben, für die Ausführung war der Baumeister Jobst Scheck aus Störmede verantwortlich. Die Anlage ist von der Grundrißdisposition der → Adolfsburg in Kirchhundem-Oberhundem vergleichbar: Herrenhaus, Nebengebäude und Torhaus gruppieren sich auf der rechteckigen Insel um einen Ehrenhof. Das 1678 errichtete Herrenhaus ist ein langgestreckter zweigeschossiger Bau, dessen Mittelrisalit durch die Freitreppe, das Wappenportal und den schweren Volutengiebel betont wird. Auf der Gartenseite entspricht dem Mittelrisalit auf der Gartenbrücke ein triumphbogenartig freistehendes Portal von 1699.
Man erreicht die Anlage durch das stattliche Torhaus: über dem mit allegorischen Figuren und Wappen geschmückten Portalen der Durchfahrt befinden sich je zwei Bildnischen und als bekrönender Dachabschluß ein Volu-

Geseke-Eringerfeld, Schloß: Treppenhaus im Vestibül des Herrenhauses (Aufnahme 1975)

tengiebel. In den Nischen auf der Außenseite sind die Büsten und Wappen des Kaisers und Kölnischen Kurfürsten angebracht, auf der inneren Hofseite die Porträts der Bauherren.
Von der Barockausstattung des Herrenhauses sind vor allem das Vestibül mit dem Treppenhaus, gearbeitet aus hohen gewundenen Holzsäulen und gedrehten Balustern, und die Wandbespannungen im Kabinett des Erdgeschosses nach Charles Le Brun erwähnenswert.

GIERSHAGEN → MARSBERG
GODELHEIM → HÖXTER
KLOSTER GRAFSCHAFT → SCHMALLENBERG

GREVEN (Kr. Steinfurt)

Verkehrsverein Greven e.V., Alte Münsterstraße 23, 48268 Greven, Tel. (02571) 1300, Fax 55234.
Kath. Pfarrkirche St. Martin: In der mittelalterlichen Kirche befindet sich ein Meisterwerk von Johann Wilhelm Gröninger: eine steinerne Kreuzigungsgruppe mit Christus am Gabelkreuz, inschriftlich in das Jahr 1722 datiert.

Greven: Pfarrkirche St. Martin: Kreuzigungsgruppe, 1722 (Aufnahme 1991)

HAUS GRÖNINGER → ROSENDAHL-DARFELD

HAGEN

Hagen-Information, Friedrich-Ebert-Platz, Rathaus, 58095 Hagen, Tel. (02331) 207383, Fax 24299.

HAGEN-HASPE

Haus Harkorten: Das Geburtshaus des bedeutenden Industriellen und Sozialpolitikers Friedrich Harkort (1793–1880) ist das künstlerisch hervorragendste Beispiel eines bergischen Bürgerhauses des Spätbarock. In den Jahren 1756 bis 1757 vermutlich von der sogenannten Schwelmer Meisterschule errichtet, liegt das stattliche Gebäude in einem Park am Ende einer Allee: die elegante Gesamterscheinung wird noch durch ein reich geschnitztes Rokokoportal über einer Freitreppe unterstrichen. Die angrenzenden Nebengebäude sind vermutlich zum Teil noch älter.

HALLE (Kr. Gütersloh)

Stadtverwaltung, Graebestraße 24, 33790 Halle, Tel. (05201) 1830, Fax 183110.

HALLE-BOKEL

Schloß Tatenhausen: *Schöne Wasserschloßanlage des 16. und 17. Jahrhunderts, Außenbesichtigung möglich.*
Seit 1525 ist das Schloß der Familiensitz der Herren von Korff-Schmising. Die malerische Wasseranlage war ursprünglich auf zwei Inseln verteilt. Das hufeisenförmige Herrenhaus wurde um 1540 errichtet, die Eckpavillons sowie die beiden anderen Flügel sind Baumaßnahmen aus der Zeit zwischen 1699 und 1740. Auf der Vorburg stehen das Mitte des 18. Jahrhunderts angelegte Torhaus und langgestreckte Nebengebäude.
In dem der Öffentlichkeit leider nicht zugänglichen Schloßpark erbaute Johann Conrad Schlaun um 1738 ein elegantes Treibhaus, die sogenannte Frans-Annen-Burg: zwischen niedrigen seitlichen Flügeln ein ovaler Mittelbau mit ausgebautem Mansarddach, Portal mit Wappenbekrönung, darüber schmiedeeisernes Balkongitter, vergleichbar der → Antoinettenburg in Rosendahl-Darfeld.

HALLE-STOCKKÄMPEN

Kath. Pfarrkirche St. Johannes Ev.: Inmitten eines Waldes liegt die gemeinsam von den Herren der Schlösser Tatenhausen und Holtfeld errichtete Kirche, die 1690 bis 1696 zusammen mit einer schlichten Franziskanerresidenz angelegt wurde. Der turmlose, kreuzgewölbte Saalbau mit polygonalem Chor und Dachreiter war bereits 1691 fertiggestellt, im Innern befindet sich ein gegenüber der Architektur aufwendig gestalteter Hochaltar aus der Erbauungszeit. Die schlichten Fachwerk- und Bruchsteinbauten der hier in der Abgeschiedenheit lebenden Franziskaner sowie der angrenzende Waldfriedhof machen die Anlage für den heutigen Besucher zu einem reizvollen Ensemble.

HALTERN (Kr. Recklinghausen)

Verkehrsamt, Markt 1, Altes Rathaus, 45721 Hal-

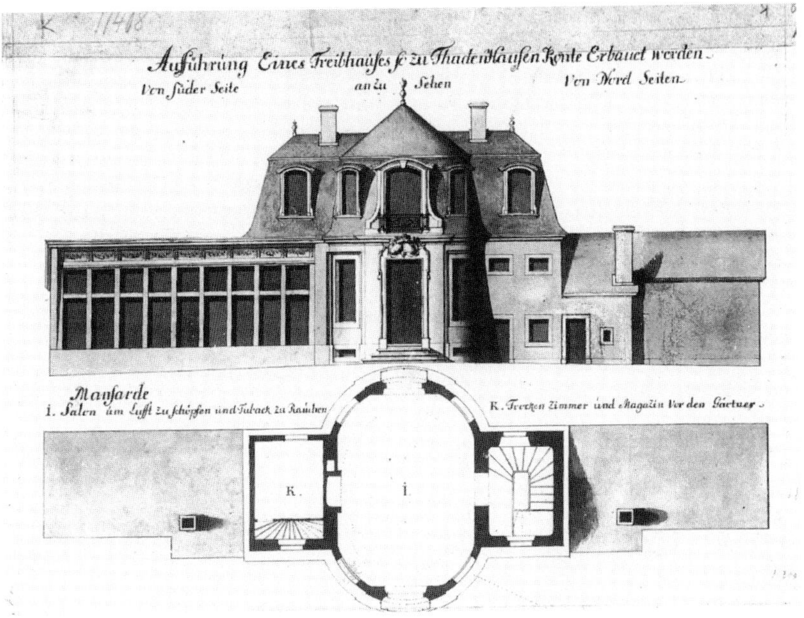

Halle-Bokel, Schloß Tatenhausen: Frans-Annen-Burg, Zeichnung von Johann Conrad Schlaun, 1751; Ausführung (Aufnahme 1992)

tern, Tel. (02364) 933366, Fax 933111.

Kath. Pfarrkirche St. Sixtus: Die um 1875 nach älteren Plänen des Architekten Hanemann erbaute neugotische Hallenkirche beherbergt ein hervorragend gearbeitetes Epitaph von Galen aus dem Jahre 1710.

HALTERN-FLAESHEIM

Kath. Pfarrkirche St. Maria Magdalena: *Prächtiger Hochaltar von Gerhard Gröninger von 1658.*

In der mittelalterlichen ehemaligen Klosterkirche des 1803 aufgehobenen Prämonstratenser-Nonnenklosters befindet sich ein Meisterstück von Gerhard Gröninger: der aus Sandstein, Marmor und Alabaster gefertigte Hochaltar zeigt einen dreiteiligen Aufbau, in der Mitte die Darstellung des Kalvarienbergs, in den seitlich flankierenden Nischen Petrus und Paulus, in den Steinsockeln und der Predella – seitlich des Tabernakels – vier Gemälde aus dem Leben der Hl. Maria Magdalena. Die Entwürfe zu diesem Altar lieferte Gröninger selbst, der allerdings 1652 starb, die Ausführung lag bei seiner Werkstatt, die das Werk laut Chronogramm im Jahre 1658 vollendete. Bemerkenswert von der übrigen Barockausstattung ist der Taufstein sowie das kunstvoll geschnitzte Chorgestühl des 17. Jahrhunderts.

HALTERN-SYTHEN

Wassermühle: Zum Schloß Sythen gehörte die um 1650 errichtete Wassermühle mit Wasserradtechnik des späten 19. Jahrhunderts. In den

Haltern-Flaesheim, Pfarrkirche St. Maria Magdalena: Hochaltar, 1658 (Aufnahme 1968)

Harsewinkel-Marienfeld, Pfarrkirche Mariä Empfängnis: Orgel, 1745–51 (Aufnahme 1980)

letzten Jahren wurde der Komplex restauriert und durch ein Fachwerkgebäude sowie die Erneuerung der Wehranlage zu der ursprünglichen Doppelmühlenanlage komplettiert.

HAMM

Verkehrsverein e.V., Bahnhofsplatz, 59065 Hamm, Tel. (02381) 23400, Fax 28348.

Ev. Lutherkirche: Die 1734 bis 1739 von Johann Michael Moser errichtete Kirche erscheint auf den ersten Blick völlig ‚unbarock', ein Beispiel für die Verwendung mittelalterlicher Formen auch im protestantischen Kirchenbau Westfalens. Die vierjochige, gotisierende Halle wird durch einen Westturm mit vornehmem zweigeschossigem Barockhelm bekrönt, im Innern von verputzten, hölzernen Kreuzrippengewölben überspannt. Der aufwendige Kanzelaltar aus der Erbauungszeit von Christoph Dörendahl ist ein gängiges Prinzipalstück im protestantischen Kirchenbau.

HAMM-RHYNERN

Kath. Pfarrkirche St. Regina: Johann Bernhard Klausing schuf um 1722 die Orgel mit einem aufwendig gestalteten Prospekt für die → Dominikanerkirche in Soest; nach Rhynern kam die Orgel dann im Jahre 1816 nach der Aufhebung des Dominikanerklosters im Zuge der Säkularisation.

Ev. Pfarrkirche: Der einfache kleine Sechseckbau mit interessantem Pyramidendach wurde zwischen 1665 und 1667 errichtet. Aufgrund der

Havixbeck, Haus Stapel: Torhaus der Vorburg, 1719 (Aufnahme 1987)

äußeren Dachform wird im Innern die eingezogene Flachdecke von einer hölzernen Mittelstütze getragen. Neben der Altarwand mit Kanzel aus der Erbauungszeit ist vor allem auf die 1699 geschaffene Orgel von Johann Georg Alberti hinzuweisen, der einige Jahre später auch die Orgel in der → Ev. Pfarrkirche in Dortmund-Wellinghofen baute.

HAMM-UENTROP

Haus Uentrop: Seit 1504 ist das Gut im Besitz der Familie von der Recke. Nach dem Brand der alten Burg wurde das Herrenhaus 1713 bis 1720 von Lubbert Hagen aus Gildehaus errichtet. Das schlichte zweigeschossige Backsteingebäude mit schmalem Mittelrisalit und Walmdach trägt über dem Hauptportal das Doppelwappen der Familien Recke-Baer. Die Disposition der Innenräume folgt dem Schema des sogenannten ‚Appartement double', in der Eingangshalle befindet sich eine aufwendige Holztreppe mit Zwischenpodesten.

KLOSTER HARDEHAUSEN → WARBURG-SCHERFEDE
SCHLOSS HARKOTTEN → SASSENBERG-FÜCHTORF
HAUS HARKORTEN → HAGEN-HASPE
HARPEN → BOCHUM

HARSEWINKEL (Kr. Gütersloh)

Verkehrsamt, Münsterstraße 14, 33428 Harsewinkel, Tel. (05247) 935129, Fax 935170.

HARSEWINKEL-MARIENFELD

Kath. Pfarrkirche Mariä Empfängnis: *Größte historische Orgel im Bistum Münster; Kirche 14.30–17.00 Uhr geöffnet.*
Die ehemalige Abteikirche, die einzige erhaltene frühe Zisterzienserkirche Westfalens, beherbergt die von dem Lippstädter Orgelbaumeister Johann Patroklus Möller unter Verwendung älterer Teile zwischen 1745 und 1751 gefertigte Orgel mit dem wohl großartigsten Prospekt in Westfalen: die die gesamte Westwand der Kirche füllende Orgelfassade ist mit reichem grün und gold gefaßten Rankenwerk versehen; in der Mitte, direkt unter den ersten Pfeifen, das Abtswappen von Ferdinand Osterhoff, in dessen Amtszeit mit dem Bau der Orgel begonnen wurde. Aus der Erbauungszeit stammt auch die Kanzel an der Südwand der Kirche neben dem Durchgang zum Kreuzgang: Als Sockel dient ein sitzender Engel, der die Kanzel auf dem Kopf trägt. Der ursprüngliche Hochaltar von Johannes Körbecke wurde 1681 durch einen Altar von Johann Georg Rudolphi, dem Hofmaler der Münsteraner Fürstbischöfe, ersetzt. Der Altar in Form eines Portals – nach dem Wort Christi „Ich bin die Tür …“ – ist mit vier verschiebbaren Gemälden ausgestattet, die im Zyklus des Kirchenjahres die Geburt Jesu, die Kreuzigung, die Auferstehung und die Himmelfahrt Mariens zeigen.

Havixbeck, Haus Havixbeck: Detail des Brückenpfeilers, um 1733 (Aufnahme 1993)

Ehem. Zisterzienserabtei: *Außenbesichtigung jederzeit möglich.*
Das westlich an die Klosterkirche anschließende Abteigebäude ist in den Jahren 1699 bis 1702 vermutlich nach Plänen von Peter Pictorius d.J. errichtet worden, die Bauausführung lag bei dem Baumeister Affhüppen. Auf dem Sockel aus Baumberger Sandstein erhebt sich ein zweigeschossiger, neunachsiger Ziegelbau mit einem kleinen, nach Norden vorgezogenen Westflügel. Die Mittelachse wird durch die Flügeltreppe, die schlichte Barocktür und die in einer Nische im Obergeschoß stehende Figur der Gottesmutter akzentuiert; in der Kartusche über der Tür findet sich das Wappen des Abtes Bernard Culemann (1681–1705).

HASPE → HAGEN

HAVIXBECK (Kr. Coesfeld)

Verkehrsamt, Pfarrstiege 5, 48329 Havixbeck, Tel. (02507) 3311, Fax 3880.
Pestkapelle: Auf dem Kirchplatz vor der St. Dionysius-Kirche steht ein kleiner rechteckiger Fachwerkbau, über dem Eingang in das Jahr 1654 datiert. Der Altar aus dem Jahre 1654 zeigt eine Pietà nach gotischem Vorbild als monumentale steinerne Marienklage.
Haus Havixbeck: *Außenbesichtigung möglich.*
Etwa 1 km südwestlich der Stadt liegt das im Renaissance-Stil erbaute Stammschloß der Familie von Twickel. Es ist von einem Park umgeben, an den der landwirtschaftliche Betrieb anschließt. Im Zuge weitreichender Modernisierungsmaßnahmen im 17. Jahrhundert wurde an der Ostseite ein Torturm mit einem sogenannten Rufloch errichtet, das die Form einer Tiermaske hat und mit der Inschrift „WERDA" versehen ist. Johann Conrad Schlaun schuf um 1733 die elegant geschwungene Brückenanlage sowie die mit Putten und Vasen geschmückten Brücken- und Torpfeiler.
Haus Stapel: *Vorburg von 1719; Außenbesichtigung möglich.*
Etwa 2 km nördlich des Ortes liegt in reizvoller waldreicher Umgebung die bereits seit 1211 im Besitz der Familie Kerkerinck befindliche Wasserschloßanlage. Vorburg und Herrenhaus erstrecken sich auf einer großen Insel. Die barocke hufeisenförmige Vorburganlage wurde 1719 für den Bauherrn Ernst Konstantin Freiherr von Droste genannt Kerkerinck von Lambert Friedrich Corfey errichtet, der bereits bestehende Pläne von Gottfried Laurenz Pictorius verwandte. Zu den beiden Ecktürmen tritt neben den Seitenflügeln das stark gegliederte Torhaus in der Mittelachse; mit drei geschwungenen, laternenbekrönten Dächern einer eng zusammmengerückten Pavillongruppe vergleichbar, die irrtümlicherweise Johann Conrad Schlaun zugeschrieben wurde (siehe auch Abbildung im Farbteil). Wahrscheinlich ist der Autor Friedrich Lambert Corfey: Er hatte den durchgreifenden Umbau des Herrenhauses besorgt, das später abgerissen und durch den Neubau des Frühklassizisten August Reinking ersetzt wurde (1812–27). Erwähnenswert sind noch die trophäengeschmückten Torpfeiler an der Brücke sowie an der Allee eine steinerne Kreuzigungsgruppe von 1756.

HAVIXBECK-HOHENHOLTE

Kath. Pfarrkirche St. Georg: Die ehemalige Klosterkirche des 1811 aufgehobenen Damenstifts wurde 1732 bis 1738 nach Plänen von Peter Pictorius d.J. errichtet: in der einfachen Saalkirche mit dreiseitigem Chorschluß und westlich anschließendem ehemaligen Kapitelhaus befindet sich neben anderen Ausstattungsstücken des Barock eine Sandsteinfigur mit der Darstellung Christi im Elend, die vermutlich Johann Wilhelm Gröninger um 1720 gearbeitet hat.

HEDDINGHAUSEN → MARSBERG
HEEPEN → BIELEFELD
HEGGEN → FINNENTROP
HELLINGHAUSEN → LIPPSTADT

HEMER (Märkischer Kr.)

Stadtverwaltung, Hauptstraße 209, 58675 Hemer, Tel. (02372) 55257.
Kath. Pfarrkirche St. Peter und Paul: Jobst Edmund von Brabeck, Fürstbischof von Hildesheim und Besitzer des 1611 erbauten Hauses Hemer, ließ 1696 bis 1700 von dem Mendener Steinmetzen und Maurermeister Arnold Lambertz die dreijochige Saalkirche mit Westturm errichten. Der gotisierenden Raumauffassung mit Kreuzrippengewölben auf Wandpfeilern steht die barocke Innengestaltung mit Rippenbemalung, Gewölbedekorationen und Fruchtgehängen mit Putten gegenüber. Johann Sasse aus Attendorn hat 1699 bis 1701 den aufwendigen, auf Tragesäulen gestellten Orgelprospekt mit Empore gefertigt. Von der Ausstattung sind Reste des barocken Hochaltars mit prächtigem Tabernakel, der Taufstein von 1701 und eine spätbarocke Madonnenfigur von 1775 erhalten.

HENGSBECK → ESLOHE
HERBERN → ASCHEBERG
SCHLOSS HERDRINGEN → ARNSBERG

HERFORD

Verkehrs- und Veranstaltungsamt, Hämelinger Straße 4, 32052 Herford, Tel. (05221) 690340, Fax 189694.
Ev. Münsterkirche: Die ehemalige Kirche St. Maria und Pusinna des um 790 gegründe-

Herford, Münsterkirche: Zunftbank „Der Linnenweber Ambtsstuel“ (Aufnahme 1980)

ten hochadeligen Damenstifts erhielt zwischen 1630 und 1640 eine neue Kanzel mit Darstellungen und Figuren aus dem Alten und Neuen Testament. Aus der Barockzeit sind außerdem erhalten: Wappen und Grabmal der 1640 gestorbenen Äbtissin Magdalena II. zur Lippe, Reste von Zunftbänken und Emporenbrüstungen sowie das bronzene Epitaph für die 1680 gestorbene Äbtissin Elisabeth II. von der Pfalz.

Ev. Jakobikirche: Die gotische Hallenkirche mit barocker Turmhaube von 1786, die bis zur Reformation als Station der Pilger nach Santiago de Compostela diente, besitzt eine prominente einheitliche Ausstattung mit Schnitzereien und Gemälden zumeist des 17. Jahrhunderts, außerdem barocke Ausstattungsstücke wie die Kanzel, das Taufbecken von 1611 und Grabdenkmäler des 17. bis 19. Jahrhunderts.

Ev. Johanniskirche: Die Neustädter Pfarrkirche ist ebenso wie die Jakobikirche im 17. Jahrhundert prächtig ausgestattet worden: erhalten sind Amtsstühle des Rates und der Zünfte mit Schnitzereien und Gemälden aus der Zeit um 1620 bis 1669.

Kath. Pfarrkirche St. Johann Bapt.: Die ehemalige Kapelle der Malteser-Komturei, des Ordensgebäudes, wurde 1715 bis 1716 als Saalbau errichtet und wurde 1891 nach Westen hin zu einer neuromanischen dreischiffigen Halle erweitert. Der barocke Raumteil ist mit einer figürlich stuckierten, muldenförmigen Decke ausgestattet: in den seitlichen Lünettenfeldern ist die originale figürliche Ausmalung wie Engelsdarstellungen fragmentarisch erhalten.

Das große Mittelfeld mit der Darstellung der Himmelfahrt Mariens und die vier Ölgemälde in den Wandfeldern wurden 1950 rekonstruiert, das heißt den Originalen nachempfunden. Hinter der Kirche stehen Reste des ehemaligen Kontureihauses aus dem 18. Jahrhundert, in dem sich heute das Pfarrhaus befindet.

HERRINGHAUSEN → LIPPSTADT

HERTEN (Kr. Recklinghausen)

Verkehrs- und Reisebüro Herten GmbH, Antoniusstraße 26, 46599 Herten, Tel. (02366) 35-256, -457 oder -344.

Schloß: *Außenbesichtigung des Schlosses und der Parkanlage möglich.*

In einem großen englischen Park liegt die Wasserburg mit mittelalterlichem Kern, die um 1530 zu einer Vierflügelanlage erweitert wurde, wobei der Südflügel ursprünglich zweigeschossig war und seit dem 19. Jahrhundert nur noch eingeschossig als Galerie ausgebildet ist. Die Anlage wurde um 1650 modernisiert, nach einem Brand von 1687 begann man mit der Wiederherstellung, die 1702 vollendet war: über eine Brücke mit flankierenden Torhäuschen gelangt man zum Hauptbau, der aus drei zweigeschossigen Haupttrakten mit gotisierenden Fialengiebeln und einem niedrigen, zum Hof durch Arkaden geöffneten Südflügel besteht. So vervollständigen sich die Trakte zu einer kastellartigen Vierflügelanlage, deren wehrhafter Charakter noch durch drei stämmige runde Ecktürme mit Kegelhauben betont wird. Einziges Schmuckelement der Außenarchitektur ist das inschriftlich mit der Jahreszahl 1702 bezeichnete Zufahrtsportal mit Segmentgiebel. Die dreischiffige Barockkapelle auf der Vorburg war 1908 von dem heute zerstörten Schloß Grimberg bei Gelsenkirchen nach Schloß Herten übertragen worden. Die Ausstattung geht auf Johann Conrad Schlaun oder seine Werkstatt zurück.

HERZEBROCK-CLARHOLZ (Kr. Gütersloh)

Gemeindeverwaltung, 33442 Herzebrock-Clarholz, Tel. (05245) 4440, oder: Kreis Gütersloh, Amt für Wirtschaftsförderung, Wasserstraße 14, 33378 Rheda-Wiedenbrück, Tel. (05242) 13412.

HERZEBROCK

Ehem. Klostergebäude: Neben den Abteien → Cappenberg und → Corvey gehörte das Prämonstratenserkloster Clarholz zu den Ordensniederlassungen, deren Konvent sich ausschließlich aus nachgeborenen Söhnen des (niederen) Adels rekrutierte. Nördlich der mittelalterlichen Pfarrkirche St. Christina, der ehemaligen Klosterkirche, liegen die barocken Konventsgebäude von 1696 bis 1703. Die einfache Anlage bezieht Reste des spätgotischen Kreuzgangs mit ein, über dem südöstlichen Portal befindet sich eine schöne barocke Madonnenfigur. Das heutige Pfarrhaus wurde 1712 erbaut und gehörte wie die noch bestehenden Eingangstore zum Klosterkomplex. In der Pfarrkirche befinden sich einige barokke Ausstattungsstücke, unter anderem eine Kreuzigungsgruppe aus der zweiten Hälfte des 17. Jahrhunderts. Außen am Westende des südlichen Seitenschiffes befindet sich eine weitere Kreuzigungsgruppe mit Maria und Johannes aus dem 17. Jahrhundert. Über die Struktur der um das Klostergebäude verteilten Gartenflächen läßt sich heute keine Aussage mehr machen.

Haus Möhler: Das bestehende Herrenhaus wurde um 1710 bis 1715 als Dreiflügelbau für Carl Emilio von Ketteler errichtet. Die Seitenflügel wurden Anfang des 19. Jahrhunderts abgebrochen, erhalten ist der großzügige Mitteltrakt mit übergiebeltem Mittelrisalit und Freitreppe.

HIDDENHAUSEN (Kr. Herford)

Tourist-Information, Kreisverwaltung Herford, Wittekindstraße 3, 32051 Herford, Tel. (05221) 13251, Fax 13100.

Ev. Pfarrkirche: Die ehemalige St. Gangolf-Kirche vereint einen romanischen Westturm mit einem 1665 errichteten Langhaus, der 1719 an der Nordseite einen Anbau erhielt. Von den Resten der Barockausstattung sind ein geschnitzter Taufstein von 1673, die gleichzeitig entstandene Kanzel sowie an der Brüstung der Seitenempore Reliefdarstellungen mit Szenen aus dem Leben Jesu erhalten.

HILCHENBACH (Kr. Siegen)

Verkehrsbüro, Markt 13, 57271 Hilchenbach, Tel. (02733) 28877, Fax 28880.

HILCHENBACH-ALLENBACH

Stift Keppel: Das ehemalige Prämonstratenser-Nonnenkloster Cappella wurde um 1240 gegründet und war seit 1547 weltliches Damenstift und zugleich Mädchenschule für den Adel, 1626 bis 1650 im Besitz der Siegener Jesuiten, seit 1654 simultanes adliges Stift, das 1811 aufgehoben.

Ev. Pfarrkirche: Im Zuge des Neubaus der Klostergebäude wurde auch die mittelalterliche Kirche, die sich heute nach zahlreichen Umbaumaßnahmen als große Saalkirche des 19. Jahrhunderts präsentiert, mit einer neuen Barockausstattung versehen: der stattliche Schnitzaltar, der mit seinen seitlich anschließenden Pforten zur Sakristei die gesamte Ausdehnung der Apsis beansprucht, eine Kopie in bemaltem Holz der großen Marmoraltäre italieni-

Herten, Schloß: Kapelle, ehemals Schloß Grimberg bei Gelsenkirchen (Aufnahme 1980)

scher Prägung, stellt im Altarblatt die Geißelung Christi dar. Die Kanzel wurde 1682 von der Äbtissin Johanne Maria von Holdinghausen gestiftet, die reich dekorierte Orgel ist urkundlich seit 1685 nachweisbar. In den reformierten Ländern Nassau-Siegen und Wittgenstein stritt man sich noch – so ein zeitgenössischer Bericht – „ob nach dem neuen Testament bei dem Christlichen Gottesdienst neben der Vokal-Musik auch die Instrumental als Orgeln und andere Saitenspiel zu gebrauchen oder nicht" und „welches die rechte Christliche gottwohlgefällige Musik sei, deren Klang und Schall durch die Luft in den Himmel vor den Thron Gottes gehet und dessen Herz zu unserer ewigen und zeitlichen Freude bringet."

Klostergebäude: Bis auf den südlich an die Kirche anschließenden Flügel mit Inschrifttafel von 1733 ist die Anlage zum größten Teil erneuert worden. Im sogenannten Neuen Haus, erbaut in Jahren 1747 bis 1752, sind ein Saal mit Rokokostuckdecke sowie ein stuckierter Kamin mit dem Wappen der damaligen Stiftsadministratorin erhalten.

Wohnbauten: Zweigeschossiges Fachwerkhaus an der Alten Landstraße Nr. 1, gemäß der Inschrift am 10.6.1782 vom Zimmermeister Adam Neuss aus Hilchenbach „aufgeschlagen". Das Fachwerkhaus An der Ferndorf 18 ist inschriftlich in das Jahr 1732 datiert. Weitere Fachwerkhäuser des 18. Jahrhunderts befinden sich in Hilchenbach-Dahlbruch.

HILLE

Gemeindeverwaltung, Am Rathaus 4, 32479 Hille, Tel. (0571) 40440, Fax 404428.

Hörstel-Bevergern, Stadtpfarrkirche Mariä Heimsuchung: „Auferstehung des Lazarus“, um 1610–30 (Aufnahme 1983)

HILLE-HÖCHTE

Windmühle: Die 1733 errichtete Windmühle folgt dem Typus des sogenannten Erdholländers und wurde aus Feldbrandsteinen errichtet. Im benachbarten Ortsteil Hille-Eickhorst befindet sich eine weitere Mühle, die sogenannte Storcks Mühle von 1848.

HILLE-SÜDHEMMERN

Ev. Kapelle: Aus Fragmenten zusammengefügtes Altarretabel der zweiten Hälfte des 17. Jahrhunderts, das Gemälde nennt in einer später hinzugefügten Inschrift die Jahreszahl 1701. Interessant ist auch der Taufstein mit der Datierung „ANNO 1740“.

HIMMINGHAUSEN → NIEHEIM
HINNENBURG → BRAKEL
HIRSCHBERG → WARSTEIN
SCHLOSS HIRSCHBERG → ARNSBERG
HÖCHTE → HILLE
HÖRSTE → LIPPSTADT

HÖRSTEL (Kr. Steinfurt)

Tourist-Information, Kalixtusstraße 6, 48477 Hörstel-Riesenbeck, Tel. (05454) 890, Fax 89102.

HÖRSTEL-BEVERGERN

Kath. Stadtpfarrkirche Mariä Heimsuchung: Die bereits 1577 entdeckten Salzquellen wurden bis 1741 betrieben und verhalfen dem kleinen Städtchen im frühen 18. Jahrhundert zu einem beträchtlichen Wohlstand. In dieser Zeit wird die einschiffige Kirche modernisiert und mit prominenten Ausstattungsstükken wie dem Hochaltar, der geschnitzten Kanzel und anderen Figuren versehen. Das große Tafelgemälde rechts vom Altar mit der Auferstehung des Lazarus nach Hermann tom Rings Bild im Dom zu Münster aus dem frühen 17. Jahrhundert zeigt im Hintergrund eine detaillierte Ansicht der unter Ferdinand von Fürstenberg im Jahre 1680 niedergelegten Burg Bevergern. Über dem Gemälde befindet sich im Giebelfeld des Altars das Allianzwappen der Familien Morrien-Wischel.
Aus dem Bruchsteinmauerwerk der ehemaligen Burg sind vermutlich das benachbarte katholische Pfarrhaus von 1724 mit dem dazugehörigen Barockgarten sowie andere Bauten der Stadt errichtet worden.
Wohnbauten: Neben der Ausstattung der Kirche zeugen auch die Bürgerhäuser der Stadt, vor allem das Haus Hilckmann am Kirchplatz – heute Heimatmuseum – von dem Reichtum der Stadt vor der Schließung der Salzquellen im Jahre 1741. Zahlreiche Bildstöcke oder Wegebilder aus Stein in und außerhalb der Stadt wurden von den Bauern als Segensstationen bei Sakramentsprozessionen aufgestellt.

HÖRSTEL-DREIERWALDE

Backhaus: Das im Jahre 1739 errichtete Alte Backhaus stellt ein selten gewordenes bäuerliches Kulturdenkmal dar, an das Fachwerkhaus angebaut ist der gut erhaltene Backofen in Bruchstein.

HÖVEL → SUNDERN
HÖVEN → ROSENDAHL

HÖXTER

Fremdenverkehrsamt, Am Rathaus, 37671 Höxter, Tel. (05271) 63431, Fax 63435.

St. Nikolai-Kirche: Der in den Jahren 1766 bis 1770 errichtete Bau wurde 1896 erweitert und umgebaut; im Innern ein Gemälde des Paderborner Hofmalers Johann Georg Rudolphi.

HÖXTER-BRENKHAUSEN

Kath. Pfarrkirche St. Johann Bapt.: Das ehemalige Zisterzienserinnenkloster wurde 1246 vermutlich durch Abt Hermann von Corvey gegründet, 1601 übernahmen die Benediktinerinnen die Abtei, die dann 1803 aufgelöst wurde. Die ehemalige Klosterkirche aus dem 13. Jahrhundert beherbergt einen Orgelprospekt von 1707, einen Reliquienaltar von 1712 sowie einen Hochaltar von 1690, vermutlich ein Werk des Bildhauers Heinrich Gröne, das Altarblatt schuf Johann Georg Rudolphi im Jahre 1691.

Ehem. Klostergebäude: Das westlich und südlich an die Kirche anschließende Klosterbau ist ein zweigeschossiger Dreiflügelbau in schlichten Barockformen, errichtet zwischen 1712 und 1746, in dem Teile des mittelalterlichen Vorgängerbaus einbezogen wurden.

HÖXTER-BOSSEBORN

Kath. Pfarrkirche St. Maria: Schlichte Saalkirche von 1726, den Hochaltar fertigte Christophel Papen um 1719.

HÖXTER-CORVEY

Geschichte: Die ehemalige berühmte Benediktinerabtei wurde im Jahre 815 durch die Brüder Adalhard d.Ä. und Wala, zwei Vettern Karls des Großen, in Hethi auf dem Solling gegründet und bereits 836 nach Corvey verlegt. Der Name der Abtei Corvey, zunächst „nova Corbeia" leitet sich ab von dem Mutterkloster in Nordfrankreich, der Abtei Corbie. Die unter Königsschutz stehende, bald berühmte Reichsabtei Corvey war im 9. und 10. Jahrhundert kirchlicher, kultureller und wirtschaftlicher Mittelpunkt, bevor sie im späten Mittelalter ihre Bedeutung einbüßte. Nach schweren Zerstörungen im Dreißigjährigen Krieg wurde Corvey nach langen Verhandlungen 1792 zum Fürstbistum erhoben. Im Zuge der Säkularisation kam das inzwischen zu einer schloßartigen Anlage umgestaltete Kloster als weltliches Fürstentum an das Haus Oranien-Nassau, 1815 an Preußen, 1820 an den Landgrafen von Hessen-Rothenburg und ist heute im Besitz der Herzöge von Ratibor, Fürsten von Corvey.

Kath. Pfarrkirche St. Stephanus und Vitus: *Prachtvolle, üppige Barockausstattung von Johann Georg Rudolphi und Johann Sasse.*

Die ehemalige Abteikirche war der Mittel-

Höxter-Corvey, Pfarrkirche St. Stephanus und Vitus: Innenansicht (Aufnahme 1982)

punkt der großzügigen Klosteranlage, eine dreischiffige Basilika, die im Dreißigjährigen Krieg zerstört wurde. Weltberühmt als stehengebliebenes Wahrzeichen der Unabhängigkeit der Reichsabtei ist das Westwerk der karolingischen Klosterkirche aus dem 9. und 12. Jahrhundert mit der einzigartigen Erdgeschoßhalle und dem darüberliegenden Johannischor nach dem Vorbild der Aachener Pfalzkapelle des Kaisers mit seiner karolingischen Ausmalung.
In den Jahren 1667 bis 1671 ersetzte man die zerstörte Kirche durch einen gotisierenden Saalbau mit polygonalem Langchor nach Plänen des Kapuzinerbruders Polykarpus aus Hildesheim. Der Raumeindruck ist noch heute durch die üppige Barockausstattung bestimmt: der mächtige Hochaltar, die Nebenaltäre und das aufwendige Chorgestühl wurden nach Entwürfen des Malers Johann Georg Rudolphi 1675 von dem Bildschnitzer Johann Sasse aus Attendorn gefertigt. Die Nebenaltäre gehen auf eine Stiftung des Paderborner Fürstbischofs Ferdinand von Fürstenberg zurück. Eines der Hochaltarbilder stammt von Hieronymus Sys, die übrigen vier hat Tobias Querfurth aus Wolfenbüttel angefertigt. Die Bilder konnten gemäß den liturgischen Bedürfnissen des Kirchenjahres ausgewechselt werden. Die geschnitzten Ausstattungsstücke wie Kommunionbank, Kanzel, Weihemal des Hl. Vitus, Beichtstühle, Kirchenbänke, Westempore und Orgelprospekt werden Johann Sasse zugeschrieben, das Orgelwerk fertigte 1681 Andreas Schneider. Von außergewöhnlicher Qualität sind auch die Alabasterepitaphe an den Chorwänden für die Äbte von Bellinghausen, von Velde, von Horrich und von Blittersdorff aus dem späten 17. und frühen 18. Jahrhundert, gefertigt in der Giershagener Papen-Werkstatt sowie von Johannes Pollmann aus Marsberg. 1674 konnte die Kirche vorläufig geweiht werden, die endgültige Weihe erfolgte nach dem Einbau der beiden großen Orgeln im Jahre 1682.

Schloß, ehem. Klostergebäude: *Außenbesichtigung jederzeit, Innen von April bis Oktober tägl. 9–18 Uhr möglich, der Museumseingang ist der Eingang zur Klosterküche an der Westfassade des Konventsgebäudes.*

Angrenzend an die Abteikirche wurde 1699 unter dem Abt Florenz von Velde (1696–1714) mit dem Neubau der dreigeschossigen Vierflügelanlage begonnen, der sich bis in die Mitte des 18. Jahrhunderts hinzog. Bereits 1700 stand der Rohbau des Gästeflügels zwischen Abteikirche und Küchentakt. Im Obergeschoß liegt der Kaisersaal und einige angrenzende Repräsentationsräume. Die Stuck- und Malerarbeiten fertigte der aus Italien stammende Stukkateur Giacomo Perinetti, der dem Abt Florenz von dem befreundeten Herzog Anton Ulrich von Braunschweig-Wolfenbüttel vermittelt wurde. Bereits 1702 konnte der Abt den Paderborner Fürstbischof Wolff-Metternich „in novo aedificio" empfangen. 1700 wurde der Grundstein für das neue Abteigebäude im Norden gelegt, 1706 bezog der Abt die neue Prälatur. Zugleich wurde der neue fürstäbtliche Lustgarten vor der Prälatur angelegt, dessen Spuren man noch heute bemerken kann. Er war über eine Brücke mit dem Gartensaal verbunden. Nach der Säkularisation Corveys wurde dieser zu einem englischen Landschaftsgarten umgestaltet. Südlich der Wirtschaftsgebäude lag die Mitte des 18. Jahrhunderts angelegte Obstplantage. 1714 steht der östliche Konventsflügel. Bis 1718 dauern die Arbeiten am Mitteltrakt und am Kreuzgang, zur gleichen Zeit entstehen die ersten Wirtschaftsgebäude. 1716 legte Abt Maximilien von Horrich zusammen mit der großen Allee nach Höxter die mächtige Portalanlage an. Weitere Nebengebäude, die Schilderhäuschen und die Brücke über die Gräfte, eine Kapelle für die Bediensteten sowie das Vorwerk nach Plänen des Hildesheimer Hofbaumeisters Justus Wehmer entstanden in den zwanziger und dreißiger Jahren unter den Äbten Karl von Blittersdorf (1722–37) und Kaspar von Böselager (1737–58). 1739–41 ließ Abt Böselager von dem Paderborner Hofbaumeister Franz Christoph Nagel die neue Orangerie in einer Ecke des Abtsgartens errichten. 1741 wurde die Benediktuskapelle hinter dem Chor der Kirche geweiht, 1758 war die barocke Erneuerung des Klosters abgeschlossen.
Dem von Höxter kommenden Besucher stellt sich zunächst die geschlossene Front des Vorwerks mit den wehrhaft anmutenden Ecktürmen entgegen, die die Stärke und Unabhängigkeit des freien Reichsstiftes symbolisieren. Sie bilden zusammen mit den beiden Wirtschaften, dem Alten und Neuen Krug an der Allee vor dem eigentlichen Kloster, der eindrucksvollen Toranlage, die als Pendant zum ehemaligen Corveyer Tor in Höxter zu verstehen ist, den Auftakt der barocken Klosteranlage, die sich trotz zahlreicher Veränderungen an den Gärten, Gräften, Wohn- und Wirtschaftsgebäuden im wesentlichen bis heute erhalten hat. Im Zentrum stehen die Klostergebäude, eine Vierflügelanlage, die zur Kirche hin durch einen Mittelflügel geschlossen wurde, so daß zwischen diesem Residenzhof und der Kirche ein weiterer Hof für den Kreuzgang Platz fand. Im Westen vorgelagert ist ein weitläufiger Vorhof, der zur Straße hin durch die eingeschossigen Vorgebäude abgeschlossen wird. Südlich des Vorhofes, auf der Höhe des Westwerks der Klosterkirche, schließt sich ein großzügig bemessener Wirtschaftshof an, im Norden des Klosters liegt der ehemalige Abtsgarten. Die Zufahrtsachse, ursprünglich im Hof noch ein-

mal betont durch Standbilder der Klosterpatrone Stephanus und Vitus auf hohen Postamenten, die heute vor der Klosterkirche aufgestellt sind, wird in der Mitte des Vorhofs von der Querachse zum ehemaligen Garten gekreuzt. Am Hauptportal des Gästetrakts wurde man von den Statuen Karls des Großen und Ludwigs des Frommen empfangen, während die Torpfeiler am Eingang zum Vorhof in den Nischen Statuen türkischer Soldaten aufweisen, darüber im Gebälk links das Reichswappen mit Doppeladler und Kaiserkrone und Spruchband, rechts das Wappen des Abts Maximilan von Horrichs.

Die Gesamtanlage erhält ihre Wirkung durch die eindrucksvollen schlichten Baublöcke mit den aufwendig gestalteten repräsentativen Portalanlagen. Von der Innenausstattung ist der Kaisersaal von 1700, einer der wenigen Räume des Klosters, die bis heute in ihrem ursprünglichen Zustand erhalten geblieben sind. Das reiche Bild- und Dekorationsprogramm zum Ruhme der Reichsabtei kann stellvertretend für die ehemals aufwendige Ausstattung der repräsentativen Haupträume der Belétage angesehen werden: 18 Medaillons mit Brustbildern der ersten Kaiser des Heiligen Römischen Reiches Deutscher Nation, flügelschwingende Reichsadler über den Türen, Höhepunkte der wandplastischen Gestaltung sind die beiden reichverzierten Kamine, über denen die Bildnisse der Gründer, Karl der Große und Ludwig der Fromme, die Tradition der Reichsabtei bezeugen. Am Plafond ein Fresko mit der Hochzeit zu Kana, in den Eckfeldern Szenen aus dem alten Testament: Eliezer und Rebekka am Brunnen, David und Abigail, Abraham bewirtet die Engel, Joseph bewirtet seinen Vater und seine Brüder. Die Fresken in den rautenförmigen Feldern zwischen den Medaillons, Elias unter dem Wacholderbaum und Hagar und Ismael, Putti und Stilleben vollenden das ikonographische Programm.

HÖXTER-GODELHEIM

Kath. Pfarrkirche St. Johann Bapt.: In dem spätgotischen Saalbau befindet sich ein Hochaltar, den Heinrich Papen 1699 vollendet hat.

HÖXTER-OTTBERGEN

Kath. Pfarrkirche Kreuzerhöhung: Der kleine Saalbau von 1693 wird 1904 in einen Neubau miteinbezogen. Interessant ist der von Thomas Frede 1699 gefertigte Hochaltar, in dem jetzt ein Kreuzigungsbild des 18. Jahrhunderts angebracht ist.

HÖXTER-STAHLE

Kath. Pfarrkirche St. Anna: Der ursprünglich schlichte Saalbau von 1697 ist zuletzt 1963 stark erweitert worden und beherbergt einen um 1700 von Christophel Papen gefertigten Hochaltar. Bemerkenswert ist der reich skulptierte Taufstein in Pokalform aus dem Jahre 1670.

HOHENHOLTE → HAVIXBECK
HOINKHAUSEN → RÜTHEN
HOLTE → SCHLOSS

HOLTE-STUKENBROCK

HOLTHAUSEN → BÜREN

HOLZWICKEDE (Kr. Unna)

Gemeindeverwaltung, 59493 Holzwickede, Tel. (02301) 9150.

HOLZWICKEDE-OPHERDICKE

Kath. Pfarrkirche, ehem. St. Stephanus: Barocke Ausstattungsstücke sind eine üppig geschnitzte Kanzel aus der Zeit um 1700, das Hochaltarbild mit der Anbetung der Könige von A. Höfflinger aus dem späten 17. Jahrhundert sowie zahlreiche Grabsteine des 17. und 18. Jahrhunderts.

Haus Opherdicke: Das in einem Hausteich gelegene schlichte Herrenhaus wurde zwischen 1683 und 87 als rechteckiger, dreigeschossiger Putzbau mit Walmdach errichtet und ist auf der Gartenseite durch zwei vorgezogene Eckpavillons mit welschen Hauben gegliedert. Die eingefügte Loggia sowie der Verbindungstrakt zwischen den Pavillons stammen aus dem frühen 19. Jahrhundert.

HOPSTEN (Kr. Steinfurt)

Gemeindeverwaltung Hopsten, Fremdenverkehrsamt, Bunte Straße 35, 48496 Hopsten, Tel. (05458) 7920, Fax 79244.

Kath. Pfarrkirche St. Georg: Die gotisierende Hallenkirche wurde 1727 bis 1732 von Arnold Wilhelm und Johann Schrader aus Gildehaus erbaut, wie die Chronogramme über Nord- und Südportal mitteilen. Von der ursprünglichen Ausstattung sind nennenswert die Steinfiguren der Apostel an den Pfeilern, 1677 bis 1680 wohl von Bernd Meiering aus Rheine gefertigt, die zeitgleich entstandene Doppelmadonna im Rosenkranz mit assistierenden Engeln, eine 1972 neu erworbene Barockkanzel und die Kopie eines süddeutschen Barockaltars, der 1960 angekauft wurde.

Marktplatz: Am dreieckigen Dorfplatz stehen einige gut erhaltene Bürgerhäuser des 18. Jahrhunderts sowie in seiner Mitte ein Bildstock von 1766. In der Stademer Straße befindet sich das Wegekreuz „Usse dicke leiwe Häär", datiert mit der Jahreszahl 1707.

HOPSTEN-BREISCHEN

Kath. Wallfahrtskapelle St. Anna: Im Jahre 1728 wurde an der Stelle eines Vorgängerbaus die Kapelle für ein 1677 aufgefundenes Gnadenbild der Hl. Anna erbaut. Der schlichte flachgedeckte Saal wurde später nach Osten hin erweitert, der Altar im Innern aus Süddeutschland angekauft.

HORNEBURG → DATTELN
SCHLOSS HOVESTADT → LIPPETAL
SCHLOSS HÜFFE → PREUSSISCH OLDENDORF-LASHORST
HÜNNINGEN → ENSE

ISSELBURG (Kr. Borken)

Verkehrsamt, Markt 14/16, 46419 Isselburg, Tel. (02874) 470, Fax 4711.

ISSELBURG-ANHOLT

Schloß: *Ausbau einer mittelalterlichen Burg zu einem Barockschloß, teilweise sehr schöne Innenausstattung; Außenbesichtigung möglich, Besuchszeiten unter Tel. (02874) 45353.*
Die seit 1647 im Besitz der Fürsten zu Salm befindliche Wasserburg wurde nach schweren Zerstörungen im Zweiten Weltkrieg wiederhergestellt, allerdings ohne den im Barock angebrachten Außenputz. Heute wird die Anlage unter anderem als Museum und Hotel genutzt. Haupt- und Vorburg liegen auf zwei großen Inseln, umgeben von mehreren Garteninseln, die sich zusammen mit dem Park zu einem höchst eindrucksvollen Gesamtensemble vereinen. Die zwischen dem 13. und 15. Jahrhundert angelegte Burg wurde seit der zweiten Hälfte des 17. Jahrhunderts abschnittweise im Stil des niederländischen Barock modernisiert; an den Arbeiten waren mindestens drei Architekten beteiligt, darunter Blasius Andres Terlinden und Meister Thomas. Von den wiederhergestellten Innenräumen mit Stuckdecken und Ausstattung des 17. und 18. Jahrhunderts sind besonders erwähnenswert: das Haupttreppenhaus mit monumentaler, in Holz ausgeführter Balustertreppe von 1699 und illusionistischer Deckenmalerei mit dem Sturz des Phaeton. Im Rittersaal mit stuckierter Balkendekke von 1665 befinden sich zahlreiche Porträts, die in die marmorierte Wandtäfelung eingelassen worden sind. Im Paradesaal sind vor allem die Wandteppiche mit den vier Erdteilen nach Entwürfen des Antwerpener Malers Ludwig van Schoor nennenswert, die Ende des 17. Jahrhunderts in Brüssel gefertigt worden sind. Im Grünen Saal befindet sich eine einzigartige prunkvolle flämische Ledertapete des 17. Jahrhunderts. Die große Kunstsammlung vereint etwa achthundert Gemälde, darunter auch prominente Maler des Barock wie Rembrandt van Rijn.
Der Ende des 17. Jahrhunderts angelegte und im 19. Jahrhundert veränderte Park ist als barocker Inselgarten in vereinfachter Form mit allegorischen Figuren der Jahres- und Tageszeiten sowie Prunkvasen erhalten.
Fürstl. Gruftkapelle: Die etwa 2 km nördlich des Schlosses gelegene, ehemalige Heiligkreuzkapelle wurde um 1670 für niederländische Katholiken errichtet. Der sechseckige Zentralbau mit Laterne und vorgelegtem Eingangs- und Altarraum wird seit 1813 von der Familie zu Salm als Gruftkapelle genutzt, im Innern befinden sich geschnitzte Totenschilde des 18. Jahrhunderts.

Isselburg-Anholt, Schloß: Grüner Saal (Aufnahme 1968)

Isselburg-Anholt, Schloß: Ansicht der Vorburg, um 1700 (Aufnahme 1968)

Windmühle Stapelbrock: Am Ortsrand auf dem Mühlenberg wurde 1747 eine der größten Windmühlen Westfalens errichtet. Die in Backstein errichtete Mühle war bis 1945 in Betrieb, wird heute aber als Wohn- und Geschäftshaus genutzt.

HAUS ITLINGEN → ASCHEBERG-HERBERN
KALLENHARDT → RÜTHEN

KALLETAL (Kr. Lemgo)
Verkehrsbüro, Corves Mühle, Küsterweg 2, 32689 Kalletal, Tel. (05264) 1495, Fax 50950.

KALLETAL-STEMMEN
Stöckerhof: In der Weserstraße 38 liegt das zweigeschossige barocke Herrenhaus mit Mansarddach. Das axial ausgerichtete Portal auf hoher Freitreppe trägt das Allianz-Wappen der Familien Staakmann-Diestelhorst aus dem Jahre 1750. Innerhalb des mauerumwehrten Areals befinden sich noch mehrere Ökonomiegebäude.

KALLETAL-VARENHOLZ
Ev.-ref. Pfarrkirche: An die äußere Ringmauer eines der bedeutendsten Schlösser der Weserrenaissance lehnt sich der rechteckige Kirchenbau an, der 1680 bis 1682 als barocke Predigtkirche über T-förmigem Grundriß errichtet wurde. Von der Ausstattung sind die von Christian Klausing 1748 gefertigte Orgel, die barocke Kanzel sowie das Epitaph des Levin Moritz von Donop und seiner Gemahlin Sibill Margaret von Heiden aus dem Jahre 1681 erhalten, das vermutlich als Vorderfront einer nicht ausgeführten Grabkapelle verwendet werden sollte.

KAMEN (Kr. Unna)
Presse- und Öffentlichkeitsamt, Bahnhofstraße 37, 59174 Kamen, Tel. (02307) 148180.

KAMEN-METHLER
Ev. Pfarrkirche: Die Werkstatt des Attendorner Bildhauers Johann Sasse zeichnet verantwortlich für die prachtvoll geschnitzte Barockkanzel, das Glanzstück der Innenausstattung. Interessant sind auch das hölzerne Taufbekken auf gedrehten Säulen von 1740 sowie die Totenschilde von 1699 und 1704.

KARTHAUS → DÜLMEN
KAUNITZ → VERL-ÖSTERWIEHE
STIFT KEPPEL → HILCHENBACH-ALLENBACH
KIRCHHELLEN → BOTTROP

KIRCHHUNDEM (Kr. Olpe)
Kur- und Verkehrsverein, Hauptstraße 26, 57399 Kirchhundem-Oberhundem, Tel. (02723) 72675.

KIRCHHUNDEM-KRUBERG
Kath. Kapelle St. Antonius Abt und Maria Magdalena: Der kleine flachgedeckte Saalbau wurde 1722 errichtet, im Innern befinden sich einige bescheidene Ausstattungsstükke des Spätbarock.

KIRCHHUNDEM-OBERHUNDEM

Kath. Pfarrkirche St. Lambertus: Der gotisierende Saalbau wurde 1769 bis 1771 von Ignatius Gehly aus Büren errichtet, die sehr gute Ausstattung stammt größtenteils aus der Erbauungszeit: der große Hochaltar von 1770 mit Figuren und Tabernakel von Johann Everhard Schweickhardt aus Attendorn wurde von dem Freiherrn zu Ahausen und seiner Gemahlin Anna Droste von Hülshoff gestiftet. Der Bildhauer Schweickhardt zeichnet auch für die Seitenaltäre, die Kanzel und die Beichtstühle verantwortlich. Erwähnenswert sind außerdem der Taufstein, die Orgel sowie einige steinerne Heiligenfiguren des 17. und 18. Jahrhunderts, hier fast lebensgroße Sandsteinfigur des Hl. Rochus, des Patrons der Pestkranken, mit einem geflügelten Putto, der dessen Wunde pflegt.

Schloß Adolphsburg: *Klassische Schloßanlage von Ambrosius von Oelde; lediglich Außenbesichtigung möglich.*

Westlich des Ortes liegt der ursprünglich als Wasserschloß angelegte Herrensitz für den Domherrn Johann Adolph von Fürstenberg, einen Bruder des Paderborner Fürstbischofs Ferdinand. Wie dieser war der 1631 geborene Johann Adolph früh für die geistliche Laufbahn bestimmt worden und erwies sich bereits unter Fürstbischof Bernhard von Galen als geschickter Diplomat, wenn es galt, die Interessen Westfalens zu vertreten.

Ambrosius von Oelde hat hier eines seiner bedeutenden Frühwerke geschaffen: ab 1675 bis 1699 wurde eine streng symmetrische Gesamtanlage errichtet, die sich durch die große einheitliche Baukomposition von rechteckiger Grundform mit ehemals zwei Höfen auszeichnet. Das stattliche zweigeschossige Herrenhaus weist an der Hoffassade, vor der ursprünglich ein Wassergraben lag, einen quadratischen Treppenturm mit wappengeschmücktem Pilasterportal auf, an der rückwärtigen Gartenfront aber zwei vorspringende quadratische Ecktürme. Der rechteckige Hof wird von langgestreckten, ebenfalls mit Ecktürmen versehenen Flügelbauten begrenzt, im Nordflügel befindet sich die Schloßkapelle mit Stuck und Wandmalereien. Durch die Rundbogendurchfahrt des Torhauses gelangte man in den Ehrenhof, ursprünglich schloß ein Riegelbau im Osten mit Wassergraben die Hauptburg von der Vorburg ab, zur Schloßanlage gehörte außerdem ein geometrisch angelegter Barockgarten. Die ungewöhnlich reiche Innenausstattung des Herrenhauses ist zum größten Teil bereits 1902 nach → Schloß Herdringen in Arnsberg gebracht worden. Im sogenannten Rittersaal mit stuckierter Balkendecke sind zwei Sandsteinkamine von 1681 mit Karyatiden (gebälktragenden Figuren) und reichen, von Putten gehaltenen Wappen- und Inschriftkartuschen erhalten, einer von ihnen mit der Büste des Bauherrn nennt inschriftlich den Bildhauer Johann Mauritz Gröninger.

KIRCHWELVER → WELVER
KLEINE MAST → VREDEN-AMMELOE
KLEINENBERG → LICHTENAU
SCHLOSS KÖRTLINGHAUSEN → RÜTHEN-KALLENHARDT
KRUBERG → KIRCHHUNDEM
LAASPHE → BAD LAASPHE
LAER → MESCHEDE
LANGENHORST → OCHTRUP
LASHORST → PREUSSISCH OLDENDORF

LEGDEN (Kr. Borken)

Verkehrsverein, Amtshausstraße 1, 48739 Legden, Tel. (02566) 4004, Fax 3021.

Kath. Pfarrkirche St. Brigida: In der mittelalterlichen Hallenkirche mit Doppelturmfassade haben sich einige Stücke der Barockausstattung erhalten: zwei Vesperbilder aus Stein des frühen 18. Jahrhunderts, Figur des Hl. Nepomuk auf einer Rokoko-Konsole von 1748, Epitaph eines Ehepaars von 1703.

Haus Egelborg: Die seit um 1400 im Besitz der Herren von Billerbeck befindliche Burg gerät 1670 durch Heirat an die Freiherren von Oer. Das malerisch gelegene Wasserschloß besteht aus Haupt- und Vorburg, die in einem Hauptteich liegen. Das zweigeschossige, gut proportionierte Herrenhaus ist zusammengefügt aus älteren Flügelbauten und wurde nach 1714 mit einem schmalem Türrisalit und geschwungener doppelläufiger Freitreppe erweitert. Das Vorburggebäude mit Torhaus wurde 1866 in neugotischem Stil hinzugefügt.

Haus von Hülst: Das typische Beispiel eines barocken Bürgerhaues ist der am Busshook Nr. 9, Ecke Bergweg gelegene Ziegelbau von 1677, zurückhaltend mit Sandstein gegliedert, bekrönt von einem Treppengiebel mit Eckvoluten und Kugelaufsätzen.

LEGDEN-ASBECK

Kreuzweg: Am Ahäuser Damm befindet sich eine mit der Jahreszahl 1755 versehene Kreuzwegstation, die im Hauptrelief die Geißelung Christi und im Tympanon die Hl. Margareta mit Drachen zeigt. Eine weitere, ebenfalls Mitte des 18. Jahrhunderts errichtete Kreuzwegstation steht am Schulzenhof und stellt im Hauptrelief die Dornenkrönung, im Tympanon die Enthauptung der Hl. Katharina dar.

LEMBECK → DORSTEN

LEMGO (Kr. Lippe)

Verkehrsamt, Papenstraße 7, 32657 Lemgo, Tel. (05261)213347, Fax 213215.

Geschichte: Nach dem Niedergang der Stadt der Weserrenaissance durch die Zerstörungen des Dreißigjährigen Krieges gewinnt Lemgo im 17. und 18. Jahrhundert wieder an ökonomischer und kultureller Bedeutung: 1664 nimmt die Buchhändlergeneration Meyer ihre Verleger- und Buchdrucktätigkeit auf, 1760 wird mit der Fabrikation der Meerschaumpfeifen begonnen.
Ev.-luth. Kirche St. Marien: Die Hallenkirche mit polygonal geschlossenem Chor wurde um 1260 bis 1375 errichtet. Von der Barockausstattung sind unter anderem erwähnenswert der ehemalige Bürgermeisterstuhl von 1692, der sich heute unter der sogenannten Heldenorgel befindet. Die 1587 bis 1590 erbaute Heldenorgel am Ostende des Nordschiffs ist eine der wenigen erhaltenen Renaissanceinstrumente mit authentischem Klangbild. Weiterhin interessant ist das Holzepitaph des lippischen Kanzlers Heinrich Kerkmann (†1603), das sein Sohn, der Bürgermeister Heinrich Kerkmann, im Jahre 1655 in Auftrag gab.
Ev. Pfarrkirche St. Nikolai: Die mittelalterliche Hallenkirche beherbergt einen reichgeschnitzten Altaraufsatz, 1643 von Hermann Voß gearbeitet, mit Gemälden der Auferstehung und des Abendmahls von Berendt Wottemann aus dem Jahre 1643. Bemerkenswert weiterhin ist die frühbarocke Kanzel aus der Zeit um 1600.
Ev.-ref. Johanniskirche: In der ehemaligen Klosterkirche der Franziskaner-Observanten, der sogenannten Brüderkirche, haben sich von der Barockausstattung die Kanzel mit schönem Vorraum von 1683 sowie die an drei Seiten umlaufenden Emporen erhalten, die im Jahre 1683 auf Anordnung des Detmolder Konsistoriums hergestellt wurden.
Ehem. Lippehof: Die heute als Gymnasium genutzte, in der Straße Rampendal Nr. 63 gelegene Anlage wurde in den Jahren 1700 bis 1734 vermutlich nach Plänen von Hans Hinrich Rundt als landesherrlicher Hof neuerrichtet. Die eingeschossigen Nebengebäude, links der Marstall, rechts der Wirtschafts- und Küchentrakt, gruppieren sich hufeisenförmig um das zweigeschossige Herrenhaus, das durch eine wuchtige Pilastergliederung mit Mittelrisalit betont wird. Der fast quadratische Hof wird vorne durch zwei Eingangspfeiler und das Hofgitter abgeschlossen.

LEMGO-BRAKE

Ev.-ref. Pfarrkirche St. Nicolaus: Der mittelalterliche Kernbau wurde im 17. und 19. Jahrhundert umgebaut und erweitert. Bemerkenswerte Ausstattungsstücke sind die prachtvollen Barockepitaphien für den Landkomtur Graf August zur Lippe-Brake (†1701) von dem Frankfurter Bildhauer Johann Bernhard Schwarzenberger sowie für den Grafen Ludwig Ferdinand zur Lippe-Brake (†1709).
Schloß: Im 16. und 17. Jahrhundert wird die mittelalterliche Burganlage zu einer repräsentativen Vierflügelanlage ausgebaut. Heute befindet sich hier das besuchenswerte Weserrenaissancemuseum.

LENGERICH (Kr. Steinfurt)

Städtisches Reise- und Verkehrsamt, Rathausplatz 1, 49525 Lengerich, Tel. (05481) 37471, Fax 33199.
Haus Vortlage: Etwa 1,5 km südlich des Ortes liegt das Herrenhaus inmitten einer parkähnlichen Gartenanlage mit umliegender Gräfte. Das zweigeschossige Herrenhaus wurde im Kern im 18. Jahrhundert errichtet, im 19. Jahrhundert aber verändert und umgebaut. Die Zufahrtsbrücke und die Torpfeiler stammen aus dem Jahre 1780.
Wohnbauten: In der Bahnhofstraße 43 steht das Haus Oppermann, ein breitgelagertes behäbiges Traufenhaus aus der zweiten Hälfte des 18. Jahrhunderts. Beachtenswert ist die Einfahrt mit Korbbogen und zwei vermauerten Okulusfenstern.

SCHLOSS LENHAUSEN

→ FINNENTROP-SCHÖNHOLTHAUSEN

LENNESTADT (Kr. Olpe)

Verkehrsamt, Helmut-Kumpf-Straße 25, 57368 Lennestadt-Altenhundem, Tel. (02723) 6080, Fax 608118.

LENNESTADT-ELSPE

Kath. Pfarrkirche St. Jakobus d.Ä.: Die mittelalterliche Hallenkirche, die im 19. Jahrhundert neugotisch erweitert wurde, birgt einige barokke Ausstattungsstücke: Kanzel, um 1730; beinahe lebensgroße Heiligenfiguren des 17. und 18. Jahrhunderts an den Pfeilern, darunter bemerkenswert die Maria Immaculata aus der Zeit um 1730 und der Kirchenpatron St. Jakobus, um 1760.
Kath. Kapelle St. Vitus: Auf dem Melbeckerberg liegt der kleine flachgedeckte Saalbau von 1731, ausgestattet mit einem Vitus-Altar aus der Mitte des 18. Jahrhunderts, in zwei stuckierten Muschelnischen die Figuren der hl. Rochus und Sebastian aus der Zeit um 1700.

LENNESTADT-OEDINGEN

Kath. Kapelle St. Johannes: Auf dem Oedinger Berg wurde um 1000 ein Kloster gegründet, von dem heute keine Spuren mehr vorhanden sind. An der Stelle der mittelalterlichen Stiftskirche errichtete man im frühen 18. Jahrhundert die schlichte, aber reizvoll gelegene Wallfahrtskapelle.

Lichtenau-Dalheim, Kloster: Memorialbild für den Prior Schonlau, nach 1737, Detail (Westfälisches Landesmuseum Münster)

LICHTENAU (Kr. Paderborn)

Fremdenverkehrsgemeinschaft, Stadt Lichtenau, Lange Straße 39, 33165 Lichtenau, Tel. (05295) 8965, Fax 8970.

Kath. Pfarrkirche St. Kilian: Die gotische Hallenkirche mit Westturm erhielt im 17. und 18. Jahrhundert neben dem Südportal mit fürstbischöflichem Wappen von 1670 einige schöne Ausstattungsstücke: stattlicher, frühbarocker Hochaltar aus Alabaster, eine Stiftung aus dem Jahre 1624; achteckige Memorientafel des Heinrich Thorwesten von 1659 mit den Portraits der Stifterfamilie und der Auferstehung Christi; Altargemälde der Unterweisung Mariens mit Stifterinschrift von 1749; Orgelbühne mit Prospekt von 1754.

LICHTENAU-DALHEIM

Ehem. Klosteranlage: *Barocke Modernisierung des mittelalterlichen Klosters; Außenbesichtigung möglich, geöffnet 1.4.–31.10, täglich außer montags 10–18 Uhr.*

Das erstmals im Jahre 1264 urkundlich genannte Augustiner-Nonnenkloster wurde bereits 1369 wieder verlassen. Seit 1452 ist Dalheim ein selbständiger Augustinerchorherrenkonvent, ab 1460 erfolgt der Neubau der Klosterkirche St. Petrus und Antonius sowie der Konventsgebäude mit Kreuzgang auf der Südseite der Kirche.

Der umfangreiche Komplex mit zahlreichen Nebengebäuden wurde im frühen 18. Jahrhundert unter dem Prior Bartholdus Schonlau zu einer barocken, schloßartigen Anlage ausgebaut. Ein für den Prior nach 1737 angefertigtes Memorialbild zeigt eindrucksvoll den Gesamtkomplex mit den anschließenden weitläufigen Gartenanlagen: der alte Westflügel wurde 1711 bis 1731 aufgestockt, nach Westen hin zu einer Dreiflügelanlage erweitert und mit einer Barockfassade ausgestattet, deren Mittelrisalit bis zu einem Brand im Jahre 1835 von einem Dreiecksgiebel ausgezeichnet war. Deutlich erkennbar sind auch das schwere Hauptportal sowie die beiden seitlichen Nebenportale. Den Nordflügel, in dem sich die Prälatur befand, mit eigener Durchfahrt von den nördlich gelegenen Nebengebäuden, hat in den Jahren 1710 bis 1712 vermutlich der Tiroler Baumeister Joseph Falk errichtet, der Südflügel, der als Gästehaus diente, wurde 1727 vollendet. Der Ehrenhof ist im Westen durch eine Mauer abgeschlossen. Über eine Treppenanlage gelangt man zu dem auf einer Terasse liegenden sogenannten Langen Garten, der die Querachse der im 18. Jahrhundert angelegten weitläufigen Gartenanlage hinter den Konventsgebäuden bildete. Das als Nordabschluß dieser großartigen Gartenfolge errichtete Gartenhaus von 1737, heute am Eingang zum Klosterbezirk gelegen, ist ein eleganter Pavillon mit erhöhtem mittlerem Turm. Im Nordosten der Gesamtanlage schließen sich weitläufige Neben- und Wirtschaftsgebäude an, die den Komplex zu einer beinahe dorfähnlichen Struktur wachsen ließen: das Memorialbild des 18. Jahrhunderts ebenso wie die erhaltenen und wiederhergestellten Teile der Gesamtanlage vermitteln einen großartigen Eindruck des barocken Klosterlebens.

Ob, wie neuerdings vermutet wird, Johann Conrad Schlaun oder später Franz Christoph Nagel in Dalheim gebaut haben, muß offenbleiben. Zwar errichtete Schlaun in den Jahren 1717 bis 1720, also vor seiner stilprägenden Italienreise, die Stadtwohnung der Dalheimer Äbte in → Paderborn, das Formenvokabular in Dalheim wie das des jungen Schlaun ist jedoch zu wenig spezifisch ausgebildet, um den Bau oder Teile davon eindeutig zuschreiben zu können.

LICHTENAU-KLEINENBERG

Kath. Pfarrkirche St. Cyriakus: An den spätromanischen Westturm schließt der Neubau des nüchternen flachgedeckten Kirchensaales von 1745 an, einige wenige Ausstattungsstücke der Erbauungszeit sind erhalten.

Kath. Wallfahrtskirche Mariä Heimsuchung und Kreuzweg: *Eindrucksvolles Ensemble von Wallfahrtskirche und Prozessionsweg nach Plänen von Franz Christoph Nagel (siehe auch Abbildung im Farbteil).*

Außerhalb der Stadt an der Straße nach Paderborn wurde die Wallfahrtskirche als Saalbau mit Mansarddach und Dachreiter errichtet. Unter altem Baumbestand liegt in der Westachse der Kirche der 1754 fertiggestellte Prozessionsweg, dessen Endpunkt eine steinerne, fast lebensgroße Kreuzigungsgruppe markiert, ein außergewöhnliches Ensemble barocker Sakralarchitektur.

Nach Plänen von Franz Christoph Nagel wurde die kleine Wallfahrtskirche ab 1742 erbaut. Die mit Dreiecksgiebeln bekrönten Schauseiten im Westen und Osten weisen konkav abgeschrägte Ecken auf, die elegant zu den Längsseiten überführen. Die Westfassade, auf die der Prozessionsweg hinführt, ist etwas reicher mit dem verputzten Mauerwerk, den Gesimsen und Pfeilern in Sandstein, dem Figurenschmuck und dem Hauptportal ausgeführt. An

Lichtenau-Kleinenberg, Wallfahrtskirche Mariä Heimsuchung: Innenansicht (Aufnahme 1994)

der Ostwand befindet sich eine Grabnische aus dem Jahre 1757, hinter deren Eisengitter von 1770 die hölzerne Christusfigur von Johann Philipp Pütt von 1757 liegt. Der durch die konkav eingeschwungenen Ecken der West- und Ostfassade zentralisierte Baukörper wird im Innern durch den kuppelartigen Aufbau über dem Kirchenschiff bestimmt, eine sogenannte Muldendecke mit tambourartiger Öffnung in der Mitte: eine architektonische Lösung, die wie am Außenbau eine Verbindung von Längs- und Zentralbau anstrebt.

Die zurückhaltende, 1916 veränderte Ausstattung zeigt in den gemalten Medaillons der Decke von 1767 die Krönung Mariens, die Evangelisten, Apostel und Kirchenväter. Die drei Altäre mit reichem plastischem Schmuck, 1748 bis 1749 von Johann Philipp Pütt geschaffen, sind durch Schranken miteinander verbunden und füllen so den gesamten Ostabschluß des Kirchenraumes. Pütt zeichnet auch für die Figuren der Ordensgründer an den Wänden sowie die Kommunionbänke verantwortlich.

Lichtenau-Kleinenberg, Prozessionsweg in der Westachse der Wallfahrtskirche (Aufnahmen 1994)

Lichtenau-Kleinenberg, Kreuzigungsgruppe am Ende des Prozessionswegs (Aufnahme 1994)

Lichtenau-Kleinenberg, Wallfahrtskirche Mariä Heimsuchung: Westfassade, (Aufnahme 1994)

ABTEI LIESBORN → WADERSLOH

LIPPETAL (Kr. Soest)

Gemeindeverwaltung, Bahnhofstraße 6, 59510 Lippetal, Tel. (02923) 6140, Fax 6145.

LIPPETAL-HOVESTADT

Schloß: *Außenbesichtigung möglich.*

Der Hauptbau wurde 1562 bis 1572 für Goswin von Ketteler durch Laurenz von Brachum errichtet, der hier das großartigste der erhaltenen Beispiele seiner Kunst der Fassadengestaltung im abgewandelten Florisstil lieferte. Der Florisstil bezeichnet den von Cornelis Floris begründeten Oramenstil, der seit 1548 in Stichvorlagen verbreitet war. Seit 1733 begannen die neuen Besitzer, die Grafen von Plettenberg-Lenhausen, mit der Modernisierung der Anlage. Johann Conrad Schlaun zeichnet im Innern für den Salon mit anschließendem Kabinett, das Treppenhaus sowie auf der Vorburg für vier langgestreckte Wirtschaftsgebäude verantwortlich. Darüber hinaus wurde die Gesamtanlage durch zwei Wachhäuschen und Brückenanlagen mit mächtigen Pfeilern vervollständigt. Die Wirtschaftsgebäude sind parallel zur Mittelachse in zwei symmetrische Gruppen gegliedert. Das erste östliche enthält Orangerie und Kapelle mit illusionistischer Deckenmalerei und kleiner Loreto-Altar-Nische, deren Hauptaltar leider verloren ist. Der französische Barockgarten wurde um 1750 fertiggestellt, die wesentlichen historischen Gestaltungselemente sind trotz des bedauerlichen Zustands noch klar erkennbar.

LIPPSTADT (Kr. Soest)

Städtischer Verkehrsverein Lippstadt e.V., Lange Straße 14, Rathaus, 59555 Lippstadt, Tel. (02941) 58515, Fax 79717.

Ev. Pfarr- und Marktkirche St. Marien: Die sogenannte Große Marienkirche, eine der wichtigsten mittelalterlichen Hallenkirchen Westfalens, wurde im 18. Jahrhundert modernisiert: der große Westturm erhielt 1684 einen stattlichen Barockhelm und eine neue Innenraumausstattung durch den Hochaltar, der ursprünglich im Chor, heute aber an der Westwand des Mittelschiffs steht. Die Stiftung des Bürgermeisters Diederich Epping und seiner Ehefrau Elisabeth Gallenkamp, die den Altar – so die Inschrift – „zum Zierrath des Hauses Gottes und seiner ehr verehret und völlig verfertigen" ließen, führte 1662 bis 1663 der Mendener Meister Ernst Rombergh aus. Der Predigtaltar zeigt acht Szenen der Heilsgeschichte des Alten und Neuen Testaments von dem Maler H.R. Oppen, der zentralen Darstellung der Kreuzigung diente offensichtlich Peter Paul Rubens' Bild „Der Lanzenstich" als Vorlage.

Kath. Pfarrkirche St. Nikolaus: Die älteste Kirche der Stadt beherbergt eine prächtige Kommunionbank aus der Minoritenkirche in Soest. Die Bank ist inschriftlich mit „Br. Liborius fecit 1763" datiert und zeigt in vier Einzelfeldern vorzüglich gemalte Eucharistie-Darstellungen.

Rathaus: Durch einen Umbau im Jahre 1903 leider stark verändert, zeigt sich das Rathaus heute als langgestreckter Bau von 1773 mit übergiebeltem Mittelrisalit und doppelläufiger Freitreppe. Im 1. Stock befindet sich – während der Öffnungszeiten frei zugänglich – das Stadtmodell „Lippstadt im Jahre 1660".

Kreisheimatmuseum: Das ehemalige Kommandantenhaus des 17. Jahrhunderts in der

Lippetal-Hovestadt, Schloß: Gesamtansicht (Aufnahme 1994)

Lippetal-Hovestadt, Schloß: Galerieportal, nach 1733 (Aufnahme 1994)

Rathaustraße 13 wurde im 18. Jahrhundert durch vorzügliche Rocaille-Decken im Obergeschoß modernisiert.

Haus Köppelmann: *Phantastische Rokoko-Stukkaturen; heute Nutzung als Hotel und Café, Besichtigung täglich von 10–22 Uhr (siehe auch Abbildung im Farbteil).*

Als Stadthaus der Familie Redberg wurde 1721 in der Lange Straße Nr. 30 das Haus Köppelmann errichtet. Der Bau mit Mansarddach zeigt in der Innenausstattung qualitätvolle Wand- und Deckenstukkaturen mit allegorischen Gemälden aus der Mitte des 18. Jahrhunderts, die denen von → Schloß Schwarzenraben in Lippstadt-Bökenförde verwandt sind.

LIPPSTADT-BENNINGHAUSEN

Ehem. Klostergebäude: Benninghausen wurde um 1240 als Zisterzienserinnenkloster St. Maria und Martin gegründet, seit dem 17. Jahrhundert als katholisches Damenstift weitergeführt und 1803 im Zuge der Säkularisation aufgehoben. An der Westseite der ehemaligen Klosterkirche, der Pfarrkirche St. Martin, liegt die Vierflügelanlage, die einen Kreuzgang umschließt. Der heute im Besitz des Landes NRW befindliche Komplex wird lediglich an der Nordseite, wo sich die Prälatur befand, durch einen Mittelrisalit mit Giebel, Portal und Freitreppe aus dem Jahre 1721 ausgezeichnet. Im Norden lag der Wirtschaftshof mit den Ökonomieflügeln und dem kleinen Pastoratsgebäude, im Westen schloß sich der Äbtissinengarten mit Gartenhaus und zentralem Rondell an, im Süden befanden sich noch das Brauhaus, ein Hundestall sowie das Waschhaus.

Lippstadt, Haus Köppelmann: Rokoko-Stukkaturen (Aufnahme 1949)

LIPPSTADT-BÖKENFÖRDE

Schloß Schwarzenraben: *Elegantes Wasserschloß mit schöner Parkanlage; Außenbesichtigung jederzeit möglich, Innenbesichtigung nach Anfrage unter Tel. (02941) 12340.*

Schloß Schwarzenraben gilt auf Grund der regelmäßigen Gesamtplanung als Musterbeispiel eines barocken Wasserschlosses: der Kölner Kurfürst Clemens August von Bayern stiftete den hier seit 1584 ansässigen Herren von Hörde den kompletten Neubau der Anlage. Die Entwürfe lieferte Johann Matthias Kitz aus Arolsen in den Jahren 1765 bis 1768, während Johann Leonhard Mauritz Gröninger aus Münster für den Bau der Wirtschaftsgebäude verantwortlich war. Die Auffahrtsallee, die seitlichen Ökonomiegebäude und der Garten sind streng auf die Hauptschloßinsel ausgerichtet. Das mit kurzen Seitenflügeln ausgestattete Herrenhaus tritt – ähnlich wie in → Haus Beck in Bottrop-Kirchhellen-Feldhausen – elegant zum Ehrenhof und zur Gartenseite mit einem dreiseitigen Risalit konvex vor, in dem vorn das Vestibül und auf der Rückseite der Gartensaal untergebracht sind. Nach einem Brand im Jahre 1935 wurde das Dach in leicht veränderten Proportionen wiederaufgebaut, teilweise gingen die reichen Rokoko-Stukkaturen von Bernhard und Johann Nepomuk Metz verloren, die nach Resten wiederhergestellt wurden.

Im Westflügel des Herrenhauses befindet sich die 1768 angelegte Schloßkapelle St. Antonius Abt, ebenfalls mit prunkvollen Stukkaturen in Weiß und Gold von den Gebrüdern Metz ausgeführt, mit einem qualitätvollen Altar. Als elegant formulierter Abschluß des ehemaligen Barockgartens, heute eine reizvolle Parkanlage, fungiert die ebenfalls nach Entwürfen von Kitz ausgeführte Orangerie von 1774 mit figürlicher Garten- und Dachplastik, daneben zwei einfache Gewächshäuser aus der selben Zeit.

LIPPSTADT-HELLINGHAUSEN

Kath. Pfarrkirche St. Clemens: Der schlichte gotisierende Saal wurde 1780 erbaut und birgt eine reiche einheitliche Barockausstattung: interessant vor allem die 1781 vollendete Orgel von Johann Gottlieb Müller, dem Paderborner Hoforgelbauer, die Seitenaltäre von 1706, Kommunionbänke des späten 18. Jahrhunderts sowie die Kanzel aus dem Jahre 1733.

LIPPSTADT-HERRINGHAUSEN

Schloß: Das Wasserschloß wurde 1720 bis 1730 weitgehend durch Justus Wehmer als Herrenhaus mit Mansarddach, übergiebeltem Mittelrisalit und doppelläufger Freitreppe erbaut. Die symmetrisch angeordneten Nebengebäude werden im Osten durch das Torhaus (Rentei) und im Süden durch zwei vorgelagerte Pavillons ergänzt. Das Torhaus fungiert als östliches Vorgebäude und wurde um 1750 durch Joseph Clemens von Schorlemer errichtet.

LIPPSTADT-HÖRSTE

Kath. Pfarrkirche St. Martin: Von der Barockausstattung ist vor allem der 1677 vollendete Hochaltar aus Marmor und Alabaster mit Abendmahlsrelief und qualitätvollen Figuren, vermutlich von Heinrich Papen aus Giershagen, erwähnenswert.

Lippstadt-Bökenförde, Schloß Schwarzenraben: Herrenhaus von Süden, 1765–68 (Aufnahme 1984)

HAUS LOBURG → OSTBEVERN
LUDWIGSBURG → BAD BERLEBURG

LÜBBECKE

Fremdenverkehrsverband, Kreishausstraße 4, 32312 Lübbecke, Tel. (05741) 276135, Fax 90561.
Ev. Pfarrkirche St. Andreas: Mittelalterliche Kollegiatsstiftskirche mit frühbarocken Ausstattungsstücken.

LÜBBECKE-EILHAUSEN

Königsmühle: An der Bundesstraße liegt die um 1748 errichtete Windmühle; die sogenannte Königsmühle ist ein Bruchsteinbau mit Galerie, Flügelkreuz und Windrose. Im Zuge der Restaurierung der ursprünglichen Technik wurde auch die Fassade des benachbarten Müllerhauses überarbeitet.

LÜDENSCHEID (Märkischer Kr.)

Stadtverwaltung, Abteilung Fremdenverkehr, Rathausplatz 2, 58507 Lüdenscheid, Tel. (02351) 171642, Fax 171717.

LÜDENSCHEID-ALTENA

Schloß Neuenhof: *lediglich Außenbesichtigung möglich.*
Nach einem Brand im Jahre 1693 wurde der ältere Stammsitz der Herren von Neuhoff für den Drosten Johann Leopold von

Lippstadt-Bökenförde, Schloß Schwarzenraben: Orangerie (Aufnahme 1994)

Neuhoff durch einen Neubau ersetzt. Den weitläufigen Ehrenhof, von langgestreckten Wirtschafts- und Nebengebäuden des 18. Jahrhunderts gesäumt, schließt vorn ein prächtiges schmiedeeisernes Rokokogitter repräsentativ ab, 1769 gefertigt von J.J.H. Steinmetzger. Das 1694 erbaute und 1746 erneuerte, blockhaft schlichte Herrenhaus wird durch einen Eingangsrisalit mit reichem Wappengiebel betont und durch zwei wuchtige Eckpavillons mit welscher Haube eingefaßt. Zur Gartenseite hin öffnet sich heute ein malerisches Parkgelände.

LÜGDE

Fremdenverkehrsverein Lügde-Köterberg e.V., Vordere Straße 81, Tel. (05281) 78029, Fax 7645.

Ehem. Franziskanerkloster und -kirche: In den Jahren 1749 bis 1756 ließen die Franziskaner in Lüdge ihren Klosterbau errichten, für den vermutlich Franz Christoph Nagel die Entwürfe lieferte. Die Anlage des 1812 im Zuge der Säkularisation aufgelösten Klosters besteht heute nur noch in Resten: Von der 1753 bis 1756 errichteten Klosterkirche ist lediglich die entsprechend der Regeln des Bettelordens schlichte Fassade erhalten, die aber durch das aufwendige Hauptportal mit darüber befindlicher Figurennische des Kirchenpatron Liborius ausgezeichnet wird.

LÜNERN → UNNA

LÜTGENDORTMUND → DORTMUND

Marienmünster-Münsterbrock: Pfarrkirche St. Jakobus d.Ä. und Christophorus: Blick durch das Chorgitter, 1693, auf den Hochaltar, 1685 (Aufnahme 1968)

Marienmünster-Münsterbrock: Pfarrkirche St. Jakobus d.Ä. und Christophorus: Orgel, 1736–38 (Aufnahme 1957)

HAUS LÜTKENBECK→ MÜNSTER
MADFELD → BRILON
MARIENFELD → HARSEWINKEL

MARIENMÜNSTER (Kr. Höxter)
Verkehrsverein, Schulstraße 1, 37696 Marienmünster, Tel. (05276) 8967.

MARIENMÜNSTER-MÜNSTERBROCK
Kath. Pfarrkirche St. Jakobus d.Ä.: *Prächtige Barockausstattung, unter anderem mit Orgel von Johann Patroklus Möller.*
Die ehemalige Benediktinerklosterkirche, ursprünglich eine romanische Basilika, wurde nach 1661 durch Ludwig Baer zu einer Hallenkirche umgebaut, im Osten ein mächtiger Chor angesetzt und der Vierungsturm durch eine welsche Haube bekrönt. Von der prachtvollen, 1956 bis 1966 restaurierten Barockausstattung sind vor allem erwähnenswert: Hochaltar und Nebenaltäre aus der Zeit von 1683 bis 1685 von Paul Gladbach mit Farbfassung und Altargemälde von Anton Berning; reichgeschnitztes Chorgestühl, Kommunionbank und Beichtstühle ebenfalls aus dem späten 17. Jahrhundert; verschnörkeltes schmiedeeisernes Chorgitter mit Bemalung von 1693; eindrucksvolle Orgel von Johann Pa-

troklus Möller aus den Jahren 1736 bis 1738.
Ehem. Abteigebäude: Die schlichten zweigeschossigen Gebäude der 1803 aufgehobenen Benediktinerabtei wurden im Jahre 1669 errichtet, der Wirtschaftshof in den Jahren 1717 bis 1732 hinzugefügt. Das rundbogige Barocktor an der Westseite der Klostermauer diente als Haupteinfahrt zum Klosterhof.

MARIENMÜNSTER-VÖRDEN

Haus Vörden: Anstelle der mittelalterlichen Burg wurde 1730 ein einfaches Herrenhaus mit Mittelrisalit und Eckpavillons errichtet, für das vermutlich Justus Wehmer verantwortlich zeichnet.

MARSBERG (Hochsauerlandkr.)

Verkehrsbüro, Bülberg 2, 34431 Marsberg, Tel. (02992) 3388.

MARSBERG-GIERSHAGEN

Der kleine Ort ist vor allem als Heimatstadt der Künstlerfamilie Papen bekannt: Vater Heinrich (1644–1719) und Sohn Christophel (1678–1735) haben in den Jahren 1670 bis 1730 zahlreiche Kirchen im westfälisch-waldeckschen Raum mit Bildhauerwerken in Marmor, Alabaster, Sandstein und Holz ausgestattet.
Kath. ‚Kluskapelle' St. Fabian und Sebastian: In der 1682 umgebauten, außerhalb des Ortes gelegenen kleinen Kirche befindet sich ein prachtvoller Altar aus Kalkstein, Giershagener Alabaster und Marmor, 1690 von Heinrich Papen gearbeitet. Hier stehen auch die einfachen Kirchenbänke mit den Namensinschriften von „Heinrich Papen" und „Joan Michael Papen".

Marsberg-Obermarsberg: Pfarrkirche St. Peter und Paul: Kirchengestühl (Aufnahme 1994)

Marsberg-Obermarsberg: Pfarrkirche St. Peter und Paul: Altar (Aufnahme 1994)

MARSBERG-HEDDINGHAUSEN

Kath. Pfarrkirche St. Hubertus: Barocke Ausstattungsstücke, bemerkenswert die Doppelmadonna des späten 17. Jahrhunderts aus der Papen-Werkstatt im benachbarten Giershagen.

MARSBERG-NIEDERMARSBERG

Kath. Propsteikirche St. Magnus: Über dem inneren Westausgang des neugotischen Neubaus befindet sich ein Antependium mit dem Kirchenpatron St. Magnus, 1753 von Johann Henrich Biggen aus der Giershagener Papen-Werkstatt hergestellt.

MARSBERG-OBERMARSBERG

Kath. Pfarrkirche St. Peter und Paul: Heinrich und Christophel Papen zeichnen beinahe für die gesamte Barockausstattung der mittelalterlichen Kirche des 1803 im Zuge der Säkularisation aufgehobenen Benediktinerstifts verantwortlich: Altäre von 1718 bis 1724, Orgelprospekt von 1707, Kanzel, Gestühl und einige Heiligenfiguren.

Ehem. Stiftsgebäude: Das ehemalige Gebäude der Benediktiner dient heute als Pfarrhaus: die einfache H-förmige Anlage wurde 1671 errichtet, allerdings 1805 umgebaut, der Ostflügel war ursprünglich mit der Kirche verbunden.

Kath. Kirche St. Nikolaus: Reste der Barockausstattung wie Doppelmadonna, Vesperbild, Altargemälde.

Benediktusbogen und Roland: Der sogenannte Benediktusbogen von 1759 markierte den Eingang zum Stiftskirchplatz, in der Mu-

Marsberg-Obermarsberg: Benediktusbogen, 1759, mit Roland-Statue, 1757 (Aufnahme 1994)

schelnische über dem Bogen befindet sich die Statue des Ordensgründers. Nahe beim Benediktusbogen steht die leider stark verwitterte sogenannte Roland-Statue von 1757, die vermutlich den Erbauer der Basilika, Karl den Großen, in einer Rüstung des 16. Jahrhunderts darstellt.

MARSBERG-PADBERG

Kath. Kirche St. Maria Magdalena: Der barockisierende Neubau als Zentralraum mit westlicher Zweitturmfront von 1912 beherbergt noch einige Stücke der originalen Ausstattung, wie etwa den Hochaltar von 1670, ein typisches Werk der benachbarten Giershagener Papen-Werkstatt, sowie ein Marienaltar von 1736 und das säulendekorierte Marmortaufbecken von 1670.
Alte Kirche: Einige schlichte Ausstattungsstükke des Barock, zum Beispiel Altar aus der Zeit um 1670 bis 1680.

MAURITZ → MÜNSTER

MEDEBACH (Hochsauerlandkr.)

Touristik-Gesellschaft Medebach mbH, Oberstraße 26, 59964 Medebach, Tel. (02982) 40048, Fax 40033.
Kath. Stadtkapelle St. Andreas: Bescheidene Barockausstattung des späten 17. Jahrhunderts.

MEDEBACH-BERGE

Kath. Kapelle St. Johannes: Der kleine Saalbau von 1696 wurde erst 1773 vollendet und beherbergt die dreizehn, in Flandern hergestellten Apostelbilder aus dem späten 17. Jahrhundert und eine Kreuzigungsszene des frühen 18. Jahrhunderts aus dem ehemaligen Kreuzherrenstift Glindfeld in Medebach.

MEISTE → RÜTHEN
MELLRICH → ANRÖCHTE
HAUS MELSCHEDE → SUNDERN-HÖVEL

MENDEN (Märkischer Kr.)

Stadtverwaltung, Neumarkt 4, 58706 Menden, Tel. (02373) 903303, Fax 903386.
St. Antonius von Padua-Kapelle: Der kleine Saalbau auf dem Rodenberg wurde 1688 vollendet und 1711 erweitert; von der Pfarrkirche St. Vinzenz führt ein Prozessionsweg zur Kreuzkapelle, der markiert ist durch sieben Stationen, die sogenannten Fußfälle, zum Teil noch die ursprünglichen Bildstöcke des späten 17. Jahrhunderts.
Ehem. Rathaus: Am Kirchplatz steht das Alte Rathaus, ein Bruchsteinbau des späten 17. Jahrhunderts, in dem sich heute die Stadtbücherei befindet. Das zweigeschossige Haus mit Fachwerkgiebeln wird durch ein Oberlichtportal mit Freitreppe akzentuiert.

MERFELD → DÜLMEN
SCHLOSS MERLSHEIM → NIEHEIM
MERSCH → DRENSTEINFURT

MESCHEDE (Hochsauerlandkr.)

Verkehrsamt, Ruhrstraße 25, 59872 Meschede, Tel. (0291) 205277, Fax 205526.
Kath. Pfarrkirche St. Walburga: Im Jahre 1660 wurde die Kirche des ehemaligen Damen- und späteren Kollegiatsstiftes abgerissen und auf deren Fundamenten 1663 bis 1664 eine gotisie-

rende Hallenkirche errichtet, die bis um 1730 weiter aus- und umgebaut wurde: bemerkenswert sind vor allem die Gewölbestukkaturen sowie das reiche Nordportal im Knorpelstil (Dekoration aus knorpelartigen Elementen der deutschen Renaissance) und Teile der Barockausstattung.

MESCHEDE-EVERSBERG

Kath. Pfarrkirche St. Johannes Evangelist: Die schlichte mittelalterliche Hallenkirche erhielt im frühen 17. Jahrhundert einen hohen Turmhelm in Form einer dreigeschossigen welschen Haube durch Meister Conrad Hesse. Von der reichen Barockausstattung sind besonders erwähnenswert: Hochaltar von 1725 mit zentraler Darstellung des Abendmahls; zwei Seitenaltäre aus dem Jahre 1775 mit Bildhauerarbeiten von Leonhard Falter; Orgelbühne und -prospekt von 1765; qualitätvolle Doppelmadonna im Engelkranz aus der Zeit um 1730.

Kath. Kapelle St. Lucia: Kleiner Saalbau von 1739 mit 3/6-Schluß und Dachreiter.

MESCHEDE-LAER

Schloß Laer: 1602 wird das Lehnsgut des Stiftes Meschede an den Paderborner Hofmeister Heinrich von Westphalen verkauft; dieser beginnt sofort mit dem Neubau des Schlosses. Das Herrenhaus von 1608 mit vorgestelltem Treppenturm und seitlichem Pavillonanbau war ursprünglich dreigeschossig. Umbauarbeiten seit 1669 veränderten das Portal, der Turm erhielt eine welsche Haube und die Innenräume wurden durch stuckierte Balkendecken und Wanddekorationen modernisiert. Im 18. Jahrhundert wurde wohl in Zusammenhang mit den Neubauten der Vorburg ein Stockwerk des Herrenhauses abgetragen und die Anlage durch Hinzufügen eines zweiten Eckpavillons symmetrisiert. Die hufeisenförmig geordneten Nebengebäude, das axial ausgerichtete Torhaus sowie die seitlichen Pavillonbauten vervollständigen die Anlage.

Kath. Schloßkapelle St. Johannes d.T.: Im späten 17. Jahrhundert wurde die benachbarte Hauskapelle angelegt, im Innern befinden sich schöne Gewölbestukkaturen sowie der Altar mit dem Gemälde der Taufe Christi.

MESCHEDE-REMBLINGHAUSEN

Kath. Pfarrkirche St. Jakobus d.Ä.: Der 1754 bis 1755 errichtete Bau hat eine einheitliche Ausstattung behalten: Hochaltar und Seitenaltäre von 1767 bis 1769 des Bildhauers Anton Joseph Stratmann aus Geseke, Kanzel des späten 18. Jahrhunderts von Johann Adam Destadt aus Schmallenberg sowie die neubarock nachempfundene Ausmalung von 1914.

Kapelle zu den 14 Nothelfern: Eine ungewöhnliche Architekturform stellt der kleine Achteckbau mit geschweifter Dachhaube und Laterne aus dem 18. Jahrhundert dar; im Innern der umfassend restaurierten Kapelle kleine Konsolenfiguren der 14 Nothelfer, ein um 1700 gefertigter Altar mit Spiralsäulen und Weintraubenranken, eine kreuztragende Christusfigur sowie die schöne Pietà.

MESUM → RHEINE

Meschede-Laer, Schloßkapelle St. Johannes d.T. (Aufnahme 1988)

METELEN (Kr. Steinfurt)
Verkehrsverein, Neutor 19, 48629 Metelen, Tel. (02556) 7788, Fax 533.
Kath. Pfarrkirche St. Cornelius und Cyprian: In der ehemaligen Stiftskirche befinden sich einige bedeutende Barockstücke: im Chor das repräsentative Sandsteinepitaph der 1732 gestorbenen Äbtissin Cornelia Droste zu Vischering mit Stifterwappen und Kreuztragungsrelief, ein weiteres Epitaph mit büßender Magdalena unter einem Baldachin aus derselben Zeit sowie zahlreiche, zum Teil lebensgroße Barockfiguren in Holz und Stein.
Ehem. Klostergebäude: Von den baulichen Resten der Anlage des kaiserlich freiweltlichen Stifts sei vor allem auf den nordöstlich der Kirche gelegenen, sehr eleganten Ziegelbau hingewiesen, am Portalrisalit mit Wappenfeld und der Jahreszahl 1720 bezeichnet.

METHLER → KAMEN

MINDEN
Kulturamt, Stadtverwaltung, Pöttcherstraße 27, 32423 Minden, Tel. (0571) 890, Fax 89401.
Kath. Dompfarrkirche St. Petrus und Gorgonius: Im nördlichen Querarm befindet sich der 1622 von dem Dompropst Johannes von Schorlemer gestiftete frühbarocke Heiliggeistaltar.
Ev. St. Martinikirche: Bemerkenswerte Ausstattungsstücke wie die reichgeschnitzte frühbarocke Kanzel von 1608 und die Epitaphien des 17. Jahrhundert, hier vor allem das für Heinrich Buläus (†1615) mit den Darstellungen des Jüngsten Gerichts, des Sündenfalls und der Vertreibung aus dem Paradies von dem Osnabrücker Bildhauer Adam Stenelt.
Ev.-ref. Petrikirche: Der gewölbte, annähernd quadratische Saalbau wurde 1739 bis 1742 errichtet. Im Osten und Westen schließt jeweils eine Apsis an, im Norden und Süden kleinere Anbauten, der Ostturm wurde 1896 hinzugefügt.
Ev. St. Simeonskirche: Neben der barocken Kanzel mit spätgotischem Füllwerk, Tierdarstellungen und Rankenwerk sind das Epitaph für den 1621 gestorbenen Arzt Christoph Bruno von Adam Stenelt sowie die kelchförmige Bronzetaufe von 1609 erwähnenswert. Die stark nachgedunkelten Gemälde an der Empore von 1635 sind mit der Signatur „H.M.P.“ versehen.
Kath. Pfarrkirche St. Mauritius: Die beiden Epitaphien für die Domherren Eberhard von Mallinkrodt (†1617) und Hieronymus von Grapendorf (†1622), hervorragende Arbeiten von Adam Stenelt aus dem Mindener Dom.
Ehem. von Hußsches Haus, heute Kulturamt und Stadtbibliothek: In der Pöttcherstraße 27 befindet sich der ehemalige Adelssitz des preußischen Regierungsrates von Huß. Das zweigeschossige Traufenhaus mit Walmdach und schlichter Pilastergliederung wurde 1719 erbaut. 1866 wurde das Gebäude im Innern erheblich verändert und als Gesellschaftshaus einer Freimaurerloge genutzt.

MILTE-VINNENBERG → WARENDORF
HAUS MÖHLER → HERZEBROCK
MÜLHEIM → WARSTEIN

MÜNSTER
Stadtwerbung und Touristik, Berliner Platz 22, 48143 Münster, Tel. (0251) 4922710, Fax 4927743.
Geschichte: Der Dreißigjährige Krieg, unter dem Münster nur wenig zu leiden hatte, fand mit dem spanisch-niederländischen Separatfrieden und der Unterzeichnung des Friedensvertrags 1648 im Rathaus am Prinzipalmarkt seinen Abschluß. Als die Stadt, die für die Dauer des Kongresses neutral war, versuchte, diesen Zustand gegenüber dem Landesherrn aufrecht zu erhalten, unterlag sie nach mehrfacher Belagerung 1661 dem Fürstbischof Christoph Bernhard von Galen (1650–78), der ihr alle Privilegien entzog, die Residenz nach Ahaus und Coesfeld verlegte, und an der Westseite der gedemütigten Stadt eine Zitadelle errichten ließ, die erst 1764 im Zuge des Baues des Residenzschlosses geschleift wurde. Der folgende wirtschaftliche Niedergang hielt bis in das 18. Jahrhundert an; auch Clemens August von Wittelsbach (1716–61), in Personalunion Fürstbischof von Münster und Kölner Kurfürst residierte nicht in Münster, sondern verlegte den Hof im Jahre 1723 endgültig nach Bonn. Eine fürstliche Hofhaltung hat es in Münster zu seiner Zeit nie gegeben. Im österreichischen Erbfolgekrieg wurde Münster 1742 für mehrere Monate belagert, im Siebenjährigen Krieg (1757–64) fast das gesamte Martiniviertel eingeäschert. Stadt und Land waren heruntergekommen, Aufschwung in jeder Hinsicht war allererste Bürgerpflicht, das heißt, er wurde von oben verordnet und durchgeführt. Hauptakteure waren, wie im Münsterland üblich, Domkapitel und Ritterschaft, personell eine homogene, insgesamt dem Adel angehörige Gruppe, in untergeordneter Position die Städte, allen voran natürlich Münster. In der Ära des großen Staatsmannes Fürstenberg begann die Zeit des Wiederaufbaus. Zahlreiche neue Adelspaläste und Bürgerhäuser wurden errichtet oder umgebaut. Seit 1764 wurden die Stadtbefestigungen beseitigt und die Umwandlung der Wälle in die von Linden bewachsene Promenade vorgenommen. Damit hatte die Stadt endgültig ihr mittelalterliches Gepräge verloren. Nach der Aufhebung des Jesuitenordens und des Überwasserstiftes

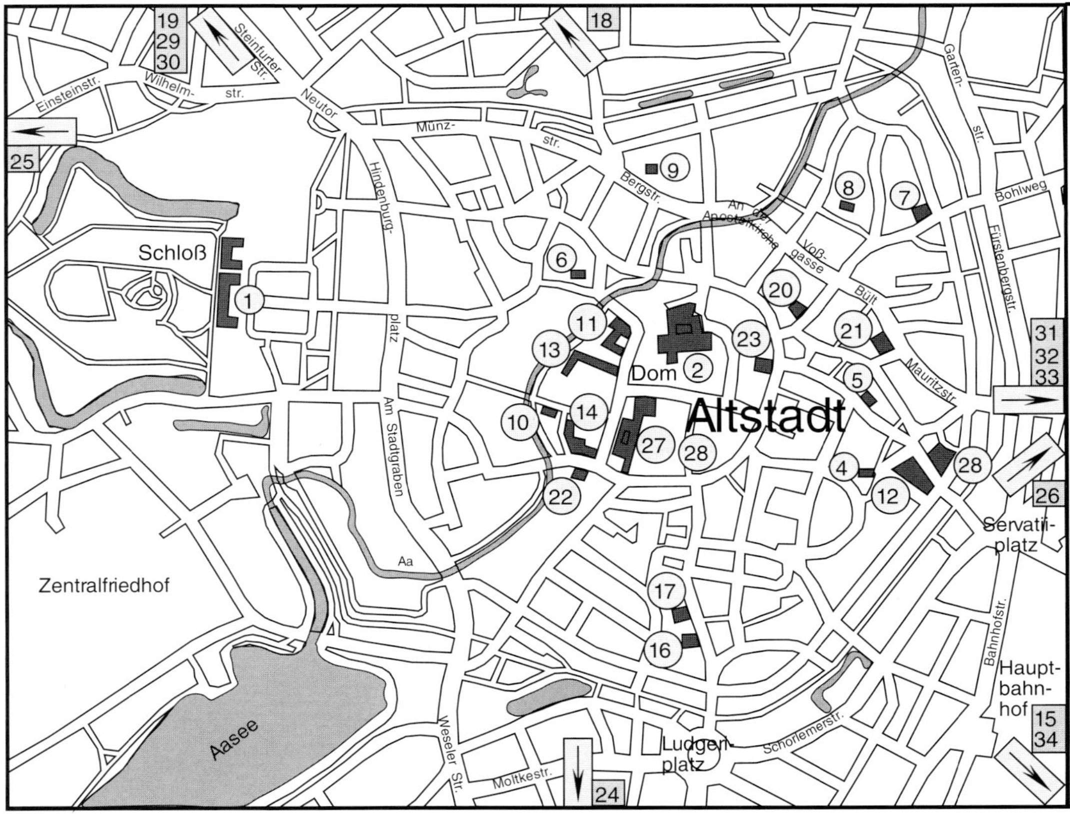

Barocke Sehenswürdigkeiten in Münster

1. Ehemaliges fürstbischöfliches Residenzschloß
2. Dom, Kathedralkirche St. Paulus
3. Kath. Pfarrkirche St. Ägidii
4. Kath. St. Clemenskirche
5. Ehem. Dominikanerkirche St. Joseph
6. Kath. Pfarrche Liebfrauen-Überwasser
7. Ehem. Kirche der Lotharinger Chorfrauen St. Maria virgo
8. Kath. Pfarrkirche St. Martini
9. Ev. Johanniskirche
10. Kath. Gymnasialkirche St. Petri
11. Ehem. Domdechanei, jetzt Bischöflicher Hof
12. Erbdrostenhof
13. Ehem. von Kettlersche Kurie, heute Domprobstei
14. Ehem. Landsbergsche Kurie, heute Geol. Institut und Museum
15. Haus Lütkenbeck
16. Ehem. Oerscher Hof
17. Sendenscher Hof
18. Haus Wienburg
19. Haus Wilkinghege

(20) - (23) Wohnhäuser

24. Gartenhaus
25. Coesfelder Kreuz
26. Weißes Kreuz

(27) (28) Landesmuseum für Kunst und Kulturgeschichte und Stadtmuseum

29. Haus Rüschhaus
30. Kath. Pfarrkirche St. Sebastian
31. Kath. Pfarrkirche St. Mauritz
32. Ehem. Stiftsgebäude
33. Haus Dyckburg
34. Kath. Pfarrkirche St. Nikolaus

1773 bis 1780 folgte die Gründung der Universität. Die preußische Herrschaft im 19. Jahrhundert vollendete den im Spätbarock begonnenen Sprung der Stadt in die neue Zeit.
Der bedeutendste Architekt des 17. Jahrhunderts war der aus Dänemark eingewanderte Peter Pictorius d.Ä. (†um 1684), der Baumeister des Fürstbischofs von Galen. Ihm folgten in der nächsten Generation seine Söhne Gottfried Laurenz Pictorius (†1729) und Peter Pictorius d.J., die des öfteren gemeinsam an einem Bauvorhaben tätig waren, der erste als Architekt, der zweite als Bauleiter. Gleichzeitig mit den Pictorius wirkte auch Lambert Friedrich Corfey (†1733) in Münster, oft in Konkurrenz zu den Pictorius, als Berater der Bauherren. Mit Johann Conrad Schlaun (1695–1773) trat die bedeutendste Künstlerpersönlichkeit des Barock im Fürstbistum Münster auf den Plan, ihm folgte Wilhelm Ferdinand Lipper (†1800), der Hauptvertreter des Klassizismus in Westfalen. Die Bildhauer sind im 17. und 18. Jahrhundert durch den münsterischen Zweig der Familie Gröninger vertreten, von der Gerhard Gröninger (†1652) als die führende Bildhauerpersönlichkeit des westfälischen Frühbarock gilt, dem später Johann Mauritz Gröninger mit Werken des niederländisch bestimmten Hochbarock folgte. Von den Malern sind im 17. Jahrhundert Jan Boeckhorst, im 18. Jahrhundert Gerhard Koppers (oder Cappers) bekannt geworden.
Im Zweiten Weltkrieg wurde Münster insgesamt zu 60 %, die Altstadt innerhalb des Promenadengürtels zu 90 % zerstört. Die Stadt gilt als vorbildliches Beispiel eines gelungenen Wiederaufbaus der fünfziger und sechziger Jahre.

Ehem. fürstbischöfliches Residenzschloß: *1767–87 an Stelle der geschleiften Zitadelle errichtetes aufwendig dekoriertes Schloß, das im 18. Jahrhundert allerdings nicht mehr der Hofhaltung der Fürstbischöfe diente, sondern erst von den Preußen als Sitz des Oberpräsidenten und des kommandierenden Generals genutzt wurde. Im Zweiten Weltkrieg vollständig ausgebrannt, lediglich der Außenbau verändert wiederaufgebaut, heute Verwaltungssitz der Westfälischen Wilhelms-Universität; Außenbesichtigung jederzeit möglich, Schloßgarten tagsüber geöffnet (siehe auch Abbildungen im Farbteil).*
Wenig vorteilhaft präsentiert die Stadt heute ihr bedeutendstes Bauwerk des Spätbarock, das Residenzschloß, abgetrennt durch eine verkehrsreiche Autostraße und einen vorgelagerten großen Parkplatz, der sich in die Blickachse zwischen Innenstadt und Schloß schiebt. Bereits um 1719, anläßlich der Wahl von Clemens August zum Fürstbischof von Münster, entstanden erste Planungen von Gottfried Laurenz Pictorius für ein Residenzschloß auf dem Platz der Zitadelle.
Johann Conrad Schlaun hatte auf Betreiben des Ministers Plettenberg 1732 weiterführende Pläne vorgelegt und bereits mit dem Bau der zugehörigen Schloß- und Hospitalkirche St. Clemens begonnen. Nach dem Sturz Plettenbergs war es allerdings mit den ehrgeizigen Plänen vorbei. Erst 1767 wurde im Auftrag des neuen Kurfürsten Max Friedrich von Königsegg-Rothenfels mit dem Bau begonnen. Schlaun plante eine großzügige Residenz mit dem zentralen Schloß, eine Dreiflügelanlage mit Ehrenhof, axial zur Stadt ausgerichtet,

Münster, Kurfürstliches Residenzschloß: Gesamtansicht von Osten (Aufnahme 1989)

Münster, Kurfürstliches Residenzschloß: Gesamtanlage von 1769, Zeichnung von Johann Conrad Schlaun (Staatsarchiv Münster)

Münster, Kurfürstliches Residenzschloß: Hoffassade, „Der Sommer", Figur der Ceres aus der Folge der Jahreszeiten (Aufnahme vor 1945)

mit dieser verbunden durch eine Esplanade, die in die Planungen der Promenadenalleen einbezogen werden sollte. Wachthäuser trennten den Schloßplatz vom eigentlichen Schloßbezirk, rechts und links sollte er von den Baugruppen der Marställe und Remisen begrenzt werden, die jeweils eine eigene Hofanlage bildeten. An der Westseite des Schlosses sollte innerhalb der ehemaligen Bastionen der barokke Schloßgarten mit Parterres, Bosketts und Brunnenanlagen angelegt werden, gegliedert durch ein streng symmetrisches Achssystem barocken Zuschnitts. Das münstersche Schloß ist Schlauns reifes Alterswerk und eines der Hauptwerke des norddeutschen Barock, entstanden in einer Zeit, als sich im übrigen Europa bereits die Baumeister des Frühklassizismus durchzusetzen begannen.

Die dreigeschossige Dreiflügelanlage mit ausgebautem Mansardgeschoß mißt an der Stadtfront mehr als 90 Meter Breite. Der langgestreckte Corps de Logis wird durch einen fünfachsigen, konkav-konvex ein- und ausschwingenden Mittelpavillon mit Pilaster- und Säulenstellung, Giebeldreieck, Attika und bekrönender Laterne über dem hochgezogenen Mansarddoppeldach eindrucksvoll akzentuiert. Weit vorspringende Seitenflügel mit vierachsigen Stirnpavillons setzen in der Gesamtfassade kräftige Eckpunkte. Der ausgewogene Wechsel zwischen rotem Backstein und hellem Sandstein in der meisterhaften Wandgliederung stellt das Schloß in eine Reihe mit den bedeutendsten Bauten des Fürstbistums seit dem 17. Jahrhundert. Der Eindruck wird allerdings durch einen verfälschenden Wiederaufbau getrübt. Man hat es nach dem Kriege nicht verstanden, die sorgsame Baukörperstaffelung Schlauns nachzuvollziehen, der den Bau in seinen Proportionen und im gestuften Dachaufbau allmählichen zur Mitte hin steigerte.

Das Residenzschloß ist mit auffallend reicher Bauskulptur versehen, ein Bildprogramm, wie es zwar im Treppenhaus und den Paraderäumen durchaus üblich, am Außenbau aber nur äußerst selten anzutreffen ist. Der Hauptbefürworter des Schloßbaues, der Minister Franz von Fürstenberg wünschte die Residenz zu errichten, um das Staatsbewußtsein im Fürstbistum Münster zu stärken und vor allem durch Belebung der Baukonjunktur der Gesamtwirtschaft Münsters und des Münsterlandes einen wirksamen Impuls zu geben. Die starke Position Fürstenbergs allein, als Mini-

Münster, Kurfürstliches Residenzschloß: Hoffassade, „Der März" aus der Folge der Monatsbilder (Aufnahme vor 1945)

ster des Kurfürsten und zugleich dem westfälischen Adel zugehörig, gewährte die Möglichkeit eines so ausgeklügelten, dennoch homogenen Staatsprogramms, das zugleich dem Fürsten den festlichen Rahmen des erwünschten höfischen Lebens in Münster vor Augen stellte.

Wenn als Bauherren des Schlosses die münsterischen Stände Domkapitel, Adel und Städte genannt werden, so muß doch klar herausgestellt werden, daß ohne den Kurfürsten nichts möglich gewesen wäre. Er ist Bauherr und Mäzen, auch wenn er nur zu geringen Teilen an der Finanzierung beteiligt war. Motor des ganzen war Fürstenberg, der als eloquenter Wortführer beider Parteien – wie schon sein Vorgänger Plettenberg, der das Projekt ‚erfunden' hatte – als geistiger Vater des Schloßbaus, mithin seines Programms anzusehen ist. Die Stände, die über das Steuerbewilligungsrecht verfügten, wollten als Geldbeschaffer natürlich Einfluß nehmen und taten das auch in erstaunlich weitem Maße, wobei der Schlußstrich stets beim Fürsten lag, der nur akzeptierte, was ihm von Nutzen schien und seinem Geschmack entsprach.

Verpflichtete wurde der Bildhauer Joseph Ignatius Feill (1733–94) aus kurtrierischen Diensten, der das umfangreiche Bildprogramm in vorzüglichen Einzelskupturen gemeißelt hat. An der Stadtfront entstand im Erdgeschoß ein Monatezyklus, ein Abbild menschlicher Tätigkeiten im Jahreslauf. Am Mittelbau und an den Flügelstirnseiten ist eine allegorische Selbstdarstellung des Fürsten und seines Staates verbildlicht, eingebettet in ein mehrschichtiges kompliziertes Programm aus dem Bereich des Makrokosmos, also der Jahreszeiten, der Elemente, der Sinne unter der Herrschaft entsprechender Gottheiten. Auf den Flügelstirnseiten erscheinen in ihren Wappen die Stände des Fürstenstaaates und die Symbole der Staatskunst (links: Bücher) sowie Staatsmacht (rechts: Waffen), ideell verbunden durch die lateinische Stiftungsinschrift am Mittelbau von 1767, die die Beteiligten noch einmal nennt. Fama mit den Posaunen verkündet den Ruhm der Bauherren.

An der Westseite stand das Gedeihen des damals neu anzulegenden französischen Gartens unter den makrokosmischen Zeichen der Sonne, der Tageszeiten und der Planeten, gleichzusetzen mit der Herrschaft des Fürsten als weltliches Abbild Apolls. Das Bild-

programm der Fassaden ordnet sich unter die mahnenden Bilder des Saturn, der verrinnenden Zeit (der Schloßuhr) und der Gestalt der unsicheren Fortuna (Wetterfahne) auf dem Türmchen.
Bei Schlauns Tod im Jahre 1773 waren der Außenbau des Schlosses, die Schloßkapelle im Südpavillon und Teile der Paraderäume fertig. Schlauns Nachfolger, Wilhelm Ferdinand Lipper, hat den Innenausbau des Schlosses ab 1773 bis 1784 in den modernen Dekorationsformen des französischen Klassizismus vollendet. Die Wirtschaftsgebäude an der Nordseite des Schloßplatzes, vor allem den fürstlichen Marstall hatte Schlaun noch errichtet. Das Pendant an der Südseite wurde niemals ausgeführt. Heute erinnern an die spätbarocke Bebauung des Schloßplatzes nur noch die beiden Wachhäuser am Ostrand des Platzes mit nahezu schmucklosen Backsteinwänden und Mansarddächern. Von dem Komplex der Wirtschaftsgebäude hat lediglich die Wagenremise den Krieg überstanden. An der Stelle des Marstalls befindet sich heute das neubarocke ehemalige Verwaltungsgebäude der Preußen, der 1905 bis 1907 errichtete Sitz des Oberpräsidiums in der Provinzhauptstadt Münster.
Die im Westen auf der Gartenseite des Schlosses geplante großartige Gartenanlage, die den gesamten sternförmigen Bereich der ehema-

Münster, Dom St. Paulus: Prunkeptaph des 1678 gestorbenen Fürstbischofs Christoph Bernhard von Galen (Aufnahme 1994)

Münster, Dom St. Paulus: Grabmal des 1712 gestorbenen Fürstbischofs Friedrich Christian von Plettenberg, um 1720 (Aufnahme 1960)

ligen Zitadelle einnehmen sollte, wie dies im Gesamtplan von 1769 deutlich wird, ist heute kaum mehr vorstellbar. Unter Wilhelm Ferdinand Lipper wurde eine sehr vereinfachte Ausführung des Hofgartens realisiert, der 1847 auf Anordnung des preußischen Königs in einen englischen Landschaftsgarten umgewandelt wurde; Die Anlagen umschließen seit dem 19. Jahrhundert den Botanischen Garten der Universität.

Im Jahre 1945 brannte das Schloß fast völlig aus, mit leichten Veränderungen des Daches wurde der Außenbau wiederhergestellt, innen völlig entkernt und den funktionalen Bedürfnissen der hier beheimateten Universität entsprechend eingerichtet.

Dom, Kathedralkirche St. Paulus: *bedeutende barocke Grabmäler und Ausstattungsstücke.*

Die größte Kathedralkirche Westfalens besaß eine reiche Ausstattung, die zum Teil durch die Zerstörungen des Zweiten Weltkriegs verlorengegangen ist. Von den heute erhaltenen Stükken seien im folgenden nur die Hauptwerke des 17. und 18. Jahrhunderts genannt.

Der ehemalige 1619 bis 1622 gefertigte Hochaltar von Gerhard Gröninger aus farbigem Marmor (heute im Westchor) trägt auf der Mensa das fast zwei Meter hohe sogenannte Fürstenberger Silberkreuz, das – so die Sockel-

inschrift – 1680 von dem Fürstbischof Ferdinand von Fürstenberg gestiftet wurde, eine qualitätvolle Arbeit des Jürgen Richels aus Hamburg. Zu den künstlerisch herausragendsten Leistungen Gerhard Gröningers zählt seine Beteiligung am Stephanus-Altar in der Altarnische des nordöstlichen Querhauses, der um 1630 vollendet wurde und gleichzeitig als Epitaph des 1625 gestorbenen Dechanten Heidenreich von Lethmathe dient: der hohe, harmonisch gegliederte Aufbau aus Sandstein und farbigem Marmor zeigt auf einem sarkophagartigen Sockel mit Relief der Steinigung des Hl. Stephanus die Liegefigur des verstorbenen Stifters, als zentrales Motiv die vollplastische Ecce-Homo-Gruppe und darüber, neben anderen Assistenzfiguren, die Verspottung Christi.
Im Chor sehr schöne Gegenüberstellung von Werken aus der Gröninger-Familie: im Umgang zwei frühbarocke Steinskulpturen von Gerhard Gröninger, der Hl. Mauritius in römischer Kleidung von 1613 und eine trauernde Muttergottes von 1625; in den Pfeilernischen zwei Arbeiten des jungen Johann Mauritz Gröninger, eine Muttergottes sowie der Hl. Josef mit dem Christuskind: Beide Arbeiten entstanden 1675 unter dem Einfluß des flämischen Hochbarock. Von Johann Wilhelm Gröninger dagegen stammen die vor 1710 entstandenen, eleganten lebensgroßen Alabasterfiguren der Hl. Barbara und Apollonia im Westquerhaus. Hier befindet sich auch eine ebenfalls aus Alabaster gearbeitete Muttergottes, 1723 vermutlich von dem Mainzer Hofbildhauer Franz Matthias Hiernle gefertigt.
Zahlreiche Grabmäler der Renaissance und des Barock schmücken Wände, Nischen und Kapellen des Domes. Erwähnenswert sind die folgenden: Im südlichen Querhaus das aus Sandstein gearbeitete Grabmal des 1712 verstorbenen Ferdinand von Plettenberg mit freiplastischer Alabastergruppe „Christus am Ölberg", um 1720 von Johann Wilhelm Gröninger nach einem Entwurf des Architekten Gottfried Laurenz Pictorius errichtet. In der Josephskapelle, der dritten Kapelle des erst im Auftrage des Fürstbischofs Christoph Bernhard von Galen in Angleichung an die mittelalterliche Kreuzkapelle erbauten ‚barocken' Kapellenkranz, befindet sich das höfisch-repräsentative Prunkepitaph des 1678 gestorbenen Bischofs von Galen, des bedeutendten Kirchenfürsten und Landesherrn des Bistums Münster (siehe auch Abbildung im Farbteil). Der Hofbildhauer Johann Mauritz Gröninger hatte wohl bereits zu Lebzeiten von Galens mit der Realisierung begonnen. Vor einem reich mit Trophäen und Wappen geschmückten architektonischen Hintergrund kniet der Bischof, dem ein Engel das Kruzifix entgegenhält; der reizvolle Wechsel von schwarzem und weißem Marmor, die Qualität der Ausführung sowie des ikonographischen Aufbaus weisen das aufwendige Grabmal als Meisterwerk der westfälischen Barockskulptur aus.
Bemerkenswert ist das im nordöstlichen Querhaus befindliche prächtige Grabmal des 1706 gestorbenen Fürstbischofs Friedrich Christian von Plettenberg, dem Erbauer von → Schloß Nordkirchen; ebenfalls aus weißem und schwarzem Marmor und aus Alabaster gearbeitet. Nach dem Tod von Johann Mauritz Gröninger 1707 wurde das Werk vermutlich von Johann Wilhelm Gröninger und maßgeblicher Mitwirkung des Hofarchitekten Gottfried Laurenz Pictorius vollendet. Das im Aufbau dem Galen-Epitaph verwandte Grabmal zeigt – ikonographisch außergewöhnlich – eine Uhr im Zentrum, die an dem ursprünglichen Standort auf dem Hochchor mit der astronomischen Renaissance-Uhr verbunden war.
Kath. Pfarrkirche St. Ägidii: Die ehemalige Kapuzinerkirche mit anschließender Klosteranlage wurde 1724 bis 1729 von Johann Conrad Schlaun erbaut, nachdem erste Pläne von Gottfried Laurenz Pictorius verworfen wurden. Der Stifter Ferdinand von Plettenberg plante neben seinem Familiensitz → Schloß Nordkirchen auch ein allerdings nie realisiertes Stadtpalais an der heutigen Ägidiistraße, so daß die Kapuzinerkirche seine bevorzugte Hauskirche geworden wäre. Den Idealen des Ordens entsprechend wurde ein schlichter, fast kastenartiger Ziegelbau mit Hausteinfassade errichtet, in dem eleganten Hauptportal mit Familienwappen hat sich der Auftraggeber und Stifter sein eigenes ‚Denkmal' gesetzt. Die zurückhaltende Fassade stellt eine Weiterentwicklung

Münster, Kapuzinerkirche (St. Ägidii): Portal der Hauptfassade (Aufnahme 1993)

von Schlauns Frühwerk dar, der bereits vor seiner Studienreise erbauten → Kapuzinerkirche in Brakel. Der einfache Saalbau mit flachbogigen Kreuzgewölben wurde um 1860 mit nazarenischen Wandmalereien versehen. Die Nazarener waren eine religiös orientierte Künstlergruppe im 19. Jahrhundert, die sich an der altdeutschen und italienischen Malerei der Renaissance orientierte.
Den Entwurf der üppigen Holzkanzel mit der Darstellung „Christus übergibt dem Hl. Franz die Ordensregel" lieferte ebenfalls Schlaun, die Ausführung der sogenannten flämischen Naturkanzel oblag der südniederländischen Werkstatt des Johann Franz van Helmont (siehe auch Abbildung im Farbteil).

Kath. St. Clemenskirche: *Kirchenbau nach römischem Vorbild von Johann Conrad Schlaun mit stadtplanerisch genialer Raumlösung; Außenbesichtigung jederzeit, Innenraum tagsüber möglich.*

Die ehemalige Hospitalkirche der im Zuge der Säkularisation 1811 aufgehobenen Niederlassung der Barmherzigen Brüder, später des städtischen Clemenshospitals, wurde in den Jahren 1744 bis 1753 von Johann Conrad Schlaun zusammen mit Kloster und Spital errichtet. Nach völliger Zerstörung im Zweiten Weltkrieg wurde lediglich die Kirche wiederhergestellt.
Bauherr war der Kurfürst Clemens August, in Personalunion Fürstbischof von Münster. Hospital und Kirche sind seine Stiftung. Seiner Verherrlichung diente das architektonische und ikonographische Programm, seinem Namenspatron, dem Märtyrerpapst Clemens I., ist der Bau gewidmet. Bei der komplizierten Baugeschichte kann man grundsätzlich drei Planstufen unterscheiden, die an verschiedenen Orten in der Stadt sehr verschiedene Lösungen zeigten: Erste Planung und Baubeginn 1732 im Zusammenhang mit der Residenzplanung am Neuplatz, Baustop ein Jahr später. Es folgte das zweite Projekt für den Bocksplatz, Ecke Kreuzstraße und Buddenstraße, zwischen 1734 und 1744. Das Ausführungsprojekt auf der ehemaligen St. Pauli- oder Niesing-Freiheit bei der Servatiikirche begann mit der Grundsteinlegung am 30. Juni 1745. Im Jahre 1747 war der Rohbau der Kirche bis zum Gesims vollendet, im Juli 1749 begannen der Hofmaler Johann Adam Schöpf und der Stukkateur Jakob Rauch mit der Innenausstattung der Kirche. 1753 wurde die Kirche eingeweiht, ein Jahr später siedelten die Kranken in das neue Hospital über.
Die ehemalige Hospitalkirche St. Clemens bildete das vorgeschobene Zentrum einer unregelmäßigen Vierflügelanlage am Schnittpunkt zweier sich kreuzender Straßen. Die Anlage mit dem Bezugspunkt der Kirche ist in ihrer Bedeutung als städtebauliche Konzeption heute stark gemindert durch das Fehlen der anschließenden ehemaligen Hospitalgebäude, die in Höhe und Verlauf die Kirche in ihrer Gestalt als Form und Symbol erst erklärten. Die Kirche als Drehgelenk der schrägwinkligen Flügelbauten des Hospitals einzusetzen, gilt als stadtplanerisch geniale Raumlösung des ungünstig geschnittenen Grundstücks in der Altstadt. Der Konvexschwung des Eingangsrisalits korrespondiert dabei mit den seitlich zurückweichenden Konkavachsen, die zu den Flügeln überleiten. Der Grundriß und die Fassade nach römischem Vorbild schaffen durch ihr raumbestimmendes Volumen zumindest die Idee eines kleinen Kirchplatzes auf engstem Raum.
Die Kirche stand in dem ehemals engen Gassengeviert hinter dem Grundstück des Erbdrostenhofes. Keine der Gassen führte direkt auf die Mittelachse der Fassade zu, so daß man die Fassade unvermittelt, zunächst in Schrägansichten wahrnahm. Tatsächlich hatte Schlaun bei der Konzeption der tiefenräumlich kurvigen Entfaltung der kleinen Schauwand mit einem sich bewegenden Betrachter gerechnet. Ähnlich konsequent auf kleinem Raum hatte Borromini in Rom eine Straßenkreuzung städtebaulich gestaltet. Der Dreierschwung der Fassade ist ein Rückgriff auf S. Carlo alle Quattro Fontane. In der endgültigen Formfindung der Clemenskirche hat Schlaun die Gestaltungsprinzipien Berninis im Innenraum mit denen Borrominis vereint. Wandelte er im Grundriß Borrominis Grundrißfigur von S. Ivo auf originelle Weise ab, so bestückte er die Fassade zurückhaltender, aber monumental: anstelle der zweigeschossigen Säulenfront von

Münster, St. Clemenskirche: Ansicht der Hauptfassade (Aufnahme 1993)

S. Carlo kommt die große Pilasterordnung zur Anwendung, die den kleinen Platz formt, aber nicht erdrückt.
Die Hauptaltarnische des Innenraums (siehe auch Abbildung im Farbteil) ist eine modifizierte Wiederholung von Berninis Altarlösung in S. Andrea al Quirinale: Ebenso wie dort wird die umlaufende Ordnung unterbrochen und durch paarweise angeordnete Vollsäulen bereichert, die im Inneren frei vor der Nische stehen, das Gebälk vorgekröpft und durch Segmentbogenschwünge überfangen. Wie ein Wandretabel hebt sich dieses Motiv aus dem Kontinuum des zylindrischen Raummantels heraus, bleibt ihm aber verbunden. Zugleich wirkt es jedoch wie die Proszeniumsarchitektur einer Theaterbühne, die das dramatische Geschehen auf dem Altarblatt der Rückwand der ‚Bühne' in ungewisser Distanz als eine Form des ‚Theatrum sacrum' erscheinen läßt. An der Rückwand der Hauptaltarnische befand sich ein Ölgemälde von Giovanni Battista Pittoni, das die Ertränkung des Hl. Papstes Clemens zum Thema hatte. Die heutige Kopie des Gemäldes ist gerahmt von einem Stuckwandbehang, dessen Enden durch Engelsfiguren vor die äußeren Säulen der Altarnische gezogen werden. Stuckornamente mit Wolken und Engeln greifen über das Gebälk und den gesprengten Giebel über bis in das Kuppelgemälde hinein, das die Aufnahme des Hl. Clemens in den Himmel darstellt. Der Maler Johann Adam Schöpf hatte es signiert und mit der Jahreszahl 1750 datiert. Schöpf, in Regensburg geboren, war Hofmaler für Clemens August in Brühl und bei der Ausstattung der Hl. Stiege in Bonn zusammen mit dem Wessobrunner Stukkateur Jakob Rauch beschäftigt, der die Ausführung des Hochaltars besorgte. Sie entspricht nicht den vorhandenen Entwürfen des Architekten, sondern verpaßt dem klar gegliederten Raum eine gehörige Portion bayrischen Temperaments. Der Außenbau blieb davon jedoch unberührt.
Auch an den beiden Nebenaltären breiten sich Stuckornamente mit Engelsfiguren und Wolken bis über das Gebälk aus. Die Altarbilder stammten von Carlo Carlone, den der Kurfürst als Freskant des Neumannschen Treppenhauses in Brühl beschäftigte. Der rechte Nebenaltar hatte das Thema „Dem heiligen Johannes de Deo erscheint die Madonna mit einer Dornenkrone", der linke „Die Verkündigung an Maria". Eine geschwungene Altarschranke schließt die drei Altäre zusammen. In die Rückwände der beiden flachen Nischen waren Beichtstühle eingepaßt, für die sich Entwürfe Schlauns erhalten haben.
Trotz der Rekonstruktion nach dem Zweiten Weltkrieg vermitteln Architektur und Ausstattung durch Malerei und Stukkatur einen authentischen Eindruck des Ensembles, auch wenn die Clemenskirche ohne die angrenzenden Kloster- und Spitalflügel lediglich ein Torso geblieben ist.

Ehem. Dominikanerkirche St. Joseph, heute kath. Universitätskirche: Bereits 1346 setzten die Dominikaner von Osnabrück aus eine erste Niederlassung in Münster ein, im Jahre 1651 fand dann die Neugründung des Konvents statt. Peter Pictorius d.Ä. hatte in den Jahren 1654 bis 1661 erste Pläne für eine Klosterkirche vorgelegt, der Neubau wurde 1708 bis 1727 nach Plänen von Lambert Friedrich Corfey an der heutigen Stelle errichtet.
Die gewölbte Pfeilerbasilika in bescheidener Anlehnung an römische und französische Bauten des 17. Jahrhunderts erscheint nüchtern, lediglich akzentuiert durch die zentrale achtekkige Kuppel auf hohem Tambour, nach außen bekrönt durch eine weit sichtbare welsche Haube. Die Kirche ist der erste Sakralbau Münsters, in dem der barocke Zentralbaugedanke Berücksichtigung gefunden hat. Der polygonale Chor wird von Glockentürmen flankiert, die gegliederte Fassade richtet sich als Schauwand auf einen kleinen Platz, auf den sich auch die 1731 errichtete Südfassade des ehemaligen Konventsgebäudes öffnet, das im Zweiten Weltkrieg bis auf die Fassade zerstört wurde.
Den ohne Stuckierung und Malerei sehr schlicht wirkenden Innenraum schmückt lediglich – verborgen hinter einer Wand – der mächtige geschnitzte Barockaltar von 1699, ein Werk des Bildhauers Heinrich Gröne, der sich bis 1903 in der → Gaukirche in Paderborn befand. Bemerkenswert ist das nach Plänen von Johann Conrad Schlaun gefertigte, unvollständig erhaltene Epitaph des Architekten Lambert Friedrich Corfey, das 1733 von dem Bildhauer Johann Christoph Manskirch ausgeführt wurde, das sich hinter dem Hochaltar befindet.

Kath. Pfarrkirche Liebfrauen-Überwasser: Bereits im 11. Jahrhundert gegründeter adeliger Frauenstift. Von der ehemaligen Barockausstat-

Münster, St. Clemenskirche: Ansicht der Kuppel (Aufnahme 1993)

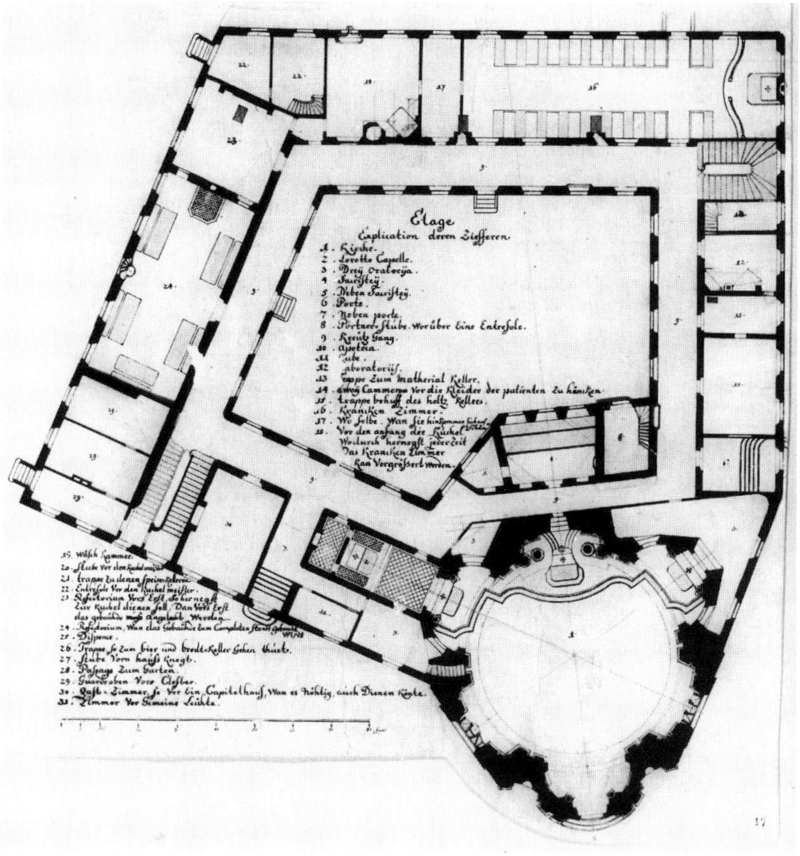

Münster, St. Clemenskirche: Gesamtanlage der Hospitalkirche mit den anschließenden Flügelbauten des Klosters und des Spitals, Zeichung von Johann Conrad Schlaun, 1744 (Westfälisches Landesmuseum Münster)

Münster, St. Clemenskirche: Innenansicht nach Westen (Aufnahme 1993)

tung ist vor allem erwähnenswert: das Gemälde vom ehemaligen Hochaltar von 1763 mit der Himmelfahrt Mariens von Matthias Koppers, der hier ein wohl durch Stichvorlagen verbreitetes Werk Giovanni Battista Piazettas seitenverkehrt kopiert hat. Den kunstvollen Alabastertaufstein in floralen Formen aus der Zeit um 1720 schuf Johann Wilhelm Gröninger, das Chorgestühl ist von 1668.

Ehem. Kirche der Lotharinger Chorfrauen St. Maria virgo: Um 1642 ließen sich die Regulierten Chorfrauen des Hl. Augustinus in Münster nieder. Im Siebenjährigen Krieg wurden Kirche und Kloster 1759 zerstört, den Neubau errichtete Johann Conrad Schlaun in den Jahren 1764 bis 1772. Das Klostergebäude und der Chor der inzwischen profanierten Kirche wurden im Zweiten Weltkrieg zerstört. Eines der Spätwerke von Schlaun, gleichzeitig errichtet mit dem Residenzschloß, ist ein gut proportionierter, beinahe wie ein Profanbau wirkender Quersaal mit ausschwingendem Mittelrisalit. Das Mansarddach hatte ursprünglich einen Dachreiter, der ausgewogene Risalit mit Gebälk und Wappenkartusche mit darüber halbrund geschlossenem Giebelaufsatz wird von Voluten eingefaßt. Die Wandflächen werden in für Schlaun typischer Manier durch vertiefte Felder und abgerundete Ecken akzentuiert. Der heute backsteinsichtige Bau ist ursprünglich verputzt zu denken und dient heute als Stadtarchiv.

Kath. Pfarrkirche St. Martini: Im Zuge der barocken Modernisierung wurde in den Jahren 1759 bis 1760 eine neue schiefergedeckte Turmhaube errichtet (nach Brand 1911 mit Kupferdeckung rekonstruiert), von der Innenausstattung sind vor allem zwei ehemalige Altarbilder interessant, die „Verlobung der hl. Katharina mit dem Christuskind“ von 1681 und ein Gemälde des aus Münster stammenden und in Antwerpen tätigen Malers und Kanonikers Jan Boeckhorst (†1668) mit dem Thema der „Messe des Hl. Martin“, eine Episode aus dem von zahlreichen Wundern begleiteteten Leben des Kirchenpatrons, dem während der Messe eine feurige Kugel erschien, die von den versammelten Gläubigen als Zeichen der Erleuchtung durch den Hl. Geist gedeutet wurde. Das Gemälde hängt heute an der Ostwand des südlichen Seitenschiffs, eine Vorzeichnung befindet sich im Westfälischen Landesmuseum für Kunst und Kulturgeschichte Münster.

Ev. Johanniskapelle: Zwei Sandsteinepitaphien der Johanniter-Komture, der Ordensvorsteher M.H. von Westrem und Th.H. von Schade aus den Jahren 1730 und 1747.

Kath. Gymnasialkirche St. Petri: In der ehemaligen Kirche des 1588 gegründeten und bereits 1773 aufgehobenen Jesuitenordens befindet sich eine eindrucksvolle Kanzel von 1715, mit den Figuren der Evangelisten und üppigem Akanthuswerk dekoriert. Neben den Beichtstühlen von 1708 bis 1711 sind noch große Bronzekronleuchter aus der 2. Hälfte des 17. Jahrhunderts sowie die Grabplatte des 1661 gestorbenen und hier bestattenen Jesuiten Moritz von Büren zu nennen.

Ehem. Observantenkirche, heute Ev. Universitätskirche: Der Jesuitenbruder Anton Hülse, der die Jesuitenkirchen in → Paderborn, Coesfeld und Siegen entwarf, erbaute für den Bettelorden der Observanten die Klosterkirche St. Antonius von Padua in den Jahren 1687 bis 1698 in Form eines stattlichen, aber nüchternen Ziegelbaus. Der gewölbte Saal mit langem Chor ist in gotisierendem Barock angelegt, infolge der eingezogenen Strebepfeiler entstehen im Langhaus Wandnischen, die durch niedrige Durchgänge miteinander verbunden sind. Aufgrund der Profanierung im 19. Jahrhundert fehlt die als Gegengewicht zu der Kühle und Strenge der Architektur zu begreifende ursprünglich reiche Barockausstatttung.

Erbdrostenhof: *eines der prächtigsten Adelspalais des deutschen Spätbarock mit stadtplanerisch genialer Raumlösung, 1753–57 von Johann Conrad Schlaun errichtet; Außenbesichtigung jederzeit möglich, Treppenhaus und Festsaal nach tel. Anmeldung zugänglich (siehe auch Abbildungen im Farbteil).*

Der Erbdroste Adolph Heidenreich Freiherr von Droste-Vischering, einer der vier ranghöchsten Würdenträger im Bistum, ließ sich in den Jahren 1753 bis 1757 nach Plänen von Johann Conrad Schlaun ein prächtiges Adelspalais errichten. Die stadtplanerisch geniale Raumlösung geht von einem kleinen rechtekkigen Grundstück in der Altstadt aus. Durch die Drehung des Baus in die Diagonale konnte Schlaun Raum für den Ehrenhof gewinnen, der von einem Gitter abgegrenzt wird, so daß der Betrachter die zurückschwingende, im Stile des römischen Barock und der Kaiserarchitekturen Wiens dekorierte Fassade mit gehörigem Abstand wahrzunehmen hatte.

Das Herrenhaus hat die Form eines konkav geschwungenen Dreiflügelbaus auf der Grundlinie eines Dreiecks, dessen Schenkel die Seitenfronten und das leicht einschwingende Ehrenhofgitter mit dem dreiteiligen Portal an der Spitze bilden. Der mächtige Mittelpavillon wird durch die Kolossalpilaster, den Wappengiebel mit steigender Balusterattika und Mansarddach hervorgehoben, über dem großzügigen Vestibül liegt der Festsaal. Die vornehme Gliederung des Bauwerks wird durch den farbigen Wechsel von roten Backsteinflächen mit dem Gelb des Baumberger Sandsteins unterstrichen.

Der höchst repräsentativen Argumentation

Münster, Dominikanerkirche und -kloster: Zustand nach der Zerstörung im Zweiten Weltkrieg (Aufnahme 1949)

Münster, Erbdrostenhof: Ansicht des 19. Jahrhunderts

der architektonischen Gliederung folgt auch das reiche, kosmologisch als Kalender geordnete Programm des Skulpturenschmucks. Die figürlichen Darstellungen an den sieben Keilsteinen in den Fensterstürzen des Mittelbaus und der äußeren Achsen zeigen im Erdgeschoß die Zeichen der Gestirne, die den Wochentagen zugeordnet sind. Zwischen und neben ihnen verbildlichen die ausladenden Balkonkonsolen von links nach rechts den Zyklus des Jahres mit den Personifikationen der zwölf Monate. Als Bildhauer des Skulpturenprogramms kann man Johann Christoph Manskirch vermuten. Ursprünglich betrat bzw. befuhr man mit der Kutsche den Erbdrostenhof durch das Vestibül, das – im Gegensatz zu heute – nach vorn offen war und somit einen Übergang zwischen Außen- und Innenraum darstellte, worauf die architektonische Außenbaugliederung des Vestibüls verweist. Prinzipiell teilte sich die Raumdisposition dahingehend, daß der Westflügel rechts die Wohnräume des

Münster, Erbdrostenhof: Durchfahrt und Vestibül (Aufnahme 1993)

Münster, Erbdrostenhof: Festsaal (Aufnahme 1993)

Hausherrn, der Ostflügel links aber das Appartement für einen hohen Gast beherbergte. Über das im Ostflügel gelegene Treppenhaus mit nach dem Krieg rekonstruierten Wandmalereien der höfischen Festkultur und einem illusionistischen Blick in den antiken Götterhimmel im Deckenfresko gelangt man in den prächtigen Festsaal, das Haupt- und Glanzstück des Erbdrostenhofes. Mit dem Anspruch eines fürstlichen Saales, einer ‚salle à l'Italienne', erstreckt er sich über beide Obergeschosse, wobei eine Galerie nicht nur die beiden Flügel miteinander verband, sondern vor allem Platz bot für die Musiker, die bei den Festlichkeiten und Empfängen aufzuspielen hatten. Eingerahmt von den Portraits des Landesherrn, des Kurfürsten Clemens August von Bayern, und des Kaisers Franz I. über den Kaminen, verdoppelt durch große Spiegel in Rocaille-Rahmen, entfaltet sich hier die ganze Pracht eines barocken Festsaals mit illusionistischer Wand- und Deckenmalerei – ebenfalls nach den Zerstörungen des Zweiten Weltkriegs vorbildlich rekonstruiert –, die den Anspruch und die Bildung des adeligen Bauherrn auf höchstem Niveau präsentiert: Die kosmologische Ordnung im Skulpturenschmuck an der Außenfassade wird hier fortgesetzt. Das Programm der Beletage verweist auf die weltliche Sphäre höfischen Lebens: hier wohnten

der Hausherr und seine Gäste, im Idealfall der Kurfürst; neben den in Portraits anwesend gemachten Personen des Kurfürsten und des Kaisers deuten die Gehänge zu Seiten der Kamine mit allerlei Musikinstrumenten auf die Funktion des Saales als Fest- und Konzertsaal. Auf die Darstellung des konkreten höfischen Lebens im Erdgeschoß folgt im oberen Saalgeschoß sinnfällig die allegorisch verallgemeinernde Darstellung der ‚höheren' Ziele, nach denen ein Barockherrscher zu streben hatte: Vier Putten über den Fenstern vertreten die Künste der Architektur, der Poesie, der Skulptur und der Malerei, in denen seit dem 16. Jahrhundert der ideale Fürst dilettierte. In der Mitte der Langseiten stehen die gemalten Statuen der Tugenden Eintracht, Liebe, Hoffnung auf der einen und Tapferkeit, Freigebigkeit, Milde, Friedfertigkeit auf der anderen Seite als Sinnbilder der politisch und moralisch sauberen Regierungsweise eines Fürsten, gleichzeitig sind sie die Garanten für den Sieg der Tugend über die Laster, wie dem Betrachter in benachbarten Darstellungen erklärt wird. Ziel und Lohn dieser vorbildlichen Lebensweise ist schließlich die Aufnahme in den antiken Götterhimmel, angeführt von Athena, der Göttin der Weisheit und der Wissenschaften und begleitet von den Tugenden der Gerechtigkeit, Standhaftigkeit und Klugheit: Fama und trompetende Genien heben das Wappen des Erbauers, umkränzt mit der Kette des bayerischen St.-Michaels-Ordens und belegt mit den Initialen DE (Droste-Erbdroste) über das Gebälk in den Himmel.
Von den wiederhergestellten angrenzenden Nebenräumen ist vor allem das ehemalige Vorzimmer der Gästewohnung im Obergeschoß des Ostflügels mit seiner geretteten Chinoiserie-Ledertapete erwähnenswert, außerdem befindet sich hier der Nachbau des sogenannten Ruckers-Cembalos: der Antwerpener Johann Ruckers d.J. hat 1640 dieses kostbare und in Deutschland einzigartige Musikinstrument dieser Art erbaut. Das Äußere ist mit Chinoiserien des 18. Jahrhunderts auf rotem Grund verziert, das Innere mit Seepferdchentapete beklebt sowie mit Streublumen und Vögeln in Aquarelltechnik bemalt. Auf der Innenseite des Dekels befinden sich zwei Gemälde, die der Schule des Peter Paul Rubens zugeschrieben werden. Die Szenen zeigen Apollo und die musizierenden Musen, außerdem den Wettstreit zwischen Apollo und Pan vor König Midas.
Der Erbdroste war einer der vier mächtigsten Männer im Fürstbistum Münster. Sein Palast brach mit der Tradition der Adelshöfe, die er im Anspruch der architektonischen Form wie der Ikonographie bei weitem übertraf. Vor der Erbauung des Schlosses war der Palast das prächtigste Gebäude der Stadt. Der Erbdroste rechnete mit dem Kurfürsten als Gast, schloß das Grundstück doch unmittelbar an die wichtige Stiftung des Landesherrn, an Clemenskirche und -kloster an, von der Hand desselben Architekten errichtet.
Die höfische Verdoppelung der Appartments vollzog gleichsam die permanente Einladung an Clemens August, zu Zeiten seiner Herrschaft ohne Residenz in Münster, die für ihn reservierte Wohnung im Erbdrostenhof zu beziehen, wenn es die Regierungsgeschäfte in Münster geboten. Der Glanz des hohen Besuches hätte als Abglanz auch den Erbdrosten ins rechte Licht gerückt.

Münster, Domdechanei, heute Bischöflicher Hof: Gesamtansicht, 1732 (Aufnahmen vor 1945)

Münster, Erbdrostenhof: Gitter des Ehrenhofes und Bauskulptur (Aufnahme 1993)

Ehem. Domdechanei, jetzt Bischöflicher Hof: Am Domplatz liegt der stattliche Dreiflügelbau, einer der zahlreichen nach dem Dreißigjährigen Krieg entstandenen Domherrenhäuser und Adelshöfe. Unter Verwendung älterer Bauteile errichtete 1732 Peter Pictorius d.J. die Anlage mit übergiebeltem Mittelrisalit, die von der Straße durch einen Ehrenhof mit prächtigem, geschwungenem Gitter abgeschlossen ist. Der Backsteinbau mit Hausteingliederung verbindet Einflüsse des niederländischen Klassizismus mit der Raumdisposition französischer Hôtels. Nach dem Zweiten Weltkrieg wurde der Komplex ohne die Kolossalpilaster der Fassade in vereinfachter Form wiederaufgebaut.

Ehem. von Kettelersche Kurie, heute Dompropstei: Der Architekt Lambert Friedrich Corfey legte am Domplatz diese Doppelkurie mit hohem Walmdach an. Das wappengeschmückte Giebelfeld am Mittelbau, der durch die niedrigeren Seitenflügel hervorgehoben wird, nennt die Jahreszahl 1718. Die ursprüngliche Trennmauer in der Mitte des Hofes wurde beseitigt.

Ehem. Landsbergsche Kurie, heute Geologisches Institut und Museum: Gottfried Laurenz Pictorius erbaute 1703 bis 1707 den Dreiflügelbau mit niedrigen Seitenflügeln und Eckpavillons, das Hauptportal ist mit der Jahreszahl 1705 versehen.

Ehem. Oerscher Hof: Nach Plänen von Johann Conrad Schlaun wurde 1748 das Stadtpalais für den Freiherrn von Beverfoerde in der Königstraße 42–43 errichtet, in dem sich heute ein Restaurant und ein Ladengeschäft befinden. Das im Zweiten Weltkrieg nicht zerstörte Werk Schlauns zeigt die für den Baumeister typische Wandgliederung durch Lisenen und horizontale Bänder. Das zweigeschossige Herrenhaus wurde Ende des 18. Jahrhunderts durch einen Torhausanbau erweitert.

Ehem. Sendenscher Hof: Das ursprünglich barocke Herrenhaus besteht heute nur noch aus dem Hauptflügel zur Königsstraße hin, der durch Umbauten im 19. Jahrhundert und durch Schäden im Zweiten Weltkrieg kaum noch Originalsubstanz aufweist. Außerordentlich bemerkenswert sind allerdings die hier im Vorderhaus eingebaute Stuckdecke und der Sandsteinkamin aus dem 1972 abgebrochenen Saalflügel des Herrenhauses.

Wohnhäuser: Von den erhaltenen, zumeist bescheidenen Bürgerhäusern sind erwähnenswert: Haus des Adeligen Damenklubs am Alten Fischmarkt Nr. 23 mit seiner Werksteinfassade mit Rokokogiebel von 1751; zwei schlichte Ziegelhäuser des 18. Jahrhunderts am Bült 23 und Johannisstraße 21; am Prinzipalmarkt 20 ein um 1720 erbautes Bogenhaus mit geschwungenem Giebel, das nach dem Krieg unverändert rekonstruiert wurde; in der Münzstraße 24/25 ein zweigeschossiger Ziegelbau aus der zweiten Hälfte des 18. Jahrhunderts.

Gartenhäuser: Das nach Plänen von Johann Conrad Schlaun 1749 erbaute Gartenhaus wurde 1911 von der Karlstraße in die Josefstraße Nr. 2 versetzt. Der höchst elegante Backsteinbau mit Sandsteingewänden, Blenden an den abgerundeten Ecken und Zeltdach ist nur eines der zahlreichen Gartenhäuser, die Schlaun für Münsteraner Bürger baute. Ein weiteres Gartenhaus befindet sich in der Goldstraße 30, der Bau mit hohem Kellergeschoß und Walmdach ist vermutlich um 1780 entstanden.

Coesfelder Kreuz: An der Roxeler Straße befindet sich ein Gabelkruzifixus auf hohem Sokkel; die mehrfach erneuerte Sandsteingruppe aus dem Jahre 1689 stammt aus der Werkstatt des Johann Mauritz Gröninger.

Weißes Kreuz: Am Prozessionsweg stehen noch heute einige barocke und neuere Bildstöcke, unter ihnen ist erwähnenswert die Kreuzigungsgruppe in Sandstein von 1708; für den Gabelkruzifixus zeichnet ebenfalls Johann Mauritz Gröninger verantwortlich.

Haus Wienburg: Das einfache, heute als Ausflugslokal genutzte Landhaus wurde um 1765 errichtet. Ehemals vor den Toren der Stadt gelegen, gehörte zu dem Landhaus ursprünglich noch ein Barockgarten, von dessem reichem Skulpturenschmuck beträchtliche Teile erhalten sind.

Haus Wilkinghege: Die heute als Hotel und Restaurant genutzte ehemalige Wasserburg liegt etwa 3 km nordwestlich der Innenstadt an der Steinfurter Straße Richtung Nienberge. Die einheitliche Anlage wurde um 1590 errichtet, das Herrenhaus 1719 vermutlich von Lubbert Hagen modernisiert: der Ziegelbau mit Werksteingliederung ist durch einen übergiebelten Mittelrisalit, Freitreppe und Wappenkartusche ausgezeichnet. In den restaurierten Innenräumen überzeugen vor allem die um 1720 stuckierten Räume im Erdgeschoß.

Haus Lütkenbeck: Etwa 3 km südöstlich der Innenstadt am Lütkenbecker Weg stehen die Reste einer barocken Wasserschloßanlage. Das Herrenhaus nach Plänen der Gebrüder Pictorius von 1696 brannte bereits 1714 ab. Die eleganten Vorburggebäude wurden im frühen 18. Jahrhundert von Lambert Friedrich Corfey errichtet: die symmetrisch angeordneten Wirtschaftshäuser sind durch viertelkreisförmige Zwischentrakte mit zwei vorgelagerten Achteckpavillons miteinander verbunden. Im Nordpavillon befindet sich die stuckierte Marienkapelle, die ursprünglich dem Hl. Michael geweiht war, der südliche diente als Gerichtshaus. Die im Krieg schwerbeschädigte Anlage wurde seit 1956 in ihrer alten Form wiederhergestellt.

Landesmuseum für Kunst und Kulturgeschichte, Domkammer und **Stadtmuseum:** In den Schausammlungen des Landesmuseums am Domplatz, der Domkammer am Dom und des Stadtmuseums in der Salzstraße befinden sich wichtige Abteilungen zur Kunst- und Kulturgeschichte Münsters und Westfalens im 17. und 18. Jahrhundert.

MÜNSTER-MAURITZ

Kath. Pfarrkirche St. Mauritz: Die ehemalige Kirche des ältesten, um 1070 vor der Stadt gegründeten Kanonikerstifts beherbergt einige wichtige Ausstattungsstücke des Barock: ein Altarbild vom ehemaligen Hochaltar mit der Kreuzigung und Stifterportrait des Propstes Arnold von Vittinghoff genannt Schell, 1664 geschaffen von dem Maler Jan Boeckhorst; außen am Chor eine große Kalvarienberggruppe, um 1630 von Gerhard Gröninger; im Kirchenschatz ein fast 2 m hohes silberverkleidetes Repositorium, gegliedert durch Hermenpilaster und bekrönenden Kuppelbaldachin, eine Kölner Arbeit von 1729.

Ehem. Stiftsgebäude: Von den Gebäuden des ehemaligen Kanonikerstifts ist das heutige Pfarrhaus auf dem baumbestandenen Kirchplatz erhalten. Um 1758 hatte Johann Conrad Schlaun den schlichten Bau mit Freitreppe für Johann Wilhelm von Oidtmann aus Köln, seit 1729 Kanonikus des Stiftes St. Mauritz und seit 1765 dessen Dechant, errichtet. Von der Stiftsimmunität noch erhalten sind ebenfalls an der Ostgrenze die Torpfeiler sowie die ehemalige Dechanei, ein Herrenhaus mit Fachwerkobergeschoß.

MÜNSTER-NIENBERGE

Kath. Pfarrkirche St. Sebastian: Bemerkenswerte Ausstattungsstücke des 17. und 18. Jahrhunderts, erwähnenswert insbesondere: Taufstein, um 1720, vermutlich von Johann Wilhelm Gröninger, vergleichbar dem Stück in der → Liebfrauenkirche in Münster; zwei Figuren des Hl. Sebastian und des Hl. Rochus aus dem Umkreis Gerhard Gröningers, um 1730 bis 1750 entstanden; drei gefaßte Stuckreliefs mit der Geißelung und Kreuzigung Christi sowie einer Marienklage, vermutlich vom alten 1655 errichteten Hochaltar. Auf dem Kirchplatz steht der St. Sebastians-Bildstock, der nach Entwurf von Johann Conrad Schlaun ausgeführt wurde.

Haus Rüschhaus: *malerisch gelegenes Landhaus des Baumeisters Johann Conrad Schlaun, 1826–46 Wohnsitz der Dichterin Annette von Droste-Hülshoff; Außenbesichtigung jederzeit, Führungen täglich außer montags um 10, 11, 12, 14–16 Uhr (siehe auch Abbildungen im Farbteil).*

Johann Conrad Schlaun, fürstbischöflicher Baumeister und Ingenieur, Generalmajor und Kommandant der münsterischen Artillerie, stand in Münster in hohem Ansehen und konnte nach Ausweis der Steuerlisten zu den reichen Leuten in der Stadt gerechnet werden.

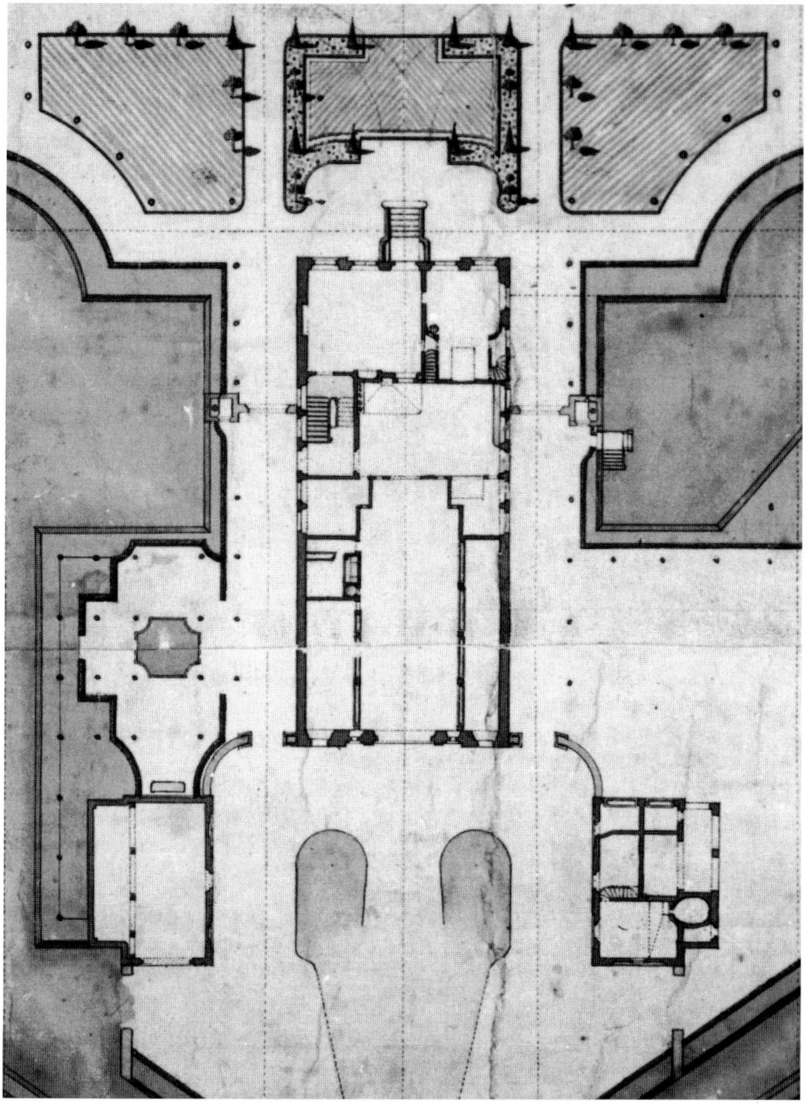

Münster-Nienberge, Haus Rüschhaus: Ausschnitt aus dem Gesamtplan des Hauses mit den zugehörigen Ländereien, Kopie von 1793 nach einem 1743 für Johann Conrad Schlaun angefertigten Lageplan (Westfälisches Landesmuseum, Münster)

Münster-Nienberge, Haus Rüschhaus: Landsitz von Johann Conrad Schlaun, Ansicht der Gartenseite (Aufnahme 1993)

Das Rüschhaus ist deshalb ebenso wie sein Stadthaus, das er zwischen 1753 und 1755 in der Hollenbeckerstraße in der nordwestlichen Altstadt Münsters erbaute (1945 verbrannt), als Künstlerhaus zu verstehen. Seinem militärischen Rang hatten die Dekorationsformen des Außenbaues ebenso wie die innere Aufteilung seiner Wohnung zu entsprechen, seinem Ansehen als Architekt das Raffinement ihrer Verwendung. Schlaun greift beim Bau seines Landhauses deshalb in der Grundrißdisposition auf die Formen sowohl des Adelssitzes wie auch des westfälischen Bauernhauses zurück und erreicht damit letztlich eine architektonische Synthese aus Bauernhof und Maison de Plaisance.

Bereits 1744 hatte Schlaun das Lehen Rüschhaus der Familie Plettenberg erworben, 1745 erfolgte die Belehnung durch den Kurfürsten, für den Schlaun gerade das Jagdschloß Clemenswerth baute und dessen Stiftung des → Clemenshospitals der Barmherzigen Brüder in Münster er entwarf. Schlaun gelang es, den schatzfreien Adelssitz, ein derbes Bauern-

Münster-Nienberge, Haus Rüschhaus: Deele (Aufnahme 1993)

Münster-Nienberge, Haus Rüschhaus: Landsitz von Johann Conrad Schlaun, Ansicht der Hofseite (Aufnahme 1993)

haus, in ein geordnetes Anwesen zu verwandeln. In der Symmetrieachse erschließt eine von Gräben begleitete Allee den ‚Ehrenhof': im Zentrum das Haupthaus, seitlich durch kreisförmige Mauern mit den flankierenden Nebenbauten verbunden, die Gebäudegruppe noch einmal zusammengefaßt durch die aufeinander bezogenen Formen des Dachgesimses. Die Gesamtanlage einschließlich des Haupt- und Nebengartens auf einer eigenen Insel ist umgeben von der regelmäßig geführten Gräfte: eine elegante, schloßähnliche Wasseranlage und gleichzeitig der außergewöhnlichste Bauernhof Westfalens.

Wie bei seinem Wohnhaus in Münster legte Schlaun am Rüschhaus besondere Sorgfalt auf die Fassadengestaltung. Nicht nur, daß er die traditionellen Baumaterialien des Münsterlandes, roten Backstein und gelben Baumberger Sandstein, in ihrer Farbwirkung subtil gegeneinander abwog: auch die Wandflächen gestaltete er durch Schichtung zu gleichsam lebendigen Organismen, die sich im Spiel von Licht und Schatten ständig verändern. Über dem Deelentor der Hofseite befindet sich eine Inschriftkartusche und darüber das Rund einer Sonnenuhr. Beides verbindet eine geschwungene Ziegelrahmung. An der Gartenfassade herrscht die Vertikale vor, wobei die Mittelachse durch gequaderte Lisenen und nicht zuletzt durch das Allianzwappen Schlaun-Rehrmann ausgezeichnet ist. Bis in das Detail hat Schlaun seinem offensichtlichen Stolz über den Titel „Herr von Rüschhaus" Ausdruck verliehen, der sich auch in dem anschließenden kleinen, aber elegant angelegten Barockgarten mit vier Putti von Johann Christoph Manskirch zeigt, die allerdings seinem Stadthaus in Münster entstammen.

Auch die Dispostion der Innenräume spiegelt die Synthese aus Bauernhof und Lusthaus wider: im vorderen, zum Hof gelegen Teil die große Längsdeele und die Küche, dahinter zum Garten hin der große Saal, von dem aus man über eine Freitreppe den Garten erreichen konnte, daneben das Schlafzimmer des Hausherrn mit dem „Lit en niche", dem Bett als Zentrum des Hauses in einer herrschaftli-

Münster-Nienberge, Haus Rüschhaus: Hausaltar im Gartensaal (Aufnahme 1994)

Münster-St. Mauritz, Haus Dyckburg: Ansicht der Loreto-Kapelle von Nordosten (Aufnahme 1981)

chen Nische, von der aus über Tapetentüren die „Dégagements" zugänglich waren, Treppen für die Dienerschaft, die auf Klingelzeichen, ohne die Wege der Herrschaft zu kreuzen, deren Wünschen zur Verfügung standen. Der Salon ist in repräsentativer Symmetrie gestaltet, als Gartensaal mit Freitreppe über dem Wegenetz der Anlage. Die Verbindung von Funktion und Repräsentation, zeigt sich nicht zuletzt in der Doppelnutzung des Gartensaals als Schloßkapelle: hinter einer Scheintür verbirgt sich der Hausaltar, der sich mit wenigen Handgriffen hervorholen läßt. Vermutlich mußte Schlaun eine Kapelle in Rüschhaus einrichten, denn nach einem Streit um von ihm verletzte Wegerechte der Bauern, hatte man dem hohen Herrn die Kirchenbank seiner Pfarrkirche in Nienberge in Teilen vor die Tür gelegt. Ohne Bank aber war Kirchenbesuch und Kommunion ausgeschlossen. Andererseits war ein geweihter Altars im Herrenhaus ein ansonsten dem Adel vorbehaltenes Privileg, mithin ein weiteres Indiz für den beanspruchten Rang des Bauherrn.

MÜNSTER-SANKT MAURITZ

Haus Dyckburg: *Malerischer, nicht vollendeter Landsitz mit Loreto-Kapelle; Außenbesichtigung jederzeit.*

In den Jahren 1735 bis 1740 errichtete Johann Conrad Schlaun für den Dompropst Friedrich Christian von Plettenberg-Marhülsen ein Landgut mit eigener Ökonomie: Der Plan Schlauns sah ein Haupthaus mit seitlich vorgelagerten Wirtschaftsgebäuden und einer abseits gelegenen Loreto-Kapelle vor. Die von Gärten und einer Gräfte umgebene Anlage wurde nur in Teilen ausgeführt, das zentrale Haupthaus fehlt, die Kapelle wurde an anderer Stelle errichtet. Plettenberg hatte seine Wohnung im Brauhaus, im hinteren Teil des linken Gebäudes. 1740 entschloß er sich, offenbar als demonstrativen Akt seiner Marienverehrung, eine Loreto-Kapelle zu bauen, eine Kopie der Santa Casa, wie sie bereits 1726 von Lambert Friedrich Corfey in → Drensteinfurt errichtet worden war. Die Santa Casa zu Loreto ist das Geburts- und Wohnhaus der Maria, das der Legende nach durch Engel von Nazareth nach Loreto transportiert wurde, um es vor der Bedrohung der Ungläubigen zu schützen. Die heute schlichte Loreto-Kapelle von Haus Dyckburg wurde 1894 um einen Rundbau, 1914 um eine Grabkapelle erweitert.

MÜNSTER-WOLBECK

Kath. Pfarrkirche St. Nikolaus: An den Chor der Hallenkirche des 14. Jahrhunderts schloß im Osten die im 17. Jahrhundert angelegte ehemalige Merveldtsche Gruftkapelle an; hier stand der nach Entwürfen von Johann Conrad Schlaun ausgeführte Memorienaltar für den 1727 gestorbenen Grafen Goswin Hermann Otto von Merveldt, Großprior des Malteserordens, mit einer halbkreisförmigen Säulenstellung mit ausgeprägtem Gebälk und Gesims, die auf erhöhtem Podest das Relief der Grablege Christi umschließt. Engel knien als Assistenzfiguren auf dem Gesims der Retabelkolonnade, eine ornamental geschwungene Architektur schließt die Szenerie ab. Vorbilder für

diese elegante Komposition sind in den römischen Grabmälern Borrominis im Lateran zu finden, etwa im Grabmal des Kardinals von Portugal. 1935 wurde der Memorienaltar nach dem Abbruch der Gruftkapelle in die Pfarrkirche versetzt.
Bildstock Hohenkirch: Am Kreuzbach Nr. 230 befindet sich ein bemerkenswerter Bildstock, das zentrale Relief aus der Zeit um 1700 zeigt die Kalvarienbergszene.

MÜNSTERBROCK → MARIENMÜNSTER
NATZUNGEN → BORGENTREICH

NETPHEN (Kr. Siegen)
Verkehrsverein Netphen e.V., Amtsstraße 6, 57250 Netphen, Tel. (02738) 603111, Fax 603125.

NETPHEN-OBERNETPHEN
Ev.-ref. Pfarrkirche: Die ehemalige St. Martin-Kirche diente von 1651 bis 1896 beiden Konfessionen. Die Hallenkirche erreicht man durch das Kirchhofportal mit reichverziertem schmiedeeisernem Gitter von 1709 über den großzügig gestalteten, freitreppenartigen Aufgang. Von der 1696 erworbenen Barockausstattung ist noch die prächtige, reichgeschnitzte Kanzel erhalten.
Kath. Pfarrkirche St. Martin: Von der Barockausstattung des Vorgängerbaus ist eine vergoldete Turmmonstranz mit Figuren und Inschrift von 1692 erhalten.

NEUENGESEKE → BAD SASSENDORF
NEUENHEERSE → BAD DRIBURG
SCHLOSS NEUENHOF → LÜDENSCHEID-ALTENA
NEUENKLEUSHEIM → OLPE

NEUENRADE (Kr. Siegen)
Verkehrsverein Neuenrade e.V., Alte Burg 1, 58809 Neuenrade, Tel. (02392) 6930, Fax 69348.
Ev. Pfarrkirche: Die ehemalige Unser Liebfrauen-Kirche liegt am Südrand der Ortschaft und wurde Mitte des 18. Jahrhunderts als schlichter einschiffiger Rechteckbau errichtet. Der Westturm wurde von dem mittelalterlichen Vorgängerbau des 14. Jahrhunderts übernommen. Von der Barockausstattung der Erbauungszeit sind der Kanzelorgelprospekt mit seitlich flankierenden Emporen und das Kirchengestühl von 1753 erwähnenswert.

SCHLOSS NEUHAUS → PADERBORN
SCHLOSS NIEDERALME → BRILON-ALME
NIEDERDIELFEN → WILNSDORF
NIEDERDRESSELNDORF → BURBACH
NIEDERMARPE → ESLOHE
NIEDERMARSBERG → MARSBERG

NIEHEIM (Kr. Höxter)
Verkehrsverein, Rathaus, 33039 Nieheim, Tel. (05274) 8304, Fax 1641.

NIEHEIM-HIMMINGHAUSEN
Schloß: Der eingeschossige Zweiflügelbau mit Mansarddach stammt aus dem frühen 18. Jahrhundert. Die bestehenden Gebäude sollten sicherlich zu einer Dreiflügelanlage vervollständigt werden, auf eine solche Planung nehmen die früher errichteten Wirtschaftsgebäude von 1602 bzw. von 1693 auf der Vorburg offensichtlich Bezug.

NIEHEIM-MERLSHEIM
Wasserschloß: Die Anlage wurde bereits um 1420 vermutlich als Turmburg errichtet und bis 1610 nach Süden, Westen und Osten stark erweitert.
Unter dem Paderborner Domdechanten Caspar Philipp von Ketteler wurde der Ostflügel mit Tordurchfahrt angefügt. Die beiden eindrucksvollen Flügel des zweigeschossigen Herrenhauses sind noch heute von einem breiten Gräftenviereck umgeben, das man über eine Brücke mit frühbarockem Portal von 1667 erreicht. Der Volutengiebel an der Nordstirnseite und der dreifach gestaffelte prächtige Ostgiebel des Südflügels gehören zu den letzten Schaugiebeln in Ostwestfalen.
Der Barockgarten vor dem Herrenhaus ist in den Grundzügen wiederhergestellt worden.

Münster-Wolbeck, Pfarrkirche St. Nikolaus: Memorienaltar (Aufnahme 1953)

NIENBERGE → MÜNSTER
NÖRDE → WARBURG

NORDKIRCHEN (Kr. Coesfeld)
Verkehrsamt, Rathaus / Bohlenstraße 2, 59394 Nordkirchen, Tel. (02596) 390, Fax 3939.
Geschichte: Der Hof Nordkirchen war ursprünglich ein Lehen des Klosters Werden, danach seit dem 13. Jahrhundert in der Hand der Herren von Morrien, der späteren Erbmarschälle des Bistums Münster. 1530 verlegte Gerhard von Morrien wegen einer bereits in Bau befindlichen neuen Burganlage das nahegelegene Dorf mit der Kirche an seinen heutigen Platz. Das um 1528 begonnene Schloß war ein Werk von Henrik de Suyr aus Coesfeld, dem Erbauer von → Schloß Herten, vollendet von seinem Sohn Johann in den dreißiger Jahren. Neben dem Neubau des Schlosses wurden auch gleichzeitig ab 1715 in der vom Schloß abhängigen Dorfsiedlung von den Architekten Pictorius und Schlaun neue Bauten errichtet.
Schloß: *als „westfälisches Versailles" die größte und bedeutendste Schloßanlage des dem Bau des riesigen Schlosses, das unter seinem Neffen Ferdinand Graf von Plettenberg, dem später in Ungnade gefallenen Minister des Kölner Kurfürsten Clemens August von Bayern, vollendet und zu einer glanzvollen, von den Zeitgenossen gerühmten Residenz ausgestaltet wurde. Das Schloß liegt außerhalb des Ortes inmitten eines großen Wald- und Parkgeländes an der Straße nach Südkirchen und wird heute als Fachhochschule für Finanzen des Landes NRW genutzt.
Nach Erwerb durch den Fürstbischof Friedrich Christian von Plettenberg wurde das alte Schloß abgebrochen, eine Anlage, die durch eine Zeichnung von Peter Pictorius d.J. überliefert ist und wohl nicht mehr dem Repräsentationsbedürfnis des neuen Besitzers entsprach. Auf der alten Burginsel wurde ab 1703 der neue Bau nach Entwürfen des am niederländischen Klassizismus geschulten münsterischen Hofarchitekten Gottfried Laurenz Pictorius errich-

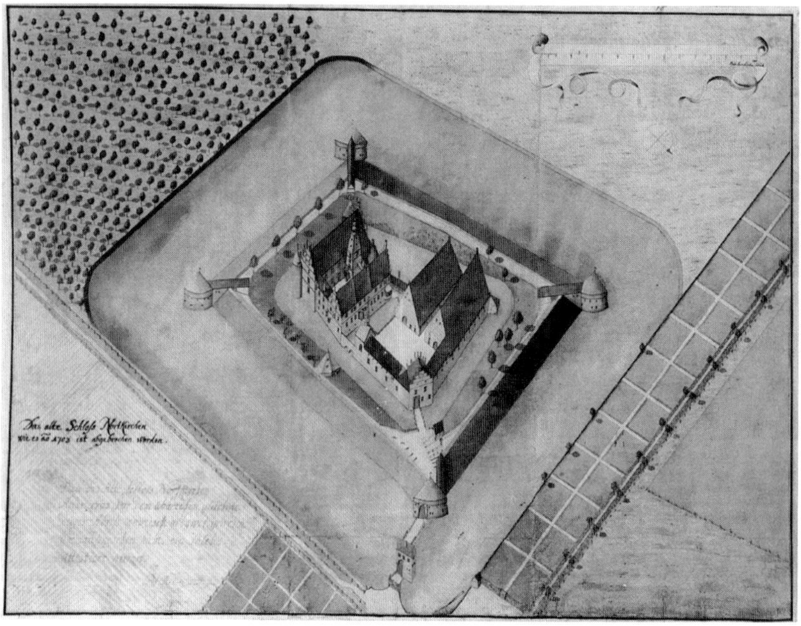

Nordkirchen, Schloß: Ansicht der Wasserburg des 16. Jahrhunderts vor dem Abbruch, Zeichnung von Peter Pictorius d.J., vor 1703 (Westfälisches Landesmuseum, Münster)

Barock in Westfalen mit malerisch gelegener, weitläufiger Gartenanlage; Außenbesichtigung jederzeit möglich, Öffnungszeiten samstags und sonntags 14–18 Uhr, sonst 9–18 Uhr (siehe auch Abbildungen im Farbteil).
Im Jahre 1694 erwarb Fürstbischof Friedrich Christian von Plettenberg (1688–1706) das alte Morriensche Gut, vergrößerte es durch Ankauf weiterer Besitzungen zur Herrschaft Nordkirchen und stiftete es seiner Familie als erblich nicht teilbaren Fideikommiß. Er begann mit tet; außer dem Architekten waren Peter Pictorius d.J. und Johannes Quincken als Bauführer und Lubbert Hagen als Maurermeister tätig. Neben den Schlössern in → Ahaus und → Sassenberg war dies die dritte große Anlage des baufreudigen und finanzstarken Bischofs. Die Grundsteinlegung erfolgte im Jahre 1703, nach dem Tod des Bauherrn 1706 wurden die Arbeiten zunächst unter seinem Neffen von Peter Pictorius, seit 1725 nach Plänen von Johann Conrad Schlaun fortgesetzt. 1734 war

Nordkirchen, Schloß: Südfassade (Aufnahme 1993)

die Gesamtanlage mit Nebengebäuden und großem Park im wesentlichen vollendet. Die komplexe Baugeschichte gliedert sich prinzipiell in zwei Phasen: Unter Pictorius bis 1712 weitgehende Fertigstellung des Schlosses, 1713 Dekoration der Schloßkapelle, Bau der Wirtschaftsgebäude und Wachhäuschen. 1717 bis 1718 Bau von kleiner und großer Orangerie und Fasanerie, die unter Schlaun abgerissen wurden, Pfeiler der Hauptbrücken im Süden und Westen. 1723 dann Übernahme der Bauleitung und weitere Planung durch Schlaun. Ausstattung des Speisesaals, der kleinen Kapelle, weiterer Säle, Neuplanung des Gartens, Aufstockung bzw. Umbau der großen Orangerie zu einem zweigeschossigen Gartenkasino mit neuem Namen ‚Oranienburg'. Ab 1726 Neubau der kleinen Orangerie, 1727 bis 1728 der Fasanerie, 1725 Anlage einer neuen Stallung südlich der Schloßinsel, die heute nicht mehr existiert, bis 1732 Anlage des Inselgartens mit Gloriette an der Nordseite des Schlosses, der

Nordkirchen, Schloß: Gesamtanlage (Aufnahme 1993)

Nordkirchen, Schloß: Himmelfahrt Mariens, Deckenfresko der Schloßkapelle (Aufnahme 1993)

im 19. Jahrhundert neubarock verändert wurde, Pfeiler der Außenbrücken und schließlich des Westgartens. Plettenberg fiel 1733 anläßlich der verhängnisvollen Roll-Affäre, einem verbotenen Zweikampf, beim Kurfürsten in Ungnade, der ihn aller Ämter enthob. Nordkirchen wurde sogar von münsterischen Truppen besetzt, Plettenberg ging erst nach Wien, dann nach Rom. Schlauns Tätigkeit in Nordkirchen endete jäh. Nordkirchen ist die größte und bedeutendste Schloßanlage des Barock in Westfalen mit ungewöhnlich reicher Ausstattung: Macht und Pracht auszustellen nach dem Vorbild des französischen Sonnenkönigs in Versailles, bei-

Nordkirchen, Schloß: Nordgarten (Aufnahme 1993)

Nordkirchen, Schloß: Pavillon der Schloßkapelle (Aufnahme 1993)

nahe maßlos planen und zu bauen, Herrschaft über Land und Leute in architektonische Form zu bringen, zeigt kein Großbau des westfälischen Barock so überzeugend wie Schloß Nordkirchen. Zunächst entstand das eigentliche Hauptschloß, bestehend aus Corps de Logis und zwei versetzt angeschlossenen Pavillons, die einen Ehrenhof ausbilden; es folgten die ursprünglich freistehenden Kapellen- und Dienerschaftsflügel, dann die Aufmauerungen der Schloßinsel und die vier Pavillontürme auf ihren Ecken. Den Abschluß bildeten die zwei Marstallgebäude und die beiden, heute nicht mehr vorhandenen Wachhäuser. Die Disposition der Gebäude ist französisch: ihr stufenweises Zusammentreten, die energische Tiefenstaffelung und die strenge Symmetrie steigern sich zum Zentrum, dem Fürsten.

1712, als Ferdinand von Plattenberg die Güter übernahm, waren auf der Schloßinsel das Hauptschloß, die beiden Nebenflügel und die nördlichen Eckpavillons äußerlich fertiggestellt und bis 1718 der größte Teil der Innenräume und die Schloßkapelle ausgestattet. Stuckaturen, Deckenmalereien, Supraporten und Wandgemälde zeigen ein Bildprogramm zum Ruhm und zur Verherrlichung des Hauses Plettenberg.

Seit 1723 weht mit Johann Conrad Schlaun ein frischer Wind in Nordkirchen. Das Speisezimmer ist der erste ‚moderne' Raum in Westfalen im Stil der sogenannten Régence. Schlaun, gerade von seiner Studienreise aus Rom, Wien und Paris zurückgekehrt, war für den jungen Bauherrn der richtige Mann am richtigen Ort. Am Speisezimmer kann man deutlich sehen, wie die etwas altertümliche Dekoration der bereits fertiggestellten Staatsräume mit französischen Formen überzogen und aufgefrischt wurde. Neue italienische Dekorateure – Morsegno und Castelli – wurden aus Brühl geholt und statteten nach den Vorgaben Schlauns die Räume des Ostflügels aus – besonders kostbar die kleine Kammerkapelle. Seit 1725 arbeitete Schlaun an der Gestaltung der Schloßinsel und des Gartens an der Nordseite.

1833 fällt der Besitz an die Grafen von Esterhazy-Galantha, 1903 an die Herzöge von Aren-

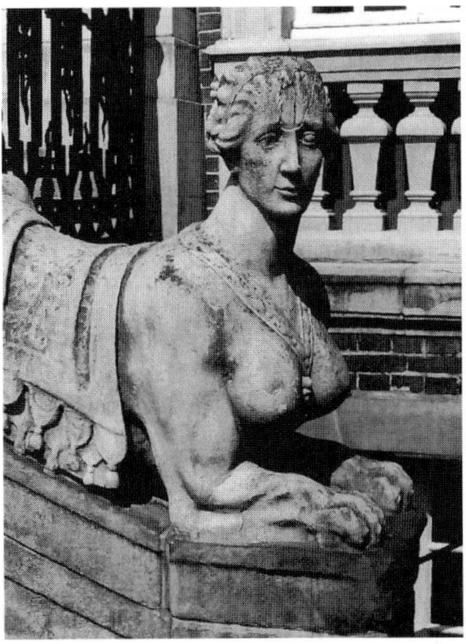

Nordkirchen, Schloß: Sphinx auf der Treppenbrüstung des Hauptportals (Aufnahme 1993)

Nordkirchen, Schloß: Speisesaal (Aufnahme 1993)

berg, die Neubauten errichten: verfälscht wird der heutige Eindruck durch die erst nach 1903 gebauten Verbindungspavillons zwischen dem Hauptbau und den abgewinkelten Flügelbauten – erst jetzt entspricht die Anlage dem Versailles Ludwigs XIV. Brücken und Parkanlagen wurden errichtet, Wachhäuser und Stallgebäude abgerissen oder in anderer Form erneuert.

Oranienburg: Das bereits fertiggestellte eingeschossige Gartenkasino von Peter Pictorius hat Schlaun seit 1725 umgebaut. Nach der Aufstockung des Gebäudes um ein Geschoß wurde ein prächtiges Mansarddach aufgesetzt.

Schlaun hatte dabei die Wandgliederung seines Vorgängers geschickt weitergeführt und modernisiert, die Streifengliederung und die abgerundeten Ecken beibehalten. Mittelrisalit, Flügel und Pavillions im Dreitakt streng symmetrisch gegliedert, die Mansardfenster betonen die Taktung noch, fein profilierte Fensterädikulen im Obergeschoß nach römischen Vorbildern sitzen wie im Pictorius-Erdgeschoß in gerahmten Feldern. Allerdings sprengen sie den Rahmen, übertreffen in der Delikatesse der Zeichnung das Erdgeschoß und steigern das Obergeschoß zur Belétage. Die Oranienburg bietet sich als zweigeschossiges repräsentatives Gartenkasino dar und wurde der Bezugspunkt für die Querachse des 1715 bis 1735 angelegten Westgartens.

Orangerie: Schlaun errichtete von 1727 bis 1730 einen eleganten Zweckbau im hinteren Teil des Westgartens. Im Sommer, wenn die empfindlichen Pflanzen im Garten aufgestellt waren, konnte die Orangerie von der Hofgesellschaft für Feste, Spiele und Banketts genutzt werden.

Kath. Pfarrkirche St. Mauritius: Anstelle des gleichzeitig zum alten Schloß entstandenen Vorgängerbaus von 1533 bis 1536 errichten Gottfried Laurenz und Peter Pictorius d.J. in den Jahren 1715 bis 1719 während der Bauarbeiten am neuen Schloß eine schmucklose Hallenkirche. In schwerer Krankheit hatte Ferdinand von Plettenberg 1715 gelobt, im Dorf Nordkir-

Nordkirchen, Schloß: Hauskapelle im östlichen Flügel (Aufnahme 1993)

chen die Pfarrkirche neu zu erbauen. Das Allianzwappen des Stifters mit dem bayerischen St.-Michaelsorden befindet sich über dem von Wilhelm Heinrich Kocks gefertigten Westportal. Der hohe, weithin sichtbare Backsteinturm mit abgeschrägten Ecken, geschweifter Barockhaube und durchbrochener Laterne beherrscht das gesamte Dorfbild. Ohne die ursprüngliche Barockausstattung wirkt der Innenraum der Kirche heute eher nüchtern, bemerkenswert aber das Heilige Grab im Chor, eine prächtige Holzschnitzarbeit nach einem Entwurf von Johann Conrad Schlaun 1734 gefertigt.
Kapelle St. Nepomuk: Der achteckige Zentralbau wurde von Peter Pictorius d.J. 1722 vollendet und diente als Grabstätte für Graf Maximilian Friedrich von Plettenberg. Den Altarentwurf hatte Johann Conrad Schlaun 1732 geliefert, zur gleichen Zeit dürfte das Gemälde mit dem Martyrium des Kapellenheiligen entstanden sein.
Ehem. Rentei: Nahe der Kapelle steht der um 1710 errichtete einstöckige Ziegelbau mit Walmdach, der um 1780 noch einmal geringfügig umgebaut wurde. Dieser Bau kann auf Grund der Blendgliederung nicht Johann Conrad Schlaun zugeschrieben werden.
Ehem. Armenhaus: Johann Conrad Schlaun ersetzte um 1730 bis 1732 am Kirchplatz das bereits von den Morrien 1556 gestiftete Armenhaus durch einen heute als Kinderkrankenhaus genutzten Neubau. Das Allianz-Wappen mit der Kette des Ordens vom Goldenen Vlies weist den Bau als Stiftung Ferdinand von Plettenbergs aus.
Ehem. Vikarienhaus: Das heute als Café genutzte ehemalige Küsterhaus auf dem Kirchplatz erbaute Johann Conrad Schlaun 1727 im Auftrag von Ferdinand von Plettenberg.

NORDKIRCHEN-SÜDKIRCHEN

Kath. Pfarrkirche St. Pankratius: Der einfache Gewölbesaal wurde 1691 bis 1694 als Stiftung des Fürstbischofs Friedrich Christian von Plettenberg in gotisierendem Barock mit bescheidener Ausstattung erbaut. Im 1965 errichteten Anbau an der Nordseite befindet sich ein interessanter Marienleuchter mit Doppelmadonna aus der Zeit um 1700.

NOTTULN (Kr. Coesfeld)

Verkehrsbüro, Stiftsstraße 4a, 48301 Nottuln, Tel. (02502) 802224, Fax 802118.
Geschichte: Im heutigen Ortszentrum lag der ehemalige Stiftsbereich des ältesten adeligen Kanonissenstiftes der Diözese Münster, gegründet in der ersten Hälfte des 9. Jahrhunderts. Im Jahre 1493 folgte die Umwandlung in ein weltliches Kanonissenstift, das „Hochadelige Freiweltliche Stift", 1524 wurde die Vita communis aufgehoben. 1748 vernichtete ein verheerender Brand Dorf und Stift und ermöglichte den barocken Wiederaufbau der Stiftskurien nach einem Gesamtplan von Johann Conrad Schlaun. Das Stift wurde 1811 im Zuge der Säkularisation aufgehoben.
Kath. Pfarrkirche St. Martin: Neben St. Lamberti in Münster ist die ehemalige Stiftskirche die bedeutendste und schönste spätgotische Hallenkirche Westfalens. Die nach dem Brand von 1748 wiederhergestellte Kirche birgt einen Prospekt der 1719 bis 1721 erbauten Orgel sowie einige prächtige Holzfiguren des 18. Jahrhunderts. Interessant ist auch das Sandsteinepitaph für die 1693 gestorbene Kanonissin Johanna von Galen von dem Bildhauer Johann Mauritz Gröninger.
Ehem. Kurien: Auf der Südseite des weitläufigen Stiftsplatzes liegen die, größtenteils nach dem Brand von 1748 errichteten, wappengeschmückten Palais' der Stiftsdamen mit Brükken über den Nonnenbach. Johann Conrad Schlaun hatte um 1750 die barocke Wiederaufbauplanung vorgenommen: Anlage von Kurienhäusern um den mit Bäumen bepflanzten Platz der Stiftskirche – vergleichbar seiner fast gleichzeitigen Planung für den Domplatz in Münster. Die Ascheberger Kurie auf der einen Seite, die Trias der Sendenschen, Twikkelschen und Kettelerschen Kurien südlich des Nonnenbachs, die Kirche mit ihrer spätbarokken Haube auf der anderen Seite der großzügigen, planvoll mit Linden besetzten Allee und Platzanlage schaffen ein Ortsbild von seltener Geschlossenheit.

NOTTULN-DARUP

Kath. Kreuzkapelle: Vom Dorf aus führt ein alter Hohlweg auf den Daruper Berg, auf dessen Paßhöhe einsam in einem Waldgebiet die Wallfahrtskapelle liegt, ein kleiner Saalbau mit abgeschrägten Ecken, Schweifdach und Dachreiter von 1753. Im Innern befindet sich ein prächtiger, lebensgroßer Gabelkruzifixus aus Sandstein, 1717 von dem münsterischen Bildhauer Wilhelm Heinrich Kocks gefertigt.

OBERHUNDEM → KIRCHHUNDEM
OBERKIRCHEN → SCHMALLENBERG
OBERMARSBERG → MARSBERG
OBERNETPHEN → NETPHEN
HAUS OBERWERRIES
→ AHLEN-DOLBERG

OCHTRUP (Kr. Steinfurt)

Verkehrs- und Werbegemeinschaft e.V., Töpferstraße 10, 48607 Ochtrup, Tel. (02553) 1033, Fax 80627.

OCHTRUP-LANGENHORST

Ehem. Stiftsgebäude: Von den zusammen mit der Kirche auf einer wasserumwehrten Insel gelegenen Klostergebäuden des 15. bis 18. Jahrhunderts sei vor allem auf die ehemalige Abtei im Südwesten des Kirchplatzes hingewiesen, ein Ziegelbau mit Werksteingliederung, übergiebeltem Mittelrisalit und Freitreppe von 1722, wahrscheinlich nach Entwürfen von Peter Pictorius d.J. Als Platzabschluß fungieren zwei schöne Torpfeiler aus der Erbauungszeit mit wappengeschmückten Vasen.

OCHTRUP-WELBERGEN

Haus Welbergen: Ungefähr 1,5 km südlich der Ortschaft liegt die prächtige Wasserschloßanlage, die 1505 in den Besitz der Familie von Oldenhues gelangte und in dieser Zeit die heutige Form erhielt. Nach mehrfachem Besitzerwechsel ließ die Familie Buchholtz das Haus in den Jahren 1730 bis 1746 vor allem in den Innenräumen barock modernisieren und die berühmt gewordene Bibliothek anlegen. Hinter der nahegelegen Mühle ist noch der große Barockgarten erkennbar, der zusammen mit der englischen Parkanlage auf den Wällen heute ein reizvolles Ensemble bildet.

OEDING → SÜDLOHN
OEDINGEN → LENNESTADT

OELDE (Kr. Warendorf)

Stadtverwaltung – Verkehrsamt, Ratsstiege 1, 59302 Oelde, Tel. (02522) 720, Fax 72460.

OELDE-STROMBERG

Kath. Kapelle St. Georg: Der achteckige Zentralbau mit Dachreiter und Kreuzgewölbe von 1686 wird heute als Totenkapelle genutzt. Über dem Portal befindet sich ein barockes Vesperbild, der Altar aus der Erbauungszeit zeigt ein Relief mit der Krönung Mariens.

Haus Geist: Die zwischen 1560 und 1568 durch Laurenz von Brachum erbaute Anlage im Stil der ‚Lippe-Renaissance' wurde 1640 dem Jesuitenorden vererbt und erhielt 1750 bis 1755 einen schlichten Neubau des Nordflügels mit Mansarddach durch den Paderborner Hofarchitekten Franz Christoph Nagel unter der Bauleitung des Jesuitenbruders Franz Pfisterer; im Garten schmiedeeisernes Tor aus der ersten Hälfte des 18. Jahrhunderts. Das Renaissance-Schloß wurde in den Jahren 1806 bis 1809 bis auf geringe Reste (Torhaus, Vorburg, Wirtschaftsgebäude) abgebrochen.

OELINGHAUSEN → ARNSBERG
ÖSTERWIEHE-KAUNITZ → VERL
OESTINGHAUSEN → LIPPETAL

OLPE

Verkehrsamt, Franziskanerstraße 6, 57462 Olpe, Tel. (02761) 83229, Fax 83330.

Kath. Pfarrkirche St. Martin: Reste der Barockausstattung, unter anderem Kreuzigungsgruppe von J.N. Düringer, 1730, und Statue des Hl. Josef aus dem Umkreis der Papen-Werkstatt.

Kath. Hl.-Kreuz-Kapelle: Der schlichte, dreiseitig geschlossene Saalbau mit Barockdachreiter wurde 1737 errichtet. Der ebenfalls einfache Innenraum erhält aber durch die Deckengemälde mit Passionsdarstellungen von Friedrich Adolf Ruegenberg aus Olpe eine erhebliche Aufwertung. Bemerkenswert sind die drei prunkvollen Schnitzaltäre, die mit der Kapelle 1753 geweiht wurden, eine Arbeit von Johann Theodor Düringer aus Hadamar sowie seines in Olpe tätigen Bruders Johann Nikolaus.

Nottuln, Stiftskurien: Wiederaufbauplanung durch Johann Conrad Schlaun (Aufnahme 1987)

Olpe, Kreuzkapelle: Schnitzaltäre (Aufnahme 1972)

Kath. Rochuskapelle: Der kleine achteckige Zentralbau mit Schweifhaube und Laterne wurde 1676 vollendet, von der Ausstattung sind der Altar sowie zwei Heiligenfiguren aus der ersten Hälfte des 18. Jahrhunderts erwähnenswert.

OLPE-NEUENKLEUSHEIM

Kath. Pfarrkirche St. Georg: Aus der Zeit der barocken Umbauarbeiten am Westturm stammen auch Reste der Innenausstattung wie die Kreuzigungsgruppe mit überlebensgroßer Christusfigur des ehemaligen Altars, der später erweiterte Orgelprospekt von 1663, außerdem Figuren der Muttergottes, J.N. Düringer zugeschrieben, und des hl. Joseph.

OLPE-RÜBLINGHAUSEN

Kath. Kapelle St. Matthäus und Leonhard: Die ehemalige, 1734 errichtete Wallfahrtskapelle überzeugt durch die architektonische Lösung, aus dem Oval des Grundrisses einen Zentralbau zu entwickeln, der ausgewogen proportioniert durch das gestufte Dach mit Reiter bekrönt wird.

OLSBERG (Hochsauerlandkr.)

Verkehrsverein, 59939 Olsberg-Antfeld,
Tel. 02962/2522.

OLSBERG-ANTFELD

Schloß: Um einen rechteckigen Hof wurde um 1717 durch den Maurermeister Nikolaus Wurmstich aus Lippstadt – der hier vermutlich auch als planender Architekt fungierte – eine regelmäßige Anlage errichtet: das Herrenhaus als schlichter Dreiflügelbau mit zwei quadratischen haubenbekrönten Ecktürmen an der Südseite wird am Mittelrisalit der Hoffront durch ein prächtiges Wappenportal und die großzügige doppelläufige Freitreppe ausgezeichnet. Im Verbindungstrakt zu den symmetrisch angeordneten Nebengebäuden lag die 1727 vollendete Schloßkapelle.

OLSBERG-BRUNSKAPPEL

Kath. Pfarrkirche St. Servatius: Der schlichte Saalbau besitzt eine einheitliche Ausstattung aus der zweiten Hälfte des 18. Jahrhunderts, vor allem bemerkenswert ist die 1780 erbaute Rokoko-Orgel von Johann Georg Fromme aus Soest.

OPHERDICKE → HOLZWICKEDE

OSTBEVERN (Kr. Warendorf)

Gemeindeverwaltung, 48346 Ostbevern,
Tel. (02532) 8216, Fax 8246.

Kath. Pfarrkirche St. Ambrosius: Bescheidene Barockausstattung.

Haus Loburg: Johann Conrad Schlaun hatte hier um 1766 für den Freiherrn von Nagel-Itlingen ein Herrenhaus errichtet, das 1899 völlig niederbrannte. Das bestehende Gebäude ist eine um 1900 von Hermann Schaedler (Hannover) erbaute neubarocke Nachempfindung der Schlaunschen Architektur und kann im übrigen auf Grund seiner Nutzung als Internat nicht besichtigt werden. 1972 wurden auch die Schlaunschen Vorburg-Gebäude abgeris-

sen, von der ursprünglichen Barockanlage ist somit nur noch die Brücke mit den Torpfeilern erhalten.
Beverbrücke: Die Mitte des 18. Jahrhunderts erbaute Brücke – an der Grenze zwischen der Bauernschaft Schirl und der Gemeinde Milte – lag nahe beim niedergelegten Kloster Rengering. Die wuchtige dreibogige Steinbrücke trägt ein Standbild des Hl. Johann Nepomuk.

OSTENFELDE → ENNIGERLOH
OSTERWICK → ROSENDAHL
OTTBERGEN → HÖXTER
OTTENSTEIN → AHAUS
OVENSTÄDT → PETERSHAGEN

PADERBORN

Verkehrsverein, Marienplatz 2a, 33098 Paderborn, Tel. (05251) 26461, Fax 22884.
Geschichte: Nach dem Dreißigjährigen Krieg wurde für die Kunst- und Kulturgeschichte Paderborns vor allem die Regierungszeit des Bischofs Ferdinand von Fürstenberg (1661–83) wichtig. Es entstanden das Michaelskloster an den Paderquellen inmitten der Stadt sowie die Kirchen der Franziskaner, Jesuiten und Kapuziner, die er selbst erbauen ließ. In der Folge wurden zahlreiche Kurien und Adelshöfe, so der Dalheimer Hof von Johann Conrad Schlaun, errichtet. 1802 ging das Fürstentum Paderborn an Preußen über, 1945 wurde bei Luftangriffen das alte Stadtbild weitgehend zerstört, beim Wiederaufbau konnten die Kirchen und das Rathaus wiederhergestellt werden.
Von den in Paderborn ansässigen Künstlern des 17. und 18. Jahrhunderts ist der Baumeister Franz Christoph Nagel (1699–1764), der Hofarchitekt von Clemens August, unter den Bildhauern die Familie der Gröninger berühmt: allen voran Heinrich Gröninger (1579–1631), dessen Bruder Gerhard den münsterischen Zweig der Familie begründete. Zu erwähnen sind ferner Heinrich Gröne (1659–1709) sowie die gebürtigen Paderborner Johann Theodor Axer (1700–64) und der Hofbildhauer Johann Philipp Pütt (1731–84).
Dom St. Maria, St. Liborius und Kilian: *ungewöhnlich reiche und prächtige Ausstattung im Zuge der Barockisierung des Domes 1652–1706.*
Die Metropolitankirche des 11. bis 13. Jahrhunderts wurde durch An- und Umbauten des 17. Jahrhunderts in ihrem Erscheinungsbild verändert, interessant sind vor allem neben der reichen Ausstattung die sogenannten Barockkapellen: die im Dreißigjährigen Krieg zerstörten Seitenkapellen des Langhauses und die Marienkapelle im Chorumgang wurden in der zweiten Hälfte des 17. Jahrhunderts erneuert und die Eingänge zu den Seitenschiffen als Prunkportale und Schauwände gestaltet. Die Entwürfe lieferte zunächst der Franziskanerbruder Gerhard Mahler, etwa das Portal der Dreifaltigkeitskapelle von 1653, gefolgt in den achtziger Jahren durch den Kapuzinerbruder Ambrosius von Oelde im Stil des Hochbarock. Für die Bildhauerarbeiten sowie die reiche Innenausstattung zeichnet die Gershagener Werkstatt von Heinrich und Christophel Papen verantwortlich, wie etwa in der Elisabethkapelle von 1687.
Von der reichen Barockausstattung des Domes sind vor allem erwähnenswert: in der Marien-Kapelle kleiner Rokokoaltar von 1760; Kanzel von 1736. Unter den zahlreichen Grabdenkmälern sei hingewiesen auf: Epitaph des 1661 gestorbenen Fürstbischofs Dietrich Adolf von der Recke, errichtet 1668; Doppelgrabmal für zwei Brüder von Asseburg (†1712 und 1713) von Heinrich Papen. Von Heinrich Gröninger stammen die um 1608 bis 1609 gefertigten Apostelfiguren an den Pfeilern des Langhauses sowie die riesige Statue des hl. Christophorus von 1619 im nordöstlichen Querhaus. Im nordwestlichen Querschiff befindet sich das ursprünglich auf dem Chor plazierte Prunkgrabmal des 1618 gestorbenen Fürstbischofs Dietrich von Fürstenberg. Heinrich Gröninger schuf dieses riesige, 13 Meter hohe Grabmal mit reichem ikonographischem Programm. Bereits zu Lebzeiten des Bischofs errichtet, markiert das Werk eindrucksvoll den Übergang vom Manierismus zum Frühbarock.
Im Domschatz befinden sich einige hervorragende Stücke des Barock: prachtvolle Pontifikalien des Bischofs Ferdinand von Fürstenberg (1661–83); Reliquienbüsten der Hl. Meinolphus und Liborius, 1681 von dem Hamburger Jürgen Richels gefertigt; eindrucksvolle Monstranz, Augsburg um 1720; Rokoko-Meßgarnitur, Augsburg um 1760. Lohnend außerdem ein Besuch des Kreuzgangs, in dem sich zahlreiche barocke Grabmäler von Domherren befinden, gefertigt von Bildhauern wie dem Paderborner Philipp Georg Büll oder Johann Philipp Pütt und der Papen-Werkstatt.
Busdorfkirche, kath. Pfarrkirche St. Petrus und Paulus: Im Jahre 1666 stiftete der Fürstbischof der Kirche Gemälde für den Hochaltar: „Die Berufung der Heiligen Petrus und Andreas zum Apostelamt" von Karl Fabritius befindet sich noch heute an der Westseite, das Giebelgemälde mit der Darstellung Gottvaters im → Erzbischöflichen Diözesanmuseum. Ein Jahr später stiftete Ferdinand der Kirche auch ein neue Westvorhalle mit repräsentativem Portal, entworfen von Ambrosius von Oelde.
Gaukirche, Kath. Pfarrkirche St. Ulrich: Die mittelalterliche Gewölbebasilika wurde im 13. Jahrhundert zur Klosterkirche des Zisterzienserinnenordens und in den Jahren 1746 bis

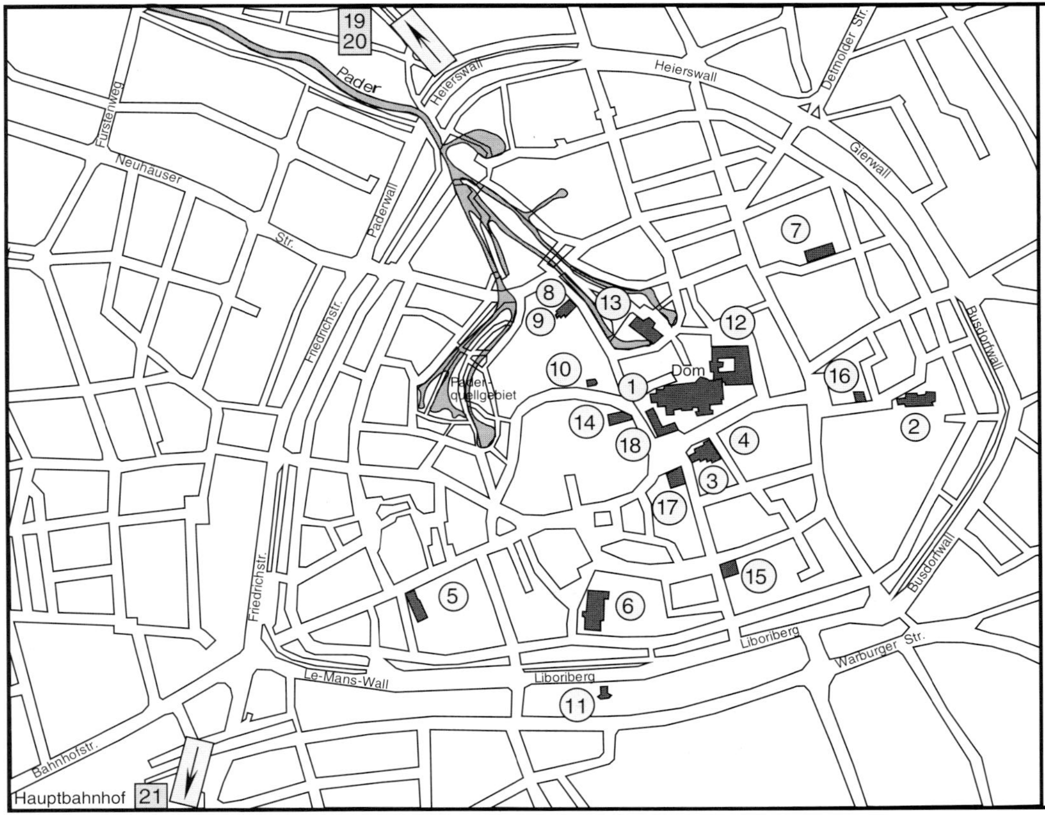

Barocke Sehenswürdigkeiten in Paderborn

1. Dom St. Maria, St. Liborius und Kilian
2. Busdorfkirche, kath. Pfarrkirche St. Petrus und Andreas
3. Gaukirche, kath. Pfarrkirche St. Ulrich
4. Ehem. Klostergebäude
5. Franziskanerkirche St. Joseph
6. Ehem. Jesuitenkirche, kath. Marktpfarrkirche St. Franz Xaver
7. Ehem. Kapuzinerkirche St. Franziskus Seraph
8. Kath. Kirche St. Michael
9. Klostergebäude
10. Kath. Alexiuskapelle
11. Kath. Liboriuskapelle
12. Ehem. Dalheimer Hof, jetzt erzbischöfliches Palais
13. Ehem. Domdechanei, heute Stadtbibliothek
14. Ehem. Fürstenberg-Kurie
15. Ehem. fürstbischöflicher Posthof
16. Ehem. Hardehäuser Hof
17. Gleseker-Haus
18. Erzbischöfliches Diözesanmuseum
19. Ehem. bischöfliches Residenzschloß
20. Kath. Pfarrkirche St. Heinrich und Kunigunde
21. Schloß

Paderborn, Gaukirche, Pfarrkirche St. Ulrich: Ansicht der Fassade (Aufnahme 1994)

1749 von dem Hofarchitekten Franz Christoph Nagel barock modernisiert. Durch den Bau einer Vorhalle mit konkav geschwungener Fassade fügt sich der Kirchenbau wirkungsvoll in die Straßenfront ein (siehe auch Abbildung im Farbteil). Das Rustika-Untergeschoß, die Pilastergliederung, das Giebeldreieck mit abschließender Attika, vor allem aber der Gegensatz von konkaver Fassade und konvex ausschwingendem Mittelrisalit mit der Nischenfigur des Kirchenheiligen von Johann Philipp Pütt bestimmen diesen zurückhaltenden Kirchenbau und machen ihn so zu einer höchst eleganten Barockarchitektur. Das Glanzstück der Innenausstattung, der 1699 vollendete Hochaltar von Heinrich Gröne, befindet sich seit 1903 in der → Dominikanerkirche in Münster.

Ehem. Klostergebäude: Kurz vor der Barockisierung der Gaukirche hatte Franz Christoph Nagel im Jahre 1733 auch die Klostergebäude des Zisterzienserinnenordens erbaut; erhalten ist leider lediglich ein Rest des zweigeschossigen Westflügels, am Portal mit der Jahreszahl 1743 bezeichnet.

Franziskanerkirche St. Joseph: 1657 wurde in Paderborn das Franziskanerkloster gegründet, Ferdinand von Fürstenberg stiftete den 1668 bis 1671 errichteten kreuzgewölbten Saalbau. Für die stattliche Fassade zeichnet der in Würzburg tätige Architekt Antonio Petrini verantwortlich: in Anlehnung an römische Barockkirchen präsentiert sich der Bau auf hohem Sockelgeschoß mit doppelläufiger Freitreppe und kolossaler Pilastergliederung. Links von der Fassade schließt das Klostergebäude mit vorgelagertem großen Brunnen an; die Treppenanlage wurde im 19. Jahrhundert verändert, vermittelt aber noch heute den für eine Bettelsordenskirche ausgesprochen repräsentativen Gesamteindruck des Ensembles. Im Besitz des Klosters befinden sich sieben Gemälde von Johann Georg Rudolphi, darunter ein repräsentatives Portrait Ferdinand von Fürstenbergs aus dem Jahre 1672; drei dieser Gemälde hängen in der Apsis des Chores. Hier befindet sich auch die Grabplatte des Fürstbischofs Ferdinand von Fürstenberg (1626–83), das vermutlich von Johann Mauritz Gröninger geschaffene monumentale Grabmal im Chor wurde im Zweiten Weltkrieg völlig zerstört.

Ehem. Jesuitenkirche, kath. Marktpfarrkirche St. Franz Xaver: Fürstbischof Ferdinand von Fürstenberg stiftete diese Klosterkirche, die 1682 bis 1692 von dem Jesuitenbruder Anton Hülse erbaut wurde. Die ersten Entwürfe lieferte noch im gleichen Jahr Antonio Petrini, der einige Jahre später die Franziskanerkirche errichten sollte; seine Entwürfe wurden jedoch als zu kostenintensiv in der Realisierung abgelehnt. Der Bau von Anton Hülse war 1686 im Rohbau fertig und wurde 1692 geweiht. Die mächtige dreischiffige Emporenbasilika präsentiert sich nach außen hin durch die enorm breitgelagerte Fassade. Die Terrassenanlage des Vorplatzes, die in den Jahren 1709 bis 1714 nach Plänen des Jesuitenbruders Martin Iber vorgenommen wurde, unterstreicht noch die monumentale Wirkung der Gesamtanlage. Die ursprünglich reiche Barockausstattung bildete ein Pendant zu der noch zu gotisierenden Formen neigenden Architektur des Innenraums, darunter vor allem bemerkenswert: von Heinrich Gröne die 1704 vollendete reichgeschnitzte Kanzel mit Figuren und Reliefs; Silberreliefs der Hl. Aloysius und Stanislaus, 1734 von Ferdinand Dorn aus Köln gearbeitet. Die Rekonstruktion des gewaltigen Hochaltars ist zur Zeit in Arbeit.

Ehem. Kapuzinerkirche St. Franziskus Seraph: Am 4. Juni 1683 wurde die Kirche zu Ehren des Hl. Franziskus Seraph durch den Weihbischof in Vertretung für den schwer erkrankten Fürstbischof eingeweiht. Der Kapuzinerbruder Ambrosius von Oelde hatte die Entwürfe für die Saalkirche geliefert, die wie das angrenzende Kloster von Ferdinand von Plettenberg gestiftet worden war. Die Kirche brannte im Zweiten Weltkrieg völlig aus, der um 1680 entstandene Hochaltar stammt aus Bielefeld, das Altarbild wurde von Anton Willemsen 1658 gemalt.

Kath. Kirche St. Michael: Der Kapuzinerbruder Ambrosius von Oelde erbaute 1694 bis 1698 die Klosterkirche des 1658 in Paderborn gegründeten Konvents der regulierten Chorfrauen des Hl. Augustinus. Der 1697 geweihte Bau ist eine Stiftung des Fürstbischofs Hermann Werner von Wolff-Metternich und erinnert an flämische Backsteinkirchen. Interessant ist die als repräsentative Fassade gestaltete Außenwand des flachen Chorabschlusses mit kolossaler Pilasterordnung und reichem figürlichem Schmuck, vergleichbar der Fassade der → Franziskanerkirche St. Joseph.

Klostergebäude: In unmittelbarer Nähe stehen Teile des ehemaligen Konventsgebäudes, das durch das Torhaus von 1691 mit der Kirche verbunden ist.

Kath. Alexiuskapelle: Am Abdinghof steht der Neubau der ursprünglich von Bischof Meinwerk zu Ehren des Pestheiligen erbauten Kapelle. Die Stiftung des Fürstbischofs Ferdinand von Fürstenberg wurde 1670 bis 1673 als kleiner achteckiger Zentralbau errichtet, das neue

Paderborn, Marktpfarrkirche St. Franz Xaver: Kanzel von Heinrich Gröne, 1704 (Aufnahmen 1994)

Paderborn, Marktpfarrkirche St. Franz Xaver: Hauptfassade (Aufnahme 1994)

Dach mit geschweifter Haube und krönender Laterne wurden im späten 17. Jahrhundert hinzugefügt. 1728 bis 1732 erweiterte man die Kapelle unter Beibehaltung von fünf Seiten des Achtecks und des Kuppeldachs zu ihrer heutigen Form. In diesem Zuge wurde auch der imposant ummauerte Vorplatz mit zwei stattlichen Portalen und Gittern angelegt, der bis in das 18. Jahrhundert hinein als Zufluchtsstätte diente, denn im Jahre 1683 war das Asylrecht noch einmal ausdrücklich bestätigt worden.
Kath. Liboriuskapelle: Die bescheidene Kapelle am Liboriberg wurde von Dombenefiziat Johannes Büssen gestiftet und 1730 vollendet. Die Vorhalle stammt allerdings aus dem 19. Jahrhundert. Der nach außen hin bemerkenswerte Polygonalchor dient im Innern als Aufstellungsort für den Hochaltar und die beiden flankierenden Seitenaltäre aus der Erbauungszeit der Kirche. Der Entwurf des Hochaltars, eine Stiftung des Domkapitels, wird neuerdings Franz Christoph Nagel zugeschrieben, der Skulpturenschmuck ist vermutlich ein Werk von Johann Philipp Pütt.

Paderborn, Dom St. Maria, St. Liborius und Kilian: Eingang zur Elisabethkapelle (Aufnahme 1994)

Paderborn, Marktpfarrkirche St. Franz Xaver: Blick zur nördlichen Mittelschiffswand (Aufnahme 1994)

Paderborn, Dom St. Maria, Liborius und Kilian: Marienkapelle (Aufnahme 1994)

Paderborn, Dom St. Maria, Liborius und Kilian: Eingang zur Marienkapelle (Aufnahme 1994)

Ehem. Dalheimer Hof, jetzt erzbischöfliches Palais: Johann Conrad Schlaun errichtete 1716 bis 1718 als junger Architekt die Stadtwohnung der Äbte des etwa 25 km südlich von Paderborn gelegenen → Klosters Dalheim in Lichtenau. Der langgestreckte Bau mit betontem Mittelrisalit ist durch Kollossalpilaster und Freitreppe akzentuiert und wurde nach dem Zweiten Weltkrieg wiederaufgebaut.

Ehem. Domdechanei, heute Stadtbibliothek: Domdechant Hermann Werner von Wolff-Metternich, der spätere Fürstbischof, regte den

Paderborn, Dom St. Maria, St. Liborius und Kilian: Elisabethkapelle mit Altar (Aufnahme 1994)

Paderborn, Dom St. Maria, Liborius und Kilian: Epitaph der Gebrüder von Asseburg von Heinrich Papen (Aufnahme 1994)

Neubau einer Domdechanei an (heute Am Rothoborn), den Ambrosius von Oelde 1676 bis 1678 realisierte, nach Georg Dehio der „erste große Profanbau des Barock in Paderborn". Um 1740 wurde die Anlage durch den östlichen Treppenhausanbau nach Entwurf von Franz Christoph Nagel erweitert.

Ehem. Fürstenberg-Kurie: Am Abdinghof steht der Fürstenhof, ein unregelmäßiger Flügelbau mit Ehrenhof, wohl 1730 errichtet. Die achteckige Kapelle von 1735 ist in veränderter Form wiederhergestellt worden.

Paderborn, Dom St. Maria, St. Liborius und Kilian: Elisabethkapelle mit Grabmal (Aufnahme 1994)

Paderborn-Neuhaus, Fürstbischöfliches Residenzschloß: Feuerwerk anläßlich des Abschlusses des Libori-Jubiläums, das 1736 in Schloß Neuhaus abgebrannt wurde, Zeichnung von Johann Conrad Schlaun (Paderborn, Erzbischöfl. Diözesanmuseum)

Wohnhäuser: Einige bedeutende barocke Bürgerhäuser haben sich erhalten, darunter erwähnenswert der ehemalige fürstbischöfliche Posthof, Kamp 22, mit Mittelrisalit, Freitreppe und seitlichen Einfahrten, um 1720; ehemaliger Hardehäuser Hof, Am Busdorf 11, 1734 wohl nach Entwurf von Franz Christoph Nagel; Gleseker-Haus, Markt 14, ein spätbarokker Ziegelbau mit Sandsteingliederung von 1779.

Erzbischöfliches Diözesanmuseum: Herausragende Sammlung kirchlicher Kunst vor allem auch des 17. und 18. Jahrhunderts.

PADERBORN-SCHLOSS NEUHAUS

Ehem. bischöfliches Residenzschloß: *Modernisierung und Umbau der Anlage des 16. Jahrhunderts zu einem repräsentativen Barockschloß unter Kurfürst Clemens August, Teile des Schloßgarten wurde 1993–94 vorbildlich rekonstruiert; Außenbesichtigung täglich.*

Streitigkeiten mit der Paderborner Bürgerschaft veranlaßten Bischof Simon I. von Paderborn 1275, seine Residenz nach Neuhaus zu verlegen. Hier, im Mündungsgebiet von Alme, Pader und Lippe, vier Kilometer nordwestlich von Paderborn, bestand schon 1036 ein bischöflicher Oberhof. Das bis heute erhaltene kastellartige Schloß, jahrhundertelang der ständige Wohnsitz der Paderborner Bischöfe, ist keine Anlage aus einem Guß: vier Gebäudeflügel aus dem 14. Jahrhundert und verschiedene Bauteile des 16. Jahrhunderts umschließen einen rechteckigen Hof, außen durch gewaltige Ecktürme mit geschwungenen Hauben und Laternen akzentuiert. Die Grundkonzeption der Vierflügelanlage, die nach Größe und künstlerischem Anspruch zu den bedeutendsten Renaissanceschlössern Westfalens gehört, geht auf den schwäbischen Baumeister Jörg Unkair zurück.

Clemens August war gerade 19 Jahre alt, als er 1719 zum Fürstbischof von Paderborn gewählt wurde. Der junge münsterische Militär und Baumeister Johann Conrad Schlaun empfahl sich Anfang 1720 dem jungen Clemens August mit zwei Ansichten von Paderborn mit Glückwunschadresse zu dessen Wahl – mit Erfolg, sollte doch der junge Kurfürst Schlaun im nächsten Jahr auf eine große europäische Studienreise schicken und ihn dann zu seinem Hofarchitekten machen. Darüber hinaus lieferte Schlaun 1719 den Entwurf für ein Feuerwerk – Feuerwerke gehörten ebenso wie Festdekorationen zu den Aufgaben eines Ingenieur-Architekten –, das anläßlich der Inthronisation von Clemens August als Fürstbischof von Paderborn am 24. April 1720 im Garten von Schloß Neuhaus abgebrannt wurde.

Im Laufe der Regierungszeit des Kurfürsten Clemens August (1719–1761) wurde Schloß Neuhaus und die angrenzende Umgebung zu einer repräsentativen Residenz im Stil der Zeit um- und ausgebaut. Nach Plänen von Franz Christoph Nagel wurden 1730 bis 1734 eine Durchfahrt zum Garten und neue Brücken angelegt, gleichzeitig der nördliche Hofgiebel durch Figurennischen verändert und ein Balkon an der Gartenseite angefügt. Zu den ebenfalls von Nagel errichteten Nebengebäuden gehört der großzügig in Hufeisenform gestaltete Marstall von 1729 mit Skulpturenschmuck von Johann Theodor Axer sowie das Wachhaus von 1733 mit dem Wappen von Clemens August.

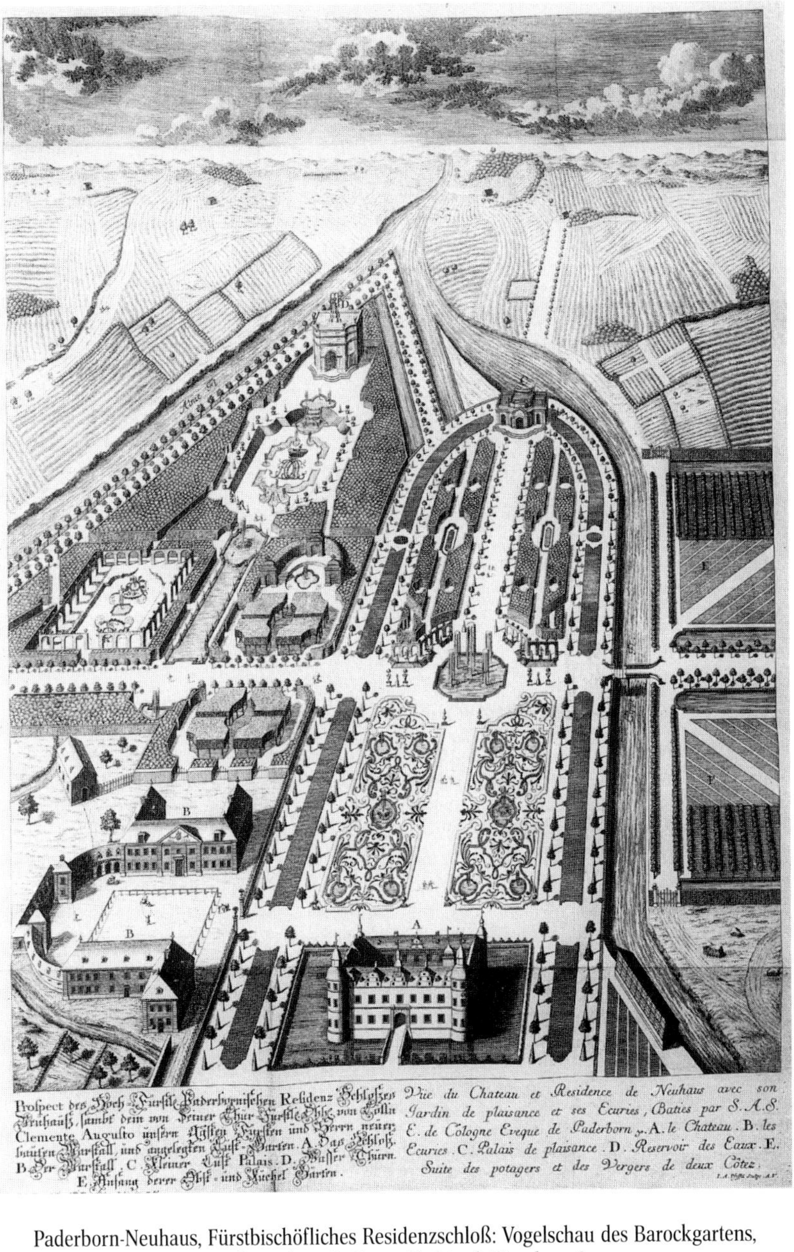

Paderborn-Neuhaus, Fürstbischöfliches Residenzschloß: Vogelschau des Barockgartens, Kupferstich nach Franz Christoph Nagel, 1736

Paderborn-Neuhaus, Pfarrkirche St. Heinrich und Kunigunde: Säulenportal (Aufnahme 1994)

Die prachtvolle, ebenfalls von Franz Christoph Nagel entworfene und 1736 vollendete Gartenanlage war mit Sicherheit der bedeutendste Barockgarten Westfalens und wurde 1993 bis 1994 nach historischen Ansichten teilweise rekonstruiert, soweit dies die jüngere Bebauung zuließ. Für die Anlage hatte Clemens August den berühmten Gärtner Hatzel aus Wien kommen lassen, eine Verlegung von Alme und Lippe war dabei für das Vorhaben erforderlich. Was von den großartigen Plänen tatsächlich realisiert wurde, vermittelt ein „Lageplan des fürstlichen Schlosses und der Gärten" von dem Hofbediensteten Philipp Sauer aus dem Jahre 1753, eine sehr genaue Darstellung der Baulichkeiten und Gärten, deren farbige Ausmalung insbesondere Schlüsse auf gestalterische Details der Gartenanlage zuläßt und daher Grundlage für die gartendenkmalpflegerische Rekonstruktion war. Die Ansicht von Johann Andreas Pfeffel von 1736 nach Franz Christoph Nagels Entwurf zeigt ebenfalls einen detaillierten Plan der französischen Gartenanlage, die nach dem Vorbild des Brühler Schloßgartens errichtet wurde: Johann Conrad Schlaun hatte im selben Jahre den Entwurf eines Feuerwerks geliefert, das als Abschluß des 900-jährigen Libori-Jubiläums der Übertragung der Reliquien des Hl. Liborius von LeMans nach Paderborn am 30. Juni 1736 im Schloßgarten inszeniert wurde.

Paderborn-Neuhaus, Pfarrkirche St. Heinrich und Kunigunde: Doppelmadonna, 1670, und Orgelprospekt, 1680 (Aufnahme 1994)

Kath. Pfarrkirche St. Heinrich und Kunigunde: Anstelle der ehemaligen Ulrichskirche wurde in den Jahren 1665 bis 1666 ein konservativ gotisierender Saalbau mit eingezogenem Westturm errichtet, bemerkenswert sind allerdings die barocken Säulenportale mit dem Wappen Ferdinands von Fürstenberg. Die Ausstattung mit ornamentaler Gewölbemalerei des späten 17. Jahrhunderts stammt zum überwiegenden Teil noch aus der Erbauungszeit: Hochaltar und flankierende Seitenaltäre von 1667 mit Gemälden des Paderborner Hofmalers Karel Fabritius: der Hochaltar zeigt die „Feuerprobe der Hl. Kunigunde", der nördliche Seitenaltar das Thema „Madonna erscheint dem Hl. Filippo Neri" in einer Rezeption des berühmten Gemäldes von Guido Reni, der südliche Seitenaltar mit dem Hl. Ulrich weist einen schönen Drehtabernakel mit assistierenden Kardinaltugenden von 1742 sowie ein Altarkreuz von Johann Jakob Pütt von 1753 auf. Die Heiligenfiguren am Hochaltar werden Johann Theodor Axer zugeschrieben, interessant weiterhin der Orgelprospekt von 1680 sowie eine Doppelmadonna von 1670.

PADERBORN-WEWER

Schloß: Das schlichte Herrenhaus mit Säulenportal und Wappenaufsatz wurde 1684 bis 1686 erbaut, unter den Nebengebäuden steht noch die Alte Burg, eine ehemalige Wasserschloßanlage, deren mittelalterlicher Zweiflügelbau Ende des 17. Jahrhunderts erneuert wurde.

PETERSHAGEN (Kr. Minden-Lübbecke)

Stadtverwaltung, Bahnhofstraße 63, 32469 Petershagen, Tel. (05702) 200, Fax 20298.

PETERSHAGEN-OVENSTÄDT

Ev. Pfarrkirche: Der frühmittelalterliche dreijochige Saalbau wurde im 17. und 18. Jahrhundert um- und ausgebaut, der wuchtige Westturm trägt die Jahreszahl 1640, eine Inschrift nennt die Zahl 1740. Interessant sind die barokken Holzgewölbe, die Empore und der Orgelprospekt stammen ebenfalls aus der ersten Hälfte des 18. Jahrhunderts.

PÖMBSEN → BAD DRIBURG

PREUSSISCH OLDENDORF (Kr. Minden-Lübbecke)

Verkehrsamt, Rathaustraße 3, 32361 Preußisch Oldendorf, Tel. (05742) 8070, Fax 5680.

PREUSSISCH OLDENDORF-LASHORST

Schloß Hüffe: *Rokoko-Spiegelsaal, Besichtigung möglich.*

Die schöne Wasserschloßanlage befindet sich am Ende eines langgestreckten Parks und wurde 1775 bis 1784 für den hessischen Generalleutnant Friedrich Christian Arnold von Jungkenn vermutlich nach Entwürfen des Kasseler Oberbaudirektors Simon Louis Du Ry errichtet. Das Herrenhaus auf einer rechtekkigen Insel verbindet drei eigenständige, als Dreiflügelbau angelegte Pavillons durch niedrige, geschwungene Galerien miteinander: so entsteht ein hufeisenförmiger Ehrenhof, wie dies etwa von Palladianischen Villen des 16. Jahrhunderts bekannt ist (siehe auch Abbildung im Farbteil). Im Gegensatz zu der sehr zurückhaltenden Fassadendekoration des Außenbaus sind im Innern einige Räume mit hervorragenden Stukkaturen üppig ausgestattet, die der Stukkateur Widmann und die Kasseler Maler Johann Werner Kobold und Strack geschaffen haben. Besonders bemerkenswert ist der sogenannte Spiegelsaal im Obergeschoß des Mittelbaus, der neben Louis-Seize-Formen noch den Formenkanon des späten Rokoko aufweist. Der hessische Gärtner Bourgignon hatte 1775 mit der Parkanlage begonnen, die bereits 1782 wieder umgestaltet wurde: während die ursprüngliche Planung von Bourgignon noch einen geometrisch angelegten Barockgarten mit strengen Symmentrieachsen vorsah, veränderte man lediglich sieben Jahre später entsprechend der neuen ‚Mode' die Anlage zu einem englischen Landschaftsgarten. Heute sind noch die typisch langgestreckte axiale Grundform der Parkanlage und die große Schneise mit Fernblick auf das Wiehengebirge erhalten.

Preußisch Oldendorf-Lashorst, Schloß Hüffe: Gesamtansicht (Aufnahme 1972)

RAESFELD (Kr. Borken)

Verkehrsamt, Weseler Straße 19, Rathaus, 46348 Raesfeld, Tel. (02865) 60151, Fax 60152.

Schloß: *Außenbesichtigung jederzeit, Innenbesichtigung der Schloßkapelle nach Voranmeldung möglich.*

Der eindrucksvolle Schloßbezirk ungefähr 1 km südwestlich der Ortschaft ist im wesentlichen in der ersten Hälfte des 17. Jahrhunderts erbaut worden und markiert eindrucksvoll den Übergang der Renaissance zum Barock: von der ursprünglichen Vierflügelanlage des Hauptschlosses sind lediglich zwei Flügel erhalten. Der Nordflügel wurde nach einem Brand ab 1602 neuerbaut, der Westflügel ab 1643 für Alexander II. von Velen nach Entwürfen des Kapuzinerbruders Michael von Gent realisiert. Alexander, seit 1642 Reichsgraf und im Dreißigjährigen Krieg reich gewordener kaiserlicher Generalfeldzeugmeister, ließ die neue Schloßanlage bis 1658 erbauen, die nach seinen Vorstellungen einmal der Mittelpunkt eines von ihm angestrebten Fürstentums Raesfeld werden sollte. Im Zuge dieser Arbeiten wurden auch die Vorburg und die Schloßkapelle errichtet.

Die katholische Schloßkapelle St. Sebastian liegt unmittelbar an der Ostseite der Vorburggräfte und entstand 1658 nach einem vereinfachten Entwurf Michael von Gents. Der gewölbte Backsteinsaal zeichnet sich durch eine schlicht dekorierte, aber ungewöhnlich wirkungsvoll gestaltete Doppelturmfassade aus. Den von einem Volutengiebel bekrönten Mittelbau zeichnet die durch eine Doppelarkade geöffnete Vorhalle aus, die über eine Freitreppe zugänglich ist. Die Kapelle, gleichzeitig Familiengruft erhält ihren repräsentativen Charakter durch einen barocken Hochaltar aus der Zeit um 1660 sowie durch die unter dem Chorraum gelegene gewölbte Grablege der reichsgräflichen Familie.

RECKLINGHAUSEN

Amt für Öffentlichkeitsarbeit, Rathaus / Rathausplatz 3, 45657 Recklinghausen, Tel. (02361) 501351, Fax 501234.

Kath. Propsteikirche St. Petrus: Die bestehende Hallenkirche des 13. Jahrhunderts wurde bereits im frühen 16. Jahrhundert nach Osten hin erweitert, in den Jahren 1652 bis 1670 errichtete Jacob Schmidt aus Roermond auf dem romanischen Turm eine barocke Dach-

Raesfeld, Schloß: Fassade der Schloßkapelle St. Sebastian, 1658 (Aufnahme 1967)

haube. Die Ausstattung des 17. Jahrhunderts besteht vor allem aus dem Hochaltar mit den Gemälden der Schlüsselübergabe an Petrus und der Kreuzabnahme, eine sehr gute Kopie der Darstellung, die Peter Paul Rubens 1612 für die Kathedrale in Antwerpen angefertigt hatte; die Schlüsselübergabe an Petrus ist die spiegelbildliche Kopie Gemäldes von Peter Paul Rubens, das sich heute in New York befindet.

Kath. Gastkirche St. Fabian und Sebastian: Die Gastkirche wurde im Anschluß an das 1736 neuerbaute sogenannte Gasthaus (Hospital) zum Hl. Geist errichtet. Der schlichte Saalbau mit Walmdach und Dachreiter des 18. Jahrhunderts verwendet mittelalterliche Reste und besticht im Innern durch zwei schöne Barockaltäre: Der Sebastiansaltar ist durch zwei rebenverzierte Säulen eingefaßt und wird durch einen Sprenggiebel bekrönt. Die holzgeschnitzte, farblich neu gefaßte Darstellung der Martyriumsszene ist eine Arbeit des 17. Jahrhunderts. Für den reich geschnitzten Kreuzaltar hat man ein eindrucksvolles, um 1400 gefertigtes Steinrelief aus Baumberger Sandstein wiederverwendet.

Kath. Gymnasialkirche zur Unbefleckten Jungfrau Mariä: Die ehemalige Kirche des 1642 gegründeten und 1834 im Zuge der Säkularisation aufgehobenen Franziskanerklosters ist ein schlichter frühbarocker Saalbau von vier Jochen mit einfachen Pilastern und gemauertem Kreuzgewölbe von 1666; das Kloster wurde zehn Jahre später errichtet. Die gute Barockausstattung der Kirche besteht aus drei eindrucksvollen Altären, die entsprechend der Ordensregel ebenfalls sehr schlicht gehalten sind.

Wohnbauten: Die heute als Hotel genutzte sogenannte Engelsburg in der Augustinessenstraße Nr. 10 ist ein dreiflügeliger, um einen Ehrenhof gruppierter Gebäudekomplex, der 1701 für den kurfürstlichen Richter Clamor Ernst Münch als Familienwohnsitz erbaut wurde; Glanzstück des ehemaligen Herrenhauses ist der große Gartensaal mit einer ornamentierten barocken Stuckdecke und einem Kamin aus schwarzem Marmor. Erwähnenswert außerdem ist die Alte Apotheke in der Breite Straße 14, ein prachtvoller spätbarocker Bau aus der Zeit um 1800.

REELKIRCHEN → BLOMBERG

RHEDA-WIEDENBRÜCK (Kr. Gütersloh)

Flora Westfalica, Mittelhegge 11, 33378 Rheda-Wiedenbrück, Tel. (05242) 93010, Fax 930120.

RHEDA

Ev. Pfarrkirche: In den Jahren 1611 bis 1660 wurde die ältere Heilig-Blut-Kapelle in gotisierenden Formen umgebaut. Aus dieser Zeit stammt auch die Ausstattung, hier sind vor allem die Epitaphien und Grabmäler des 17. Jahrhunderts sowie eine interessante Fürstenempore des 18. Jahrhunderts erwähnenswert.

Schloß: Die mächtige Wasserburg geht in ihren Ursprüngen auf Bauteile des 13. Jahrhunderts zurück, die im 17. und vor allem im 18. Jahrhundert nach einem Brand von 1718 durch die Grafen von Bentheim-Tecklenburg erweitert und modernisiert wurde: die Torhalle mit schlichtem Rustikaportal von 1719, der Haupttrakt des Wohnflügels, der 1745 bis 1747 nach veränderten Entwürfen des Osnabrüker Ingenieuroffiziers Treu errichtet wurde. Den Ziegelbau mit breitem Mittelrisalit, einfacher Freitreppe und bekrönendem Segmentgiebel zeichnet an der Gartenseite eine schöne Loggia aus. Interessant ist auch die Innenausstattung, etwa im Festsaal mit Rokokostukkaturen. Der älteste und bedeutendste Teil der Anlage ist der mächtige Torturm aus der Stauferzeit, Torhaus, Kapelle und Wohnbau zugleich, in der Gestalt eines schwer befestigten Donjons.

Im Westen sind dem Schloß mehrere Fachwerknebengebäude des 18. Jahrhunderts vorgelagert, wie etwa die fürstliche Kanzlei von 1780 und eine Wassermühle von 1772.

Wohnbauten: Einige beachtliche Fachwerk- und Steinbauten des 18. Jahrhunderts sind im Ortsbild noch erhalten: bemerkenswert das Haus in der Langestraße 25 von 1708, der stattliche Steinbau in der Langestraße 22 von 1749 mit Freitreppe sowie das ehemalige fürstliche Witwenpalais im Steinweg 9, ein repräsentativer Bau von 1766.

WIEDENBRÜCK

Franziskanerkirche St. Ursula: Die 1644 den Franziskanern übertragene Wallfahrtskirche des 15. Jahrhunderts wurde durch Barockhaube und Chordachreiter modernisiert, daneben erhielt sie neue Ausstattungsstücke wie die beiden Seitenaltäre.

Die Klostergebäude sind zwischen 1667 und 1716 errichtet, im 19. Jahrhundert erweitert und umgebaut worden.

Amtshaus: Das sogenannte Amtshaus zum Reckenberg ist ein schlichter Verwaltungsbau, der 1726 von dem Osnabrücker Ingenieuroffizier Treu anstelle der alten Burg errichtet und 1752 bis 1753 von dem Paderborner Architekten Franz Christoph Nagel überarbeitet wurde: der zweigeschossige Bau besticht durch seine eleganten Proportionen. Das Hauptportal und die doppelläufige Freitreppe bilden die einzigen Schmuckformen der Architektur.

RHEDE (Kr. Borken)

Verkehrs- und Werbegemeinschaft, Hohe Straße 26, 46414 Rhede, Tel. (02872) 5295, Fax 7448.

RHEDE-UMGEBUNG

Haus Tenking: *heute Krankenhaus, lediglich Außenbesichtigung möglich.*
An der Straße nach Bocholt liegt das vornehme zweigeschossige Herrenhaus aus Ziegeln mit Werksteingliederung. Der hochfürstlich münsterische Geheimrat, Kanzleidirektor und Vizekanzler Ernst von Cochenheim hat sich die Dreiflügelanlage im Stil des niederländischen Barock um 1710 wohl von Gottfried Laurenz und Peter Pictorius d.J. errichten lassen. Bemerkenswert sind die an den Haus- und den Risalitecken gestalteten Pilaster, die durch Vor- und Rückspringen der Backsteinlagen vertikal rhythmisiert werden.

RHEDER → BRAKEL

SCHLOSS RHEDER → BRAKEL-RHEDER

RHEINE (Kr. Steinfurt)

Verkehrsverein Rheine e.V., Bahnhofstraße 14, 48431 Rheine, Tel. (05971) 54055.
Kath. Stadt- und Pfarrkirche St. Dionysius: Zahlreiche Skulpturen des 17. und 18. Jahrhunderts.
Sog. Bönekerskirche, Beatae Mariae Virginis: Die Kapelle des katholischen Marienstifts, ursprünglich des 1484 gegründeten Neuen Spitals, ist ein bescheidener flachgedeckter Bau mit Glockendachreiter aus der zweiten Hälfte des 17. Jahrhunderts. Der heutige Name der Kapelle stammt ebenfalls aus dieser Zeit und geht auf den 1682 ernannten Vikar der Kapelle, Bernhard Böneker, zurück. Der Außenbau ist stark verändert worden, im Innern ein hoher steinerner Altaraufsatz mit Säulen, Reliefs und Figuren, der 1685 zugleich als Epitaph gestiftet wurde, eine Arbeit des Rheiner Bildhauers Bernd Meiering.
Kath. Gymnasialkirche St. Petrus: Zwei Gemälde aus der ersten Hälfte des 17. Jahrhunderts nach Peter Paul Rubens.
Falkenhof, heute Museum: Der ehemalige Burgmannshof kam 1522 durch Heirat an die Herren von Morrien. Das Herrenhaus als hinterer Abschluß des Hofes wurde 1757 errichtet: Der verputzte Ziegelbau mit Werksteingliederung wird durch die geschwungene Freitreppe repräsentativ ausgestattet. Nach Zerstörungen im Zweiten Weltkrieg wurde die Gesamtanlage zum Teil in veränderter Form wiederaufgebaut, vermittelt aber noch heute einen interessanten Eindruck des historischen Ensembles.
Wohnbauten: Von den zahlreichen eindrucksvollen Bürgerhäusern sei vor allem auf das Steinhaus am Markt 12 von 1649 hingewiesen.

RHEINE-BENTLAGE

Schloß: *die umfassende Restaurierung wird voraussichtlich 1995 abgeschlossen, zur Zeit lediglich Außenbesichtigung möglich.*
Das ehemalige Kreuzherrenkloster wurde im 15. und 16. Jahrhundert erbaut, nach einem Brand im Jahre 1647 umfassend wiederhergestellt und im 18. Jahrhundert durch eine vorgelagerte Toranlage erweitert: zwei schlichte Ziegelbauten mit Klosterwappen, Torpfeiler und eine elegant geschwungene Brüstungsmauer. Im Innern befindet sich ein repräsentatives Treppenhaus des 18. Jahrhunderts nach Vorbild der Haupttreppe im Jagdschloß Clemenswerth bei Sögel.
Salinenkanal und Emswehr: Bereits im 11. Jahrhundert wurde in Bentlage in der Nähe des Schlosses Salz gewonnen, 1603 dann die Saline Gottesgabe angelegt, die im 18. Jahrhundert noch einmal vergrößert wurde. Clemens August beauftragte den Generaldirektor des Salzwesens, den Freiherrn von Beust, mit der Konzeption und Ausführung einer neuen, effektiveren Salinenanlage, die zwischen 1744 und 1747 vielleicht unter Beteiligung von Johann Conrad Schlaun entworfen bzw. ausgeführt wurde. Als kulturhistorisch besonderes Zeugnis ist die Gradieranlage noch heute zusammen mit dem Siedehaus und anderen Nebengebäuden erhalten.

RHEINE-ALTENRHEINE

Kath. Kapelle Kluse: Der kleine dreiseitig geschlossene Saalbau mit Holzdecke und westlichem Dachreiter wurde laut Inschrift über dem Eingang 1676 vollendet. Im Innern Reste einer Barockausstattung, etwa der Altar der Kreuzherrenbrüder aus Bentlage.

RHEINE-ELTE

Kath. Pfarrkirche St. Luidger: Der ursprünglich kleine Saalbau in gotisierenden Bauformen von 1683 wurde 1925 nach Norden hin erweitert und neu gewölbt. Im Innenraum sind vor allem bemerkenswert die Chorfenster mit Wappen- und Inschriftscheiben von 1684, der geschnitzte Hochaltar mit Wappen des Fürstbischofs Maximilian Heinrich von Bayern (1683–1688) sowie die der Seitenaltar von 1684.

RHEINE-MESUM

Alte kath. Kirche St. Johannes d.T.: Barockausstattung des späten 17. und frühen 18. Jahrhunderts, bemerkenswert ist der Hochaltar von dem Rheiner Bildhauer Bernd Meiering.

RHYNERN → HAMM

RIETBERG (Kr. Gütersloh)

Kulturamt, Rügenstraße 1, 33397 Rietberg, Tel. (05244) 9860.
Ehem. Franziskanerkirche St. Katharina: Im Jahre 1618 erfolgte in Rietberg die Gründung eines Franziskanerklosters, das erst 1975 aufgehoben wurde. Der heute als zweite Pfarr-

Recklinghausen, Propsteikirche St. Petrus: Altarblatt aus der Werkstatt des Peter Paul Rubens (Aufnahme 1972)

kirche genutzte Bau wurde 1629 als einfache zweijochige Anlage mit Chor geweiht, 1725 um zwei Joche nach Westen erweitert. Ursprünglich flachgedeckt ist die Architektur nur durch das Eingangsportal mit dem Allianzwappen der Rietberg-Kaunitz ausgezeichnet. Eindrucksvoll ist die Innenausstattung des 17. und 18. Jahrhunderts: der 1629 von dem Bielefelder Bildhauer Johannes Kotmann vollendete Hochaltar aus Stein mit schönen Reliefs wurde nach 1635 in einigen Teilen erneuert. Die beiden Seitenaltäre – der Muttergottesaltar an der Evangelienseite und der Ordensaltar an der Epistelseite – sind in den Jahren zwischen 1635 und 1644 angefertigt worden; die Kanzel stammt aus dem Jahre 1698, wie die Inschrift über der Zugangstür belegt; fünf Rokoko-Beichtstühle, die als Bekrönung Kartuschen mit den Gemälden heiliger Büßer tragen; außerdem beachtenswert die Orgel, deren Prospekt nach Quellen im Jahre 1747 angekauft wurde, sowie das Chorgestühl aus den Jahren 1729 bis 1730.

Neben der Kirche befindet sich der 1716 bis 1721 von Bruder Petrus Vogt aus Geseke errichtete Kreuzgang mit Familienwappen, Totentafeln und der Statue des Ordensheiligen Franziskus, vermutlich ein Werk des Paderborner Hofbildhauers Johann Philipp Pütt von 1768, sowie einer Immaculata von dem Paderborner Bildhauer Johann Theodor Axer aus dem Jahre 1762. Die erhaltenen Fenster sind ein schönes Beispiel barocker Glasmalerei.

Kath. Kapelle St. Johann Nepomuk: *1747–48 errichtete Wallfahrtskapelle, eine der elegantesten Architekturschöpfungen Westfalens in borrominesker Manier; lediglich Außenbesichtigung möglich.*

Etwa 200 m außerhalb von Rietberg an der Mastholter Straße liegt am heutigen Friedhof der sogenannte Johannesweg, ein im 18. Jahrhundert angelegter Prozessionsweg: sieben in größerem Abstand aufgestellte Bildstöcke mit Darstellungen zum Leben und Martyrium des Hl. Nepomuk von dem Bildhauer Joseph Giudobald Licht aus Wiedenbrück. Endpunkt des Prozessionswegs ist die Johanneskapelle, ein in borrominesker Manier gestalteter ovaler Zentralbau. Die Errichtung ging auf eine Initiative der in Brünn lebenden Gräfin Maria Ernestina zu Ostfriesland und Rietberg zurück, die veranlaßte – so die zeitgenössischen Quellen –, „eine überauß Kostbahre und schöhne Capelle auff Romenische (= römische) Art erbauen zu laßen“. Die 1747 bis 1752 erbaute Kapelle wurde aufgrund ihrer vermeintlich ähnlichen Disposition mit der → St. Clemenskirche in Münster irrtümlich Johann Conrad Schlaun zugeschrieben und gilt als eine der besten spätbarocken Schöpfungen in Westfalen: Der Grundriß der Architektur setzt sich aus dem eleganten Wechsel konvexer und konkaver Gebäudeteile zusammen. Überaus prachtvoll präsentiert sich auch der lichte Innenraum mit stuckierter kuppelartiger Holzdecke und geschmackvollen Dekorationen aus Stuckmarmor. Für den zierli-

Rietberg-Mastholte, Kapelle St. Johann Nepomuk: Gesamtansicht, 1747 (Aufnahme 1994)

Rietberg, Franziskanerkirche St. Katharina: Orgelprospekt, 1747 (Aufnahme 1974)

chen, ebenfalls sehr elegant gestalteten Altar zeichnet Joseph Guidobald Licht verantwortlich, der aus Worms stammte und Hofbildhauer des Kölner Kurfürsten Clemens August war. Noch heute kommen Gläubige der Grafschaft am Sonntag nach Pfingsten zur Wallfahrt an der Johanneskapelle zu der Statue des Hl. Nepomuk von 1723, einer Stiftung der Grafen von Kaunitz-Rietberg, die ihr Wappen über dem Hauptportal in üppigem Bleiguß anbringen ließen.

Kath. Pfarrkirche St. Jacobus d.Ä.: Die ursprünglich flachgedeckte Saalkirche wurde in den Jahren 1653 bis 1658 errichtet, das Stifterwappen über dem Westportal nennt die Familien der Grafen von Ostfriesland-Rietberg und Salm-Reifferscheid sowie die Jahreszahl 1653. Die Kirche diente vermutlich als eine der zahlreichen Stationen für die Wallfahrten durch ganz Europa nach Santiago de Compostela zum Grab des Hl. Jakob.

Haus Münte, sog. ehem. Münze: Unter den beachtlichen Wohnbauten im Ortskern ist vor allem die Dreiflügelanlage auf hohem Sokkelgeschoß in der Müntestraße 11 erwähnenswert. Historisch falsch als Münze – also als Geldprägestätte – identifiziert und bezeichnet, handelt es sich um ein „herrschaftliches Directorialgebäude", erbaut von dem Kaiserlichen Reichshofrat Johann Ritter von Binder, Edler zu Kriegelstein, als Sitz der gräflichen Regierung in den Jahren 1744 bis 1746.

Altes Progymnasium: Eng mit dem Franziskanerkloster verbunden ist die Geschichte des gegenüberliegenden Alten Progymnasiums. Nach der Stiftungsurkunde von 1743 sollte in Rietberg dauerhaft eine Lateinschule eingerichtet werden, die damals den Charakter eines ‚Vollgymnasiums' hatte; als Lehrkräfte waren die in Rietberg ansässigen Franziskaner vorgesehen. Errichtet wurde die Dreiflügelanlage in Fachwerk bis 1750 nach Plänen des Forstmeisters Brummel und des Leutnant Carlé von Schloß Rietberg.

RÖMERSHAGEN → WENDEN

ROSENDAHL (Kr. Coesfeld)

Verkehrsverein, Hauptstraße 30, 48720 Rosendahl-Darfeld, Tel. (02547) 770, Fax 7760.

ROSENDAHL-DARFELD

Kath. Pfarrkirche St. Nikolaus: Unprätentiöser Saalbau mit abgeschrägten Ostwänden, eingezogenem, polygonalem Chor und Nordsakristei, 1767 von Andreas Berthold aus Coesfeld erbaut, mit Resten der Barockausstattung.

Schloß und **Antoinettenburg:** Der in Nordwesteuropa einzigartige, manieristische Galeriewohnbau wurde 1612 bis 1618 von Gerhard Gröninger für Jobst von Vörden errichtet. Ursprünglich war der Bau als oktogonale Hofanlage mit vier Brückendurchfahrten und vier Türmen um einen Binnenhof geplant, die in stumpfen Winkeln an den Mittelbau mit der Tordurchfahrt stoßen. Im Jahre 1680 kam die Anlage in den Besitz der Grafen Droste zu Vischering. Im Park südlich des Schlosses liegt am Ende einer Allee die von Johann Conrad Schlaun 1757 für den Erbdrosten Adolph Heidenreich Freiherr von Droste-Vischering errichtete sogenannte Antoinettenburg: Das vornehme, in seinen Proportionen überaus elegante Gartenhaus ist leider der Öffentlichkeit nicht zugänglich. Schlaun zeichnet möglicherweise auch für die beiden symmetrisch auf die Vorburg bezogenen Wirtschaftsgebäude verantwortlich.

Haus Gröninger: Ebenfalls zum Schloßbereich gehörte ursprünglich der im Hennewig 19 gelegene Backsteinbau, ein zweigeschossiges Traufenhaus des 18. Jahrhunderts.

ROSENDAHL-HÖVEN

Schloß Varlar: Das ehemalige Prämonstratenserkloster wurde bereits im frühen 12. Jahrhundert gegründet, erst seit der Säkularisation 1803 war dies die Residenz der Grafen zu Salm-Grumbach, später der Salm-Horstmar. In diesem Zuge wurden auch die 1679 errichtete Klosterkirche und der Kreuzgang abgebrochen. Die großzügige Wasserschloßanlage besteht aus der Vorburg von 1707 – einem Ziegelbau mit Mansarddach –, den Torpfeilern von 1775 sowie der ehemaligen Propstei, von der noch der Ostflügel von 1687 bzw. 1709 und der Südflügel des 18. Jahrhunderts erhalten sind. Hinzuweisen ist auf die klassizistische Ostfassade, die von Adolf von Vagedes 1828 erbaut wurde.

ROSENDAHL-OSTERWICK

Kath. Pfarrkirche St. Fabian und Sebastian: Beachtliche Stücke der Barockausstattung, unter anderem ein Vesperbild aus Holz sowie im Hochaltar die vier, 1721 von Johann Adolf Sasse gefertigten Evangelistenfiguren.

RÜBLINGHAUSEN → OLPE
HAUS RÜSCHHAUS → MÜNSTER-NIENBERGE

RÜTHEN (Kr. Soest)

Verkehrsamt, Rathaus / Hochstraße 14, 59602 Rüthen, Tel. (02952) 818114, Fax 818170.

Kath. Pfarrkirche St. Nikolaus: Die um 1300 nach einem Brand errichtete Hallenkirche birgt eine beachtliche Barockausstattung: die Seitenaltäre von 1670 bis 1675 standen bis zum 19. Jahrhundert schräg vor den Chorpfeilern. 1680 entstand die Barockkanzel, wie die Seitenaltäre eine Arbeit des Rüthener Bildhauers Paul Gladbach, heute ebenfalls nicht mehr am ursprünglichen Ort. Der Hochaltar wurde 1864 aufgestellt und war 1771 ursprünglich für die Kirche in Anröchte von dem Arnsberger Bildhauer Karl Josef Haane geschaffen worden. Neuere Forschungen schreiben den Hochaltar auch der Paderborner Bildhauer- und Malerfamilie Stratmann zu. Die Bänke im Mittelschiff sind 1687 bis 1691 von den Rüthener Bildhauern Cordt und Tonnies Grundhoff angefertigt worden, die Bänke unter dem Turm 1730 von Caspar Wilhelm von Enste, die Beichtstühle von 1706 stammen aus der Werkstatt des Meisters Matthias Meyer.

Friedhofsportal: Einziger erhaltener Rest der 1683 bis 1687 von Ambrosius von Oelde errichteten Kapuzinerkirche ist das bestehende Kirchenportal, dessen Wappen und Inschrift den Dompropst zu Paderborn, Johann Adolph von Fürstenberg, als Stifter nennen und die Jahreszahl 1684 angeben.

Rathaus: Der Tiroler Baumeister Michael Spanner zeichnete die Entwürfe für das in den Jahren 1726 bis 1730 errichtete Bürgerhaus mit übergiebelten Mittelrisaliten und Wappenportal. Die zweiläufig geschwungene Treppenanlage verleiht dem ansonsten schlichten Bau einen repräsentativen Akzent und macht ihn zu einem hervorragenden Beispiel bürgerlicher Barockarchitektur. Der im Dienste des Baumeisters Spanner stehende Bildhauer Friedrich Scheller schuf 1727 die lebensgroßen Figuren

Im Barock waren die Ausstattungsstücke eines Kirchenraums unverzichtbarer Bestandteil der theatralisch und repräsentativ argumentierenden Architektur. In der Wallfahrtskirche in Kleinenberg (oben) schuf Johann Philipp Pütt 1748 die drei Altäre mit reichem plastischem Schmuck. Nach Plänen von Johann Conrad Schlaun fertigte die niederländische Werkstatt des Johann Franz von Helmont in der Kapuzinerkirche in Münster (unten links) die üppige Holzkanzel mit der Darstellung ‚Christus übergibt dem Hl. Franz die Ordensregel'. Im Dom zu Münster befindet sich das repräsentative Prunkepitaph des 1678 verstorbenen Christoph Bernhard von Galen, einer der bedeutendsten Landesherrn des Fürstbistums Münster. Der Hofbildhauer Johann Mauritz Gröninger hatte schon zu Lebzeiten des Bischofs mit der Realisierung dieses Meisterwerks der westfälischen Barockskulptur begonnen.

Schloß Nordkirchen: Das „westfälische Versailles“ ist die größte und bedeutendste Schloßanlage des Barock in Westfalen mit malerisch gelegener, weitläufiger Parkanlage. Fürstbischof Friedrich Christian von Plettenberg ließ ab 1703 die glanzvolle Residenz anlegen, die nach seinem Tode im Jahre 1706 von seinem Neffen Ferdinand Graf von Plettenberg, dem später in Ungnade gefallenen Minister des Kölner Kurfürsten Clemens August von Bayern, vollendet wurde. Der mit der Planung beauftragte münstersche Hofarchitekt Gottfried Laurenz Pictorius konzipierte die Anlage gemäß der Disposition französischer Schlösser: das stufenweise Zusammentreten, die energische Tiefenstaffelung und die strenge Symmetrie steigern sich zum Zentrum hin, dem Corps de Logis (links oben). Pictorius war dem Formgefühl des niederländischen Klassizismus verpflichtet, wie die zurückhaltende Fassadengliederung des Mittelrisalits (rechts oben) und die Innendekoration des Vestibüls mit dem Treppenaufgang (links unten) zeigen.

Schloß Nordkirchen: Johann Conrad Schlaun übernahm 1723 die Bauleitung und Planung von den Brüdern Pictorius. Das bereits fertiggestellte Gartenkasino ließ Schlaun um ein Stockwerk erhöhen, die neue Oranienburg (links oben) sollte der Bezugspunkt für die Querachse des geplanten Westgartens werden. Seit 1725 arbeitete Schlaun an der Gestaltung der Schloßinsel und des Gartens an der Nordseite (links unten). Der Speisesaal (rechts oben) ist der erste ‚modern' dekorierte Raum in Westfalen im Stil der Régence. Italienische Dekorateure statteten nach den Vorgaben Schlauns die Räume des Ostflügels prächtig aus (unten rechts).

Haus Rüschhaus, Münster-Nienberge: Der Baumeister Johann Conrad Schlaun ließ sich 1745–48 vor den Toren der Stadt ein repräsentatives Landhaus errichten. In der barocken Symmetrieachse erschließt eine von Gräben begleitete Allee den ‚Ehrenhof': im Zentrum das Haupthaus, seitlich durch kreisförmige Mauern mit den flankierenden Nebengebäuden verbunden (links unten). An der Gartenfassade des Herrenhauses (links oben) wird die Anlehnung an den eleganten Typus der Maison de Plaisance offensichtlich. Die Gesamtanlage (rechts oben) einschließlich Haupt- und Nebengarten ist umgeben von der regelmäßig geführten Gräfte – eine elegante, schloßähnliche Wasseranlage und gleichzeitig der außergewöhnlichste Bauernhof Westfalens.

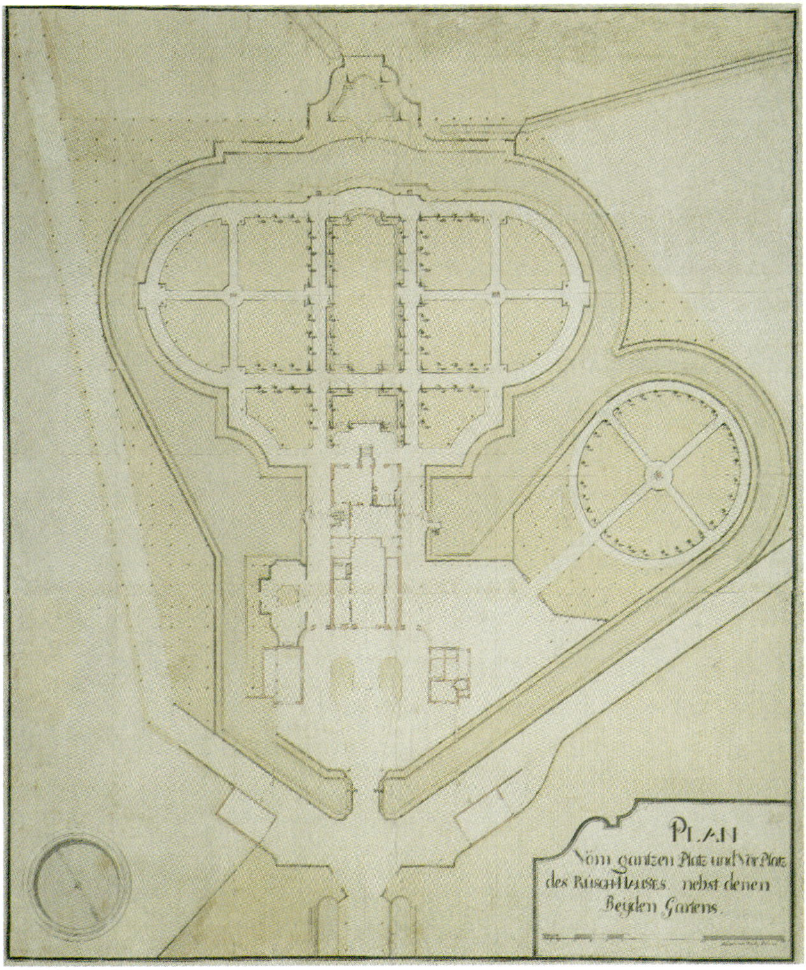
PLAN
Vom gantzen Platz und Vor Platz
des RUSCH-HAUSES. nebst denen
Beyden Gartens.

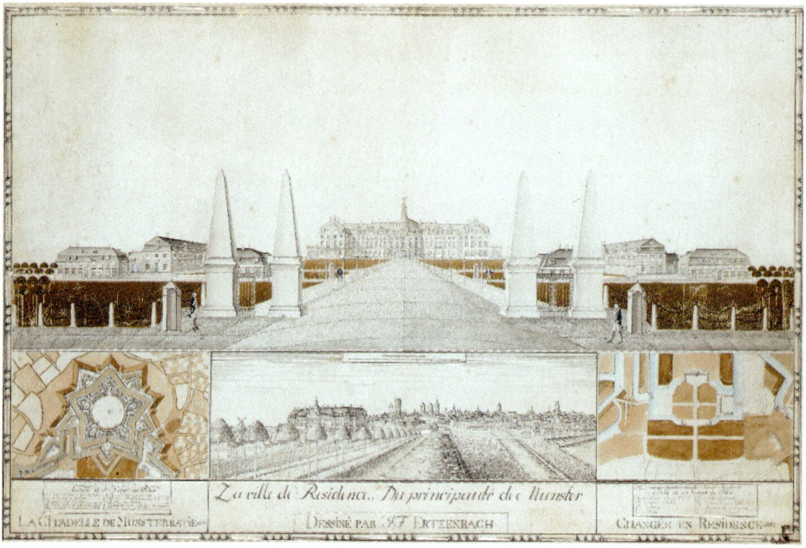

Fürstbischöfliches Residenzschloß, Münster: Nach Plänen von Johann Conrad Schlaun wurde ab 1767 das letzte bedeutende Schloß des deutschen Barock errichtet. Als Schlaun 1773 starb, vollendete sein Nachfolger Wilhelm Ferdinand Lipper bis 1787 die Innenausstattung im Stil des beginnenden Klassizismus. Die großzügige Residenz bestand aus dem kurfürstlichen Schloß (links oben), einer Dreiflügelanlage mit Ehrenhof, axial zur Stadt ausgerichtet, dem großen Hofgarten an der Westseite und umfangreichen Nebengebäuden mit Marstall, Wagenremise, Magazinhaus, Wachthäusern und den Küchengärten. Die Ansicht von Johann Friedrich Ertzenbach aus dem Jahre 1778 (links unten) zeigt den gesamten großangelegten Schloßplatz, der in die Planungen der Promenadenalleen einbezogen werden sollte. Das Residenzschloß ist im Zweiten Weltkrieg ausgebrannt, lediglich der Außenbau mit seinem reichen Skulpturenprogramm wurde rekonstruiert. Am Giebel des Mittelrisalits präsentieren Putten das kurfürstliche Wappen, darüber die Fama, die den Ruhm des Landesherrn verkündet (rechts).

C·E·P·M
PRINC

Die Bauschöpfungen des Barock sind das Ergebnis des Zusammenspiels aller Künste, wobei abhängig von den Wünschen der Bauherrn und der örtlichen Bautradition der Architekt oder der Ausstattungskünstler den Vorrang bekam. Johann Conrad Schlaun hat in der St. Clemenskirche in Münster (links oben) die Gestaltungsprinzipien der päpstlichen Architekten Bernini und Borromini vereint, der Kurfürst Clemens August beauftragte einen Dekorateur der berühmten Wessobrunner Schule mit der Gestaltung der Prinzipalstücke, Altäre und Kanzel, und der Stukkierung des Raumes, was die ganz und gar ‚unwestfälische' Verbindung von römischem und bayerischem Barock erklärt. Franz Christoph Nagel modernisierte den Vorgängerbau der Gaukirche in Paderborn (links unten) durch eine Vorhalle mit geschwungener Fassade, wodurch die Kirche wirkungsvoll in die Platzfront eingefügt wird, sich aber zugleich, nach einem Wort Borrominis, dem Besucher einladend öffnet. Der elegante Schwung der Fassade des Erbdrostenhofes in Münster wird in dessen zentralem Festsaal (rechts

oben) als bewegte Einziehung des Raumes deutlich. In der Enfilade, der durch die offen stehenden Türen sichtbaren Raumflucht, erkennt man jedoch die Probleme, die Schlaun bei der Raumaufteilung des geschwungenen Stadtpalastes hatte, denn die Blickachse stößt am Ende auf eine gekrümmte Wand, was einen Bruch der französischen Regeln der Disposition bedeutet. Deutlich erkennt man das reiche Bildprogramm des Festsaales, über dem Kamin der Kaiser, am Plafond die Apotheose des Bauherrn, sein illusionistischer Aufstieg in den Götterhimmel. Der amerikanische Künstler Richard Serra hat 1987 anläßlich der ‚Skulptur-Projekte' in Münster die stadtplanerisch geniale Raumlösung des Erbdrostenhofs und seiner prächtigen Architektur geistreich interpretiert: die geschwungenen Stahlplatten ergänzen sich wie die Teile zu einem Ganzen, das die Zentrierung im Mittelrisalit einerseits, ihre symmetrische Zweiteilung in die Appartements des Bauherrn und seines idealen Gastes, des Kurfürsten, in den ausschwingenden Flügeln andererseits in symbolischer Form deutlich macht.

Jesuitenkolleg und -kirche, Büren: In den Jahren 1716–28 wurde nach einer Architektenkonkurrenz zwischen Pictorius und Schlaun das Jesuitenkolleg (links oben) als schlichte Dreiflügelanlage mit quadratischem Ehrenhof nach den Plänen von Gottfried Laurenz Pictorius errichtet. Erst 1754 begann man mit dem Bau der Jesuitenkirche, Kurfürst Clemens August legte 1756 persönlich den Grundstein. Verantwortlich für die Architektur zeichnet Johann Heinrich Roth, der Bonner Hofbaumeister des Kurfürsten, der sich offensichtlich an der barocken Mutterkirche des Ordens, Il Gesù in Rom, orientierte. Die Außenfassade (links unten) ebenso wie die prächtige Dekoration des Innenraums mit Stukkaturen und illusionistischen Malereien (rechts) ist in Westfalen einzigartig. Vermutlich ist diese prachtvoll dekorierte Kuppelkirche als später Propagandabau unweit der Grenze zu den protestantischen Landen zu begreifen, der in der architektonischen Form zum einen Rom im Fürstbistum Paderborn anwesend macht, zum anderen in der Illusion der durch die Malerei aufgerissenen Gewölbe den Himmel auf Erden verspricht, die ganze Welt der Heiligen am Throne Gottes in die Kirche der Jesuiten holt.

Aufträge des Adels in der Stadt und auf dem Land bedeutete im 17. und 18. Jahrhundert vielfach auch, bestehende Anlagen umzubauen: Schloß Lembeck in Dorsten (links oben) und Haus Köppelmann in Lippstadt (links unten) wurden mit den neuesten französischen Stuckformen ausgestattet, Haus Stapel in Havixbeck (rechts oben) erhielt ein elegantes Torhaus. Schloß Hüffe in Lashorst (rechts unten) verbindet drei eigenständige, als Dreiflügelbau angelegte Pavillons durch niedrige, geschwungene Galerien miteinander.

Die Katharinenkirche in Rheder, errichtet von dem erst zwanzigjährigen Johann Conrad Schlaun, wurde 1715–18 im Auftrag von Burchard von Mengersen, dem ersten Minister in Paderborn, erbaut. Der ungewöhnliche Saalbau in gotisierenden Bauformen besitzt eine reiche Ausstattung der Erbauungszeit: der Hochaltar mit dem Mittelbild der Hl. Familie von Johann Martin Pictorius sowie die Kanzel, die Orgel und das Gestühl. Gegenüber dem Beichtstuhl befand sich die Fürstenloge des Bauherrn, der damit während des Gottesdienstes seine hervorragende Stellung in der Pfarre zum Ausdruck brachte.

Rosendahl-Darfeld, Schloß: Antoinettenburg, 1757 (Aufnahme 1972)

des Stadtpatrons St. Nikolaus im Giebeldreieck der Südseite des Rathauses und der Justitia im Giebelportal der Nordseite.

RÜTHEN-ALTENRÜTHEN

Kath. Pfarrkirche SS. Gervasius und Protasius: Die Kirche des 17. Jahrhunderts wurde bereits 1754 bis 1765 durch einen Neubau in gotisierendem Barock ersetzt und von Konventualen verwaltet, den stimmberechtigten Mitgliedern des Konvents von Kloster Grafschaft. Von dem Vorgängerbau der Saalkirche ist lediglich das Portal aus rustiziertem Sandstein erhalten, das an die Westvorhalle des neuen Turms verlegt wurde, das zwischen 1685 und 1690 entstandene Portal mit Deutschordenswappen stammt vermutlich von Ambrosius von Oelde. Die reiche Rokoko-Ausstattung überzeugt durch ihre eindrucksvolle Raumwirkung: der bis in das Gewölbe reichende Hochaltar zeigt im zentralen Mittelbild die Verehrung der Eucharistie. Die Seitenaltäre, rechts der Muttergottes und links der Kreuzaltar, hat der Paderborner Bildschnitzer Johann Theodor Axer gearbeitet, die Nischenfigur im rechten Seitenaltar dürfte noch von der Kirchenausstattung des Vorgängerbaus des 17. Jahrhunderts stammen. Weiterhin bemerkenswert sind die reichgeschnitzte Kanzel, die Beichtstühle sowie die Orgel.

RÜTHEN-HOINKHAUSEN

Kath. Pfarrkirche St. Pankratius: Die kleine mittelalterliche Hallenkirche erhielt 1718 einen lichtdurchfluteten Barockchor mit Gruft und Sakristei; der Gewölbeschlußstein zeigt das Stifterwappen des 1687 gestorbenen Rhaban Christoph von Hörde, Kanonikus in Hildesheim. Die prunkvolle Ausstattung des 18. Jahrhunderts ist eine Stiftung der Familie von Hörde auf Eringerfeld, deren Grablege im Chor heute nicht mehr zugänglich ist: Der elegante Hochaltar stellt den in Westfalen einzigartigen Typus des Akanthus-Altars dar, der 1732 durch den Maler Henrich Becker aus Fredeburg farblich gefaßt wurde. Die beiden Seitenaltäre, der Katharinen- und der Marienaltar, sowie die Kanzel stammen ebenfalls aus dieser Zeit. Johann Patroklus Möller aus Lippstadt hat unter Verwendung älterer Teile die Orgel 1747 gefertigt. Bemerkenswert sind weiterhin eine Strahlenkranz-Madonna des späten 17. Jahrhunderts sowie das repräsentative Chorgestühl aus der Mitte des 18. Jahrhunderts für die Herren von Hörde und den Grafen Kaunitz-Rietberg, den größten Grundherrn im Kirchspiel.
Am Pankratiusweg 5 steht das ehemalige katholische Pfarrhaus, ein zweigeschossiges Fachwerkgiebelhaus mit Mitteldeele von 1682.

RÜTHEN-KALLENHARDT

Kath. Pfarrkirche St. Clemens: Nach einem Brand im Jahre 1792 wurde die Kirche von 1722 als gotisierender Saalbau wiederhergestellt. Die Ausstattung des 18. Jahrhunderts vermittelt einen umfassenden Eindruck barocker Innenraumgestaltung: der um 1776 fertiggestellte Hochaltar mit Drehtabernakel zeigt im Gemälde die Himmelfahrt Mariens; für den Bildhauer Johann Theodor Axer quittierte der Maler Anton Joseph Stratmann aus Paderborn eine Summe von 260 Talern für geleistete Arbeiten. Die Seitenaltäre aus den siebziger Jahren, die Kanzel von 1747, der Orgelprospekt und die Beichtstühle von 1750 sowie das Chorgestühl von 1780 vervollständigen die einheitliche Barockausstattung. Bei der umfassenden Restaurierung der Kirche in den Jahren 1964 bis 1965 wurden außerdem die Gewölbemalereien wieder freigelegt und die ursprüngliche Bleiverglasung der Fenster rekonstruiert.

Schloß Körtlinghausen: *durchkomponierte Barockanlage; Besichtigung nach Voranmeldung.*

Die Familie des Bauherrn, des kurkölnischen Oberjägermeisters Franz Otto Freiherr von und zu Weichs, hatte das Anwesen, eine erstmals 1398 erwähnte Wasserburganlage, bereits im Jahre 1645 übernommen. 1714 begann unter der Leitung des Baudirektors Justus Wehmer der Neubau, der erst 1743 abgeschlossen wurde: In einer Gräfte zwischen zwei Inseln steht das gut proportionierte Herrenhaus mit einer doppelläufigen Freitreppe am übergiebelten Mittelrisalit, das beidseitig durch zwei pavillonartige, vorgezogene Flügelbauten flankiert wird; der linke beherbergt die Schloßkapelle. 1726 ließ der Bauherr von Weichs den Ökonomiehof, 1736 dann das Torhaus anlegen. Die Kavaliersgebäude vor dem Schloß sind nach den Plänen des Paderborner Landbaumeisters Franz Christoph Nagel errichtet und geschickt der systematischen Konzeption der Schloßanlage untergeordnet worden. An der Rückseite hat man einen architektonischen Terrassengarten mit doppelläufigen Treppenanlagen angelegt. Von der Ausgestaltung haben sich nur eine Sonnenuhr und eine abseits gelegene Grotte erhalten.

Rüthen: Portal der 1834 abgebrochenen Kapuzinerkirche (Aufnahme 1986)

Rüthen-Kallenhardt, Schloß Körtlinghausen: Ansicht der Gartenseite (Aufnahme 1983)

RÜTHEN-MEISTE

Kath. Pfarrkirche St. Ursula: Der mittelalterliche Bau erhielt zeitgleich mit der Clemenskirche in Kallenhardt in den Jahren 1721 bis 1726 eine neues Langhaus; auch die Ausstattung des 18. Jahrhunderts erinnert stilistisch an die Kirche in Kallenhardt. Die neubarocke Ausmalung stammt aus dem Jahre 1910.

HAUS RUHR → SENDEN-BÖSENSELL

SALZKOTTEN (Kr. Paderborn)

Informations- und Verkehrsamt, Markstraße 8, 33154 Salzkotten, Tel. (05258) 5070.

SALZKOTTEN-VERNE

Kath. Pfarrkirche St. Bartholomäus: Die mittelalterliche Kirche wurde nach Abbruch des südlichen Seitenschiffs im 17. und 18. Jahrhundert zu einer Wallfahrtskirche erweitert. Aus dieser Zeit stammt auch die reiche Barockausstattung: das Hochaltarbild mit der Darstellung der Kreuzigung, um 1665 von Johann Georg Rudolphi geschaffen; der Muttergottesaltar, ebenfalls um 1670 entstanden; ferner ein Antependium mit Relief der Geburt Christi, um 1768; die silberne Votivtafel der Familie von der Asseburg von 1759 und ein Rokoko-Gitteraufsatz im Bogen zum südlichen Seitenschiff; bemerkenswert auch an der Choraußenwand ein Relief mit der Darstellung des Gnadenbildes von 1769.

SALZUFLEN → BAD SALZUFLEN

SASSENBERG (Kr. Warendorf)

Verkehrsamt, Schürenstraße 17, 48336 Sassenberg, Tel. (02583) 3090, Fax 30988.

Geschichte: Bischof Friedrich Christian von Plettenberg, der auch die Schlösser in → Ahaus und → Nordkirchen bauen ließ, begann ab 1695 in Sassenberg eine neues Residenzschloß nach den Entwürfen von Ambrosius von Oelde zu errichten, von dem allerdings nur die Vorburg ausgeführt wurde. Für die Innenausstattung ab 1721 Gottfried Laurenz Pictorius war verantwortlich. Die großzügige, wenn auch ohne das eigentliche Schloß unvollständige Anlage wurde später bis auf wenige Reste abgetragen, so daß von der historischen Bedeutung und Funktion Sassenbergs als Landesburg und bischöfliche Residenz im heutigen Ortsbild kaum mehr etwas zu bemerken ist.

Kath. Pfarrkirche St. Johannes Ev.: Unter dem Fürstbischof Christoph Bernhard von Galen wurde in den Jahren 1670 bis 1678 eine Hallenkirche in gotisierenden Formen errichtet. Das Portal an der Nordseite mit zwei flankierenden Säulen trägt im Sprenggiebel das Wappen des Bischofs und darunter die Jahreszahl 1673. Von der guten Innenausstattung weisen die Seitenaltäre anstelle der gemalten Altarblätter plastische Figurengruppen auf: der östliche Seitenaltar von 1706 eine Mariendarstellung mit Kind, der westliche von 1700 den Hl. Joseph mit Jesuskind. Bemerkenswert sind weiterhin das von vier Engeln getragene Taufbecken mit Stifterinschrift von 1686 und das pokalförmige Weihwasserbecken mit geflügelten Engelsköpfen aus der zweiten Hälfte des 17. Jahrhunderts, die Beichtstühle von 1730 sowie eine Strahlenkranzmadonna auf der Mondsichel aus dem späten 17. Jahrhundert.

Haus Schücking: *elegantes Herrenhaus von Johann Conrad Schlaun, Außenbesichtigung möglich.*

Salzkotten-Verne, Pfarrkirche St. Bartholomäus: Votivtafel, 1759 (Aufnahme 1978)

Unmittelbar gegenüber der Pfarrkirche liegt auf der anderen Seite der Galenstraße, versteckt hinter einer Baumreihe, das Haus Schücking. Bauherr des kleinen Herrenhauses war der Fürstbischöflich Münsterische Kanzler Christoph Bernhard Engelbert Schücking, der sich das Gebäude 1754 nach Plänen von Johann Conrad Schlaun als ein ‚Tusculum' (Landsitz) errichten ließ. Über einem relativ hohen Sokkel erhebt sich der eingeschossige Backsteinbau mit hohem Walmdach. Die Straßenseite präsentiert sich heute anders als ursprünglich von Schlaun geplant, der in der Mitte der durch ein Rahmenmotiv gegliederten Backsteinfassade über niedrigem Sockel ein aufwendig gestaltetes Portal vorgesehen hatte. Mit Doppelstreifen hinterlegt, in dem elegant geschnittenen tympanonartigen Feld das Allianzwappen der Familie, bog das Portal das Dachgesims nach oben hin auf. Darüber betonte ein niedriges Fenster im steilen Dach, eine sogenannte Schleppgaube, zusammen mit den beiden mächtigen Kaminen die Mitte. Im 19. Jahrhundert wurde der Eingangsbereich durch einen hohen Mittelgiebel überbaut, der das Aussehen der Traufseite erheblich gemindert hat, ebenso wie der seitliche Anbau von 1882. Die Gartenfassade zeigt noch den Zustand des 18. Jahrhunderts: einen dreiachsigen, zweigeschossigen Mittelrisalit vor niedrigen Flügeln, der hoch in die Dachregion hineinragt. Zum Herrenhaus gehörte ein nach Osten ausgerichteter Garten mit Skulpturenprogramm, darunter vier Putten als Verbildlichung der Jahreszeiten von Johann Christoph Manskirch, die heute durch Kopien ersetzt sind.

SASSENBERG-FÜCHTORF

Schloß Harkotten-von Ketteler: *lediglich Blickkontakt möglich.*

Das Haus Harkotten war ursprünglich der Sitz der im Dienst der münsterischen Bischöfe stehenden Ritter von Korff. Im 14. Jahrhundert wurden Burg und Besitz geteilt, 1615 kam der Ostbau durch Heirat an die Herren von Ketteler, seitdem existieren die beiden Schlösser Harkotten-von Korff und Harkotten-von Ketteler; interessant ist, daß die Vor- und Nebengebäude in gemeinsamem Besitz verblieben.

Johann Leonhard Mauritz Gröninger realisierte in den Jahren 1754 bis 1767 den Neubau des Schlosses Harkotten-von Ketteler als Herrenhaus mit großer, doppelläufig geschwungener Freitreppe. Über dem hohen Kellergeschoß erhebt sich der zweigeschossige, verputzte Backsteinbau mit schlichter Werksteingliederung. Gleichsam gegenläufig zur Freitreppe schwingt elegant der konvexe Mittelrisalit hervor, der geschwungene Giebel trägt das Allianzwappen der Ketteler-Korff.

Über die Gräfte führen Zugbrücken nach niederländischem Vorbild. Gröninger entwarf vermutlich auch die breitgelagerten zweiflügeligen Nebengebäuden; die zwischen Schloß und Dorf gelegene Rentei war bereits 1730 vollendet. An ein bestehendes Wirtschaftsgebäude wurde die Schloßkapelle St. Antonius Abt im Jahre 1744 angebaut. Adolf von Vagedes errich-

tete anstelle des alten Burghauses das benachbarte Schloß Harkotten-von Korff im Jahre 1805 als nobles klassizistisches Herrenhaus.
Sog. Tönishäuschen: Den Namen Tönishäuschen hatte der Gasthof, der nacheinander als Rentei, Zollhaus, Gastwirtschaft und Wohnhaus diente, von einem bereits 1662 errichteten Heiligenhäuschen erhalten. Dieses in Westfalen einmalige Häuschen ist vor einigen Jahren an die Ecke des Telgenbusches versetzt worden: Die reich profilierte Kleinarchitektur ist an drei Seiten offen, auf der geschwungenen Haube steht eine Figur des Ecce Homo, im Innern Skulpturen der Muttergottes und des Hl. Antonius. Über der Eingangseite befindet sich das reichverzierte Doppelwappen der Familien von Korff und von Ketteler.

SASSENDORF → BAD SASSENDORF
SASSENHAUSEN → BAD BERLEBURG
SCHARFENBERG → BRILON
SCHERFEDE → WARBURG

SCHIEDER-SCHWALENBERG
(Kr. Detmold)
Kurverwaltung, Im Kurpark 1, 32816 Schieder-Schwalenberg, Tel. (05282) 298, Fax 60135.

SCHIEDER
Schloß: In der zweiten Hälfte des 17. Jahrhunderts ließen sich die Fürsten zur Lippe die Sommerresidenz erbauen. In einer weitläufigen Parkanlage am Ende einer langen Allee liegt der zweigeschossige Putzbau auf hohem Sockel mit schlichter Werksteingliederung und Walmdach. Besonderer Blickfang ist die mächtige Freitreppe, die zusammen mit den Flügel- und Nebenbauten des 18. und 19. Jahrhunderts ein reizvolles Ensemble bilden. Der barocke Garten wurde später in einen englischen Landschaftsgarten umgewandelt.

Sassenberg, Haus Schücking: Garten, Putto als Darstellung des Sommers (Aufnahme 1993)

SCHWALENBERG
Ev.-ref. Pfarrkirche: Barockausstattung im

Sassenberg, Haus Schücking: Landhaus von Johann Conrad Schlaun, 1754 (Aufnahme 1982)

Schieder, Schloß: Sommerresidenz, 1650–1700 (Aufnahme 1962)

Zuge der Modernisierungsmaßnahmen des 17. und 18. Jahrhunderts, vor allem erwähnenswert ist die um 1740 errichtete landesherrliche Empore mit gemalten Wappenfüllungen. Im protestantischen Kirchenbau war es üblich, daß der Fürst Zugang und Platz auf der Empore hatte, was Goethe in seinem Gespräch mit Eckermann am 3. April 1829 so schildert: „Sonntäglich in der Kirche erscheinen, auf die Gemeinde herabsehen und von ihr ein Stündchen sich anblicken lassen, ist das trefflichste Mittel zur Popularität, das man jedem jungen Regenten anraten möchte ...“.

SCHIEDER-SCHWALENBERG-WÖBBEL

Ev.-ref. Pfarrkirche: Hans Sachse erbaute 1696 bis 1700 den zweijochigen Saalbau in gotisierenden Formen.

Schloß Wöbbel: Der Bau in den Formen des niederländischen Klassizismus wurde 1690 für den lippischen Landdrosten Levin Moritz von Donop anstelle eines im Dreißigjährigen Krieg zerstörten Renaissancebaus errichtet, sicherlich das schönste lippische Barockschloß. Die Zuschreibung an den Architekten Peter Pictorius d.J. aus Münster ist umstritten. Die das Schoß umgebene Gräfte wurde 1870 zugeschüttet, die zentrale Freitreppe bereits um 1720 entfernt.

SCHLOSS HOLTE-STUKENBROCK (Kr. Gütersloh)

Gemeindeverwaltung, Rathausstraße 2, 33758 Schloß Holte-Stukenbrock, Tel. (05207) 89050, Fax 890541.

Schloß Holte: Die 1556 zerstörte Burg der Grafen von Rietberg wurde 1616 für Johann III. von Rietberg-Ostfriesland wiederaufgebaut. Die im Grundriß höchst bemerkenswerte Anlage zeigt das Herrenhaus auf einer sechseckigen Insel, das ursprünglich von niedrigeren Wirtschaftsgebäuden mit sechs polygonalen Eckpavillons umschlossen war. Das im Jahre 1664 umgebaute Herrenhaus wird von drei nebeneinander vor die Fassade gestellten Türmen beherrscht, die beiden äußeren als Pavillons mit ausladenden Barockhauben gestaltet. Der zentrale achteckige Treppenturm mit Rustikaportal und zwei wappenhaltenden Löwen zeigt eine Inschrift mit der Jahreszahl 1664.

Brinkkapelle: Die kleine Fachwerkkapelle mit 3/8-Chorschluß, offener Westvorhalle und Dachreiter wurde um 1730 erbaut, im Innern steht eine Holzskulptur des Hl. Antonius von Padua aus der Zeit um 1700. Die Restaurierung des Altars und der wiederaufgefundenen Altarbilder ist geplant.

SCHMALLENBERG (Hochsauerlandkr.)

Kur- und Freizeit GmbH, Weststraße 32, 57392 Schmallenberg, Tel. (02972) 4044, Fax 5119.

Kath. Kapelle Beatae Mariae Virginis und Johannes Ev.: Kleiner Saalbau von 1682 auf dem Werth.

SCHMALLENBERG-GRAFSCHAFT

Ehem. Bendiktinerabtei St. Alexander: Die 1738 bis 1742 nach Entwürfen von Michael Spanner aus Sachsen erbaute Klosterkirche, in zeitgenössischen Quellen als der schönste Kirchenbau des Herzogtums Westfalen gepriesen, wurde 1832 bis auf den Westturm abgebrochen. Das heute als Krankenhaus genutzte Klostergebäude wurde 1729 bis 1742 ebenfalls nach Plänen von Spanner durch sächsische Bauleute errichtet. Der weitläufige, nüchterne Barock-

Schmallenberg-Grafschaft, Bendiktinerabtei St. Alexander: Gesamtansicht von Westen (Aufnahme 1988)

bau präsentiert sich als rechteckige Anlage mit Kreuzgang, einem Binnenhof und nach Westen und Osten vorgezogenen kurzen Flügeln. Den Platz des 1962 neuerrichteten Nordtraktes hatte ursprünglich die Klosterkirche eingenommen, sein Zentrum bildet noch heute ihr ehemaliger Westturm. Der ehemalige Gästetrakt im Westen ist architektonisch durch eine Freitreppe und das mit dem Klosterwappen geschmückte Portal von 1729 akzentuiert, das wie die anderen Portale von Melchior Klug aus Rüthen gefertigt wurde. Am Ende des 18. Jahrhunderts entstand der im Westen vorgelagerte Wirtschaftshof, errichtet von dem fürstlich-paderbornischen Baumeister Ignatius Gehly aus Büren und Johann Diederich Einhäuser aus Eversberg, der bereits einige Jahre später teilweise wieder abbrannte. Bemerkenswert ist das sehr repräsentative, am Portal mit der Jahreszahl 1770 bezeichnete Torhaus, das von zwei wuchtigen Türmen mit Schweifhauben und Laternen flankiert wird.

Kath. Wallfahrtskirche Mariä Heimsuchung: Am Ende eines Kreuzwegs liegt auf dem Wilzenberg der 1672 errichtete und 1755 erweiterte Saalbau mit einer in den sechziger Jahren restaurierten barocken Innenausstattung.

SCHMALLENBERG-OBERKIRCHEN

Kath. Pfarrkirche St. Gertrud: Der Paderborner Fürstbischof Ferdinand von Fürstenberg ließ in den Jahren 1665 bis 1666 den gotisierenden Saalbau mit dem durch eine welsche Haube ausgezeichneten Westturm errichten. Am Außenbau fällt vor allem das barocke Südportal mit großem Wappenaufsatz auf, innen die reiche Ausstattung mit Hochaltar von 1668, Taufstein von 1632, Kanzel von 1673, Orgel von 1705 sowie Emporenbrüstungen und Beichtstühlen des Rokoko.

SCHMALLENBERG-WORMBACH

Kath. Pfarrkirche St. Peter und Paul: Die mittelalterliche Hallenkirche wird im 18. Jahrhundert durch eine repräsentative Ausstattung modernisiert: für den stattlichen Hochaltar von 1759 ist Johann Wilhelm Zinn verantwortlich, die Figuren schuf Johann Theodor Axer; die Kanzel mit reichem Figurenschmuck aus der Zeit um 1700 wird der Attendorner Werkstatt des Johann Sasse zugeschrieben; die Orgel hat

Schmallenberg-Wormbach, Pfarrkirche St. Peter und Paul: Kanzel, um 1700 (Aufnahme 1959)

Peter Henrich Varenholt ebenfalls um 1700 unter Verwendung älterer mittelalterlicher Orgelpfeifen angefertigt.

SCHMALLENBERG-SELKENTROP

Kath. Kapelle St. Blasius: Flachgedeckter einfacher Saalbau von 1769, überaus bemerkenswert im Innern die freistehende Altarwand aus dem frühen 17. Jahrhundert. Ein Stück Volkskunst des 18. Jahrhunderts bietet der barocke Kreuzweg, Gemälde auf Holztafeln.

BURG SCHNELLENBERG → ATTENDORN
SCHÖNHOLTHAUSEN → FINNENTROP
SCHÖTMAR → BAD SALZUFLEN
HAUS SCHÜCKING → SASSENBERG
SCHWALENBERG → SCHIEDER
SCHLOSS SCHWARZENRABEN → LIPPSTADT-BÖKENFÖRDE
SELKENTROP → SCHMALLENBERG

SELM (Kr. Unna)

Amt für Wirtschaftsförderung, Adenauerplatz 2, 59379 Selm, Tel. (02592) 69238, Fax 69100.

SELM-BORK

Schloß Cappenberg: *Außenbesichtigung jederzeit, Schloßbesichtigung Di.–So. 10–17 Uhr; z. Zt. genutzt als Museum und Ausstellungshalle.*

Das ehemalige Prämonstratenserkloster gehört zu den wichtigsten Beispielen westfälischer Klosterbaukunst des Barock. Etwa gleichzeitig wurden die Klosterbauten in → Höxter-Corvey und → Harsewinkel-Marienfeld errichtet, wenig später entstanden die Abteien in → Wadersloh-Liesborn und → Schmallenberg-Grafschaft und das → Jesuitenkolleg in Büren. Den Bauten gemeinsam ist der an der Profanarchitektur orientierte Maßstab, die Grund- und Aufrißgestaltung der Abtei in Anlehnung an den Schloßbau. Die mächtige Anlage erstreckt sich beherrschend über der Lippeniederung und umfängt die mittelalterliche Klosterkirche. Unter den Pröpsten Hermann Stephan von Nagel (1696–1711) und Johann Engelbert von Ketteler (1713–1739) wurde der barokke Neubau erstellt. Mit einem neu errichteten Ostflügel und im Westen wie Süden ältere Bausubstanz nutzend, gestaltete man eine äußerlich einheitliche Dreiflügelanlage. Von der ehemaligen barocken Innenausstattung hat sich nichts erhalten, abgesehen vom dreiflügeligen Treppenhaus und einigen Régence-Stuckdekken im Westflügel, dem ehemaligen Wohntrakt des Propstes. Ob die kleine Orgel in der Schloßkapelle, die um die Mitte des 18. Jahrhunderts in Frankreich oder jedenfalls unter französischem Einfluß gebaut wurde, noch zur ursprünglichen Ausstattung gehört, läßt sich heute nicht mehr mit Sicherheit feststellen.

Von der barocken Gartenanlage haben sich ebenfalls nur wenige Reste erhalten, so etwa die Eingangspfeiler von 1735 am Rand des westlichen Burgplateaus sowie die sich daran anschließende tiefergelegene Grundfläche mit dem später eingezogenen Mittelweg. Gleichzeitig oder etwas später als den Stiftsbau legte man die für barocke Schloßbauten typische axiale Zufahrt von Nordwesten an.

Kath. Pfarrkirche St. Johannes Ev.: Die ehemalige Prämonstratenser-Klosterkirche, eine dreischiffige romanische Basilika, wird man eher wegen des berühmten sogenannten Cappenberger Kopfes von Kaiser Friedrich Barbarossa und anderer bedeutender mittelalterlicher Bildwerke besuchen. Unter den Resten der Barockausstattung zeigt der Altar im südlichen Querhaus eine Darstellung aus der Cappenberger Gründungslegende, ein Gemälde von 1696 von Hermann Veltmann hat das Thema „Norbert von Xanten empfängt vom Hl. Augustinus die Ordensregeln“. Eine der besterhaltenenen Barockorgeln Westfalens hat 1786 Melchior Vorneweg aus Münster nach französischer Disposition erbaut.

SENDEN (Kr. Coesfeld)

Verkehrsamt, Münsterstraße 30, 48308 Senden, Tel. (02597) 6990, Fax 699222.

Schloß: Das im 18. Jahrhundert modernisierte Schloß der Herren zu Senden steht als lose Baugruppe auf einer Insel, von breiter Gräfte und baumbestandenem Ringwall umgeben. Das Herrenhaus ist wegen seines Dreistaffelgiebels aus dem 15. Jahrhundert berühmt, eine Bauform, die im Münsterland weite Verbreitung fand. Im Ostflügel des Schlosses haben sich einige schöne Barockräume des frühen 18. Jahrhunderts erhalten. Der anschließende Bau stammt aus dem 19. Jahrhundert, die Nebengebäude sowie die Brücke mit der axialen Zufahrtsallee wurden Anfang des 18. Jahrhunderts errichtet. Pläne eines Herrenhauses, das sich wie ein quergelegter Riegel am Ende der Anlage erhoben hätte, wurden 1744 von Johann Conrad Schlaun vorgelegt, kamen aber nicht zur Ausführung.

Grabkapelle: Gegenüber der Zufahrt zum Schloß liegt die Gruftkapelle der Familie Droste zu Senden, ein kleiner spätbarocker Ziegelbau von 1786.

SENDEN-BÖSENSELL

Kath. Pfarrkirche St. Johannes Bapt.: Gemälde des ehemaligen Altars mit der Darstellung der Madonna mit Kind und Schlange der Sixtinischen Madonna von Raffael. Das Wappen der Familie von und zur Mühlen verweist auf

Senden-Bösensell, Pfarrkirche St. Johannes Bapt.: Altargemälde (Aufnahme 1968)

den Stifter des Altarblattes, die Bauherren von Alvinghoff. Der um 1750 entstandene Hochaltar wurde im Zweiten Weltkrieg zerstört.

Haus Alvinghof: *schlichte, aber elegante Maison de Plaisance von Johann Conrad Schlaun; Außenbesichtigung nach tel. Voranmeldung.* Nordöstlich von Bösensell in Richtung Havixbeck liegt die ehemalige Wasserschloßanlage. Friedrich Christian von und zur Mühlen beauftragte 1750 Johann Conrad Schlaun mit der Planung eines Herrenhauses im Stil einer Maison de Plaisance mit flankierenden Wirtschaftsgebäuden und Garten, von denen das schlichte, elegante Herrenhaus vereinfacht, ohne das vorgelagerte Vestibül und Treppenhaus, die Wirtschaftsgebäude erst später realisiert wurden. Zur selben Zeit stiftete die Familie von und zur Mühlen in ‚ihrer' Pfarrkirche zu Bösensell das Altarblatt mit der Madonna mit Kind.

Haus Ruhr: Die Wasserschloßanlage der Renaissance, seit 1585 im Besitz der Herren von der Ruhr, geht 1701 an die Familie von und zur Mühlen. Vermutlich Johann Conrad Schlaun führte um 1742 Modernisierungsarbeiten aus am Hauptbau, dem Torpfeiler und vermutlich die Erweiterung der Stallgebäude im Auftrag von Christian Friedrich von und zur Mühlen; weitere Umbauten im 19. Jahrhundert.

SIDDINGHAUSEN → BÜREN

Soest, Pfarrkirche St. Maria zur Höhe (Hohnekirche): Orgelprospekt, 1679 (Aufnahme 1969)

SIEGEN

Presse- und Informationsdienst, Markt 2 / Rathaus, 57072 Siegen, Tel. (0271) 4040, Fax 21684.

Geschichte: Die 1584 in Herborn gegründete nassauische Hohe Schule residierte um 1600 vorübergehend in Siegen, darüber hinaus war die Stadt seit 1616 Sitz einer Kriegsakademie. 1607 ging aus dem Hause Nassau-Dillenburg die Linie Nassau-Siegen hervor, die sich 1623 in einen katholischen und einen reformierten Zweig teilte und im Oberen Schloß, der alten Burg, oder dem Unteren Schloß residierte. Berühmt wurde Graf Johann Mauritz, genannt der „Brasilianer“ (1604–1679), unter ihm wurde das Grafenhaus in den Fürstenstand erhoben. Nach dem Aussterben beider Linien war Siegen seit 1742 bis 1817 Sitz eines Amtes. Siegen ist für die Barockzeit vor allem als Geburtsort von Peter Paul Rubens bekannt, dessen Familie wegen der Verbannung des Vaters in der Stadt weilte.

Kath. Pfarrkirche Mariä Himmelfahrt: Die ehemalige Jesuitenkirche wurde in den Jahren 1702 bis 1724 nach Plänen des Laienbruders Anton Hülse erbaut, der hier 1712 bestattet wurde. Der 1729 geweihte Bau brannte 1944 völlig aus und wurde in veränderter Form wiederaufgebaut. Von der ursprünglichen Barockausstattung ist nichts erhalten. Das repräsentative Allianz-Wappen des verlorenen Fürstenstuhls der katholischen Landesherrschaft befindet sich heute im → Siegerland-Museum im Oberen Schloß.

Ev.-ref. Nikolaikirche: Die ehemalige Stadtkirche am Markt und zugleich Gruftkapelle der Grafen von Nassau wurde unter dem Fürsten Johann Moritz 1654 bis 1658 modernisiert, sie diente zugleich als Hofkirche, und bis 1903 befand sich hier eine sogenannte Herrschaftliche Loge für das Haus Nassau zur Teilnahme am Gottesdienst. Aus dem Herrschaftlichen Begräbnis in der Nikolaikirche wurden 1690 die Särge der hier seit 1617 beigesetzten Angehörigen des Hauses Nassau-Siegen in die von Fürst Johann Moritz 1669 errichtete Fürstengruft im → Unteren Schloß umgebettet.

Oberes Schloß, heute Siegerland-Museum: *Peter Paul Rubens-Sammlung.*

Das Obere Schloß diente seit dem 17. Jahrhundert bis 1743 als Residenz der 1642 entstandenen katholischen Linie des Hauses Nassau-Siegen. Die bereits vor 1224 entstandene sogenannte Höhenburg war bis 1830 von einem Graben mit Zugbrücke umgeben, der heutige massive Steinbau – das sogenannte Bischofshaus – wurde im wesentlichen um 1500 errichtet, daran anschließend das Grafenhaus, ein verschieferter Fachwerkbau mit Mansarddach des frühen 18. Jahrhunderts.

Einzigartig in Westfalen ist die kleine Peter Paul Rubens-Sammlung im heutigen Siegerland-Museum: Sie umfaßt acht Gemälde des 1577 in Siegen geborenen flämischen Barockmalers (†1640) und eine umfangreiche Sammlung druckgraphischer Werke des Meisters und seiner Mitarbeiter.

Unteres Schloß: Das seit der Mitte des 18. Jahrhunderts als Unteres Schloß bezeichnete Residenzschloß der evangelischen Linie des Hauses wurde zwischen 1695 bis 1720 für Friedrich Wilhelm Adolf Fürst zu Nassau(-Siegen) erbaut. 1669 wurde zunächst die freistehende Fürstengruft errichtet, 1689 bis 1691 legte Peter Rembold zwischen der Gruft und dem ehemaligen Franziskanerkloster den Schloßbau an, der bereits 1695 mitsamt der berühmten nassauischen Gemäldegalerie niederländischer Meister abbrannte. 1698 bis 1714 errichtete man eine nüchterne, zweigeschossige Dreiflügelanlage, in der Mitte des Corps de Logis die vom Brand verschonte Fürstengruft. Die von Maurits Post erbaute Grabstätte ist eine kreuzförmige tonnengewölbte Anlage mit Grabnischen, die ein Portal mit eindrucksvoller Eisengußtür von 1699 mit dem nassauischen Wappen abschließt.

Rathaus: Der Ursprung des historischen Rathauses am Marktplatz dürfte in die Zeit der Stadtgründung im frühen 13. Jahrhundert zurückreichen. Der heutige Bau ist eine einfache zweigeschossige Architektur von 1783 bis 1788; nach Kriegszerstörungen wurde das Eingangsportal an die Längsseite verlegt.

HAUS SIEVERDING → ALTENBERGE

SIRKSFELD → COESFELD

Steinfurt-Burgsteinfurt, Bagno: Konzertsaal, 1774 (Aufnahme vor 1945)

SOEST

Kultur- und Verkehrsamt, Am Seel 5, 59494 Soest, Tel. (02921) 103323, Fax 103423.

Kath. Propsteikirche St. Patrokli: Die bedeutendste romanische Kirche Westfalens birgt barocke Ausstattungsstücke der 1720 abgebrochenen Dominikanerkirche: die Kanzel mit den Halbfiguren der Evangelisten am Korb, Christus und die Kirchenväter auf dem Schalldeckel; der schlichte südliche Nebenaltar aus der Zeit um 1700 sowie der nördliche Seitenaltar aus dem frühen 18. Jahrhundert.

Ev. Pfarrkirche St. Petri: Das Turmobergeschoß der mittelalterlichen Kirche wurde um 1710 durch eine elegante welsche Haube sowie eine Steinbalustrade modernisiert, der Innenraum erhielt in dieser Zeit ebenfalls neue Ausstattungsstücke: Die qualitätvolle Kanzel von 1693 schuf Johann Sasse aus Attendorn, bemerkenswert sind der hohe tabernakelartige Schalldeckel sowie der reiche Figurenschmuck.

Ev. Pfarrkirche St. Maria zur Höhe (Hohnekirche): Sehr schöner barocker Orgelprospekt von 1679, renoviert im Jahre 1730.

Ev. Pfarrkirche St. Pauli: Orgelprospekt von 1675; kunstvoll vergoldete Silberkelche, 1701 von Goswin Schönberg gefertigt; Kugelkronleuchter aus Gußwerk, um 1650.

Rathaus: Die große, um einen Innenhof gruppierte Anlage, das ‚Alte Rathaus', besteht aus vier Flügeln, deren ältester zum Platz hin ausgerichtet ist. Der gestreckte zweigeschossige Putzbau wurde 1713 bis 1718 mit einer offenen Bogenhalle errichtet, über der zentralen Arkade das Soester Stadtwappen, darüber im geschwungenen Frontgiebel die Standfigur des Stadtpatrons St. Patroklus, 1716 gefertigt von Joseph Volmer. An der Rückseite des Hauptflügels liegt der sogenannte Blaue Saal, der über zwei Geschosse gehende Ratssaal mit dekorativen Gewölbemalereien von 1716.

Ehem. Adelshöfe und Wohnhäuser: Stattliche Barockbauten des Adels und Bürgertums prägen noch heute das Stadtbild, besonders erwähnenswert sind: Adelshof Zum Spiegel von 1696, Jakobistraße 13, heute Stadtarchiv; repräsentatives Fachwerkwohnhaus von 1693, Osthofenstraße 42; Patrizierhaus mit Gartenanlage des 18. Jahrhunderts, Severinstraße 9; Wohn- und Geschäftshaus in Fachwerk mit ungewöhnlich reichen Schnitzereien von 1714, Thomästraße 58; Wohn- und Geschäftshaus mit der Inschrift „An Gottes Segen ist alles gelegen. ANNO. 1728. DEN 1. OCTOBER", Am Seel 10.

SANKT MAURITZ → MÜNSTER
STAHLE → HÖXTER
HAUS STAPEL → HAVIXBECK

STEINFURT

Verkehrsverein Steinfurt e.V., Markt 2 / Altes Rathaus, 48565 Steinfurt-Burgsteinfurt, Tel. (02551) 1383, Fax 7326.

STEINFURT-BORGHORST

Kath. Pfarrkirche St. Nikomedes: Bemerkenswerte Ausstattungsstücke des Barock, darunter zwei lebensgroße, weiß-goldgefaßte Figuren der Heiligen Nikomedes und Laurentius vom ehemaligen Hochaltar der Kirche, gearbeitet um 1700 bis 1720 von dem Bildhauer Johann Elsbeck aus Vreden sowie eine Sandsteinstatute der Maria Immaculata mit dem Jesuskind als Schlangentöter, gestiftet von der Äbtissin Maria Freiin von Velen zu Velen (1716–35). In der Stiftskammer befinden sich neben dem berühmten Borghorster Reliquienkreuz der Äbtissin Berta, der bedeutendsten in Westfalen erhaltenen ottonischen Goldschmiedearbeit, auch liturgische Geräte des 17. und 18. Jahrhunderts: das silberne Altarkreuz aus der Zeit um 1654 mit dem Wappen des Fürstbischofs Christoph Bernhard von Galen ist eine Augsburger Schmiedearbeit; vier Altarleuchter von 1662, zwei davon mit eingravierten Darstellungen der beiden Heiligen Nikomedes und Laurentius, ebenfalls mit dem Wappen des Fürstbischofs.

Kath. Kapelle St. Aloysius: Das heutige Wohngebiet Breul war urspünglich ein kleines Waldgebiet, das zum Stift gehörte. Hier ließ die Äbtissin Antonette Isabella Josina von Nagel zu Vornholz (1736–59) aus ihren Privatmitteln eine Kapelle zu Ehren des Hl. Aloysius von Gonzaga errichten. Der kleine achtseitige Zentralbau mit hoher Schweifhaube erinnert an einen profanen Gartenpavillon, der ansprechend lichte Innenraum ist mit hölzerner Volutendekke, Delfter Kacheln an den Wänden und großen bleiverglasten Fenstern ausgestattet.

STEINFURT-BURGSTEINFURT

Große Kirche, ev. Pfarrkirche: Prachtvoller frühbarocker Orgelprosepkt, 1658 von Conrad Bader gefertigt.

Kath. Pfarrkirche St. Johann Nepomuk: Der Bau der katholischen Kirche im reformierten Steinfurt geht zurück auf einen Vergleich zwischen der Gräfin-Regentin Isabella Justina und dem Fürstbischof von Münster im Jahre 1716, der die territorialen Streitigkeiten und die Verhältnisse der Katholiken in Steinfurt regelte. 1722 wurde mit dem Bau begonnen, der nach einer erstaunlich kurzen Zeit von zwei Jahren bereits fertiggestellt war. Als Baumeister sind die in bischöflichen Diensten stehenden Gebrüder Gottfried Laurenz Pictorius und Peter Pictorius d.J. zu nennen, Bauherr war der Fürstbischof von Münster, Clemens August von Bayern. Die nach Süden gerichtete Wandpfeilerkirche wurde 1885 durch das neuromanische Querhaus und den Chor erweitert. Die repräsentative Hauptfassade im Norden zeigt eine kolossale Pilastergliederung mit Attika und geschweiftem Giebel mit der Inschrifttafel von 1722 und der Wappenkartusche des Fürstbischofs. Über dem schlichten Portal mit Dreiecksgiebel steht in einer Nische die Figur des Kirchenheiligen, die vermutlich nach 1724 von dem Coesfelder Bildhauer Cornelius Sasse gefertigt wurde. Über dem Osteingang aus dem 19. Jahrhundert befindet sich eine weitere Figur des Hl. Johann Nepomuk, um 1724 von Johann Adolf Sasse gearbeitet.

Von der ursprünglichen Innenausstattung stammt noch das steinerne Taufbecken in Form eines Eucharistiekelches im östlichen Seitenschiff. Der barocke Hochaltar wurde im Zuge der Erweiterungsarbeiten des 19. Jahrhunderts abgebrochen, nur das Altarblatt, heute im Chor, ist erhalten und zeigt die Kreuzigung Christi, vermutlich ein Werk des italienischen Malers Giovanni Murari Veronese. Darüber befindet sich das geschnitzte Wappen des Fürstbischofs. Die beiden Holzfiguren am Chorbogen, links der Hl. Joseph und rechts Johannes der Täufer, sind zwischen 1730 und 1750 entstanden und schmückten ehemals den barocken Hochaltar.

Ehem. Johanniterkommende: An die Große Kirche schließt der Bezirk der ehemaligen Johanniter-Kommende an, deren sehr gut erhaltene Gebäude eine der wenigen fast vollständig erhaltenen Klosteranlagen Westfalens bilden. Im Nordosten steht das ehemalige Hauptgebäude des Ordensvorstehers, das alte „Kommenderey-Haus“, auch Komturei genannt, ein Gebäude des 14. Jahrhunderts, das 1721 umgebaut und modernisiert wurde. Die anschließenden Nebengebäude, das Haus an der Aa und das Neue Gebäude, wurden zwischen 1670 und 1690 umgebaut oder neuerrichtet. Der eigentliche Zugang zur Kommende erfolgte durch das Torhaus im Westen, ebenfalls eine ältere, im frühen 17. Jahrhundert modernisierte Anlage. Ebenso wie die anderen Gebäude wird auch die Kommendekapelle, ein barockes Kapellenhäuschen von 1687, heute als Wohnhaus genutzt.

Bagno: *seit 1765 als reizvolle Parklandschaft mit exotischen Bauwerken angelegt; z. Zt. umfassende Restaurierung des Konzertsaals.*

Reichsgraf Karl Paul Ernst von Bentheim-Steinfurt ließ seit 1765 in dem alten, sich vom Schloß aus erstreckenden Hochwald einen Park anlegen, in dem sich das berühmte Steinfurter Bagno befindet. Zuerst wurde nahe einer sogenannten Entenkoje ein Badehaus (italienisch: il bagno) errichtet, im weiteren Verlauf ein Teil des Waldes als Sommerresidenz umgewandelt in einen französischen Garten nach dem Muster der Versailler Schloßgärten mit Alleen, hohen Buchenhecken, symmetrischen Beeten, Kanälen, Springbrunnen, Statuen, Pavillons und einem kleinen See. Später fügte man gemäß der herrschenden Mode eine Reihe von Bauwerken im sogenannten Chinesischen Stil hinzu, bevor der Nachfolger Graf Ludwig seit 1780 einen Englischen Garten nach dem Vorbild von Schloß Wilhelmshöhe in Kassel

Steinfurt-Burgsteinfurt, Pfarrkirche St. Johann Nepomuk: 1722–24 (Aufnahme 1968)

mit Wasserspielen anlegen ließ. Von den ursprünglich 49 exotischen Sehenswürdigkeiten – Lusthäuser, sogenannte Follies, Tempelchen, eine Kapelle, Grotten, Ruinen – ist außer einem inselreichen See der elegante Konzertsaal erhalten. Der 1945 beschädigte Bau wird zur Zeit restauriert, stellt er doch als freistehende Musikhalle eine in Europa einmalige Architektur für das 18. Jahrhundert dar. Der 1774 vollendete langestreckte Bau zeigt an den Längsseiten eine Reihe hoher Türen, die bei Konzerten geöffnet wurden, um die Grenzen zwischen Innen und Außen aufzuheben und Natur und Musik zu einem Gesamtkunstwerk zu vereinen. Der Innenraum ist mit reicher Stuckdekoration des Frühklassizismus ausgestattet, an den Stirnseiten eine Aphroditestatue und eine wasserspeiende Muschelgrotte.

STEINHEIM (Kr. Höxter)

Städtisches Verkehrsamt, Rathaus / Marktstraße 2, 32839 Steinheim, Tel. (05233) 210, Fax 21202.

Kath. Pfarrkirche Mariä Himmelfahrt: Monumentale Holzstatue des Hl. Christophorus aus dem 17. Jahrhundert; Außen gußeiserne Pesttafel von 1618.

STEINHEIM-VINSEBECK

Kath. Pfarrkirche St. Johannes der Täufer: Die schlichte Saalkirche wurde in drei Bauphasen zwischen 1606 und 1740 errichtet, auch Teile der Innenausstattung stammen aus dieser Zeit: Hochaltar von 1640; Altargemälde von Johann Georg Rudolphi; repräsentativ gestaltetes Prunkepitaph für den 1697 gestorbenen Philipp Jacob von der Lippe zu Vinsebeck.

HELFF GODT ZITHLICH
UND EWICHLICH
INRI

Steinheim-Vinsebeck, Schloß: Gesamtansicht (Aufnahme 1986)

Schloß: *Vornehme Schloßanlage von Justus Wehmer für die Herren von der Lippe; Außenbesichtigung möglich, Innenbesichtigung nach Anmeldung.*
Seit dem 14. Jahrhundert bis 1764 war das Schloß im Besitz der Herren von der Lippe, das bestehende zweigeschossige Herrenhaus wurde 1720 durch Justus Wehmer für Johann Ignaz von der Lippe erbaut. Auf einer leicht vorgezogenen, quadratischen Insel liegt die im Grundriß H-förmige Anlage, an den Ecken flankiert von Ecktürmen. Die Zugbrücke an der Hofseite führt auf den kaum vorspringenden Mittelrisalit mit doppelläufiger Freitreppe zu, ein Motiv, das sich an der Gartenfront noch einmal wiederholt.
Der Eleganz des Außenbaus entspricht die Stuckierung der Innenräume, vor allem des großen Festsaals, die illusionistischen Wandmalereien und die Wandbespannungen. Die Altarskulpturen von 1720 bis 1730 in der nachträglich eingebauten Schloßkapelle sind stilistisch von dem berühmten Bildhauer Paul Egell (1691–1753) beeinflußt. Der in Resten erhaltene Barockgarten ist ebenfalls über eine Zugbrücke erreichbar und zeigt in der zentralen Achse einen Neptunbrunnen und an den Seiten Skulpturen, die die vier Jahreszeiten darstellen.

Steinheim-Vinsebeck, Pfarrkirche St. Johannes der Täufer: Prunkepitaph, nach 1697 (Foto 1964)

STEMMEN → KALLETAL
STENERN → BOCHOLT
SCHLOSS STIETENCRON → BAD SALZUFELN-SCHÖTMAR
STOCKLARN → WELVER
STOCKKÄMPEN → HALLE
STROMBERG → OELDE
STUKENBROCK → SCHLOSS HOLTE-STUKENBROCK
SUDERWICK → BOCHOLT
SÜDHEMMERN → HILLE

SÜDLOHN (Kr. Borken)

Reisedienst Ernst Otto, Jakobistraße 8, 46354 Südlohn, Tel. (02862) 6265, Fax 6253.
Kath. Pfarrkirche St. Vitus: Die spätgotische Hallenkirche birgt einige bedeutende barokke Ausstattungsstücke: die heute im Chorraum aufgestellten, fast lebensgroßen Holzfiguren der vier lateinischen Kirchenväter Augustinus, Ambrosius, Gregor und Hieronymus gehörten zum 1888 abgebrochenen Hochaltar; an den Stirnseiten der Seitenschiffe zwei Altargemälde, darunter die Kopie eines Dresdener Gemäldes von Correggio; Barockplastiken, die zum Hochaltar oder zu den Nebenaltären gehörten; eine Strahlenkranzmadonna aus der zweiten Hälfte des 18. Jahrhunderts; prachtvoll geschnitzte Kanzel mit Halbfiguren der vier Evangelisten und ihren Attributen, zwischen 1730 und 1740 hergestellt. Neben den Chor- und Beichtstühlen konnte 1962 die Barockausstattung durch den Erwerb von 14 Kreuzwegbildern von 1738 aus Süddeutschland im nördlichen Seitenschiff komplettiert werden.

SÜDLOHN-OEDING

Kath. Pfarrkirche St. Jakobus d.Ä.: Das prominenteste Ausstattungsstück ist die figurenreiche und farbig angelegte Barockkanzel mit den vier Evangelisten des 18. Jahrhunderts. Die beiden Beichtstühle zeigen Ähnlichkeit zu denen in der → Vitus-Kirche in Südlohn. Neben anderen zahlreichen Barockfiguren ist vor allem noch das ehemalige Hochaltargemälde mit Pietà-Darstellung von 1765 erwähnenswert, das heute in der Turmkapelle auf einer Predella aus Sandstein präsentiert wird; vor dem Gemälde steht eine reich geschnitzte Betbank aus der Zeit um 1700.

SUNDERN (Hochsauerlandkr.)

Fremdenverkehrsamt, Mescheder Straße 20 / Rathaus, 59846 Sundern, Tel. (02933) 81251, Fax 81111.

SUNDERN-ENDORF

Kath. Wallfahrtskirche St. Antonius von Padua: Die Klosterkirche gehörte ursprünglich zu dem 1722 nahe einer heilbringenden Quelle im Brenscheder Wald entstandenen Kapuzinerkloster Brunnen, das 1834 im Zuge der Säkularisation aufgehoben wurde. Der Maurermeister Josephus aus Augsburg errichtete 1742 bis 1744 den schlichten Saalbau mit rechteckigem Chor und Dachreiter. Kurfürst Clemens August sowie der ortsansässige Adel statteten die Kirche prachtvoll aus: der stattliche Hochaltar wurde nach Entwürfen von Johann Conrad Schlaun zwischen 1743 und 1748 in leicht veränderter Form errichtet und zeigt das Gemälde der Taufe Christi von dem münsterischen Maler Gerhard Koppers. Angrenzend an die Kirche finden sich noch Reste der 1729 bis 1735 errichteten Klostergebäude, die heute als Schule genutzt werden.

SUNDERN-HÖVEL

Haus Melschede: Etwa 1 km südlich der Ortschaft liegt die seit dem 17. Jahrhundert im Besitz der Herren von Wrede befindliche Wasserschloßanlage. In den Jahren 1663 bis 1669 errichtete der Kapuzinerbruder Bonitius aus Trier zusammen mit dem norddeutschen Steinmetz- und Maurermeister Nikolaus Dentel die geschlossene Vierflügelanlage mit Binnenhof und Ecktürmen. Nachdem der Westteil im 19. Jahrhundert abgebrochen wurde, präsentiert sich Haus Melschede heute als zweigeschossige, hufeisenförmige Anlage mit zwei quadratischen Ecktürmen am Mitteltrakt und Treppenturm mit Schweifhaube in der südlichen Hofecke. Das wappengeschmückte Eingangsportal am Südflügel von 1669 ist das ehemalige Durchfahrtsportal in der Mittelachse des abgebrochenen Westflügels. Die dem Hl. Antonius geweihte Hauskapelle von 1670 enthält noch die Stuckdecke aus der Erbauungszeit.
Eine Besonderheit im angrenzenden Garten stellt das Pfauenhaus aus der ersten Hälfte des 18. Jahrhunderts dar, ausgestattet mit einer Wetterfahne in Form eines Pfaus sowie einem überdachten Auslauf an der rechten Seite.

SUTTROP → WARSTEIN
SYTHEN → HALTERN
SCHLOSS TATENHAUSEN → HALLE-BOKEL

TELGTE (Kr. Warendorf)

Verkehrsamt, Markt 1, 48291 Telgte, Tel. (02504) 13327, Fax 13228.

Kath. Pfarr- und Propsteikirche St. Clemens: Kleinere, aber prominente Ausstattungsstükke und liturgische Geräte: Clemens August von Bayern stiftete für die, seinem Namenspatron, dem Märyterpapst Clemens geweihte Kirche die Ewiglicht-Ampel, gearbeitet von dem Silberschmied Philipp Jakob Drentwett aus Augsburg zwischen 1726 und 1728; von dem Bildhauer Kocks aus Münster stammt der Taufbrunnen, um 1730 aus Baumberger Sandstein; Skulptur der sogenannten Schmerzensmadonna, im 17. Jahrhundert im Stil der Gröninger-Werkstatt geschaffen.
Der Kirchplatz mit der anschließenden Wallfahrtskapelle diente bis um die Mitte des 19. Jahrhunderts als Begräbnisstätte. Einige außergewöhnliche Epitaphe an der Südwand und am Chor der Kirche aus dem ersten Drittel des 18. Jahrhunderts zeigen in bäuerlich-westfälischem Barock Szenen aus dem Leben Jesu und Mariens. An der Propsteimauer nahe der Ems wurde 1769 ein Bildstock mit einer Darstellung des Telgter Gnadenbildes aufgestellt.

Südlohn-Oeding, Pfarrkirche St. Jakobus d.Ä.: Kanzel, um 1700 (Aufnahme 1964)

Sundern-Endorf, Wallfahrtskirche St. Antonius von Padua: Innenansicht (Aufnahme 1994)

Telgte, Wallfahrtskapelle Beatae Mariae Verkündigung: Ansicht vor 1854 (Westfälisches Landesmuseum Münster)

Kath. Wallfahrtskapelle Beatae Mariae Verkündigung: *Frühbarocker Zentralbau unter Fürstbischof Christoph Bernhard von Galen.* Am Prozessionsweg von Münster nach Telgte ließ Fürstbischof Christoph Bernhard von Galen zwischen 1658 und 1663 fünf Doppelbildstöcke errichten. Von Galen veranlaßte außerdem den Bau der Kapelle für das seit 1455 urkundlich nachgewiesene und bis heute viel besuchte Gnadenbild. Die ersten Pläne für den Neubau gehen 1654 auf den Franziskanerpater Jodokus Lücke zurück, der Bau selbst wurde aber dann bis 1657 errichtet. Die Autorschaft von Peter Pictorius d.Ä. wird allerdings von der neuesten Forschung bezweifelt. Die sechs Ecken des kuppelüberdeckten Zentralbaus in Werkstein werden ungewöhnlicherweise durch freistehende korinthische Säulen akzentuiert, in jede Seite des Polygons ist ein großes Rundfenster eingelassen. Eine Ansicht des frühen 19. Jahrhunderts zeigt noch den Originalzustand des Daches: die Kuppel wurde von einer Madonna im Strahlenkranz aus vergoldetem Kupfer bekrönt, eine Arbeit des münsterischen Goldschmieds Deker von 1662. Über den drei Portalen befindet sich jeweils ein Wappen des Fürstbischofs, im Osten baute man 1763 eine Sakristei an, die Mitte des 19. Jahrhunderts zu einem Rechteckchor erweitert wurde. Das Portal im Westen war ursprünglich ein vergittertes Fenster, durch das auch nachts das Gnadenbild sichtbar war. Die heutige Dachform mit der hohen Laterne stammt aus der Mitte des 19. Jahrhunderts. Derr Innenraum wurde 1959 neu gestaltet. Im Chorbogen hängen zwei große silberne Ampeln: die linke, um 1700, stiftete ein Mitglied der Familie von Galen, die rechte von 1724 hat Heinrich von Droste zu Hülshoff gestiftet. In den Nischen der rückwärtigen Wände befinden sich zwei Vitrinen mit Votivgemälden von Krankenheilungen aus den Jahren 1712 und 1754. Der an der Außenwand der Sakristei angebrachte Epitaph mit der Darstellung der Todesangst Christi am Ölberg von 1711 befand sich ursprünglich im Innern der Kapelle.
Emsmühle: Am Kirchplatz steht das barokke Mühlengebäude aus Backstein mit großem Wappen des Kurfürsten Clemens August von 1754, eine Arbeit des Bildhauers Johann Christoph Manskirch.

HAUS TENKING
→ RHEDE-UMGEBUNG
THÜLEN → BRILON
HAUS TINNE → BRILON-ALME
TÖNNISHÄUSCHEN
→ SASSENBERG-FÜCHTORF

UNNA
Stadt Unna, Rathausplatz 1, 59423 Unna, Tel. (02303) 103213, Fax 103208.

Ev. Stadtkirche: Der Bildhauer und Schnitzer Johann Sasse aus Attendorn zeichnet verantwortlich für die Kanzel des späten 17. Jahrhunderts mit hochaufgebautem Schalldeckel, vergleichbar seinem Werk in der → Petri-Kirche in Soest. In den Nischen des Kanzelkörpers stehen Moses mit den Gesetzestafeln sowie die vier Evangelisten Matthäus, Markus, Lukas und Johannes mit ihren Attributen, auf dem Schalldeckel befinden sich Engelsfiguren, die einen weiteren Deckel tragen, auf dessen Bekrönung Johannes der Täufer mit dem Lamm Gottes steht. Einige zum Teil qualitätvolle Grabsteine wohlhabener Bürger des 17. und 18. Jahrhunderts sind erhalten.

UNNA-LÜNERN
Ev. Pfarrkirche: Kanzel aus der Werkstatt von Johann Sasse, um 1680, auf dem Rand des Korbes geschmiedete Zierbehälter für Sanduhren mit der Jahreszahl 1727.

VARENHOLZ → KALLETAL
SCHLOSS VARLAR
→ ROSENDAHL-HÖVEN

VELEN (Kr. Borken)
Verkehrsverein Velen-Ramsdorf, Ramsdorfer Straße 19, 46342 Velen, Tel. (02863) 20546, Fax 20535.
Schloß: *eindrucksvolle Gesamtanlage, heute als Hotel genutzt; Besichtigung von Schloß und Park jederzeit möglich.*
Das münstersche Lehen kam 1756 durch Heirat an die Freiherren von Landsberg. Aus der Schloßfreiheit mit Pfarrkirche entwickelte sich das Dorf Velen. Das großzügige Ensemble aus Vor- und Hauptburg, von einer Gräfte umgeben, liegt am Oberlauf der Aa. Die aus einer 1245 erstmals erwähnten Burg hervorgegangene Dreiflügelanlage mit Vorburg, im Süden und Westen von Resten des einstigen Schloßgartens und bis an die Gräfte heranrückenden Waldungen umgeben, ist das Produkt reger Bautätigkeit vom 15. bis in das 19. Jahrhundert. Die verschiedenen Bauphasen kann man noch heute an der Unregelmäßigkeit der Gesamtanlage ablesen. Die Vorburg, 1692 bis 1693 nach Plänen des Ambrosius von Oelde ausgeführt, wurde 1830 rigoros verändert. Das Erscheinungsbild des Herrenhauses, im Kern 15. Jahrhundert, geht heute maßgeblich auf die Umbauten von August Reinking in den Jahren 1812 bis 1823 zurück, eines Schülers des Münsterschen Oberbaudirektors Wilhelm Ferdinand Lipper. Schlanke Fenster und ein auf hoher Freitreppe stehender, klassizistischer Portikus zeichnen den Corps de Logis aus. Die erhaltenen Pläne und Zeichnungen weisen auf Veränderungen durch Ambrosius von Oelde und Johann Conrad Schlaun, durch Wilhelm

Velen, Schloß: Ansicht von Osten (Aufnahme 1980)

Ferdinand Lipper und seinen Schüler Clemens August von Vagedes hin.
Vor der Vorburg am Nordrand des Schloßparks liegt die Orangerie: der zweigeschossige Backsteinbau mit Krüppelwalmdach wurde von Johann Conrad Schlaun eingeschossig geplant, von seinem Mitarbeiter Gerhard van der Giese 1753 bis 1754 in seiner jetzigen Form errichtet. Bemerkenswert sind die schönen Stuckarbeiten und Wandmalereien im Treppenhaus.
An der Allee südlich von Schloß Velen in einem Waldstück, dem ehemaligen Tiergarten, liegt die Fasanerie, ein 1753 bis 1755 nach Plänen von Schlaun errichteter eingeschossiger Backsteinbau mit Gehege für das Federvieh.
An einem der Eingangspfeiler zum Wirtschaftshof haben sich in Resten zwei Hälften eines repräsentativen Wappenreliefs erhalten, die von Kriegerfiguren gehalten werden; die Arbeiten des späten 17. Jahrhunderts werden Wilhelm Heinrich Kocks zugeschrieben und sind am Kapellenturm rekonstruiert worden.

HAUS VENNE → DRENSTEINFURT-MERSCH

VERL (Kr. Gütersloh)

Gemeindeverwaltung, Am Pulverbach 25, 33803 Steinhagen, Tel. (05204) 102211, Fax 102225.

VERL-ÖSTERWIEHE-KAUNITZ

Kath. Pfarrkirche St. Maria Immakulata: Die Grafen von Kaunitz, nach denen die Ortschaft benannt wurde, stifteten den Kirchenbau, wie das Stifterwappen am Westportal zeigt. Der einfache Saalbau wurde in den Jahren 1746 bis 1748 nach Plänen des Rietberger Leutnants und Baumeisters Carlé errichtet und ist durch die konkav gerundeten Gebäudeecken akzentuiert. Von der Barockausstattung der Erbauungszeit haben sich einige Figuren erhalten.
Fürst Anton Wenzel von Kaunitz-Rietberg, der Staatskanzler Kaiserin Maria Theresias, ließ in den Jahren 1792 bis 1801 eine der wenigen klassizistischen Sakralbauten Westfalens, die Pfarrkirche St. Anna in Verl, errichten.

VERNE → SALZKOTTEN
VINNENBERG → WARENDORF-MILTE
VINSEBECK → STEINHEIM

VLOTHO (Kr. Herford)

Tourist-Information, Lange Straße 60, 32606 Vlotho, Tel. (05733) 79000, Fax 790062.

Ev. St. Stephans-Kirche: Im Rahmen der Erweiterungsbauten von 1659 erhält die Kirche auch bemerkenswerte Ausstattungsstücke, die den Übergang von der Spätrenaissance zum Frühbarock in Westfalen markieren: Altar um 1670, Kanzel von 1660 aus der Hand des Bildschnitzers Hans Küchlein, Emporenbrüstungen mit Prophetenbildern und Passionsszenen aus gleicher Zeit. Bemerkenswert ist einer der beiden Kronleuchter in Form eines Schiffes, ein Geschenk der 1665 in Vlotho gegründeten Schiffergilde. Ikonographisch interessant ist weiterhin der lebensgroße Taufengel, eine

Vreden-Zwillbrock, Pfarrkirche St. Franziskus: Innenansicht (Aufnahme 1981)

Stiftung aus dem Jahre 1762, der das auf dem Boden aufstehende Taufbecken gleichsam wie im Flug zu tragen scheint.

Ev-ref. St. Johannis-Kirche: Der spätbarocke Zentralbau auf achteckigem Grundriß mit halbrunder Apsis wurde 1782 bis 1783 errichtet, der Turm Mitte des 19. Jahrhunderts angefügt. Der Kanzelprospekt und der Altartisch sind Ausstattungsstücke der Erbauungszeit.

VÖRDEN → MARIENMÜNSTER
VOLMARSTEIN → WETTER
HAUS VON HÜLST → LEGDEN
HAUS VORHELM → AHLEN
HAUS VORNHOLZ → ENNIGERLOH-OSTENFELDE
HAUS VORTLAGE → LENGERICH
VOSSWINKEL → ARNSBERG

VREDEN (Kr. Borken)

Verkehrsverein, Markt 6, 48691 Vreden, Tel. (02564) 4600, Fax 308290.

Ehem. Stiftskirche St. Felicitas: Die 1945 zerstörte und wiederhergestellte Kirche des 17. Jahrhunderts birgt ein außergewöhnlich qualitätvolles Prunkepitaph der 1708 gestorbenen Fürstäbtissin von Elten und Vreden, Maria Franziska I. von Manderscheidt. Man vermutet, Ambrosius von Oelde habe die Grabarchitektur entworfen, die Ausführung lag in den Händen der Gröninger-Werkstatt, vermutlich bei Johann Wilhelm Gröninger, der das Grabmal schon zu Lebzeiten der Fürstäbtissin begann. In den letzten Jahren wurde auch das sogenannte ‚Claudia-Epitaph' aus dem Jahre 1688 restauriert: Um die zentrale Darstellung der Dornenkrönung sind 14 Wappen gruppiert, über einem gesprengten Gesims wird ein größeres Wappen von zwei Putten gehalten, zwei flankierende Engel mit Totenkopf und Sanduhr, unter dem Relief eine Schriftkartusche, beidseits davon je ein Engel, die das Epitaph tragen.

Die angrenzenden Stiftsgebäude wurden nach der Kriegszerstörung nicht wieder aufgebaut.

Wohnhäuser: 1699 wurde an Stelle der ehemaligen Burg das Amtshaus – heute Rathaus – errichtet, ein eingeschossiger Backsteinbau auf hohem Kellergeschoß mit doppelläufiger Freitreppe und verziertem Portal.

Im Hamaland-Museum in der Gasthausstraße 356, dem ehemaligen 1675 erbauten Gasthaus „Zum Hl. Geist“ befinden sich Ausstattungsstücke aus den Vredener Kirchen. Das heutige Heimatmuseum am Stadtgraben ist ein typisches Fachwerkbauernhaus des späten 17. Jahrhunderts.

VREDEN-AMMELOE-KLEINE MAST

Kath. Kapelle Maria-Brunn: An der Straße nach Ottenstein in der Bauernschaft Kleine Mast liegt der achteckige Ziegelbau mit geschwungenem Dach und bekrönender Laterne aus dem Jahre 1697. Neben der Ausstattung aus der Erbauungszeit ist das südliche Ovalfenster mit in Grisaille gemalter Wappenkartusche und Inschrift von 1699 bemerkenswert, eine Stiftung der in der Stiftskirche in Vreden beigesetzten Fürstäbtissin Maria Franziska I. von Manderscheidt.

VREDEN-ZWILLBROCK

Kath. Pfarrkirche St. Franziskus: *Einheitliche, im Münsterland wohl prächtigste und besterhaltenste Kirchenausstattung der ersten Hälfte des 18. Jahrhunderts.*

1651 gründeten die Bocholter Minoriten hier ein Kloster zur Betreuung der niederländischen Katholiken, das 1670 zur Missionsstation erhoben wurde. 1718 wurde die neue Klosterkirche in Form eines gewölbten Wandpfeilersaals errichtet.

Der außen schlichte Ziegelbau mit Werksteingliederung wird an der Westfassade durch eine niedrige Vorhalle und die beiden geschweiften Giebel sehr elegant akzentuiert. Der einfache Innenraum gewinnt seine Wirkung durch die prächtige Barockausstattung aus der ersten Hälfte des 18. Jahrhunderts, die sicherlich eine der reichsten und besterhaltensten des Münsterlands ist: Hochaltar und Seitenaltäre, reichdekorierte Kanzel, Chorgestühl und Beichtstühle, vornehme Kommunionbank, hervorragende Orgel aus der Herforder Familien-Werkstatt der Klausing sowie ein Kruzifixus des 17. Jahrhunderts, der ursprünglich auf dem Kirchplatz stand.

Östlich an die Kirche angebaut ist das zweigeschossige, um 1717 errichtete ehemalige Klostergebäude. Das Minoritenkloster wurde 1811 im Zuge der Säkularisation aufgehoben.

Vreden, Stiftskirche St. Felicitas: Prunkepitaph, nach 1708 (Aufnahme 1967)

WADERSLOH (Kr. Warendorf)

Fremdenverkehrsamt, Liesborner Straße 5, 59329 Wadersloh, Tel. (02523) 79113, Fax 79179.

WADERSLOH-LIESBORN

Die Abtei Liesborn wurde vermutlich bereits in der ersten Hälfte des 9. Jahrhunderts als Kanonissenstift gegründet und 1131 dann in ein Frauenkloster der Werdener Benediktiner – das erste und einzige der Diözese Münster – umgewandelt. 1464 folgte der Anschluß an die Bursfelder Kongregation, 1803 wurde das Kloster im Zuge der Säkularisation aufgehoben.

Kath. Pfarrkirche St. Cosmas und Damian: Die ehemalige mittelalterliche Klosterkirche wurde im Barock mit einigen neuen Stücken ausgestattet: Die figurenreiche Kanzel trägt auf der Südseite die Inschrift „B. Rottmann me illuminavit Anno 1740" („Rottmann hat mich im Jahre 1740 gemalt"); die große Kreuzigungsgruppe im südlichen Querschiff stammt ebenfalls aus der ersten Hälfte des 18. Jahrhunderts; das Kreuzigungsbild des Hochaltars fertigte Hermann Veltmann im Jahre 1704, der Altar wurde 1925 durch Figuren und Gottvater-Bild ergänzt. An der Westwand des Querhauses befinden sich die Grabdenkmäler der Äbte Heinrich Hase (1739–51) und Ludger Zurstraßen (1767–98). Die Grabplatten der Liesborner Mönche des 17. und 18. Jahrhunderts sind an den Wänden innen und außen angebracht.

Ehem. Klostergebäude, heute Museum Abtei Liesborn, Heimathaus des Kreises Warendorf: Von den ehemaligen Klostergebäuden ist lediglich die sogenannte Abtei erhalten, ein 1725 bis 1735 errichteter Dreiflügelbau mit Mittelrisalit und Freitreppe nach Plänen von Michael Spanner. Der Nordflügel wurde 1739 bis 1751 von Spanners Nachfolger Heinrich Hase errichtet, im 19. Jahrhundert abgebrochen und 1952 wiederaufgebaut. Im Innern überzeugt das qualitätvolle barocke Treppenhaus mit reichgeschnitzter Holzbrüstung. Aus der Amtszeit des Abtes Gregor Waltmann (1698–1739), dessen Porträt im Treppenhaus hängt, sind noch liturgische Geräte und Statuen erhalten: ein Kruzifix aus dem Jahre 1676, ein Kelch aus der Zeit um 1700 mit der Osnabrücker Stadtbeschau wie auch die silberne Meßgarnitur mit dem Meisterzeichen IGB. Aus dem Jahre 1704 stammen die beiden Statuen der Hl. Barbara und Josef.

WALTRINGHAUSEN → ANRÖCHTE

WARBURG (Kr. Höxter)

Städtisches Verkehrsamt, Zwischen den Städten 2, 34414 Warburg, Tel. (05641) 92555, Fax 92583.

Kath. Altstädter Pfarrkirche St. Marien: Die qualitätvolle Ausstattung des Barock besteht aus drei Seitenaltären, der Kreuzaltar von 1725 wird Christophel Papen zugeschrieben: die zentrale Darstellung der Kreuzigung wird flankiert von reichem dekorativem und figurativem Schmuck aus gedrehten Säulen, Reliefs und Statuen. Der Erasmusaltar im südlichen Seitenschiff aus Marmor und Alabaster stammt aus der Zeit um 1700; in seine Mensa wurde ein gotischer Schlußstein mit Verkündigungsengel eingemauert.

Kath. Neustädter Pfarrkirche St. Johannes Bapt.: Von dem 1719 nach Plänen von Johann Conrad Schlaun errichteten Hochaltar ist nur noch die Mittelgruppe mit der Taufe Christi und zwei assistierenden Heiligenfiguren im nördlichen Querhaus zu sehen, im Museum im ‚Stern' in Warburg befindet sich der sogenannte Pauluskopf des Hochaltars.

Ev. Pfarrkirche, ehem. Dominikanerkirche St. Maria in vinea: Von der barocken Ausstattung der mittelalterlichen, 1660 gesamt renovierten Kirche ist der stattliche Hochaltar von 1665 erhalten, eine Stiftung des Fürstbischofs Ferdinand von Fürstenberg: das Mittelbild zeigt die Himmelfahrt Mariens, überlebensgroße Heiligenfiguren flankieren seitlich die Szene, die oben durch die Salvator-Statue bekrönt wird. Beachtenswert ist weiterhin das Chorgestühl unter Verwendung spätgotischer Teile. Die östlich anschließenden ehemaligen Klostergebäude wurden mehrfach umgebaut und erneuert.

Kath. Burgkapelle St. Erasmus: Auf dem Burgberg liegt inmitten des Friedhofs die Burgkapelle St. Erasmus, die 1681 über der romanischen Krypta der verfallenen ehemaligen Burgpfarrkirche St. Andreas errichtet wurde. Der gotisierende Saalbau mit Barockdachreiter und Freitreppe trägt am Säulenportal das Wappen und die Stiftungsinschrift des Paderborner Fürstbischofs Ferdinand von Fürstenberg (1661–1683).

WARBURG-NÖRDE

Johann-Conrad-Schlaun-Gemeindehalle: Der bedeutendste westfälische Architekt und wichtigste Baumeister des deutschen Spätbarock, Johann Conrad Schlaun, wurde am 5. Juni 1695 im heutigen Stadtteil Nörde geboren. In der Schlaun-Halle sind der Torbalken und ein steinerner Türsturz aus dem abgebrochenen Geburtshaus erhalten. Das Museum im ‚Stern' zeigt in einer Abteilung einen Überblick über Leben und Wirken Schlauns.

WARBURG-SCHERFEDE

Ehem. Hardehäuser Zehnthaus: In der vermutlich bereits im 16. Jahrhundert errichteten Zehntscheune ist heute das Pfarrgemeindezentrum untergebracht. Der zweigeschossige Massivbau mit Fachwerkgiebel zeigt über dem Por-

Warburg, Altstädter Pfarrkirche Mariä Heimsuchung: Kreuzaltar, 1725 (Aufnahme 1974)

tal Bildnischen mit Figuren der hl. Benedikt und Bernhard sowie ein Abtswappen aus Metall. Im Giebel des Anbaus befindet sich eine Madonna aus der Giershagener Papen-Werkstatt, das Gartentor ist mit der Jahreszahl 1695 bezeichnet, an der Gartenmauer sind Kloster- und Abtswappen von 1725 angebracht.

Ehem. Kloster Hardehausen: *Außenbesichtigung jederzeit, Führungen nach Vereinbarung möglich.*

Das ehemalige Konventsgebäude des Zisterzienserklosters Hardehausen ist ein zweigeschossiges, mittelalterliches Quadrum mit nach Osten verlängertem Südflügel. Auf den mittelalterlichen Sockeln wurde durch Abt Stephan Overgar (1675–1713) der Werksteinbau in mehreren Bauabschnitten bis um 1700 errichtet. Vor dem Konventsgebäude befinden sich vier barocke Steinfiguren (St. Karolus Magnus, St. Liborius, St. Kilian, St. Henricus Imperator). Interessant sind weiterhin die reichen Barockportale des benachbarten Abthauses von 1698. In dem nach Süden vorgelagerten, ausgedehnten Wirtschaftshof mit großem dreigeschossigem Kornhaus von 1723 befindet sich noch eine Mühle von 1725 und eine Scheune von 1740. Nördlich des Klosterbezirks ließ der Hardehauser Abt Laurentius Kremper am oberen Ende des Prälatengrabens ein Garten- oder Lusthaus erbauen. Der um 1730 errichtete Bau mit Gartenterrasse wurde vermutlich nach Plänen von Franz Christoph Nagel errichtet.

Warburg-Welda, Schloß: Ansicht der Hauptfassade, 1734–36 (Aufnahme 1978)

WARBURG-WELDA

Schloß: Nach Plänen von Justus Wehmer wurde 1734 bis 1736 das Herrenhaus für Hermann von Haxthausen und Agnes Ursula von der Lippe errichtet, das von der Grundrißdisposition den Schlössern → Vinsebeck in Steinheim und → Körtlinghausen in Rüthen-Kallenhardt verwandt ist. Das im Grundriß annähernd H-förmige Herrenhaus zeigt sich als stattlicher zweigeschossiger Bau mit kurzen symmetrisch angelegten Seitenflügeln auf der Hof- und Gartenseite. Die reichen Barockportale hat Johann Georg Kötschau aus Kassel gearbeitet. Eine Freitreppe führt in das untere Geschoß, zwei symmetrisch angeordnete Treppen von dort in das obere Geschoß zu dem die gesamte Tiefe des Baues einnehmenden Festsaal mit guten Stuckarbeiten an Decke und Wänden, die bereits dem frühen Rokoko zugeordnet werden können. Bemerkenswert ist die reich durchfensterte Orangerie mit ausgebautem Mansarddach und figurengeschmücktem Mittelgiebel von 1733.

WARBURG-WORMELN

Kath. Pfarrkirche St. Simon und Judas: Die mittelalterliche, ehemalige Zisterzienserklosterkirche beherbergt einige Ausstattungsstükke des Barock: Hochaltar von 1683, Nonnenempore mit reich geschnitzten Altären und Gestühl von 1775; Barockgemälde und Statuen des 17. und 18. Jahrhunderts; auf dem Kirchplatz eine schöne Steinmadonna, wohl um 1700 in der Papen-Werkstatt gefertigt.
Ehem. Klostergebäude: Im Norden und Osten schließen an die Kirche die drei schlichten Flügel der Konventsgebäude an, die im 17. Jahrhundert errichtet und im späten 18. Jahrhundert umgebaut wurden; der Nordflügel 1887 abgebrochen.

WARENDORF

Verkehrsverein Warendorf e.V., Markt 1, 48231 Warendorf, Tel. (02581) 54222, Fax 54282.
Kath. Pfarrkirche St. Laurentius: Im südlichen Seitenschiff befindet sich das Altarblatt des ehemaligen, 1675 aufgestellten Barockaltars mit der Darstellung der Marter des Hl. Laurentius von dem Maler Anton Vercruizen aus Münster.
Kath. Pfarrkirche Mariä Himmelfahrt: Reste der Barockausstattung wie das Chorgestühl, eine Stiftung der Familie von und zur Mühlen aus dem Jahre 1746.
Kath. Franziskanerkirche St. Franziskus: Die Kirche des seit 1628 in Westfalen ansässigen Ordens wurde als langgestreckter Saalbau mit sehr schlichter, lediglich durch Figurennischen dekorierten Westfassade in den Jahren 1652 bis 1673 unter Fürstbischof Christoph Bernhard von Galen erbaut. Im Innern sind die auf der Südseite des Langhauses angebrachten Fenster mit Balusteröffnungen beachtenswert, durch die eine Teilnahme am Gottesdienst vom Kloster aus möglich war. Aus der Erbauungszeit stammt nur noch die zweigeschossige Orgelempore mit Wappenkartusche von 1675, von der einheitlichen Ausstattung des späten 18. Jahrhunderts ist besonders erwähnenswert: der Hochaltar mit offener Säulenstellung von 1783 mit Schnitzereien von Meister Willem aus Münster und Figuren

der Kreuzigung und Hl. Dreifaltigkeit von dem Bildhauer Joseph Stratmann aus Geseke. Wie der Hochaltar sind auch die 1783 vollendeten Seitenaltäre nach Entwürfen der Laienbrüder Agapitus Mertens und Alphäus Rinklake gefertigt worden; Chorstühle von 1783, Kanzel von 1771 sowie einige barocke Heiligenfiguren.

Kloster: Auf der Südseite der Klosterkirche schließen die schlichten Konventsgebäude an. Die zwischen 1673 und 1677 errichtete zweigeschossige Anlage mit flachgedecktem Kreuzgang zeigt auf der repräsentativen Westseite eine reich ornamentierte Klosterpforte mit Stifterinschrift des Fürstbischofs Ferdinand von Fürstenberg von 1683.

Wohnbauten: An der Oststraße und am Markt befinden sich einige Wohnhäuser mit barokken Giebelseiten, besonders bemerkenswert ist das Eckhaus Markt/Im Ort, ein 1715 von Gottfried Laurenz Pictorius errichtetes Haus in der damals hochmodernen Form des sogenannten Flurhauses, bei dem man keine Zimmerfolgen mehr hatte, sondern von einem Flur aus in die einzelnen Räume gelangen konnte.

Gartenhaus: In der Freckenhorster Straße 66 befindet sich ein achteckiger Gartenpavillon mit Freitreppe aus der Zeit um 1730; der Fachwerkbau auf hohem Steinsockel wurde in den letzten Jahren restauriert und ist der Rest eines großen Lustgartens, den der Warendorfer Stadtkommandant Lambert Friedrich Corfey sen. (†1701) anlegen ließ.

Münstertor: Die Torpfeiler stammen aus dem Abteivorhof des → Zisterzienserklosters Marienfeld im heutigen Harsewinkel.

WARENDORF-FRECKENHORST

Kath. Pfarrkirche St. Bonifatius: *reiche und qualitätvolle Ausstattungsstücke des 17. und 18. Jahrhunderts.*

Die ehemalige Stiftskirche ist einer der bedeutendsten Sakralbauten der Romanik in Westfalen und beherbergt eine reiche Barockausstattung: zwei lebensgroße Sitzfiguren der Hl. Bonifatius und Willibrod, um 1700; in der südwestlichen Kapelle das sogenannte Weiße Kreuz, ein monumentaler Gabelkruzifixus aus Sandstein mit dem Wappen der Äbtissin Gertrud von Korff-Sutthausen (1688–1712) aus dem frühen 18. Jahrhundert sowie ihr Epitaph, bereits zu ihren Lebzeiten 1694 vermutlich von Johann Mauritz Gröninger geschaffen; an der Südwand des Querhauses der ehemalige Hochaltar in schwarzem Marmor und Alabaster, zugleich Epitaph der Äbtissin Maria von Plettenberg, 1646 von Wilhelm Spannagel, einem Schüler Gerhard Gröningers; silberner Reliquienschrein der Hl. Thiathildis von 1669; zwei in Silber getriebene Figuren der Maria Immaculata und des Hl. Joseph, Augsburger Arbeiten des ausgehenden 18. Jahrhunderts.

Ehem. Abtei, heute Schloß: Östlich der Kirche ist die ehemalige Abtei durch ein kleines Tor mit Muschelaufsatz und flankierenden Löwen erreichbar: der zweigeschossige Putzbau mit rückwärtigen Flügeln wurde 1740 unter der Äbtissin Clara Franziska von Westerholt-Lembeck durch den Paderborner Hofarchitekten Franz Christoph Nagel errichtet. Die Eingangsfront wird durch den breiten übergiebelten Mittelrisalit mit dem Wappen der Er-

Warendorf, Franziskanerkirche und Kloster: Gesamtansicht, 1652–73 (Aufnahme 1960)

Warendorf-Freckenhorst, Pfarrkirche St. Bonifatius: Epitaph, um 1694 (Aufnahme 1967)

bauerin und einer geschwungenen Freitreppe akzentuiert. Zwei Nebengebäude sind mit den Jahreszahlen 1777 und 1799 bezeichnet.
Wohnbauten: Beachtenswert sind einige schlichte Stiftskurien des 18. Jahrhunderts sowie Ackerbürgerhäuser in Fachwerk des 17. bis 19. Jahrhunderts.

WARENDORF-MILTE-VINNENBERG

Kath. Kloster- und Wallfahrtskirche Mariä Geburt: Das ehemalige Zisterzienserinnenkloster wurde 1820 im Zuge der Säkularisation aufgehoben und ist seit 1898 Kloster der Benediktinerinnen der Ewigen Anbetung. Die Westfassade der im 16. Jahrhundert errichteten Kirche wurde im Jahre 1704 umgestaltet mit Dreistaffelgiebel, Mittelfenster und Bildnischen in den Obergeschossen. Bemerkenswert im Innern ist die zwischen 1677 und 1711 im Westteil des Schiffes eingerichtete Nonnenempore. Aus der Zeit der Äbtissin Placida Munstermann (1748–1782) stammen das Chorgestühl im Frauenchor, die Kirchenbänke mit geschnitzten Wangenstücken sowie die Beichtstühle.
Von den Klostergebäuden sind lediglich das sogenannte Paterhaus von 1722, das Torhaus und ein Mühlengebäude als bescheidene Fachwerkbauten erhalten.

Warendorf, Pfarrkirche St. Laurentius: Ehemaliges Altarblatt, 1675 (Aufnahme 1986)

WARSTEIN (Kr. Soest)
Kulturamt, Schwarzer Weg 25, 59581 Warstein, Tel. (02902) 970043, Fax 970072.

Alte kath. Pfarrkirche St. Pankratius und Sebastian: Die frühgotische Hallenkirche markiert das Zentrum der mittelalterlichen Stadtanlage und birgt im Inneren einige schöne barocke Ausstattungsstücke; erwähnenswert sind der Hochaltar von 1687, die Seitenaltäre von 1685. Die Rokoko-Kanzel aus der Mitte des 18. Jahrhunderts mit Figurenschmuck stammt vermutlich aus der Werkstatt von Johann Theodor Axer.

Kath. Franziskanerkirche St. Franziskus: Die Kirche des seit 1628 in Westfalen ansässigen Ordens wurde in den Jahren 1652 bis 1673 unter Fürstbischof Christoph Bernhard von Galen als langgestreckter Saalbau errichtet. Interessant im Innern sind auf der Südseite die kurzen breiten Fenster mit Balusteröffnungen, die die Teilnahme am Gottesdienst vom Kloster aus ermöglichten und die zweigeschossige Orgelempore von 1675. Die übrige Ausstattung stammt zum größten Teil aus dem späten 18. Jahrhundert: Altäre von den Laienbrüdern Agapitus Mertens und Alphäus Rinklake; Seitenaltäre von 1782; Chorstühle von 1783; Hochaltar mit offener Säulenstellung, Kreuzigungsgruppe und Hl. Dreifaltigkeit von dem Bildhauer Joseph Stratmann aus Geseke; Kanzel von 1771.

Klostergebäude: Auf der Südseite der Kirche schließen die schlichten zweigeschossigen Klosterbauten mit flachgedecktem Kreuzgang an, die zwischen 1673 und 77 erbaut wurden. Der für einen Bettelsorden repräsentative

Warstein-Hirschberg, Pfarrkirche St. Christoph: Hubertusaltar (Aufnahme 1961)

Warstein-Mülheim, Kommende: Deutschordenskloster (Aufnahme 1967)

Westflügel zeigt eine reiche ornamentierte Klosterpforte, Wappen und Kartusche mit der Stifterinschrift des Fürstbischofs Ferdinand von Fürstenberg von 1683. Die Anlage wurde 1696 am Südflügel erweitert, 1708 wurde ein weiterer Flügel, das jetzige Novizenhaus, errichtet.
Wohnbauten: Einige sehr schöne Bauten des 17. und 18. Jahrhunderts prägen noch heute das Stadtbild, sehenswert sind: Haus Busch, ein Akkerbürgerhaus von 1769; Storpsches Haus, ein Giebelhaus in Backstein mit Lisenen von 1715; Haus Kupferhammer, ein im 18. Jahrhundert errichtetes Herrenhaus mit Gräfte und Park, dient heute als Stadtmuseum.

WARSTEIN-BELECKE

Kath. Pfarrkirche St. Pankratius: Unter Berücksichtigung des spätromanischen Westturms erbaute 1749 Dietrich Hermann Röper die Kirche, die bis 1804 der Grafschafter Propstei unterstand. Die Barockausstattung stammt deshalb zum größten Teil aus → Kloster Grafschaft im heutigen Schmallenberg: Altäre und Kanzel von 1665, unter den Wechselbildern für den Hochaltar die Geburt Christi von Johann Georg Rudolphi; außerdem eine kunstvoll gearbeitete Rokoko-Kommunionbank mit Intarsien von 1754.
Heiligkreuzkapelle: Die nach einem alten Wallfahrtskreuz, das sich heute in der Propsteikirche befindet, benannte Kapelle wurde 1724 erbaut. Sie diente den Pest- und Cholera-Kranken als Gotteshaus.
Im Siebenjährigen Krieg wurde die Kreuzkapelle als Pulverkammer benutzt.

WARSTEIN-HIRSCHBERG

Kath. Pfarrkirche St. Christoph: Die kleine Hallenkirche des 13. Jahrhunderts wurde im Barock umgebaut und modernisiert. Im fünfseitig geschlossenen Chor befinden sich reiche Wand- und Gewölbestukkaturen mit einer Stifterinschrift von 1665, das Südportal der Kirche datiert von 1708. Interessant ist der Mitte des 18. Jahrhunderts gefertigte Hochaltar in Form eines figurengeschmückten Tabernakelaltars. Der nördliche Seitenaltar ist um 1730 bis 1740 entstanden, der südliche Hubertusaltar des frühen 18. Jahrhunderts mit den Patronen der Jäger, St. Hubertus, Eustachius und Ägidius, stammt aus der ehemaligen Schloßkapelle des Hirschberger Jagdschlosses von Clemens August. Das Schloß am Ostrand des Ortes wurde Anfang des 19. Jahrhunderts abgebrochen, das Eingangsportal, das sogenannte Hirschberger Tor, nach → Arnsberg übertragen.

WARSTEIN-MÜLHEIM

Kath. Pfarrkirche St. Margaretha: Die heutige Pfarrkirche und das Kloster gehörten zu der ehemaligen Deutschordens-Kommende Mülheim. Seit 1554 Sitz des Landkomturs von Westfalen, wurde sie 1809 im Zuge der Säkularisation aufgelöst. Der bestehende Bau wurde im Jahre 1707 als Saalkirche mit Turm errichtet, die Weihe erfolgte 1714. An der Turm-Westwand befindet sich das gewaltige Wappen des Deutsch-Ordens-Hochmeisters Franz Ludwig von Pfalz-Neuburg aus dem Jahre 1707. Von der barocken Innenausstattung sind besonders erwähnenswert: die Kanzel von 1725, das Beichtgestühl von 1714, das Chorgestühl von 1728 sowie die Orgel von 1720.

Ehem. Kommende: Das ehemalige Deutschordenskloster Mülheim mit Pfarrhaus, Rentei und Remise ist von einer Ringmauer und Gräfte umgeben. Das repräsentative dreigeschossige Hauptgebäude wurde unter dem Landkomtur Franz-Wilhelm von Fürstenberg (1667–1688) von dem Kapuzinerbruder Ambrosius von Oelde in den Jahren 1677 bis 1682 errichtet. Den schloßartigen Charakter prägen auf der Hofseite die zweiläufige Freitreppe mit schmiedeeisernem Gitter von 1772 und an der Hauptfassade die vom Hof abgewandte Westseite mit seitlich vorgezogenen quadratischen Ecktürmen und einem reich dekorierten Mittelrisalit. Die Nebengebäude wurden Mitte des 18. Jahrhunderts hinzugefügt: die Rentei von 1734, das Pfarrhaus von 1749 und die Remise von 1750.

WARSTEIN-SUTTROP

Kath. Pfarrkirche St. Johannes Enthauptung: Der schlichte Saalbau wurde 1710 bis 1713 errichtet, 1782 das östliche Chorjoch hinzugefügt. Die Ausstattung aus der Erbauungszeit besteht aus Hochaltar und nördlichem Seitenaltar von 1746, dem Hochaltarkreuz aus dem späten 18. Jahrhundert; der südliche Seitenaltar stammt aus der Mitte des 18. Jahrhunderts.

WATTENSCHEID → BOCHUM
WEHRDEN → BEVERUNGEN
WEIBERG → BÜREN
HAUS WELBERGEN → OCHTRUP
WELDA → WARBURG
WELLINGHOFEN → DORTMUND

WELVER (Kr. Soest)

Gemeindeverwaltung, Am Markt 4, 59514 Welver, Tel. (02384) 510, Fax 5123.

WELVER-KIRCHWELVER

Ev. Pfarrkirche: Die ehemalige St. Albanus und Cyriacus-Kirche fungierte nach der Klostergründung des Zisterzienserinnenordens um 1240 zugleich auch als Klosterkirche. 1697 überließ man die Kirche ganz der evangelischen Gemeinde, so daß der Neubau der benachbarten heutigen katholischen Pfarrkirche St. Bernhard notwendig wurde. Von der Innenausstattung sind bemerkenswert: der große Flügelaltar mit Szenen aus dem Leben Jesu, 1615 von Matthias Knippinck, sowie die kunstvoll geschnitzte Holzkanzel von 1785 aus der Georgskirche in Soest.

Kath. Pfarrkirche St. Bernhard: Der in gotisierenden Formen ausgeführte Saalbau wurde 1697 bis 1700 unter der Äbtissin Maria Elisabeth von Aldebrück neben der alten Klosterkirche des Zisterzienserinnenordens neu errichtet, nach Auflösung des Konvents im Jahre 1809 als katholische Pfarrkirche genutzt. Der Westturm des einschiffigen Baus trägt eine welsche Haube und einen Sakristeianbau an der Ostseite des Chores. Die bemerkenswerte Innenausstattung der Erbauungszeit besteht aus dem Haupt- und den Nebenaltären, der Kanzel von 1714 und dem Orgelprospekt von 1758.

Werl, Propsteikirche St. Walburga: Gerichtsstuhl, 1725 (Aufnahme 1989)

Werl, Propsteikirche St. Walburga: Kanzel, 1668 (Aufnahme 1989)

Ehem. Klostergebäude: Die Großzügigkeit der ursprünglichen Klosteranlage mit Teichen und Gräben ist noch heute erkennbar, von den Konventsgebäuden ist vor allem das Klosterportal erwähnenswert, das jetzt den Eingang zum Pflegeheim St. Georg markiert: ein Säulenportal mit Wappen der Äbtissin Maria Elisabeth von Aldebruck, Inschrift und der Jahreszahl 1697. Das Brauhaus des Klosters mit Wappeninschrift, in dem sich heute das Jungkolping-Heim befindet, wurde 1712 errichtet.

WELVER-STOCKLARN

Ev. Kapelle: Kleine einschiffige Fachwerkkapelle, anstelle eines Vorgängerbaus 1722 errichtet, mit einem Glockentürmchen von 1724 und gut erhaltener Innenausstattung aus der Erbauungszeit; auf dem Friedhof, der um die Kapelle herum angelegt ist, befinden sich zahlreiche Grabplatten des 18. Jahrhunderts.

WENDEN (Kr. Olpe)

Verkehrsamt, Hauptstraße 75 / Rathaus, 57482 Wenden, Tel. (02762) 4060, Fax 1667.

Kath. Pfarrkirche St. Severin: Die stattliche fünfjochige Hallenkirche wurde 1750 bis 1752 von dem Tiroler Maurermeister Franz Beyer errichtet, der Bürger von Hachenberg im Westerwald geworden war. Bemerkenswert ist das für Kirchenbauten ungewöhnliche Man-

Winterberg-Züschen; Pfarrkirche St. Johannes Bapt.: Hochaltar, 1711 (Aufnahme 1992)

sarddach, der Turm trägt einen Spitzhelm. Für die Pilasterportale mit Bildnischen fertigte Johann Nikolaus Düringer aus Hadamar 1752 die Heiligenfiguren. Die überaus reiche Innenausstattung besteht aus den Altären, die zwischen 1699 und 1714 in der Attendorner Werkstatt des Johann Sasse angefertigt wurden, die vermutlich auch die Figuren der zwölf Apostel und den Salvator an der Orgelbühne gearbeitet hat. Die übrige Ausstattung stammt aus der Erbauungszeit der Kirche: Rokokobeichtstühle mit den Figuren der Heiligen Petrus und Magdalena; Kanzel von 1752 und Taufbecken aus schwarzem Marmor von 1739 von Johann Theodor Düringer aus Hadamar; Doppelmadonna von 1757 von Jacobus Loewenguth aus Hadamar; bemerkenswert auch die Orgel von 1755 von Bartholomäus und Joseph Boos aus Koblenz mit dazugehörigem Prospekt.

WENDEN-RÖMERSHAGEN

Kath. Pfarrkirche Maria regina coeli: Der schlichte Saalbau in gotisierendem Stil wurde 1718 errichtet. Die Altäre stammen aus der ersten Hälfte des 18. Jahrhunderts, die Kanzel von 1734 schuf Johann Nikolaus Düringer aus Hadamar.

HAUS WENNE → ESLOHE

WERL (Kr. Soest)

Gesellschaft für Wirtschaftsförderung, Hedwig-Dransfeld-Straße 21, 59457 Werl, Tel. (02922) 861444, Fax 800229.

Kath. Propsteikirche St. Walburga: *Herausragende, zum Teil einzigartige Ausstattungsstükke des Barock.*

Der mittelalterliche Hallenbau beherbergt eine überaus reiche Innenausstattung mit schönen Stücken des 17. und 18. Jahrhunderts: steinerner Sebastiansaltar mit Reliefs aus dem frühen 17. Jahrhundert; Rosenkranzaltar aus Holz mit Maria von Putten und Rosenkränzen umgeben von 1631; Gemälde mit dem Martyrium der Hl. Cäcilia von Arnold Barels aus der Mitte des 17. Jahrhunderts; prächtig geschnitzte Kanzel von 1668 aus der Werkstatt von Johann Sasse; an der Westwand des Südschiffes hinter reichgeschnitzen Schranken der Gerichtsstuhl des geistlichen Gerichts, genannt Offizialiat, das jahrhundertelang in der Kirche abgehalten wurde, nach Auskunft der Wappen um 1725 entstanden, eine in ihrer Art einmalige Anlage in Westfalen.

Ehem. Kapuzinerklosterkirche Beatae Mariae Virginis: Arnold Boner errichtete 1786 bis 1789 den einfachen Saalbau. Die Westfassade ist eine vereinfachte Rezeption der von Johann Conrad Schlaun entworfenen → Kapuzinerkirche in Münster, der heutigen St. Ägidii-Kirche in Münster. Boner war Bauschreiber von Schlaun bei der Errichtung des Residenzschlosses in Münster. Im Innenraum überzeugt die 1953 wiederhergestellte spätbarocke Ausstattung der Erbauungszeit.

WERNE (Kr. Unna)

Fremdenverkehrsverein e.V., Markt 19, 59368 Werne, Tel. (02389) 534080.

Kapuzinerklosterkirche St. Petrus und Paulus: Im Jahre 1659 wurde das Kloster am Südrand der Stadt gegründet, Ambrosius von Oelde errichtete die Klosterkirche 1677 bis 1680, im Jahre 1705 starb von Oelde hier. Der einfache Saalbau mit Holztonnendecke, Rechteckchor und anschließendem Oratorium (Betraum der Mönche) weist noch die einheitliche Ausstattung aus den Jahren 1682 bis 1685 auf: der Hochaltar, eine Stiftung des Fürstbischofs Ferdinand von Fürstenberg, die Seitenaltäre und die Kanzel mit Schnitzereien wurden von Paul Gladbach aus Rüthen gefertigt, die Altarblätter stammen von dem Kapuzinerbruder Damian von Ratingen, dem Hofmaler des Kurfürsten von Pfalz-Neuburg.

Klostergebäude: Die an die Kirche angrenzenden schlichten Konventsgebäude wurden zwischen 1671 und 1673 errichtet.

WESLARN → BAD SASSENDORF

WESTERKAPPELN (Kr. Steinfurt)

Gemeindeverwaltung, Große Straße 13, 49492 Westerkappeln, Tel. (05404) 88719, Fax 88777.

Ev. Pfarrkirche: Einige barocke Ausstattungsstücke, wie Kanzel mit Schalldeckel aus der zweiten Hälfte des 17. Jahrhunderts.

Haus Cappeln: Der Gutshof war seit 1775 im Besitz der aus Frankfurt stammenden Gebrüder Loen, Verwandte Johann Wolfgang Goethes. Die Wasserschloßanlage besteht aus dem Herrenhaus von 1777, einem eingeschossigen Dreiflügelbau mit Saal und kleiner Kapelle, doppelläufiger Freitreppe und sehr dekorativem Eingangsportal. Die drei Giebel des Haupthauses wurden im 19. Jahrhundert im Stil der Neorenaissance umgebaut.

SCHLOSS WESTERWINKEL → ASCHEBERG-HERBERN

WESTKIRCHEN → ENNIGERLOH

WETTER (Ennepe-Ruhr-Kr.)

Stadtverwaltung, Kaiserstraße 170, 58300 Wetter, Tel. (02335) 84190, Fax 84111.

WETTER-VOLMARSTEIN

Ev. Pfarrkirche: Die ehemals dem Hl. Bartholomäus geweihte mittelalterliche Kirche erhielt 1754 einen neuen Westturm und einige barokke Ausstattungsstücke: Hochaltar mit Altarbild mit der Darstellung des Jüngsten Gerichts von 1678; Taufbecken von 1786; Orgel aus dem Jahre 1734 von Gerd von Holy.

WEWER → PADERBORN
WIEDENBRÜCK → RHEDA
HAUS WIENBURG → MÜNSTER
HAUS WILKINGHEGE → MÜNSTER

WILLEBADESSEN (Kr. Höxter)

Städtisches Verkehrsamt, Haus des Kurgastes, 34439 Willebadessen, Tel. (05646) 595, Fax 8817.

Kath. Pfarrkirche St. Vitus: Die ehemalige Klosterkirche des 1149 gegründeten und 1810 im Zuge der Säkularisation aufgehobenen Benediktinerinnenordens wurde in den Jahren 1720 bis 1722 umfassend modernisiert, der Außenbau präsentiert sich mit ungewöhnlichen, turmartig wirkenden Dachhauben auf den Querhausarmen. Von der einst reichen, überwiegend barocken Ausstattung sind erwähnenswert: Kanzel von 1723, Gestühl der Nonnenempore, Emporengitter, Statuen der Heiligen Benedikt und Scholastika vom ehemaligen Hochaltar, Werke von Christophel Papen.

Ehem. Klostergebäude: Vom ehemaligen Konventsgebäude sind drei zweigeschossige Flügel mit Kreuzgang erhalten, die um 1700 auf romanischem Unterbau errichtet wurden; der Südflügel 1871 abgebrochen. Den Figurenschmuck der Portale fertigte Christophel Papen, von ihm ist auch ein Steinrelief mit der Darstellung des Lebens Jesu von 1728. Die Gebäude des Wirtschaftshofes sind noch im 18. Jahrhundert errichtet worden, die Schmiede ist von 1688, das Torhaus von 1801. Der Gesamtkomplex des Klosterbezirks war von einem Graben und einer doppelten Mauer umgeben, von denen lediglich Reste erhalten sind.

WILNSDORF (Kr. Siegen)

Gemeindeverwaltung, Marktplatz 1, 57234 Wilnsdorf, Tel. (02739) 8020, Fax 80239.

Kath. Pfarrkirche St. Martin: Der stattliche zweigeschossige Hochaltar aus Marmor, Alabaster und Speckstein aus der Zeit um 1700 ist vermutlich eine Arbeit der Giershagener Papen-Werkstatt.

WILNSDORF-NIEDERDIELFEN

Wallfahrtsstätte ‚Eremitage': Die Wallfahrtsstätte besteht aus einer Kapelle, einer Eremitenklause und einem Heiligenhäuschen. Bei der 1684 errichteten Kapelle handelt es sich um einen quadratischen Zentralbau mit vier halbkreisförmigen Apsiden. Der spitze Turmhelm, die Spitzbögen der Schallarkaden und der Fenster sind noch Reminiszenzen an die Gotik. Der 1945 bei einem Brand zerstörte Altar des Meisters Gründelbach wurde durch einen Barockaltar von 1736 aus dem Weserbergland ersetzt. Die Eremitenklause ist ein kleiner zweigeschossiger Fachwerkbau mit Satteldach, der sich südlich an die Kapelle anlehnt. Gegenüber der ehemaligen Einsiedlerklause befindet sich das Heiligenhäuschen, davor das Grab des ersten Eremiten Conrad Manz. Bemerkenswert ist auch der Waldhof für die Marienwallfahrt, auf dem überdachten Waldaltar steht eine Kreuzigungsgruppe, von Düringer aus Hadamar 1729 gefertigt.

WINTERBERG (Hochsauerlandkr.)

Kurverwaltung, Hauptstraße 1, 59955 Winterberg, Tel. (02981) 7071, Fax 80057.

Kath. Pfarrkirche St. Jakobus d.Ä.: Die Fundamente des Turms und seine beiden unteren Geschosse stammen aus dem Mittelalter, das Kirchenschiff, ein Saalbau mit 3/8-Chorabschluß, wurde 1785 von dem Maurermeister Christian Jülich aus Neukirchen in Waldeck in Zusammenarbeit mit Tiroler Bauarbeitern errichtet. Die Jahreszahlen 1785 und 1787 sind im Südportal und am heute zugemauerten Ostportal festgehalten. Der Turm brannte laut Inschrift am Hauptgesims 1791 ab und wurde 1796 wiederhergestellt. Die zwölf Apostel aus Eichenholz auf Konsolen mit Engelsköpfen aus der Zeit um 1750 wurden ebenso wie die beiden barocken Beichtstühle aus dem Nachlaß des 1803 aufgelösten → Kloster Grafschaft im heutigen Schmallenberg angekauft. Beachtenswert ist auch die Steinfigur des Hl. Antonius von Padua auf dem südlichen Kirchhof mit der Jahreszahl 1773.

WINTERBERG-ZÜSCHEN

Kath. Pfarrkirche St. Johannes Bapt.: Neugotische Kirche mit schönem Hochaltar von 1711 aus der Giershagener Papen-Werkstatt; das zentrale Relief zeigt die Enthauptung Johannes des Täufers.

Wohnbauten: Das einheitliche Ortsbild geht auf die nach dem Brand in den Jahren 1785 bis 1786 errichteten Fachwerkhäuser zurück, beispielhaft sei hier vor allem auf die Häuser in der Krummen Straße Nr. 6, 7 und 9 sowie das halbkreisförmige Ensemble um die Kirche verwiesen.

SCHLOSS WITTGENSTEIN → BAD LAASPHE
SCHLOSS WOCKLUM → BALVE-BECKUM
WÖBBEL → SCHIEDER-SCHWALENBERG
WOLBECK → MÜNSTER
HAUS WOORD → BOCHOLT
WORMBACH → SCHMALLENBERG
WORMELN → WARBURG

WÜNNENBERG

Verkehrsamt / Kurverwaltung, Im Aatal 3, 33181 Wünnenberg, Tel. (02953) 1720, Fax 7430.

Geschichte: Die hochgelegene Oberstadt wurde 1677 und zum zweiten Mal 1725 bei einem Brand zerstört, daraufhin legte man die Unterstadt in schachbrettartigem Grundriß an.

Kath. Pfarrkirche St. Antonius von Padua: Die einschiffige kreuzgewölbte Anlage mit 3/8-Schluß und quadratischem Westturm mit welscher Haube wurde 1678 errichtet. Am Hauptportal befindet sich die lateinische Stifterinschrift des Fürstbischofs: „Ferdinand, von Gottes Gnaden Fürstbischof von Paderborn, Koadjutor von Münster, des heiligen Römischen Reiches Fürst, Herzog zu Pyrmont und Freiherr von Fürstenberg, hat, der Wohltaten eingedenk, die Kirche dem Hl. Antonius von Padua, dem Bekenner, da die alte Kirche durch eine plötzliche Feuersbrunst zugleich mit der ganzen Stadt verheert war, von Grund auf erbaut. Im Jahre 1678." An der Kirchenaußenwand hängt die Sonnenuhr von 1720, eine auf einer Schieferplatte gefertigte Arbeit, die die Jahreszeit und Tagesstunde angibt. Von der Innenausstattung aus der Erbauungszeit ist vor allem das Blatt des Hochaltars bemerkenswert: die Darstellung Jesu im Tempel schuf um 1678 bis 1680 der bischöfliche Hofmaler Johann Georg Rudolphi.

Wohnhäuser: In der Oberstadt stehen einige schlichte Fachwerkhäuser (nach 1725), in der Unterstadt massive Zehnthäuser: Nr. 181 von 1719 mit Wappen, Nr. 169 von 1726 von Franz Christoph Nagel; daneben eine Zehntscheune von 1712.

WÜNNENBERG-FÜRSTENBERG

Kath. Pfarrkirche Mariä Himmelfahrt: Der gotisierende Saalbau mit dreiseitig geschlossenem Chor und querschiffartigen Flügelbauten wurde 1750 bis 1755 errichtet; im Chor verweist der Schlußstein mit dem Wappen der Familien Westphalen-Wolff-Metternich auf die Stifter. Beeindruckend ist die zum Teil prominente Ausstattung aus der Erbauungszeit: Seitenaltäre und Kanzel um 1750; Kommunionbank, Beichtstühle und Orgelempore aus dem späten 18. Jahrhundert.

Schloß: *stattliche Anlage des beginnenden Klassizismus; Außenbesichtigung möglich.* Seit 1445 war die Anlage im Besitz der Familie von Westphalen, der Neubau des 18. Jahrhunderts übernahm von dem mittelalterlichen Herrenhaus einen runden Eckturm und die Fundamente des 15. Jahrhunderts. Der Kasseler Oberbaudirektor Simon Louis Du Ry erbaute in den Jahren 1776 bis 1783 für den Paderborner Fürstbischof Friedrich Wilhelm von Westphalen das neue Schloß im Stil Ludwigs des XVI. Die zweigeschossige, nach Süden geöffnete Baugruppe zeigt eine typisch spätbarocke Gesamtkonzeption: der stattliche Mittelbau ist mit den seitlich vorgelagerten rechteckigen Pavillonbauten durch viertelkreisförmig geschwungene Zwischentrakte verbunden, vergleichbar dem ebenfalls von Simon Louis Dy Ry errichteten → Schloß Hüffe im heutigen Preußisch Oldendorf-Lashorst. Die vornehm zurückhaltende Fassade mit doppelläufiger Freitreppe und strengem Pilasterportal markiert bereits das Ende des Barock und den Beginn des Klassizismus.

Werne, Kapuzinerklosterkirche St. Petrus und Paulus: Kirche und angrenzendes Kloster, 1677–80 (Aufnahme 1981)

Wohnhäuser: Nahe der Pfarrkirche steht das ehemalige Richterhaus, ein einstöckiger Bau mit Freitreppe aus dem späten 18. Jahrhundert; das Stadtbild prägen einige stattliche Fachwerkhäuser aus der Zeit um 1730.

ZÜSCHEN → WINTERBERG

ZWILLBROCK → VREDEN

Die im folgenden vorgestellten Tourenvorschläge beziehen sich lediglich auf die prominenten Objekte barocker Kunst in Westfalen, die Abfolge der einzelnen Orte folgt einer möglichen Rundfahrt.

MÜNSTER (zu Fuß oder mit dem Fahrrad)

Residenzschloß am Hindenburgplatz (Parkplatz): letztes bedeutendes Barockschloß in Deutschland, reiches Skulpturenprogramm.
Ev. Universitätskirche, ehemalige Observantenkirche: von Anton Hülse in gotisierendem Barock.
Bischöflicher Hof am Domplatz, Stadtpalast: ehemalige Domdechanei und Interimresidenz des Fürstbischofs, erbaut von Peter Pictorius d.J., schmiedeeisernes Hofgitter.
Dompropstei am Domplatz: ehemalige von Kettelersche Domherrenkurie von Lambert Friedrich Corfey.
Dom, Kathedralkirche St. Paulus am Domplatz: bedeutende Grabmäler und Ausstattung.
Westfälisches **Landesmuseum** für Kunst und Kulturgeschichte am Domplatz: kostbare Gemälde und Ausstattungsstücke des Barock.
Ehemalige **Landsbergsche Domherrenkurie**, heute Geologisches Museum an der Pferdegasse beim Domplatz: klassische Dreiflügelanlage des frühen 18. Jahrhunderts.
Kath. Pfarrkirche St. Ägidii am Ägidiikirchplatz: ehemalige Kapuzinerkirche von Johann Conrad Schlaun.
Kath. Universitätskirche an der Salzstraße, ehemalige Dominikanerkirche: von Lambert Friedrich Corfey, im Inneren Epitaph des Architekten.
Erbdrostenhof, Salzstr. 38: einer der berühmtesten und prächtigsten Stadtpaläste in Deutschland von Johann Conrad Schlaun, reiche Innenausstattung.
Kath. St. Clemenskirche, Ringoldsgasse, hinter dem Erbdrostenhof: die wichtigste Barockkirche Westfalens nach römischem Vorbild von Johann Conrad Schlaun.
Stadtmuseum am Ende der Salzstraße: wichtige Zeugnisse der Stadtgeschichte im 17. und 18. Jahrhundert.

MÜNSTER-UMGEBUNG (mit dem Auto oder dem Fahrrad)

Mauritz: kath. Pfarrkirche St. Mauritz, wichtige Ausstattungsstücke des Barock; ehem. Stiftsgebäude von Johann Conrad Schlaun.
St. Mauritz: Dyckburg, Dyckburg 220–228, malerischer, nicht vollendeter Gutshof mit Loretokapelle von Johann Conrad Schlaun.
Haus Wilkinghege: heute als Hotel und Restaurant genutzte ehemalige Wasserburg, 3 km nordwestlich von Münster Richtung Nienberge.
Nienberge: Haus Rüschhaus, malerisch gelegenes Landhaus des Baumeisters Johann Conrad Schlaun, 1826–46 Wohnsitz der Dichterin Annette von Droste-Hülshoff.

WESTLICHER TEIL WESTFALENS (Rundfahrt)

Nottuln: ehemaliger Stiftsbezirk des adeligen Damenstiftes, 1748 nach einem Brand nach Plänen von Johann Conrad Schlaun wieder aufgebaut, schönes Beispiel barocker Stadtplanung.
Coesfeld: kath. Pfarrkirche St. Lamberti, frühbarocke Wallfahrtskirche von Gottfried Laurenz Pictorius; kath. Gymnasialkirche St. Ignatius, ehemalige Klosterkirche des Jesuitenordens von Anton Hülse; südlich der Kirche das ehemalige Jesuitenkolleg, im 19. Jahrhundert Schloß der Fürsten zu Salm-Horstmar; ehemalige Synagoge, eine der wenigen barocken Synagogen Westfalens.
Coesfeld-Umgebung: 2,5 km nördlich der Stadt der Große Kreuzweg, eine Stiftung des Fürstbischofs Christoph Bernard von Galen.
Velen: eindrucksvolle Schloßanlage mit weitläufigem Park, heute als Sport-Hotel genutzt.
Borken-Gemen: kath. Pfarrkirche der Unbefleckten Empfängnis, ehemalige Klosterkirche des Franziskanerordens mit fast vollständig erhaltener Innenausstattung; Schloß, barocke Modernisierung einer mittelalterlichen Burganlage.
Raesfeld: eindrucksvoller Schloßbezirk ungefähr 1 km südwestlich der Ortschaft.
Anholt: Schloß, Ausbau einer mittelalterlichen Burg zu einem Barockschloß, teilweise sehr schöne Innenausstattung.
Lembeck: eindrucksvolle Wasserschloßanlage, Barockisierung der Innenausstattung von Johann Conrad Schlaun.
Bottrop-Kirchhellen: Haus Beck, Lustschloß im französischen Stil einer Maison de Plaisance von Johann Conrad Schlaun.
Herten: Schloßanlage in einem großen englischen Park, um 1650 modernisiert; Schloßkapelle mit barocker Ausstattung.
Selm-Bork: Schloß Cappenberg, ehemaliges Prämonstratenserkloster, wichtiges Beispiel westfälischer Klosterbaukunst des 17. und 18. Jahrhunderts.
Nordkirchen: das „Westfälische Versailles", repräsentative Wasserschloßanlage von Gottfried Laurenz, Peter Pictorius und Johann Conrad Schlaun; in der Ortschaft bemerkenswerte kleinere Bauschöpfungen.
Schloß Westerwinkel: zwischen Nordkirchen und Herbern frühbarocke Wasserschloßanlage inmitten eines englischen Parks.

Ascheberg-Herbern: Haus Itlingen, Wasseranlage des 17. Jahrhunderts mit repräsentativen Umbauten von Johann Conrad Schlaun; Haus Venne, malerisches Wasserschloß von Lambert Friedrich Corfey, im Park elegantes Gartenhaus von Johann Conrad Schlaun.
Drensteinfurt: bedeutendes Wasserschloß von Lambert Friedrich Corfey.

NORDWESTLICHER TEIL WESTFALENS (Rundfahrt)

Havixbeck: Haus Havixbeck, Wasserschloßanlage mit barocken Brücken und Pfeilern von Johann Conrad Schlaun.
Billerbeck: Wallfahrtsstätte des Hl. Ludger, des ersten Bischofs von Münster.
Ahaus: bedeutendste frühbarocke Schloßanlage Westfalens.
Vreden-Zwillbrock: kath. Pfarrkirche St. Franziskus, prächtigste und besterhaltendste Kirchenausstattung des Barock im Münsterland.
Steinfurt-Borghorst: kath. Pfarrkirche St. Nikomedes, bemerkenswerte Ausstattungsstücke des Barock.
Steinfurt-Burgsteinfurt: kath. Pfarrkirche St. Johann Nepomuk, bemerkenswerte Barockausstattung; Große Kirche, ev. Pfarrkirche, prachtvoller frühbarocker Orgelprospekt, barocke Ausstattung; Bagno, seit 1765 als reizvolle Parklandschaft mit exotischen Bauwerken angelegt, freistehende Musikhalle, eine in Europa einmalige Architektur, 1774 vollendet.
Telgte: bedeutender barocker Wallfahrtsort, Kirchplatz der kath. Pfarr- und Propsteikirche St. Clemens mit der anschließenden Wallfahrtskapelle Beatae Mariae Verkündigung.

WESTFALEN-MITTE (Rundfahrt)

Sassenberg: Kath. Pfarrkirche St. Johannes, Barockkirche mit Ausstattung des 18. Jahrhunderts; Haus Schücking, elegantes Herrenhaus von Johann Conrad Schlaun.
Sassenberg-Füchtorf: Schloß Harkotten-von Ketteler von Johann Leonhard Mauritz Gröninger.
Rheda-Wiedenbrück: mächtiges Wasserschloß, die fürstliche Kanzlei von 1780 und eine Wassermühle von 1772, beachtliche Fachwerk- und Steinbauten des 18. Jahrhunderts im Ort; ev. Pfarrkirche, Barockausstattung.
Rietberg: ehem. Franziskanerkirche St. Katharina, eindrucksvolle Innenausstattung des 17. und 18. Jahrhunderts.
Rietberg-Mastholte: etwa 200 m außerhalb von Rietberg-Mitte an der Mastholter Straße ein Prozessionsweg des 18. Jahrhunderts, Endpunkt des Prozessionswegs ist die kath. Kapelle St. Johann Nepomuk, eine der elegantesten Architekturschöpfungen Westfalens in borrominesker Manier.
Lippstadt: Haus Köppelmann, phantastische Rokoko-Stukkaturen, heute Nutzung als Café.
Lippstadt-Bökenförde: Schloß Schwarzenraben, elegantes Wasserschloß mit schöner Parkanlage von Johann Matthias Kitz aus Arolsen.
Lippstadt-Hellinghausen: kath. Pfarrkirche St. Clemens, Ausstattung.
Lippstadt-Herringhausen: Wasserschloß von Justus Wehmer aus Hildesheim.
Lippstadt-Hörste: kath. Pfarrkirche St. Martin, Barockausstattung, Hochaltar von Heinrich Papen aus Giershagen.
Lippetal-Hovestadt: Wasserschloß des 16. Jahrhunderts, Modernisierung der Anlage und Vorburg von Johann Conrad Schlaun.
Welver-Kirchwelwer: ev. Pfarrkirche, Barockausstattung; kath. Pfarrkirche St. Bernhard und ehemalige Klostergebäude, bemerkenswerte Innenausstattung, Klosterportal, Brauhaus.
Welver-Stocklarn: ev. Kapelle, gut erhaltene Innenausstattung.
Balve-Beckum: Schloß Wocklum, gut proportionierte Wasserschloßanlage.
Warendorf-Freckenhorst: kath. Pfarrkirche St. Bonifatius, reiche und qualitätvolle Ausstattungsstücke des 17. und 18. Jahrhunderts; ehem. Abtei, heute Schloß, von dem Paderborner Hofarchitekten Franz Christoph Nagel; beachtenswerte Stiftskurien des 18. Jahrhunderts sowie Ackerbürgerhäuser in Fachwerk des 17. bis 19. Jahrhunderts.

NORDOSTEN WESTFALENS (Rundfahrt)

Halle-Bokel: Schloß Tatenhausen, schöne Wasseranlage des 16. und 17. Jahrhunderts; Frans-Annen-Burg, eine Orangerie von Johann Conrad Schlaun.
Preußisch-Oldendorf-Lashorst: Schloß Hüffe, schöne Wasseranlage mit Rokoko-Spiegelsaal nach Entwürfen des Kasseler Oberbaudirektors Simon Louis Du Ry.
Vlotho: ev. St. Stephans-Kirche, bemerkenswerte Ausstattungsstücke; ev.-ref. St. Johannis-Kirche, spätbarocker Zentralbau.
Bad Salzuflen: Gradierwerk, 1767 bis 1770.
Bad Salzuflen-Schötmar: Schloß Stietencron, qualitätvolle Innengestaltung des Rokoko.
Lemgo: ev.-luth. Kirche St. Marien, Barockausstattung; ev.-ref. Johanniskirche: Barockausstattung; ehem. Lippehof von Hans Heinrich Rundt.
Lemgo-Brake: mittelalterliche Burganlage, im 16. und 17. Jahrhundert ausgebaut, heute Weserrenaissancemuseum.
Detmold: ehemaliges fürstliches Residenzschloß, Ausstattung, vor allem die Gobelins mit Alexanderzyklus von 1670; Friedrichstaler Kanal, Neustadt, Neues Palais.

PADERBORN (zu Fuß)

Dom St. Maria, St. Liborius und Kilian: ungewöhnlich reiche und prächtige Barockausstattung, Barockkapellen.

Gaukirche, kath. Pfarrkirche St. Ulrich: von dem Hofarchitekten Franz Christoph Nagel barockisiert; ehemalige Klostergebäude.

Ehem. Domdechanei, heute Stadtbibliothek: Stadtpalast des Domdechanten von Ambrosius von Oelde.

Ehem. Fürstenberg-Kurie: unregelmäßige Flügelanlage mit Ehrenhof, achteckige Kapelle von 1735.

Erzbischöfliches Diözesanmuseum: herausragende Sammlung kirchlicher Kunst des 17. und 18. Jahrhunderts.

Ehem. Dalheimer Hof, jetzt erzbischöfliches Palais: Stadtpalast der Äbte von Dalheim, erbaut von Johann Conrad Schlaun.

Fürstbischöflicher Posthof: Kamp 22.

Ehem. Jesuitenkirche, kath. Marktpfarrkirche St. Franz Xaver: mächtige dreischiffige Emporenbasilika von Anton Hülse, Terrassenanlage des Vorplatzes, Barockausstattung.

Franziskanerkirche St. Joseph: Fassade im Stile des römischen Barock von Antonio Petrini; im Kloster sieben Gemälde von Johann Georg Rudolphi.

Kath. Alexiuskapelle: ‚Pestkapelle' am Abdinghof, imposant ummauerter Vorplatz mit stattlichen Portalen und Gittern.

Kath. Kirche St. Michael: erbaut von Ambrosius von Oelde; Konventsgebäude.

Ehem. Kapuzinerkirche St. Franziskus Seraph: Barockkirche des Ambrosius von Oelde.

Busdorfkirche, kath. Pfarrkirche St. Petrus und Andreas: Altargemälde: „Die Berufung der Heiligen Petrus und Andreas zum Apostelamt" von Karl Fabritius, Westvorhalle mit repräsentativem Portal von Ambrosius von Oelde.

Hardehäuser Hof: Am Busdorf 11.

Kath. Liboriuskapelle: Entwurf des Hochaltars Franz Christoph Nagel zugeschrieben, Skulpturenschmuck von Johann Philipp Pütt.

PADERBORN-UMGEBUNG

Paderborn-
Schloß Neuhaus: Ehem. bischöfliches Residenzschloß, barockisiertes Renaissanceschloß, Residenz der Paderborner Fürstbischöfe; Marstall von Franz Christoph Nagel von 1729 mit Skulpturenschmuck von Johann Theodor Axer, Wachhaus von 1733, der bedeutendste Barockgarten Westfalens nach Plänen von Nagel; kath. Pfarrkirche St. Heinrich und Kunigunde, Barockkirche mit reicher Ausstattung.

Paderborn-Wewer: Schloß.

ÖSTLICHER TEIL WESTFALENS (Rundfahrt)

Bad Driburg: Kuranlagen aus dem späten 18. Jahrhundert; in den Ortsteilen Neuenheerse und Pömbsen interessante Kirchenbauten.

Marienmünster-Münsterbrock: kath. Pfarrkirche mit prächtiger Barockausstattung, u. a. Orgel von Johann Patroklus Möller.

Höxter: Abtei Corvey mit der ehemaligen Klosterkirche, heute kath. Pfarrkirche St. Stephanus und Vitus, üppig ausgestattet mit Werken von Johann Georg Rudolphi und Johann Sasse; in den Ortsteilen Ottbergen und Stahle kleinere Barockkirchen.

Brakel: kath. Pfarrkirche mit außergewöhnlichen Orgelflügel-Gemälden von Johann Georg Rudolphi; ehem. Kapuzinerkirche St. Franziskus und St. Kilian, früheste Bauaufgabe von Johann Conrad Schlaun.

Brakel-Gehrden: kath. Pfarrkirche mit reicher Barockausstattung.

Brakel-Hinnenburg: oberhalb der Stadt gelegenes Renaissance-Schloß, im 18. Jahrhundert barockisiert.

Brakel-Rheder: kath. Pfarrkirche, schlichter Kirchenbau von Johann Conrad Schlaun; Schloß Mengersen mit zugehöriger Wassermühle.

Borgentreich: kath. Pfarrkirche, prominenteste Barockorgel Westfalens von Johann Patroklus Möller.

Warburg-Scherfede: ehemaliges Kloster Hardehausen.

Warburg-Welda: Schloß nach Plänen von Justus Wehmer, elegante Orangerie.

Lichtenau-Dalheim: barocke Modernisierung und Umbau der mittelalterlichen Klosteranlage.

Lichtenau-Kleinenberg: Wallfahrtskirche Mariä Heimsuchung und Kreuzweg, eindrucksvolles Ensemble nach Plänen von Franz Christoph Nagel.

Wünnenberg-Fürstenberg: stattliche Schloßanlage des beginnenden Klassizismus.

Büren: ehemaliges Jesuitenkolleg mit Klosterkirche, heute kath. Kirche Maria Immaculata, ein einzigartiger Kirchenbau in Westfalen, vergleichbar mit prominenten Barockbauten Süddeutschlands.

Büren-Brenken: Schloß Erpernburg mit Resten eines italienischen Terrassengartens.

Geseke-Eringerfeld: schöne Gesamtanlage, vermutlich von Ambrosius von Oelde.

SAUERLAND, SÜDLICHER TEIL WESTFALENS (Rundfahrt)

Arnsberg: Hirschberger Tor des ehemaligen Jagdschlosses bei der Propsteikirche, hier bedeutende Ausstattungsstücke.
Arnsberg-Herdringen: Barockisierung einer mittelalterlichen Anlage, südlich von Neheim-Hüsten.
Meschede-Laer: reizvolles Schloßensemble mit Kapelle.
Meschede-Remblinghausen: kath. Pfarrkirche St. Jakobus, Barockbau mit einheitlicher Ausstattung.
Warstein: kath. Franziskanerkirche, qualitätvolle Ausstattung, u. a. zweigeschossiger Orgelprospekt.
Brilon: kath. Gymnasialkirche St. Nikolaus mit schönem Rokokoportal und reicher Innenausstattung.
Brilon-Alme: Schloß Niederalme, Haus Almerfeld und Haus Tinne, drei interessante Herrenhäuser.
Brilon-Madfeld: kath. Pfarrkirche St. Margaretha mit Hochaltar von Heinrich Papen.
Brilon-Scharfenberg: kath. Pfarrkirche St. Laurentius, Barockbau mit einheitlicher Rokoko-Ausstattung.
Marsberg: Heimatstadt der Bildhauerfamilie Papen: in beinahe allen Kirchen der Stadt und der Ortsteile Giershagen, Heddinghausen, Niedermarsberg, Obermarsberg und Padberg befinden sich Ausstattungsstücke wie Altäre und Kanzeln aus ihrer Giershagener Werkstatt.
Arolsen: von Marsberg lohnt ein Abstecher in das benachbarte niedersächsische Arolsen, der barocken Planstadt mit prächtiger dreiflügeliger Schloßanlage im Stile von Versailles.
Schmallenberg: ehemaliges Kloster Grafschaft, kath. Wallfahrtskirche auf dem Wilzenberg; bemerkenswert die Kirchen und ihre Ausstattungen in den Ortsteilen Oberkirchen, Wormbach und Selkentrop.
Bad Berleburg: Prachtvoll stuckierter Musiksaal im Schloß nach Entwürfen von Carlo Maria Pozzi.
Kirchhundem-Oberhundem: Schloß Adolphsburg, eine klassische Schloßanlage von Ambrosius von Oelde.
Bad Laasphe: Schloß Wittgenstein mit Gartenanlage des 19. Jahrhunderts.
Siegen: kath. Pfarrkirche Mariä Himmelfahrt, ehemalige Jesuitenkirche von Anton Hülse; Oberes Schloß, heute Siegerland-Museum, mit außergewöhnlicher Peter Paul Rubens-Sammlung; Unteres Schloß mit Fürstengruft.
Attendorn: kath. Pfarrkirche St. Johannes Bapt. mit reicher Barockausstattung; kath. Hospitalkirche mit Altargemälde nach Peter Paul Rubens; Burg Schnellenberg, Erweiterung zu einer barocken Anlage durch Ambrosius von Oelde.
Balve: kath. Pfarrkirche St. Blasius, in Westfalen einmaliger Hochaltar nach römischem Vorbild.
Balve-Beckum: Schloß Wocklum, großflächig konzipierte Wasseranlage.

Johann Theodor AXER
Bildhauer, geb. vor 20.12.1700 in Paderborn, gest. 29.12.1764 in Büren.
Über die Ausbildung von Johann Theodor Axer ist nichts bekannt, möglicherweise absolvierte er eine Lehre in Süddeutschland. In den Jahren 1725 bis 1737 ist er in Paderborn, danach geht Axer wahrscheinlich mit seiner Familie auf Wanderschaft. Erst 1750 wird er bei Warburg wieder erwähnt.
Wichtige Werke in: Büren, kath. Kirche Maria Immaculata; Paderborn-Schloß Neuhaus, ehem. bischöfl. Residenzschloß; Rietberg, ehem. Franziskanerkirche St. Katharina; Rüthen-Altenrüthen, kath. Pfarrkirche SS. Gervasius; Schmallenberg-Wormbach, kath. Pfarrkirche St. Peter und Paul.

Jan BOECKHORST
Maler, geb. um 1604 in Münster, gest. 21.4.1668 in Antwerpen.
Nach dem Besuch des Gymnasium Paulinum erhält Jan Bo(e)ckhorst ein Kanonikat an der Stiftskirche St. Clemens in Wissel am Niederrhein. Um 1626 geht er nach Antwerpen, um in das Maleratelier von Peter Paul Rubens einzutreten. Boeckhorst erhält seine Ausbildung in der Werkstatt des Jakob Jordaens und schließt Freundschaft mit Anton van Dyck. 1633 wird er Freimeister der St. Lukasgilde in Antwerpen, bereits 1635 arbeitet er mit an einer der wichtigsten Dekorationsaufgaben der Zeit, dem von Rubens organisierten festlichen Einzug des spanischen Kardinalinfanten Ferdinand. 1637 und in den folgenden Jahren führen ihn mehrere Reisen nach Italien. Obwohl Boeckhorst zeitlebens in Antwerpen wohnte und arbeitete, hat er auch in Westfalen – vor allem in Münster – wichtige Werke hinterlassen. Jan Boeckhorst ist neben Johann Georg Rudolphi der bedeutendste Barockmaler Westfalens.
Wichtige Werke in: Münster, Pfarrkirche St. Martini, Landesmuseum für Kunst und Kulturgeschichte, Stadtmuseum; Münster-Mauritz, Pfarrkirche.

Lambert Friedrich CORFEY
Architekt und Ingenieur, geb. 11.10.1668, gest. 18.2.1733 in Münster.
Ebenso wie viele seiner Künstlerkollegen war Lambert Friedrich Corfey Architekt und Militär. Deshalb vereinte er in seiner Person die Titel des Fürstlich Münsterschen Generalmajors, des Chefs der Artillerie und des Baudirek-

Lambert Friedrich Corfey, Glaspokale mit den Wappen des Architekten (rechts) und des Fürstbischofs Franz Arnold von Wolff-Metternich, um 1710–15 (Westfälisches Landesmuseum Münster)

tors der Stadt. Das von Johann Conrad Schlaun entworfene Grabmal Corfeys befindet sich in der von Corfey errichteten ehemaligen Dominikanerkirche in Münster.
Wichtige Werke in: Drensteinfurt, Schloß und Loreto-Kapelle; Drensteinfurt-Mersch, Haus Venne; Münster, ehem. Dominikanerkirche St. Joseph, Münster, ehem. Dompropstei.

Joseph Ignatius FEILL
Bildhauer, geb. 12.3.1733 in Mannheim, verschollen 1794 in Münster.
Über die Biographie des Joseph Ignatius Feill ist der Forschung bisher wenig bekannt. Seine Tätigkeiten als Bildhauer sind wie folgt anzusetzen: Kurtrier um 1759 bis 1765 mit Tätigkeiten an der Residenz in Trier sowie in Engers, Ehrenbreitstein und Prüm; Münster um 1766 bis 1794; dazwischen Essen in den Jahren 1769 bis 1770; eventuell Osnabrück 1774 bis 1776, sicher 1785 bis 1787. Feills Werkstatt wird im Jahre 1794 in Münster versteigert. Für die Jahre danach gilt er als verschollen.
Wichtige Werke in: Münster, ehem. fürstl. Residenzschloß.

Heinrich GRÖNE
Bildhauer, geb. 1659, gest. 1709.
Der in Paderborn ansässige beziehungsweise hier tätige Heinrich Gröne ist vor allem wegen seiner engen Zusammenarbeit mit dem Hofmaler Johann Georg Rudolphi bekannt.
Wichtige Werke in: Beverungen-Natzungen, kath. Kirche Hl. Familie und Hl. Stephanus; Borgentreich-Natzungen, kath. Pfarrkirche St. Nikolaus; Münster, ehem. Dominikanerkirche St. Joseph.

Gerhard GRÖNINGER
Bildhauer und Architekt, geb. um 1582 in Paderborn, gest. 1652 in Münster.
Nach der Lehre bei seinem Bruder Heinrich und Wanderjahren in den Niederlanden wurde Gerhard Gröninger im Jahre 1609 Bürger von Münster. Hier arbeitete er in der Werkstatt des Bildhauers Hans Lacke, 1621 wurde Gröninger Gildemeister. Sein Oeuvre besteht fast ausschließlich aus Arbeiten für die Kirchen des Bistums Münster, sein Stil war geprägt von dem in Antwerpen gelehrten niederländischen Manierismus.
Wichtige Werke in: Haltern-Flaesheim, kath. Pfarrkirche St. Maria Magdalena; Münster, Dom, Kathedralkirche St. Paulus; Rosendahl-Darfeld, Schloß.

Heinrich GRÖNINGER
Bildhauer, um 1578, gest. 23.11.1631.
Über die Biographie des in Paderborn tätigen Heinrich Gröninger ist wenig bekannt. Heinrich und sein jüngerer Bruder Gerhard Gröninger haben viele Werke gemeinsam angefertigt, so daß oft die Autorenschaft nicht geklärt werden kann. Heinrich Gröninger gilt in Paderborn als der sogenannte Dombildhauer.
Wichtige Werke in: Arnsberg, kath. Propsteikirche St. Laurentius; Paderborn, Dom St. Maria, St. Liborius und Kilian.

Johann Mauritz GRÖNINGER
Bildhauer, geb. um 1651, gest. 21.9.1708 in Münster.
Als angesehener Maler kommt Johann Mauritz Gröninger, der Vater des Johann Wilhelm und Enkel des Gerhard Gröninger, im Jahre 1674 als Hofbildhauer des Fürstbischofs Christoph Bernhard von Galen nach Münster. Als sein Lehrer gilt vor allem der nach 1655 in Paderborn tätige Antwerpener Künstler Ludovicus Willemsen. Gröninger hat in seinen Werken nicht nur einzelne Motive, sondern auch gesamte Kompositionen bedeutender Barockkünstler übernommen, die ihm durch druckgraphische Vorlagen bekannt waren: Peter Paul Rubens, Pietro da Cortona und französische Bildhauer. Gerhard Gröninger war Fürstlicher Hofbildhauer in Münster und Kurkölnischer Hofbildhauer, sein Oeuvre ist vom niederländischen Spätbarock bestimmt, in technischer und handwerklicher Hinsicht gelten die Werke Gröningers als qualitativ besonders herausragend.
Wichtige Werke in: Ahaus, Schloß; Kirchhundem-Oberhundem, Schloß Adolphsburg; Münster, Dom, Kathedralkirche St. Paulus.

Joseph Ignatius Feill, Residenzschloß Münster, Der Herbst aus dem Jahreszeitenzyklus der Stadtfassade (Aufnahme vor 1945)

Johann Wilhelm Gröninger, Ferdinand Adolf Graf von Plettenberg-Nordkirchen

Heinrich Gröninger, Propsteikirche St. Laurentius, Memorienaltar des Landdrosten Caspar von Fürstenberg, Detail

Johann Wilhelm GRÖNINGER
Bildhauer, geb. um 1675 oder 1677, gest. um 1724.
Johann Wilhelm Gröninger, der Sohn des Johann Mauritz, beendete 1701 seine Wanderschaft und wurde Bürger von Münster, später wohnte er sehr wahrscheinlich in Billerbeck. Die Zuschreibung seiner Werke ist teilweise nicht einfach, da er oft mit seinem Vater zusammenarbeitete.
Wichtige Werke in: Greven, kath. Pfarrkirche St. Martin; Münster, Dom, Kathedralkirche St. Paulus.

Anton HÜLSE
Architekt, geb. 21.1.1637 in Kranichfeld (Thüringen), gest. 21.8.1712 in Siegen.
Anton (oder: Antonius) Hülse trat 1656 dem Jesuitenorden bei. Zuerst in Münstereifel ist er 1667 als Zimmermann beim Bau des Kollegs tätig, dann in den Jahren 1672 bis 1676 in Köln, 1677 in Emmerich und 1679 in Osnabrück bei Bauarbeiten nachweisbar. Weitere Stationen waren: 1680 bis 1693 in Coesfeld, gleichzeitig 1683 bis 1686 in Paderborn beim Bau der Jesuitenkirche, 1693 in Hildesheim, 1694 in Koblenz, dann 1696 bis 1700 in Münster und schließlich in den Jahren 1700 bis 1712 in Siegen, wo er den Bau der Neuen Pfarrkirche begann. Anton Hülse war der westfälische Hausarchitekt des Jesuitenordens im späten 17. und frühen 18. Jahrhundert.
Wichtige Werke in: Coesfeld, kath. Gymnasialkirche St. Ignatius; Münster, ev. Universitätskirche; Paderborn, kath. Marktpfarrkirche St. Franz und Xaver; Siegen, kath. Pfarrkirche Mariä Himmelfahrt.

Gerhard KOPPERS
Maler, nachweisbar 1705 bis 1763 in Münster.
Gerhard Koppers (oder: Coppers) wird im Jahre 1705 in Münster urkundlich erwähnt, 1709 folgt die Aufnahme in die hiesige Malergilde “alldiweilen er ein guter contrafeiter ist“. Seit 1732 hat Koppers namentlich mit Johann Conrad Schlaun zusammmengearbeitet, so etwa im Jagdschloß Clemenswerth bei Sögel. Er malte in einem von Piazzetta und den Niederländern beeinflußten Stil mythologische Szenen, Blumen-Stilleben und Porträts. Gerhard Koppers begündete eine kleine Künstlerdynastie in Münster: sein zehn Jahre jüngerer Bruder Jodocus Matthias sowie zwei seiner acht Söhne, Johann Anton und Jodocus Matthias, wurden ebenfalls Maler und bestimmten bis in das späte 18. Jahrhundert nicht unerheblich den ansässigen Kunstbetrieb.
Wichtige Werke in: Bocholt, kath. Pfarrkirche St. Maria; Sundern-Endorf, kath. Wallfahrtskirche St. Antonius zu Padua.

Johann Christoph MANSKIRCH
Bildhauer, nachweisbar ab 1715, gest. 1762 in Bonn.
Johann Christoph Manskirch aus der berühmten rheinischen Künstlerfamilie der Manskirch stammte aus Roermond in der Provinz Limburg. Sein Bruder Jacob war Hofmaler des Kurfürsten Clemens August, Gottfried Manskirch (geb. 1740) Hofmaler des Kurfürsten von Trier. Johann Christoph Manskirch wurde urkundlich nachweisbar im Jahre 1715 für den Baden-Durlacher Hof verpflichtet. Der Architekt Johann Conrad Schlaun holte ihn an den Bonner Hof, später ist Manskirch in Münster

ansässig, wo er 1739 heiratet. Durch die fruchtbare Zusammenarbeit mit Schlaun sind bedeutende bildhauerische Arbeiten in Westfalen mit dem Namen Johann Christoph Manskirch als Hofbildhauer von Clemens August verbunden. Wichtige Werke in: Arnsberg, Hirschberger Tor; Münster, Erbdrostenhof; Münster-Nienberge, Haus Rüschhaus.

Bernhard und Johann Nepomuk METZ
Stukkateure, nachweisbar um 1750 bis 1780 in Attendorn.
Die Gebrüder Bernhard und Johann Nepomuk Metz stammten aus Attendorn im Sauerland, Bernhard hat dort im Jahre 1784 das Amt des Bürgermeisters inne. Johann Nepomuk starb siebzigjährig in Attendorn im Jahre 1804. Neben den unten genannten Werken ist vor allem ihre Mitarbeit bei der Innenraumdekoration des Residenzschlosses in Münster erwähnenswert. Die Gebrüder Metz waren stilistisch der französischen Schule Jacques François Blondels verpflichtet.
Wichtige Werke in: Büren, kath. Kirche Maria Immaculata; Lippstadt-Bökenförde, Schloß Schwarzenraben.

Johann Patroklus MÖLLER
Orgelbaumeister, geb. um 1697 in Soest, gest. 24.6.1772 in Lippstadt.
Der in Lippstadt ansässige Johann Patroklus Möller läßt sich ab 1729 als Orgelbaumeister nachweisen, er schuf die bedeutendsten Barockorgeln des 18. Jahrhunderts in Westfalen.
Wichtige Werke in: Borgentreich, kath. Pfarrkirche St. Johannes Baptist; Harsewinkel-Marienfeld, kath. Pfarrkirche Mariä Empfängnis; Marienmünster-Münsterbrock, kath. Pfarrkirche St. Jakobus und Christophorus.

Franz Christoph NAGEL
Architekt, geb. 1699 in Rietberg, gest. 1764 vermutlich in Paderborn.
Franz Christoph Nagel absolvierte seine Schulzeit bis 1715 fast gleichzeitig mit Johann Conrad Schlaun am Paderborner Theodorianum. Wo er zum Architekt ausgebildet wurde, ist nicht bekannt, die künstlerischen Einflüsse deuten ebenso auf Frankreich wie auf Österreich und Süddeutschland. Nach 1725 ist Nagel in Paderborn tätig. Das Oeuvre des bedeutendsten Architekten im Paderborner Raum ist durch teilweise sehr elegante Kirchenbauten gekennzeichnet.
Wichtigste Werke in: Brilon-Scharfenberg, kath. Pfarrkirche St. Laurentius; Lichtenau-Kleinenberg, kath. Wallfahrtskirche Mariä Heimsuchung; Paderborn, Gaukirche, kath. Pfarrkirche St. Ulrich; Paderborn-Schloß Neuhaus, ehem. fürstl. Residenzschloß.

Gerhard Koppers, Jagdschloß Clemenswerth, Kurfürst Clemens August bei der Parforce-Jagd, „die Meute kommt an den Hirsch"

Ambrosius von OELDE
Architekt, geb. um 1637 vermutlich in Oelde , gest. 1705 in Werne.
Ambrosius war seit 1657 Mitglied des Kapuzinerordens, wie der Namenszusatz besagt, stammte er aus der Stadt Oelde. Seit 1660 wurde er als Mitglied des Paderborner Kapuzinerkonvents genannt, im Jahre 1669 nennt ihn die Chronik des Kapuzinerklosters Hildesheim, 1675 ist er wieder in Paderborn. 1690 in Münster, später in Coesfeld wurde Ambrosius

Johann Christoph Manskirch, Putto als Verkörperung des Winters und des Feuers aus dem Jahreszeiten- und Elementezyklus im Garten von Haus Rüschhaus

zeit seines Lebens den verschiedenen Konventen der Kapuziner zugewiesen, um die am jeweiligen Ort anfallenden Um- und Neubauten des eigenen Ordens, der Landesherrn und des Adels durchzuführen; insofern ist der Kapuzinerbruder Ambrosius von Oelde vergleichbar mit dem Architekten und Jesuitenbruder Anton Hülse. Ambrosius verband vor allem in seinen Schloßbauten flämische Dekorationsformen mit den Prinzipien der französischen Schloßbaukunst. Viele der von Ambrosius, neben Peter Pictorius d.Ä. dem wichtigsten westfälischen Architekt des Frühbarock, im späten 17. Jahrhundert erbauten Schlösser und Kirchen wurden im 18. Jahrhundert von Johann Conrad Schlaun umgebaut und modernisiert.
Wichtigste Werke in: Ahaus, Wasserschloß; Arnsberg-Herdringen, Wasserschloß; Geseke-Eringerfeld, Schloß; Kirchhundem-Oberhundem, Schloß Adolphsburg; Paderborn, ehem. Kapuzinerkirche St. Franziskus Seraph.; Paderborn, kath. Kirche St. Michael.

Christophel und Heinrich PAPEN
Bildhauer, nachweisbar 1700 bis 1730 in Giershagen.
In dem kleinen Ort Giershagen hatte die Künstlerfamilie der Papen ihre bekannte Werkstatt. Vater Heinrich Papen (1644–1719) und Sohn Christophel (1678–1735) haben in den Jahren 1700 bis 1730 unter flämischem Einfluß zahlreiche Kirchen im westfälisch-waldeckschen Raum mit Altären und Kanzeln aus Holz, Marmor, Alabaster und Sandstein ausgestattet.
Wichtige Werke in: Brilon-Madfeld, kath. Pfarrkirche St. Margaretha; Geseke, kath. Pfarrkirche St. Cyriakus; Lippstadt-Hörste, kath. Pfarrkirche St. Martin; Marsberg und Ortsteile, alle Kirchenbauten; Paderborn, Dom St. Maria, Liborius und Kilian.

Gottfried Laurenz PICTORIUS
Architekt, geb. 1663 in Münster, gest. 1729 in Münster.
Gottfried Laurenz und Peter Pictorius d.J., die beiden Söhne des aus Dänemark stammenden Peter Pictorius d.Ä., waren in der Generation vor Johann Conrad Schlaun zusammen mit Lambert Friedrich Corfey die führenden Architekten in Westfalen. Ihre vom niederländischen Klassizismus beeinflußten Bauten des frühen 18. Jahrhunderts haben das Stadtbild Münsters und die Architektur Westfalens geprägt. Wichtigstes Beispiel ist dafür der Neubau von Schloß Nordkirchen für die Plettenbergs, das von Johann Conrad Schlaun modernisiert wurde.
Die Gebrüder Pictorius wurden bei vielen Bauvorhaben gemeinschaftlich beauftragt, Gottfried Laurenz meist als der planende Architekt, Peter d.J. als der ausführende Bauleiter.
Wichtige Werke in: Büren, ehem. Jesuitenkolleg; Drensteinfurt-Rinkerode, kath. Pfarrkirche St. Pankratius; Drensteinfurt-Rinkerode, Haus Borg; Münster, Dom, Kathedralkirche St. Paulus; Nordkirchen, Schloß und Bauten im Dorf.

Peter PICTORIUS d.Ä.
Architekt, geb. 1626 in Dänemark, gest. 1685 in Münster.
Der dänische Ingenieur und Architekt Peter Pictorius d.Ä. war seit etwa 1657 in den Diensten des Fürstbischofs Christoph Bernhard von

Bernhard und Johann Nepomuk Metz, Münster, Domdechanei (Bischöflicher Hof), Stukkaturen des Mittelsaales

Anton Joseph Stratmann, Apotheose, Plafondentwurf für den Großen Saal des Residenzschlosses in Münster (Westfälisches Landesmuseum Münster)

Galen. Das bedeutendste Bauvorhaben, die 1656 bis 1659 errichtete Ludgerusburg in Coesfeld, wurde bereits 1688 wieder niedergelegt. Seit 1667 hatte er die Stelle des fürstlichen Landmessers inne, Pictorius war einer der wichtigsten Baumeister des 17. Jahrhunderts in Westfalen, in der folgenden Generation prägten seine beiden Söhne Gottfried Laurenz und Peter d.J. die Architektur im Lande.

Peter PICTORIUS d.J.

Architekt und Bauleiter, geb. 1673, gest. 1735, Biographie siehe unter Gottfried Laurenz Pictorius.

Wichtige Werke in: Havixbeck-Hohenholte, kath. Pfarrkirche St. Georg; Münster, ehem. Domdechanei; Nordkirchen, Schloß und Bauten im Dorf; Steinfurt-Burgsteinfurt, kath. Pfarrkirche St. Nepomuk.

Johann Jacob und Johann Philipp PÜTT

Bildhauer, nachweisbar 1730 bis 1780 in Paderborn.

Bekannnter als der Vater Johann Philipp Pütt ist sein Sohn Johann Jacob (1731-1784), der Paderborner Hofbildhauer. Schwierig ist eine Trennung der Autorenschaft beider Meister, oft arbeitete man auch zusätzlich mit Johann Theodor Axer zusammen.

Wichtige Werke in: Büren, kath. Kirche Maria Immaculata; Geseke, kath. Kirche St. Johannes Baptist; Lichtenau-Kleineberg, kath. Wallfahrtskapelle Mariä Heimsuchung; Paderborn, Gaukirche.

Johann Georg RUDOLPHI

Maler, geb. 1633 in Brakel, gest. 1693 in Brakel. Rudolphi war der bedeutendste Kirchenmaler der Paderborner Bischöfe im 17. Jahrhundert und zusammen mit Jan Boeckhorst der wichtigste Barockmaler Westfalens. Während des Dreißigjährigen Kriegs wurde Johann Georg Rudolphi 1633 in Brakel geboren. Nach der Schulzeit in Paderborn nahm er an der dortigen Universität das Studium auf. Über seine Ausbildung zum Maler ist nichts bekannt. Sein frühestes bekanntes Gemälde stammt aus dem Jahre 1661, andere Maler standen in einem vergleichbaren Alter bereits in der Blütezeit ihres Schaffens. Bis kurz vor seinem Tode fertigte Rudolphi fast ausnahmlos Gemälde und graphische Blätter religiöser Thematik an, die Ausnahmen sind ein Porträt des Fürstbischofs Ferdinand von Fürstenberg und von dessen Nichte. Rudolphi wurde in Brakel bestattet, im Totenbuch heißt es: "Am 30. April 1693 starb Herr Johann Georg Rudolphi, unverheiratet, ein ausgezeichneter Maler. Er stand in hohem Ansehen bei Fürsten und Adeligen."

Wichtige Werke in: Borgentreich, kath. Pfarrkirche St. Johannes Baptist; Brakel, kath. Pfarrkirche St. Michael und Johannes der Täufer; Brakel-Gehrden, kath. Pfarrkirche St. Peter und Paul; Höxter-Corvey, kath. Pfarrkirche St. Stephanus und Vitus; Paderborn, Franziskanerkirche St. Joseph.

Johann SASSE

Bildhauer, geb. um 1640 in Attendorn, nachweisbar bis um 1714.

Der Bildhauer Johann Sasse betrieb in Attendorn eine gutgehende Werkstatt, die repräsentative Ausstattungsstücke wie Altäre, Kanzeln und Orgelprospekte für Kirchenneubauten und -modernisierungen lieferte. Er darf nicht mit

den Coesfelder Bildhauern Johann Adolf und Cornelius Sasse verwechselt werden.
Wichtige Werke in: Attendorn, kath. Pfarrkirche St. Johannes Baptist; Hemer, kath. Pfarrkirche St. Peter und Paul; Höxter-Corvey, kath. Pfarrkirche St. Stephanus und Vitus; Kamen-Metheler, ev. Pfarrkirche; Soest, ev. Pfarrkirche St. Petri; Unna, ev. Stadtkirche; Wenden, kath. Pfarrkirche St. Severin.

Johann Conrad SCHLAUN

Architekt, geb. 5.6.1695 in Nörde bei Warburg, gest. 21.10.1773 in Münster.
Johann Conrad Schlaun ist der wichtigste Architekt Westfalens und einer der bedeutendsten deutschen Baumeister des Spätbarock. Fast gleichzeitig mit Franz Christoph Nagel besuchte Schlaun das Theodorianum in Paderborn. In den Jahren 1712 bis 1720 stand er als Fähnrich und Leutnant der Infanterie in paderbornischen Diensten, in Münster tritt er als Architekt erstmals 1720 in Erscheinung. In den folgenden Jahren bis 1723 unternimmt Schlaun auf Kosten des jungen Clemens August von Bayern eine Studienreise durch Europa: Würzburg, Rom, Paris und eventuell Wien. Die Verbindung aus militärischer und architektonischer Ausbildung war im Barock keine Seltenheit, berühmtestes Beispiel ist dafür Balthasar Neumann. Schlauns Laufbahn war vorrangig die des Militärs – Major, Obristleutnant, Oberst, Generalmajor –, seine Tätigkeit aber die des Architekten. Wichtige Bauwerke Schlauns sind außer den unten genanten vor allem die Schlösser in Clemenswerth bei Sögel sowie in Brühl bei Bonn.
Johann Conrad Schlaun war Baumeister in Krieg und Frieden: Er hat als Architekt und Ingenieur, als Oberbaudirektor und General

Gottfried Laurenz Pictorius, Porträt, anonym (Privatbesitz)

des Kölner Kurfürsten und Münsteraner Bischofs Karriere gemacht und als Baumeister des reichen Stadt- und Landadels in Kurköln und im Fürstbistum Münster eine ungeheure Bandbreite architektonischen Schaffens hinterlassen. Er hat nahezu ‚alles' gebaut: vom Gartenhäuschen bis zum Residenzschloß, vom Bauernhof bis zum Lusthaus, von der Kapelle bis zum Kloster, vom Geschütz bis zur Festung. Wie kein anderer hat er die Architektur des Landes bis in die Gegenwart geprägt. Sein in roten Ziegel und gelben Sandstein verwandelter "grand goût" ist in Münster noch heute spürbar. Er hat Stadt und Land wie kein anderer geprägt. Seine bedeutendsten Bauten fehlen in keiner Architekturgeschichte: das Residenzschloß des Fürstbischofs in Münster, der Erbdrostenhof, Stadtpalais eines der höchsten Würdenträger in Münster, die Clemenskirche, ein Zentralbau, der Rom in Münster anwesend machte, sein Wohn- und Atelierhaus und Haus Rüschhaus – eine außerordentlich reizvolle Verbindung aus Lusthaus und Gutshof. Seine Planungen für das Jagdschloß Clemenswerth im Emsland, Bauherr war der Wittelsbacher Erzbischof Clemens August, und für dessen Residenz Brühl haben einzigartige Architekturen hervorgebracht.
Wichtigste Werke in: Münster, ehem. fürstl. Residenzschloß; Münster-Mitte, St. Clemenskirche; Münster, Erbdrostenhof; Münster-Nienberge, Haus Rüschhaus; Nordkirchen, Schloß.

Peter Pictorius d.Ä., Porträt, anonym (Privatbesitz)

Johann Conrad Schlaun, Porträt als Generalmajor, anonym (Westfälisches Landesmuseum Münster)

Anton Joseph STRATMANN

Maler, geb. 1732 in Paderborn, gest. 1807 vermutlich in Paderborn.

Anton Joseph Stratmann stammt aus einer vom 16. bis in das 19. Jahrhundert hinein bedeutenden westfälischen Malerfamilie. Nach dem Besuch der Akademie in Antwerpen war er vor allem an der Ausmalung und malerischen Dekoration des Residenzschlosses in Münster beteiligt und hat zahlreiche Porträts von Fürstbischöfen und Domdechanten angefertigt.

Wichtige Werke in: Brilon, kath. Gymnasialkirche St. Nikolaus; Rüthen, kath. Pfarrkirche St. Nikolaus; Rüthen-Kallenhardt, kath. Pfarrkirche St. Clemens.

Johann Georg Rudolphi, Altarblatt mit der Kreuzigung Christi in der Klosterkirche der Abtey Corvey

Justus WEHMER

Architekt, geb. um 1690, gest. um 1750.

Die Biographie von Justus Wehmer ist bis heute völlig unklar, außerhalb Westfalens ist er vor allem wegen der Bauleitung in den Jahren 1718 bis 1722 im Zuge der Barockisierung des Dominnern in Hildesheim sowie ab 1729 bei den Herstellungs- und Erweiterungsarbeiten am Bischöflichen Palais bekannt. Die von Wehmer errichteten Schloßanlagen weisen die charakteristische H-Form im Grundriß auf, die Ausbildung muß Wehmer im Umkreis frühklassizistisch geprägter Architekten wie Hermann Korb, Remy de la Fosse, Sudfeld Vick und dem einflußreichen Architekturtheoretiker Leonhardt Christoph Sturm erhalten haben.

Wichtige Werke in: Lippstadt-Herringhausen, Schloß; Rüthen-Kallenhardt, Schloß Körtlinghausen; Steinheim-Vinsebeck, Schloß; Warburg-Welda, Schloß.

5. ANHANG

1. ZEITTAFEL 17. UND 18. JAHRHUNDERT

GESCHICHTE, POLITIK UND EUROPÄISCHE KUNST

1612 Ferdinand von Bayern, der Erzbischof von Köln, wird Bischof von Münster; Fertigstellung der Peterskirche in Rom durch Carlo Maderna

1614 Gründung der Jesuiten-Universität in Paderborn

1618 Ausbruch des Dreißigjährigen Krieges; Erzbischof Ferdinand von Bayern wird Bischof von Paderborn

1632 Eröffnung der Jesuiten-Universität in Osnabrück

1648 Ende des Dreißigjährigen Krieges durch den Westfälischen Friedenschluß in Münster

1650 Christoph Bernhard von Galen wird Bischof von Münster (1650–1678); Maximilian Heinrich von Bayern wird Erzbischof von Köln (1650–1688)

1660 Belagerung und Eroberung der Stadt Münster

1661 Ferdinand von Fürstenberg wird Bischof von Paderborn (1661–1683); Gian Lorenzo Bernini erbaut die Scala regia im Vatikan

1667 Tod Francesco Borrominis

1678 Der Paderborner Bischof Ferdinand von Fürstenberg wird auch Bischof von Münster (1678–1683)

1679 Joachim Sandrart publiziert die „Teutsche Academie der edlen Bau-, Bild- und Malerey-Künste“

1683 Der Kölner Erzbischof Maximilian Heinrich von Bayern wird auch Bischof von Münster (1683–1688); Hermann Werner von Wolff-Metternich wird Bischof von Paderborn (1683–1704)

1687 Geburt Balthasar Neumanns (1678–1753)

1688 Josef Clemens von Bayern wird Erzbischof von Köln (1688–1723); Friedrich

KUNST IN WESTFALEN

1626 Geburt des Peter Pictorius d.Ä.

1633 Geburt Johann Georg Rudolphis

1637 Geburt des Ambrosius von Oelde

1654 Baubeginn der Wallfahrtskapelle und des Prozessionsweges in Telgte durch Peter Pictorius d.Ä.

1663 Geburt des Gottfried Laurenz Pictorius

1668 Geburt des Lambert Friedrich Corfey; Baubeginn der Franziskanerkirche in Paderborn durch Antonio Petrini

1670 Herstellung der Gobelins für die Residenz in Detmold nach Entwürfen von Charles Le Brun

1673 Baubeginn der Jesuitenkirche in Coesfeld von Anton Hülse

1675 Baubeginn von Schloß Adolphsburg in Kirchhundem

1676 Baubeginn von Schloß Eringerfeld in Geseke, vermutlich durch Ambrosius von Oelde

1682 Baubeginn der Jesuitenkirche in Paderborn durch Anton Hülse

1683 Johann Georg Rudolphi: Gemälde für die Orgelflügel in der Pfarrkirche in Brakel

1685 Tod des Peter Pictorius d.Ä.

1687 Baubeginn der Observatenkirche in Münster durch Anton Hülse

GESCHICHTE, POLITIK UND EUROPÄISCHE KUNST

Christian von Plettenberg wird Bischof von Münster (1688–1706);

1694 Fischer von Erlach beginnt den Bau von Schloß Schönbrunn bei Wien

1703 Andreas Schlüter vollendet das Reiterstandbild des Großen Kurfürsten

1704 Franz Arnold von Wolff-Metternich wird Bischof von Paderborn (1704–1718) und von Münster (1706–1718)

1705 Joseph I. wird Römischer Kaiser; Fischer von Erlach wird kaiserlicher Oberbauinspektor in Wien

1710 Gründung der Meißener Porzellanmanufaktur; Vollendung der Schloßkirche von Versailles; Die St. Paul's Cathedral in London entsteht nach dem Vorbild der Peterskirche in Rom

1711 Wahl Karls VI. zum römisch-deutschen Kaiser

1713 Friedrich Wilhelm I. wird der „Soldatenkönig" von Preußen

1714 Filippo Juvara wird königlicher Baumeister des Turiner Hochbarocks

1715 Tod König Ludwig XIV. von Frankreich

1716 Tod Gottfried Wilhelm Leibniz; Fischer von Erlach beginnt den Bau der Wiener Karlskirche

1719 Clemens August von Bayern wird Bischof von Paderborn und Münster (1719–1761); der Frieden von Passorowitz bringt die weitestgehende Ausdehnung der Habsburger Monarchie auf dem Balkan

1720 Friede von Stockholm beendet den Nordischen Krieg (1700–1720); Johann Sebastian Bach komponiert die „Brandenburgischen Konzerte"; August der Starke gründet das Dresdner Kupferstichkabinett

1722 Preußen wird zum absolutistischen Militär-, Verwaltungs- und Wirtschaftsstaat unter Friedrich Wilhelm I. von Preußen; Daniel Pöppelmann vollendet den Dresdner Zwinger

KUNST IN WESTFALEN

1690 Geburt des Justus Wehmer

1693 Tod Johann Georg Rudolphis

1695 Geburt Johann Conrad Schlauns

1696 Alexander Strodtmann: Hochaltar nach römischem Vorbild in der Pfarrkirche in Balve

1697 Geburt Franz Christoph Nagels

1698 Baubeginn von Schloß Ahaus durch Ambrosius von Oelde;
Neubau des Unteren Schlosses in Siegen

1703 Baubeginn von Schloß Nordkirchen, dem „westfälischen Versailles", durch Gottfried Laurenz Pictorius

1704 Neubau des Schlosses in Drensteinfurt durch Lambert Friedrich Corfey

1705 Tod des Ambrosius von Oelde;
Baubeginn der Dominikanerkirche in Münster durch Lambert Friedrich Corfey

1714 Baubeginn von Schloß Körtlinghausen in Kallenhardt durch Justus Wehmer

1716 Baubeginn des Jesuitenkollegs in Büren nach Plänen von Franz Christoph Nagel und Johann Conrad Schlaun

1720 Baubeginn von Schloß Vinsebeck durch Justus Wehmer

GESCHICHTE, POLITIK UND EUROPÄISCHE KUNST

1723 Clemens August, Bischof von Paderborn und Münster, wird auch Erzbischof von Köln (1723–1761); Tod Fischer von Erlachs

1724 Clemens August wird Bischof von Hildesheim (1724–1761); Kurbayern und Kurpfalz, die katholische und die evangelische Linie des Hauses Wittelsbach, verbinden sich zu einer „Hausunion"

1728 Clemens August wird Bischof von Osnabrück (1728–1761)

1732 Clemens August wird Hoch- und Deutschmeister des Deutschen Ritterordens

1733 Entlassung des kurkölnischen Ministers Ferdinand von Plettenberg; Tod des Kurfürsten Friedrich August I. von Sachsen, berühmt als August der Starke; Schloß Ludwigsburg bei Stuttgart wird nach Versailler Vorbild vollendet

1734 Baubeginn des Schlosses Amalienburg in Nymphenburg bei München

1737 Gründung der Universität in Göttingen mit dem Privileg des Kaisers

1740 Nach dem Tod des „Soldatenkönigs" wird Friedrich II., der Große, König von Preußen

1743 Gründung der Universität Erlangen

1744 Vollendung des Berliner Opernhauses in klassizistischem Stil;
Vollendung des Rohbaues der Residenz in Würzburg durch Balthasar Neumann

1745 Baubeginn von Schloß Sanssouci bei Potsdam

KUNST IN WESTFALEN

1723 Übernahme der Bauleitung in Schloß Nordkirchen durch Johann Conrad Schlaun

1729 Beginn der Umbau- und Modernisierungsarbeiten von Schloß Neuhaus in Paderborn; Beginn der Umbauten von Schloß Lembeck in Dorsten durch Johann Conrad Schlaun;
Tod des Gottfried Laurenz Pictorius

1730 Baubeginn des Hirschberger Jagdschlosses, Zerstörung im Siebenjährigen Krieg 1762;
Johann Patroklus Möller fertigt für Kloster Dalheim die prominenteste Barockorgel Westfalens, heute in der Pfarrkirche in Borgentreich

1732 Planungen in Münster für den Schloßbau mit zugehörigem Hospital durch Johann Conrad Schlaun

1733 Tod des Lambert Friedrich Corfey

1734 Baubeginn von Schloß Welda in Warburg durch Justus Wehmer

1735 Carlo Maria Pozzi liefert die Entwürfe für die Stuckierung des Musiksaals von Schloß Berleburg

1736 Vollendung des Gartens von Schloß Neuhaus in Paderborn, dem bedeutendsten Barockgarten Westfalens, durch Franz Christoph Nagel

1742 Baubeginn der Wallfahrtskirche in Kleinenberg durch Franz Christoph Nagel

1744 Baubeginn der Clemenskirche in Münster durch Johann Conrad Schlaun

1745 Baubeginn von Johann Conrad Schlauns Landsitz Haus Rüschhaus

GESCHICHTE, POLITIK UND EUROPÄISCHE KUNST

1748 Balthasar Neumann erbaut das Treppenhaus in Schloß Brühl bei Bonn

1749 Georg Friedrich Händel komponiert anläßlich des 1748 in Aachen geschlossenen Friedens die „Feuerwerksmusik"; Geburt Johann Wolfgang Goethes in Frankfurt a.M.

1750 François de Cuvilliés erbaut das Münchener Residenztheater im Rokokostil

1753 Tod Balthasar Neumanns in Würzburg

1755 Winckelmann publiziert seine „Gedanken über die Nachahmung der griechischen Kunstwerke"

1756 Ausbruch des Siebenjährigen Krieges; Piranesi publiziert „Das römische Altertum"; Geburt Wolfgang Amadeus Mozarts in Salzburg

1759 Geburt Friedrich von Schillers in Marbach; Tod Georg Friedrich Händels in London; Joseph Haydn führt seine 1. Symphonie auf

1760 In der Royal Academy of Art in London findet die 1. Ausstellung zeitgenössischer Kunst statt

1761 Maximilian Friedrich von Königsegg-Rothenfels wird Erzbischof von Köln (1761–1784)

1762 Maximilian Friedrich von Königsegg-Rothenfels wird Bischof von Münster (1762–1784)

1763 Wilhelm Anton von der Asseburg wird Bischof von Paderborn (1763–1782)

1764 Immanuel Kant „Über das Gefühl des Schönen und Erhabenen"

KUNST IN WESTFALEN

1746 Baubeginn der Gaukirche in Paderborn durch Franz Christoph Nagel

1747 Baubeginn der Wallfahrtkapelle in Rietberg

1750 Tod des Justus Wehmer; Wiederaufbauplanung in Nottuln durch Johann Conrad Schlaun nach dem Brand von 1748

1753 Baubeginn des Erbdrostenhofes in Münster durch Johann Conrad Schlaun

1754 Baubeginn der Jesuitenkirche in Büren

1757 Antoinettenburg von Johann Conrad Schlaun in Schloß Darfeld

1764 Tod Franz Christoph Nagels

1765 Baubeginn von Schloß Schwarzenraben in Bökenförde durch Johann Matthias Kitz

1766 Wiederaufbau des im Siebenjährigen Krieg zerstörten Schlosses Ahaus durch Johann Conrad Schlaun; Baubeginn von Haus Beck durch Johann Conrad Schlaun in Bottrop-Kirchhellen

1767 Baubeginn des Residenzschlosses in Münster, des letzten deutschen Barockschlosses, durch Johann Conrad Schlaun

1773 Tod Johann Conrad Schlauns

GESCHICHTE, POLITIK UND EUROPÄISCHE KUNST

1774 Geburt des Romantikers Caspar David Friedrich; Durchbruch des Klassizismus (des sog. Zopfstils) in Europa

1797 Geburt der Dichterin Annette von Droste-Hülshoff

1780 Maximilian Franz von Österreich wird Koadjutator in Köln und Münster; Eröffnung der Universität Münster

1782 Friedrich Wilhelm von Westphalen wird Bischof von Paderborn (1782–1789)

1784 Maximilian Franz von Österreich wird Erzbischof von Köln, Bischof von Münster (1784–1801)

1789 Französische Revolution

KUNST IN WESTFALEN

1774 Vollendung des Steinfurter Bagno mit frühklassizistischen Stukkaturen

1776 Baubeginn von Schloß Fürstenberg in Wünnenberg durch Simon Louis Du Ry

1784 Vollendung der Rokoko-Ausstattung in Schloß Hüffe in Lashorst

1786 Baubeginn der Kapuzinerkirche in Werl durch den Schlaun-Mitarbeiter Arnold Boner

1787 Vollendung des Residenzschlosses in Münster durch Wilhelm Ferdinand Lipper

2. LITERATURHINWEISE

Grundsätzlich hinzuweisen ist auf die in unregelmäßiger Folge erscheinenden Kurzmonographien aus der Reihe ‚Westfälische Kunststätten', die vom Westfälischen Heimatbund Münster in Verbindung mit dem Westfälischen Amt für Denkmalpflege (Landschaftsverband Westfalen-Lippe) herausgegeben werden.
Das im folgenden chronologisch geordnete Literaturverzeichnis berücksichtigt vor allem Publikationen mit überblickartigem Charakter:

1912 von Kerckerinck zur Borg, Engelbert von und Klapheck, Richard: Alt-Westfalen. Die Bauentwicklung Westfalens seit der Renaissance, Stuttgart 1912.

1921 Mommertz, B.: Das Schloß zu Arnsberg, Arnsberg 1921.

1923 Hüer, Hans: Fürstbischof Christoph Bernhard von Galen und sein Baumeister Peter Pictorius, in: Westfalen, Sonderheft, 1923.

1928 Naendrup, Hubert: Das Schloß in Münster, eine Symphonie von Leben, Tod und Unsterblichkeit, München 1928.

1931 Geisberg, Max: Die Stadt Münster, 1. Teil, in: Bau und Kunstdenkmäler von Westfalen (= BKW) 1932.

1933 Geisberg, Max: Die Stadt Münster, 2. Teil, in: BKW 1933.

1934 Geisberg, Max: Die Stadt Münster, 3. Teil, in: BKW 1934.

1935 Geisberg, Max: Die Stadt Münster, 4. Teil, in: BKW 1935.

1936 Rensing, Theodor: Lambert Friedrich von Corfey, in: Westfalen, 1936, S. 234–245.

1937 Geisberg, Max: Die Stadt Münster, 5. Teil, in: BKW 1937.

Rensing, Theodor: Paderborner Architekten des 18. Jahrhunderts, in: Westfalen, 1937, S. 111–123.

1938 Rensing, Theodor: Des Baumeisters Petrini Tätigkeit in Paderborn, in: Westfalen 23, 1938, S. 366 ff.

Rensing, Theodor: Zur Baugeschichte der Wallfahrtskapelle in Telgte, in: Heimatbuch Telgte, Telgte 1938, S. 172 ff.

1939 Zimmermann, Walther und Neu, Heinrich: Das Werk des Malers Renier Roidkin. Ansichten westdeutscher Kirchen, Burgen, Schlösser und Städte aus der 1. Hälfte des 18. Jahrhunderts, Düsseldorf 1939.

1940 Hoecken, K.: Innenräume barocker Adelsbauten in Münster und im Münsterland, in: Westfälische Forschungen 3, 1940, S. 99–134.

1941 Geisberg, Max: Studien zur Geschichte der Maler in Münster 1530–1800, in: Westfalen 26, 1941, S. 147–82.

Geisberg, Max: Die Stadt Münster, 6. Teil, in: BKW 1941.

1947 Tack, W.: Die Barockisierung des Paderborner Domes, in: WZ 97, 1947, II, 35 ff; 98/99, 1948/9, II, S. 34 ff.

1950 Thümmler, Hans: Die Stilbildung des Barock in der Kirchenbaukunst Westfalens, in: Festgabe für Alois Fuchs, Paderborn 1950, S. 173–199.

1951 Rensing, Theodor: Die Bauherren des frühen Barock in Westfalen, in: Westfalen 29, 1951, S. 234 ff.

1953 Klocke, F. von: Westfälische Kavaliersreisen nach Rom, Paris und London, in: Beiträge zur westfälischen Familienforschung, 12, 1953, S. 1–13.

1954 Rensing, Theodor: Johann Conrad Schlaun, München/Berlin 1954.

1956 Veit, A. und Lenhart, L.: Kirche und Volksfrömmigkeit im Zeitalter des Barock, Freiburg 1956.

1958 Mummenhoff, Karl E.: Schlösser und Herrensitze in Westfalen nach alten Stichen, Frankfurt a.M. 1958.

1959 Reclams Kunstführer. Baudenkmäler. Band III, Rheinlande und Westfalen, bearbeitet von A. Henze, Stuttgart 1959.

1960 Rensing, Theodor: Fürstbischof Friedrich Christian von Plettenberg als Auftraggeber und Mäzen, in: Westfalen, 1960, S. 174–201.

1961 Ausstellungskatalog: Kurfürst Clemens August. Landesherr und Mäzen des 18. Jahrhunderts, Köln 1961.

Risse, Adolf: Nienberger Streitfall mit J.C. Schlaun 1749, in: Auf roter Erde, Dezember 1961, S. 3–4.

1962 Braubach, Max: Ferdinand von Plettenberg, in: Westfälische Lebensbilder, 1962, S. 34–51.

Mummenhoff, Karl Eugen: Wasserburgen in Westfalen, München/Berlin 1962 (mehrere Auflagen).

1963 Handbuch der historischen Stätten Deutschlands, Bd. 3, Nordrhein-Westfalen, Hg. W. Zimmermann / H. Borger / F.v. Klocke / J. Bauermann, Stuttgart 1963, S. 9–18.

Wolff-Metternich, Franz Graf: Römisches bei Kirchenentwürfen des westfälischen Architekten Johann Conrad Schlaun, in: Scritti di storia in onore di Mario Salmi, 3. volume, Roma 1963, S. 239–261.

1965 Hennebo, Dieter und Hofmann, Alfred: Der architektonische Garten, Hamburg 1965.

Mummenhoff, Karl Eugen: Profanbauten

des westfälischen Herrenstandes. Der Raum Westfalen, 1965, S. 231-260.
1966 Hansmann, Wilfried: Kunstwanderungen in Westfalen, Stuttgart 1966.
1967 Brockhoff, Maria Elisabeth: Musik am Fürstbischöflichen Hof von Paderborn vom 16. bis zum 18. Jahrhundert, in: Westfalen, 1967, S. 231-244.
1969 Dehio, Georg: Handbuch der Deutschen Kunstdenkmäler. Nordrhein-Westfalen, 2. Bd., Westfalen. Bearbeitet von D. Kluge und W. Hansmann, München/ Berlin 1969.
Schmitz, Karl Josef: Grundlagen und Anfänge barocker Kirchenbaukunst in Westfalen, Paderborn 1969.
1972 Schmitz, K. J.: Die Bildhauerfamilie Papen in Giershagen, Paderborn 1972.
Bußmann, Klaus: Wilhelm Ferdinand Lipper, Münster 1972.
Westfalen. Deutsche Kunstdenkmäler, ein Bildhandbuch, hg. von R. Hootz, Darmstadt 1972.
1973 Ausstellungskatalog: Johann Conrad Schlaun, 2 Bde., Hg. K. Bußmann, Münster 1973 (= Schlaunstudie I).
1975 Mummenhoff, Karl Eugen: Schloß Nordkirchen, München 1975.
1976 Ausstellungskatalog: Schlaun als Soldat und Ingenieur, Hg. U.-D. Korn, Münster 1976 (= Schlaunstudie III).
1977 Lahrkamp, Helmut (Hrsg.): Lambert Friedrich Corfey, Reisetagebuch 1698-1700, in: Quellen und Forschungen zur Geschichte der Stadt Münster, N.F. 9. Bd., Münster 1977.
1978 Becker-Huberti, M.: Die tridentinische Reform im Bistum Münster und Fürstbischof Christoph Bernhard von Galen 1650-1678. Ein Beitrag zur Geschichte der katholischen Reform, Münster 1978.
Hansmann, Wilfried: Baukunst des Barock. Form, Funktion, Sinngehalt, Köln 1978.
1979 Jászai, Géza: Barockskulptur im Westfälischen Landesmuseum für Kunst und Kulturgeschichte Münster, Münster 1979.
1980 Lahrkamp, Helmut: Corfey und Pictorius. Notizen zur Barockarchitektur Münsters 1700-1722, in: Westfalen 58, 1980, S. 139-152.
1981 Strohmann, Dirk: Johann Georg Rudolphi (1633-1693). Das druckgraphische Werk, Paderborn 1981.
1982 Lahrkamp, Helmut: Der lange Jan. Leben und Werk des Barockmalers Johann Boeckhorst aus Münster. Mit Werkverzeichnis, in: Westfalen 60, 1982, S. 3-184.
Schmitz, K. J.: Die Kirchenbaukunst der Jesuiten in Westfalen, in: Ausstellungskatalog Monastisches Westfalen. Klöster und Stifte 800-1800, Münster 1982, S. 473-83.
1983 Seifert, Angelika: Westfälische Altarretabel 1650-1720, Bonn 1983.
1985 Schulz, L.: Garten- und Parkanlagen der Wasserschlösser im Münsterland, Westerwinkel, Münster 1985.
1986 Püttmann, Klaus Georg: Die barocken Schloßbauten Justus Wehmers in Westfalen, in: Denkmalpflege und Forschung in Westfalen, Bd. 13, Bonn 1986.
Strohmann, Dirk: Johann Georg Rudolphi. Ein Beitrag zur Malerei des 17. Jahrhunderts in Westfalen, Bonn 1986 (= Denkmalpflege und Forschung in Westfalen, 10).
1987 Ausstellungskatalog: Clemens August, Fürstbischof, Jagdherr, Mäzen, Hg. Landkreis Emsland, Schloß Clemenswerth, Bramsche 1987.
Püttmann-Engel, Kristin: Schloßkapellen im Raum Westfalen 1650-1770, in: Denkmalpflege und Forschung in Westfalen, Bd. 14, Bonn 1987.
1988 Ausstellungskatalog: „… zur noth und zur lust." Orangerien und Gewächshäuser in den Gärten westfälischer Schlösser, Hg. Landschaftsverband Westfalen Lippe, Museumsamt, Münster 1988.
1989 Rudigkeit, Siegfried: Kolleg und Kirche der Jesuiten zu Büren. Planungs- und Baugeschichte, Münster 1989.
Zinkann, Karin E.: Der Typ der Maison de Plaisance im Werk von Johann Conrad Schlaun, Münster 1989 (= Schlaunstudie IV).
Jászai, Géza: Das Werk des Bildhauers Gerhard Gröninger (1582-1652), Münster 1989 (= Bildhefte des Westfälischen Landesmuseums, 28).
1990 Höper, Eva-Maria: Ambrosius von Oelde. Ein Kapuzinerarchitekt im Dienst der westfälischen Fürstbischöfe, (Rhenania Franciscana Antiqua, Bd. 5), Dülmen 1990.
Püttmann, Kristin (Hrsg.): Schloß Ahaus. 1690-1990, Borken 1990.
1992 Bußkamp, Barbara: Johann Conrad Schlaun. Die Sakralbauten, Hg. K. Bußmann / F. Matzner, Münster 1992 (= Schlaunstudie V).
Grote, Udo: Johann Mauritz Gröninger. Ein Beitrag zur Skulptur des Barock in Westfalen, Bonn 1992 (= Denkmalpflege und Forschung in Westfalen, 20).
1993 Geschichte der Stadt Münster, Hg. Franz-Josef Jakobi, 3 Bde. (vor allem Bd. 3), Münster 1993.
Ausstellungskatalog: Imagination des Unsichtbaren. 1200 Jahre Bildende Kunst im Bistum Münster, Hg. Geza Jászai,

Westfälisches Landesmuseum für Kunst und Kulturgeschichte, Münster 1993.
Ausstellungskatalog: Westfalen in Niedersachsen, Hg. H. Galen / H. Ottenjam, Cloppenburg 1993.
Mette, Michael: Studien zu den barokken Klosterbauten in Westfalen, Bonn 1993 (= Denkmalpflege und Forschung in Westfalen, 25).
1994 Noehles, Karl, Die Clemenskirche in Münster, in: Westfälische Kunststätten, Heft 70, Münster 1994.
Mummenhoff, Karl Eugen, Der Garten auf der Twickelschanze in Münster, in: Gärten, Kunst, Geschichte. Festschrift Dieter Hennebo, hg. von Erika Schmidt, Worms 1994.
Katalog der Ausstellung „Patriotische Phantasien". Justus Möser (1720-1794). Aufklärer der Ständegesellschaft', Osnabrück 1994, S. 146-47, 270.
1995 Florian Matzner und Ulrich Schulze, Johann Conrad Schlaun (1695-1773). Das Gesamtwerk, Stuttgart 1995.
Ausstellungskatalog: Johann Conrad Schlaun (1695-1773). Architektur des Spätbarock in Europa, hg. von Klaus Bußmann, Florian Matzner und Ulrich Schulze, Westfälisches Landesmuseum für Kunst und Kulturgeschichte Münster, Stuttgart 1995.

Ädikula (lat.) Bezeichnet ursprünglich einen kleinen, einer antiken Tempelfront ähnlichen Aufbau zur Unterbringung einer Statue; seit dem Mittelalter jede aus Säulen, Pfeilern oder Pilastern und einem Giebel in Dreieck- oder Segmentbogenform bestehende Umrahmung von Nischen, Fenstern, Portalen, Altären und so weiter. In der Barockarchitektur dient die Ädikula vor allem zur Gliederung großer Wandflächen.

Antependium → Altar

Altar Der Altar, oder genauer bezeichnet das Altarretabel, steht auf der fundamentartigen Mensa, die durch das Antependium, meist eine kunstvoll bearbeitete Tafel oder ein Stoffbehang, dekoriert werden kann, teilweise durch die sockelartige Predella noch einmal erhöht und als zentraler Hochaltar meist von zwei kleineren Seitenaltären flankiert. Während im Mittelalter und in der Renaissance der Flügelaltar durch die Möglichkeit des Auf- und Zuklappens verschiedener Darstellungen den liturgischen Gegebenheiten angepaßt werden kann, überwiegt im Barock das zentrale Altarblatt – meist ein Gemälde, das sich zusammen mit der rahmenden Architektur des Altars in Form einer Ädikula als bühnenartige Schauwand präsentiert.

Altarblatt → Altar

Antependium → Altar

Antichambre (franz.) Vorzimmer in Schlössern und Adelspalästen, oft zwei bis drei hintereinander liegende als Warte-, Empfangs- oder Botenzimmer.

Apsis → Kirchenbau

Appartement (franz.) Bezeichnung für eine Gruppe zusammengehöriger Zimmer beziehungsweise eine Raumfolge in Schlössern und Adelspalästen, Appartement double bezeichnet die symmetrische Verdoppelung von Raumfolgen.

Architrav Gebälk über einer Säulen- oder Pfeilerstellung.

Arkade Bogenstellung, das heißt ein auf Stützgliedern, Pfeilern oder Säulen ruhender Bogen.

Attika (lat.) Niedriger Aufbau über dem Hauptgesims eines Bauwerks; Herkunft von antiken Triumphbogen, wo sie zur Anbringung von Inschriften und als Sockel für Skulpturen diente, im Barock oft als Attikageschoß ausgebildet. Die Balusterattika trägt eine Balustrade, eine geländerartige Brüstung.

Backstein → Mauerwerk

Balusterattika → Attika

Basilika → Kirchenbau

Belétage (franz.) Das architektonisch und funktional hervorgehobene Hauptgeschoß eines Gebäudes, in der italienischen Architektur spricht man von dem Piano nobile.

Blendfeld Vertieftes Wandfeld in der Fassadengliederung.

Blendgiebel → Giebel

Boskett → Garten

Bruchstein → Mauerwerk

Chorschluß Der Abschluß des Chors kann gerade, d. h. flach geschlossen, halbrund oder polygonal aus mehreren Seiten eines Vielecks gebildet sein, besteht z. B. der Chor aus fünf Seiten eines Achtecks, so spricht man von einem 5/8-Schluß.

Corps de Logis (franz.) Mittleres Hauptgebäude einer zumeist mehrflügeligen Schloßanlage, in der die Herrschaft residiert.

Cour d'Honneur (franz.) Der von drei Flügeln umgebene Ehrenhof auf der Eingangsseite einer barocken Schloßanlage.

Dachformen Die Form eines Daches wird nach der Anordnung der geneigten Dachflächen zueinander bestimmt. Die einfachste und häufigste Form ist das Satteldach aus zwei gegeneinander ansteigenden Dachflächen, wobei senkrechte dreieckige Giebel entstehen. Wenn bei einem Satteldach diese beiden Giebelfelder durch je eine weitere Dachfläche ersetzt wird, spricht man von einem Walmdach, wenn nur der obere Teil der Giebel abgewalmt ist, von einem Krüppelwalmdach. Das nach dem französischen Architekten des 17. Jahrhunderts benannte Mansarddach ist ein geknicktes Dach mit steilerer Neigung im unteren und flacherer Neigung im oberen Teil. Bei dem Dach oder dem Helm eines im Grundriß quadratischen Gebäudeteils unterscheidet man zwischen dem Zelt- und dem Kegeldach. Turmdächer mit geschweifter Kontur werden Haubendach (Dachhaube) oder Kuppeldach genannt. Zu den Haubendächern gehören die Welsche Haube (Zwiebeldach, seltener Kaiserdach), die unten konvex und oben konkav geschweift sind, und das umgekehrt geschweifte Glockendach. Den bekrönenden Abschluß auf dem Dachfirst durch einen türmchenartigen Aufbau nennt man Dachreiter, der als Lichtquelle für den Innenraum dienende wird auch Laterne genannt.

Domkurie Den Angehörigen des Domkapitels wurde ein Grundstück in der Domfreiheit zur Verfügung gestellt, das sie aus ihren Mitteln zu bebauen hatten. Im 18. Jahrhundert wurden die Domkurien in der Regel als Dreiflügelanlagen um einen Ehrenhof errichtet.

Dreiecksgiebel → Giebel

Dreiflügelanlage → Schloßanlage

Eckpavillon → Pavillon

Eckrisalit → Risalit

Ehrenhof → Cour d'Honneur

Empore Galerieähnlicher Aufbau in einem Kirchenbau, der entweder im Innenraum steht oder sich in der Regel beidseits des Mittelschiffs zu diesem hin öffnet. In funktionaler Hinsicht unterscheidet man zwischen Nonnenemporen in Klosterkirchen und Emporen für Fürsten und Kaiser oder aber architektonisch genutzten Emporen wie zum Beispiel für die Orgel.

Englischer Garten → Garten

Epitaph (griech.) An der Außen- oder Innenwand einer Kirche aufgestelltes oder -gehängtes Mal zum Gedächtnis an einen Verstorbenen, meist mit einer ausführlichen Inschrift und figürlichen Darstellungen versehen. Das Epitaph ist oft nicht mit der Grabstätte identisch und wurde in Renaissance und Barock zu einem prunkvollen, architektonisch gegliederten Grabdenkmal mit reichem plastischem Schmuck.

Fasanerie → Schloßanlage

Flügelaltar → Altar

Französischer Garten → Garten

Freitreppe → Treppenformen

Frontispiz → Giebel

Garten In der Barockzeit war die Gartenanlage unerläßlicher Bestandteil repräsentativer Architekturen wie Schloß oder Adelssitz und bedeutet die Fortführung der gebauten Architektur in die Natur. Im 17. und 18. Jahrhundert überwiegt der französische Garten, der symmetrisch um eine Mittelachse angelegt und durch Parterres, ebene Gartenflächen, und Bosketts, geometrisch oder ornamental angelegte Hecken gegliedert ist. Am Ende der Hauptachse steht oft eine Gloriette, ein kleiner Pavillon, der manchmal Räumlichkeiten zum privaten Rückzug aufweist. Der italienische Garten dagegen ist regelmäßig um ein Zentrum konzipiert, während der englische Landschaftsgarten seit dem späten 18. Jahrhundert malerischer und natürlicher oft als Park gestaltet ist, also die geometrische Strenge des Barockgartens negiert. Bestandteil des Parks war oft ein Tiergehege.

Gesprengter Giebel → Giebel

Giebel Bezeichnet entweder die Abschlußform eines Satteldaches, einer Ädikula oder anderer Bauteile wie Fenster oder Portal. Der Giebel kann dreieckig, segmentbogenförmig, abgetreppt (Treppen- oder Staffelgiebel) oder kurvenförmig ausgebildet sein. Seit der Renaissance werden Giebel durch geschwungene Voluten geschmückt, die Mitte eines Giebels ist – besonders in der Barockzeit – teilweise nicht geschlossen („gesprengter" Giebel). Der Giebel über dem Mittelrisalit eines Gebäudes heißt Frontgiebel oder Frontispiz, als Blend- oder Ziergiebel werden auch Giebel bezeichnet, denen kein Dachquerschnitt entspricht.

Glockendach → Dachformen

Gloriette → Garten

Grabmal → Epitaph

Grisaille (franz.) Illusionistische Maltechnik zur Nachahmung von skulptiertem Stein oder eines Reliefs.

Hallenkirche → Kirchenbau

Haube → Dachformen

Haustein → Mauerwerk

Herrenhaus → Schloßanlage

Hochaltar → Altar

Italienischer Garten → Garten

Kanzel Der im Innenraum einer Kirche eingerichtete Standort für den Prediger ist neben dem Altar, der Orgel und dem Taufbekken das wichtigste Ausstattungsstück. Der erhöhte Kanzelkorb steht zumeist auf ein oder mehreren Stützen und wird über eine Freitreppe betreten. Den oberen baldachinartigen Abschluß der Kanzel nennt man Schalldeckel, der ebenso wie der Kanzelkorb mit einem reichen figürlichen oder dekorativen Skulpturenprogramm verziert ist.

Kartusche Schildartiges Feld für Wappen, Inschriften etc., meist mit Zierrahmen.

Kirchenbau Im Bereich des christlichen Gotteshauses unterscheidet man in funktionaler Hinsicht zwischen Bischofs-, Pfarr- Wallfahrts- und Klosterkirchen, in der Grundrißdipostion zwischen Zentral- und Langbauten, der einschiffigen Saalkirche, der mehrschiffigen Basilika mit abgestuften Höhen der einzelnen Schiffe und der Hallenkirche mit gleich hohen Schiffen. Den Mittelpunkt und Abschluß einer Kirche bildet die Apsis beziehungsweise der Chor, die von Nebenräumen, wie etwa der Sakristei, flankiert werden können.

Kolossalordnung → Pilaster

Kommende Versammlungs- bzw. Verwaltungsgebäude der geistlichen Ritterorden, wie der Johanniter, Maltheser oder Deutschordensherren; der Komtur war der Vorsteher einer Kommende.

Krüppelwalmdach → Dachformen

Landhaus Das herrschaftliche Anwesen auf dem Lande im Gegensatz zur Residenz des Stadtpalastes im Zeitalter des Barock bezeichnet eine Architektur, die sowohl die funktionalen Bedingungen eines landwirtschaftlichen Betriebs wie auch die repräsentativen Ansprüchen der Bewohner zu erfüllen hatte, darüber hinaus aber nicht den alltäglichen Gebrauchsansprüchen eines Dauerwohnsitzes genügen mußte. In den warmen Sommermonaten ließ man die Geschäfte in der Stadt ruhen, um sich auf dem Lande zu erholen, zu vergnügen und sich der vermeintlichen bäuerlichen Idylle hinzugeben. Vorbild für das Landhaus des deutschen Barock ist vor allem die italienische Villa des 16. Jahrhunderts, zum Beispiel im Veneto durch Andrea Palladio vorgebildet, und die französische Maison de Plaisance (Lusthaus) beziehungsweise Maison de Campagne (Landhaus) des 17. und 18. Jahrhunderts.

Laterne → Dachformen

Lisene Leicht hervortretende, vertikale Mauerverstärkung zur Gliederung einer Fassade, im Gegensatz zum Pilaster ohne Basis und Kapitell.

Loggia (ital.) offene Säulenhalle eines Bauwerks.

Lünette Halbkreisförmiges, meist dekoriertes Wandfeld über einer Tür oder einem Fenster.

Lusthaus → Landhaus

Maison de Plaisance → Landhaus

Mansarddach → Dachformen

Marstall → Schloßanlage

Mauerwerk Im Barock verwendete man prinzipiell drei verschiedene Arten des Mauerwerks zur Fassadengestaltung: das Ziegel- oder Backsteinmauerwerk kann nachträglich verputzt sein, so daß die Steinlagen nicht mehr erkennbar sind und eine gleichmäßige Wandfläche entsteht. Der Werk- oder Haustein bezeichnet den sorgfältig von allen Seiten behauenen, rechteckig geformten Naturstein. Im 17. und 18. Jahrhundert benutzte man häufig den unverputzten rotbraunen Ziegel für die Wandflächen in Kombination mit dem Haustein aus gelbbeigem Sandstein für die Dekorationsformen wie zum Beispiel Fenster- und Portaleinfassungen. Die Rustika bezeichnet ein Mauerwerk aus roh behauenen Bruch- oder Werksteinen, oft mit Randschlag versehen und entweder in der Rohbehauung stehengelassen („in Bosse") oder fein bearbeitet; die Rustika wurde meist für die Sockelzone eines Gebäudes verwendet.

Mensa → Altar

Mezzanin Niedriges Geschoß, meist zwischen dem obersten Stockwerk und dem Dach angeordnet.

Mittelrisalit → Risalit

Monstranz (lat.) Gefäß oder Gehäuse für die Hostie oder Reliquien.

Ochsenauge Meist elliptisches Rundfenster.

Okulus Kreisrundes Fenster.

Orangerie → Schloßanlage

Orgel Die Orgel als liturgisch wichtigstes Musikinstrument einer Kirche wurde im Barock meist auf der Westseite über dem Eingang auf einer eigens dafür eingerichteten Empore installiert und an ihrer Schauseite durch einen dekorierten Prospekt präsentiert.

Park → Garten

Parterre → Garten

Pavillon (franz.) bezeichnet entweder einen kleinen freistehenden Bau wie zum Beispiel einen Gartenpavillon oder aber einen mit dem Schloß durch eine Galerie oder unmittelbar verbundenen Baukörper, der durch das Dach von diesem klar abgetrennt ist.

Pfeiler → Pilaster

Pilaster Im Gegensatz zum freistehenden rechteckigen Pfeiler ist der Pilaster ein immer mit der Wand verbundener flacher Pfeiler. Im Barock verwendet man oft die kolossale Pilasterordnung, die mindestens zwei Geschosse der Außenfassade oder des Innenraums gliedert. Im Gegensatz zur Lisene hat der Pilaster wie die Säule auch Basis und Kapitell.

Portikus (lat.) Eine von Säulen oder Pfeilern getragene Vorhalle.

Predella → Altar

Prospekt → Orgel

Remise → Schloßanlage

Retabel → Altar

Risalit (ital.) Der vor die Flucht des Hauptbaukörpers vorspringende Bauteil, der auch höher als dieser sein kann und oft ein eigenes Dach hat, so daß das Gebäude an dieser Stelle einen starken Akzent erhält. Je nach Lage des Risalits unterscheidet man zwischen dem Mittelrisalit an der zentralen Position eines Gebäudes, meist der Stelle des Eingangs, und den Seitenrisaliten, die an den äußeren Achsen eines Gebäudes vortreten. Die Unterscheidung zwischen Seitenrisaliten und kurzen Seitenflügeln ist nicht immer eindeutig.

Rocaille (franz.) Muschelförmiges asymmetrisches Dekorationselement des Spätbarock, nach dem der Stil des Rokoko benannt wurde.

Rustika → Mauerwerk

Saalkirche → Kirchenbau

Säule → Pilaster

Sakristei → Kirchenbau

Schalldeckel → Kanzel

Schloßanlage Im Gegensatz zur stark befestigten Burganlage des Mittelalters kann das Schloß des 17. und 18. Jahrhunderts auch völlig unbefestigt sein. Während in der Renaissance die Schloßanlagen oft vierflügelig geschlossen waren, entfiel im Barock der vierte Flügel, die Anlage wurde meist zur

Stadt hin geöffnet. Die häufigste Grundrißform des Barockschlosses ist deshalb die Dreiflügelanlage mit einem Hauptgebäude, dem Corps de Logis oder Herrenhaus, und zwei kürzeren Seitenflügeln, die so einen offenen Ehrenhof, den Cour d'Honneur, U-förmig umschließen. An der Rückseite schließt sich eine axial auf das Schloß bezogene Gartenanlage an. Neben dieser klassischen Form findet man in Westfalen noch die Vierflügelanlage, die wie bei der mittelalterlichen Burg oder dem Renaissance-Schloß einen zentralen Hof umschließt, sowie Anlagen mit H-förmigem Grundriß. Die Grenzen zwischen Burg und Schloß sind oft fließend, da in Westfalen in vielen Fällen mittelalterliche Burganlagen in der Barockzeit modernisiert und umgebaut wurden und so den Charakter und Anspruch eines Schlosses erhielten. Von den begleitenden Nebengebäuden des Hauptschlosses sind unter anderem zu nennen: die Vorburg und das Torhaus mit Einfahrt oder Durchfahrt zum Herrenhaus, flankierende Wachhäuser, Wirtschafts- oder Ökonomiegebäude, der Marstall für die Pferde, Remisen für die Kutschen sowie im Garten die Orangerie, das Gewächshaus für zumeist exotische Pflanzen, und die Fasanerie für die Haltung seltener Vogelarten.

Schweifhaube → Dachformen

Segmentgiebel → Giebel

Seitenaltar → Altar

Seitenflügel → Schloßanlage

Sprenggiebel → Giebel

Stiftskurie → Domkurie

Supraporte (lat.) Bildfeld über einer Tür.

Torhaus → Schloßanlage

Tabernakel (lat.) Gehäuse für die Verwahrung von Hostien auf einem Altar oder von Stützen getragener Überbau eines Altars (Ziborium, Baldachin).

Treppenformen Vor allem im Zeitalter des Barock erhielt die Treppe eine wichtige funktionale und repräsentative Bedeutung, so daß eigene Architekturformen von großartigen Treppenhäusern entwickelt wurden. Prinzipiell unterscheidet man bei den verschiedenen Treppenformen die einläufige Treppe, die ohne Absatz (Podest) von Geschoß zu Geschoß führt, von der mehrläufigen Treppe, die bei den Podesten ihre Richtung ändern kann. Darüber hinaus gibt es auch zweiläufige Treppen, die von einem gemeinsamen Podest ausgehen oder sich hier wieder treffen, wobei jeder Arm wieder durch Zwischenpodeste in mehrere Läufe geteilt sein und so seine Richtung ändern kann. Im Barock sind die Treppenhäuser oft so gestaltet, daß der Blick von unten ungehinert bis zum Plafond reicht, der meist mit einem Deckengemälde versehen ist. Die beliebteste Treppenform des Barock am Außenbau ist die zwei- oder doppelläufige Freitreppe.

Tympanon (griech.) Fläche bzw. Feld über einem Portal.

Vestibül (lat.) Vor- beziehungsweise Eingangshalle eines Herrenhauses, oft als Durchfahrt für Kutschen gestaltet; im Barock meist ausgestattet mit einer repräsentativen Treppe.

Vierflügelanlage → Schloßanlage

Villa → Landhaus

Volute Schnecken- oder spiralförmig gewundene Ornamentform am Kapitell oder am Giebel.

Vorburg → Schloßanlage

Vorlage Gliederung einer Fassade durch vorgelegte Halbsäulen, Lisenen oder Pilaster.

Wachhaus → Schloßanlage

Walmdach → Dachformen

Welsche Haube → Dachformen

Werkstein → Mauerwerk

Ziborium → Tabernakel

Ziegelstein → Mauerwerk

Ziergiebel → Giebel

4. ABBILDUNGSNACHWEIS

Bildarchiv Foto Marburg, Deutsches Dokumentationszentrum für Kunstgeschichte, Marburg: S. 16, 17, 18, 19, 35, 36, 38, 40 unten, 56, 58 unten, 60, 66, 69, 72 oben, 73, 77, 99, 100, 101, 102, 103, 105, 108, 109, 110, 120, 121, 122 unten, 123, 126 unten, 127, 129, 132, 133, 137, 138, 139, 140, 146, 147, 148, 149, 152, 158, 172, 173, 174 unten, 176, 193 oben

Westfälisches Landesmuseum für Kunst und Kulturgeschichte, Münster: S. 6, 13, 14, 15, 20, 21, 22, 23, 25, 33, 34, 37, 40 oben, 42, 57, 58 oben, 62, 68, 98, 115, 118, 122 oben, 131, 136, 150, 151, 167, 168 unten, 171 unten, 193 unten, 217, 219, 223, 224, 225 oben

Andreas Lechtape, Münster: S. 161–166, 168 oben, 169, 170, 171 oben, 174 oben, 175

Oliver Becker, Steinfurt: S. 113, 145

Alle übrigen Abbildungsvorlagen stammen aus dem Westfälischen Amt für Denkmalpflege in Münster

5. Register der historischen Personen

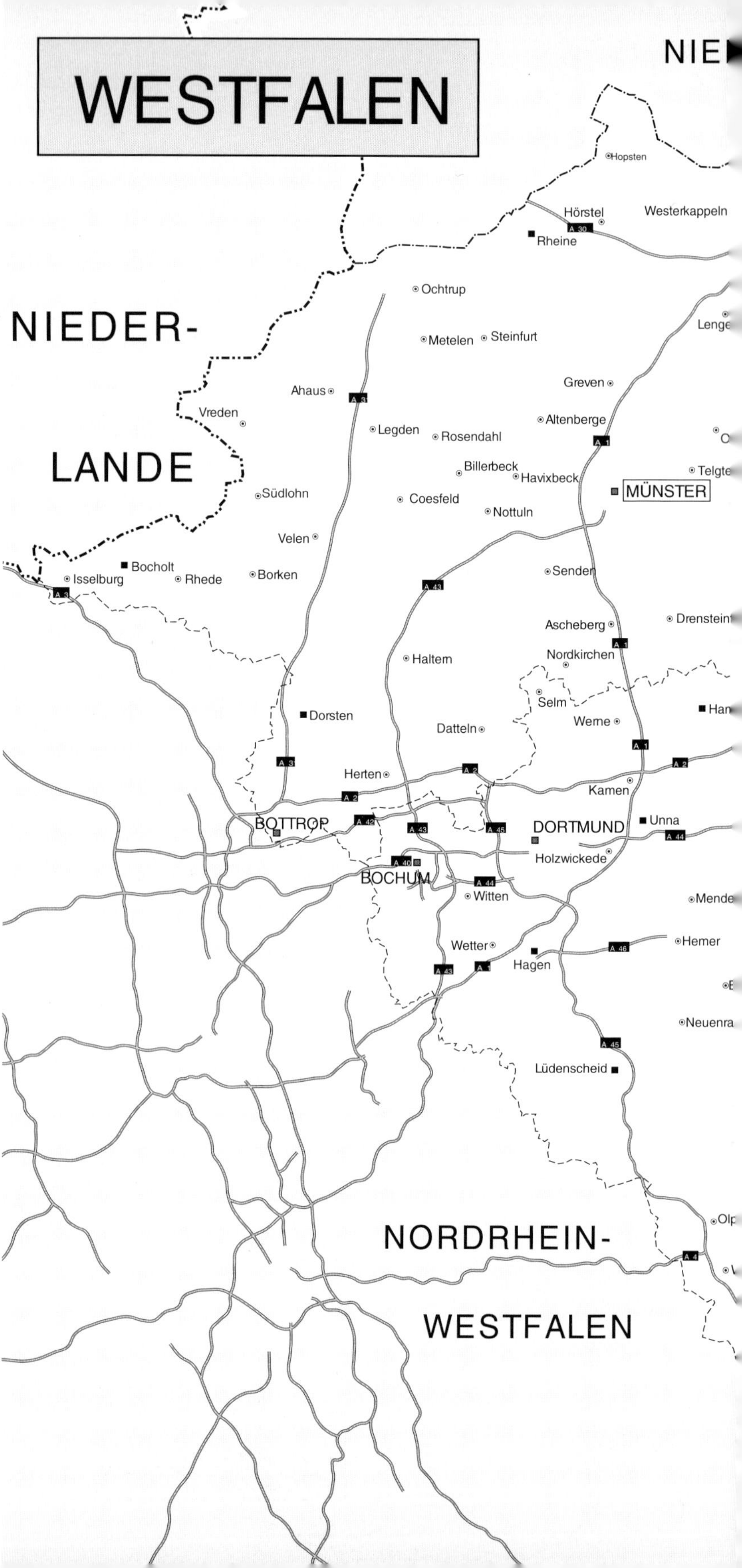
WESTFALEN
NIE
Hopsten
Hörstel
Westerkappeln
A 30
Rheine
Ochtrup
NIEDER-
LANDE
Metelen
Steinfurt
Lenge
Greven
Ahaus
A 3
Vreden
Altenberge
Legden
Rosendahl
A 1
Billerbeck
Havixbeck
Telgte
Südlohn
Coesfeld
MÜNSTER
Nottuln
Velen
Bocholt
Isselburg
Rhede
Borken
Senden
A 43
Ascheberg
Drensteinf
Nordkirchen
Haltern
Selm
Ham
Dorsten
Werne
Datteln
A 2
Herten
Kamen
BOTTROP
A 42
A 45
DORTMUND
Unna
A 44
Holzwickede
A 40
BOCHUM
Witten
Mende
Wetter
Hemer
A 46
Hagen
Neuenra
Lüdenscheid
NORDRHEIN-
WESTFALEN
Olp
A 4

SACHSEN
NIEDER-
SACHSEN
HESSEN
Petershagen
Preußisch
Oldendorf
Lübbecke
Minden
A 30
A 30
A 2
Hiddenhausen
Vlotho
Kalletal
Herford
Bad Salzuflen
Halle
Lemgo
Harsewinkel
A 2
Detmold
Blomberg
Lügde
Schieder-Schwalenberg
Schloß Holte Stukenbrock
Herzebrock
Verl
Rheda-
Wiedenbrück
Steinheim
Oelde
Rietberg
Marienmünster
Nieheim
A 33
Höxter
Dellbrück
Wadersloh
Bad Driburg
Brakel
Paderborn
Lippetal
Salzkotten
Lippstadt
Beverungen
Geseke
Erwitte
Willebadessen
Bad Sassendorf
Soest
A 44
A 44
Borgentreich
Anröchte
Büren
Wünnenberg
Warburg
Ense
Rüthen
A 44
Marsberg
Arnsberg
Brilon
Meschede
Olsberg
Sundern
Eslohe
Winterberg
Medebach
Lennestadt
Schmallenberg
Kirchhundem
Hilchenbach
Bad Laasphe
Netphen
Siegen
Orte in
bis 50.000 Einwohner
bis 100.000 Einwohner
über 100.000 Einwohner
Grenzen
Staatsgrenze
Landesgrenze
Regierungsbezirks-
grenze
Verkehrswege
Autobahn mit
Nummerierung
0
10
km
Kartografie: